BIBLIOTHÈQUE DE PHILOSOPHIE EXPÉRIMENTALE

Directeur E. PEILLAUBE

VI

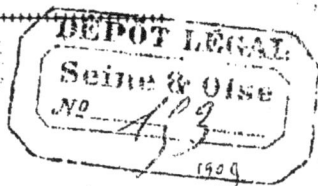

Essai

sur la

Psychologie de la main

par

N. VASCHIDE

Directeur-adjoint du Laboratoire de Psychologie pathologique
de l'École des Hautes-Études

AVEC 37 PLANCHES HORS TEXTE

PARIS

MARCEL RIVIÈRE, ÉDITEUR

31, Rue Jacob

1909

N. VASCHIDE (1874-1907)

Essai sur la
Psychologie
de la main

1629

BIBLIOTHÈQUE

DE

Philosophie Expérimentale

Dirigée par le Professeur E. PEILLAUBE

Volumes parus :

I. Le Psychisme inférieur, par le Dr J. GRASSET, professeur de Clinique Médicale à l'Université de Montpellier.

BIBLIOTHÈQUE

DE

Philosophie Expérimentale

Dirigée par le Professeur E. PEILLAUBE

Volumes parus :

I. Le Psychisme inférieur, par le Dr J. GRASSET, professeur de Clinique Médicale à l'Université de Montpellier.

   1 vol. in-8° de 510 pages, broché............................ 9 francs
       —   relié .... 10 fr. 50

II. La Théorie physique, son objet et sa structure, par M. DUHEM, professeur de Physique théorique à la Faculté des Sciences de Bordeaux.

   1 vol. in-8° de 450 pages, broché.......................... 8 francs
       —   relié.............................. 9 fr. 50

III. Dieu. L'Expérience en métaphysique, par XAVIER MOISANT.

   1 vol in-8° de XIII + 300 pages, broché.................... 7 francs
       —   relié .... 8 fr. 50

IV. Principes de linguistique psychologique. *Essai de synthèse,* par VAN GINNEKEN, docteur de l'Université de Leyde.

   1 vol. in-8°, broché........................ 12 francs
       —   relié .... 13 fr. 50

V. Cournot et la Renaissance du probabilisme, par M. F. MENTRÉ, professeur à l'Ecole des Roches.

   1 vol. in-8°, broché................................... 12 francs
       —   relié.................................... 13 fr. 50

Essai sur la Psychologie de la main, par M. N. VASCHIDE, Directeur-adjoint du Laboratoire de Psychologie pathologique à l'École pratique des Hautes-Études.

   1 vol. in-8° broché.................................... 10 francs
       —   relié.................................... 11 fr. 50

Volumes à paraître :

Les Images. *Essai sur la mémoire et l'imagination,* par E. PEILLAUBE, professeur à l'Institut Catholique de Paris, directeur de la « Revue de Philosophie ».

La Psychologie, par W. JAMES.

L'Activité biologique, par M. P. VIGNON, du Laboratoire de Zoologie à la Sorbonne.

Les Fondements métaphysiques des Sciences, par M. J. BULLIOT, professeur de Logique et Métaphysique à l'Institut Catholique de Paris.

BIBLIOTHÈQUE DE PHILOSOPHIE EXPÉRIMENTALE

Directeur E. PEILLAUBE

++++++++++++++++++++++++++++++++++++ VI ++++++++++++++++++++++++++++++++++++

Essai

sur la

Psychologie de la main

par

N. VASCHIDE

Directeur-adjoint du Laboratoire de Psychologie pathologique
de l'École des Hautes-Études

AVEC 37 PLANCHES HORS TEXTE

PARIS

MARCEL RIVIÈRE, ÉDITEUR

31, Rue Jacob

1909

PRÉFACE

Ce n'est pas sans émotion que je vois en tête de ce livre le nom de N. Vaschide. Quoi de plus dramatique et de plus douloureux qu'une mort prématurée frappant un jeune homme en plein labeur, alors que tout lui présageait un avenir glorieux !

Toutes les rares et exquises qualités de Vaschide se retrouvent en cet ouvrage : une érudition sûre et universelle, une perspicacité analytique toujours en éveil, et cette ingéniosité de vues et de style sans laquelle les œuvres les plus profondes ne comptent pas. L'ouvrage était inachevé encore quand la mort imbécile est venue surprendre l'ouvrier. Une pieuse tendresse a recueilli ces documents inachevés pour les mettre en bon ordre et leur donner forme définitive, celle-là même que N. Vaschide, s'il avait vécu, eût certainement adoptée.

Ce livre sur la main sera, à n'en pas douter, bien accueilli du public. C'est une monographie, mais une monographie où il y a un peu de toute science, psychologie, métapsychique, esthétique, physiologie et médecine. Chacun de ces divers chapitres forme

*un tout, et l'ensemble est d'une belle allure, harmo-
nieuse, comme il convient lorsqu'on parle de l'organe
harmonique par excellence, la main, agile et adroit
instrument de notre souple intelligence.*

*Certes, on ne doit pas tomber dans l'erreur des
chiromanciens qui croient pouvoir, par l'étude des
lignes de la main, pénétrer les plus substiles délica-
tesses du caractère, voire même prévoir les événements
futurs et retrouver les événements passés, les plus
insignifiants. Je doute fort qu'on puisse jamais, en
regardant la main d'un individu, prédire qu'il sera,
dans deux ans, frappé par la foudre, ou qu'il a mis
jusqu'ici deux morceaux de sucre dans son café. Ce
sont là des enfantillages qui, non sans raison, prêtent
à rire et qu'il faut laisser aux baraques de la foire.*

*Cependant, reconnaissons qu'il y a à chaque main
une individualité bien nette qui se révélera à tous
ceux qui sont perspicaces.*

*Il n'y a pas deux feuilles semblables parmi toutes
les feuilles de la forêt : encore moins trouverait-on,
parmi toutes les mains humaines, deux mains identiques. Il y a des mains audacieuses et des mains
timides, des mains sensuelles et des mains mystiques,
des mains d'action et des mains de rêve. Il n'est pas
douteux que la forme de la pensée n'exerce son
influence sur la forme du corps. L'âme se réflète
dans la structure de notre être ; dans la physionomie,
les traits du visage, et la configuration des mains. Ce
n'est pas un préjugé que d'attacher quelque importance, pour juger le caractère, à l'aspect extérieur de
l'être. Pour moi, au risque d'être accusé de puérilité,
je me sentirais incapable d'accorder ma confiance à*

un homme dont les mains seraient tortueuses, dyshar-
moniques et grossières.

De même, au point de vue esthétique, on admettra
difficilement qu'une femme vraiment belle, et de noble
race, ait de vilaines mains. Les mains de duchesse
sont d'une beauté et d'une élégance proverbiales. Les
duchesses devraient donc ne pas les masquer avec des
gants. Une princesse de sang royal, qui, sans aucune
fausse honte, a conté au public ses amours, raconte
la conversation qu'elle eut avec un jeune officier :
« Ote tes gants ! », lui dit-il. Telle fut sa première
parole la première fois qu'elle vint au rendez-vous.
Encore que cette déclaration soit un peu bizarre, on
trouvera peut-être que cet amoureux avait raison, et
que c'était un connaisseur.

Les mouvements de la main traduisent fidèlement
les mouvements de l'âme. Les physiologistes ont pu,
par des observations minutieuses et précises, établir
que chaque émotion retentit sur les muscles de la
main, et que des frémissements presque imperceptibles des doigts trahissent l'agitation intérieure.
Souvent même ces frémissements ne sont pas imperceptibles, et les attitudes de la main sont assez élo-
quentes pour exprimer nos passions. Un acteur serait
bien maladroit s'il gardait ses mains immobiles,
collées au corps et inertes. Elles concourent puissam-
ment à son jeu, et il peut obtenir des effets admirables
par les mouvements de la main. Se tordre les mains,
dans les grands désespoirs, est un geste d'une beauté
sublime. La menace, la colère, l'horreur, la prière, ne
se peuvent bien exprimer que si la main parle en
même temps que la voix et les yeux.

Donc, lorsque nous écrivons, notre écriture est l'image de nous-même. Le principe n'est pas douteux. Reste à savoir dans quelles limites cette pénétration de notre être intime peut être en fait appréciée par l'examen de notre écriture. Là encore, que de naïves illusions se font les graphologistes ! Mais soyons bien persuadés que le principe de la graphologie est vrai, et qu'il repose sur une base solide, scientifique, inattaquable, à savoir le retentissement des émotions sur les gestes.

La main, par sa forme et ses mouvements, est une véritable caractéristique d'humanité. Si elle classe les hommes, à plus forte raison fera-t-elle une différence entre l'homme et les autres êtres. On a appelé les singes des quadrumanes, comme s'ils avaient quatre mains. C'est presque une profanation. En réalité, ils n'ont pas de mains ! ou du moins l'organe pourvu de doigts qu'ils portent à l'extrémité de leur long bras n'a que de lointaines ressemblances avec la main humaine ; le pouce, opposable aux autres doigts, fait, de la main, un instrument si parfait que, par cela seul, il y a entre l'homme et l'animal, cet animal fût-il un grand singe, une différence essentielle.

Cette habileté de la main n'est d'ailleurs qu'une habileté cérébrale. Lorsqu'on parle de la main adroite du chirurgien, ou du violoniste, on oublie trop que cette dextérité manuelle est un phénomène intellectuel. La main n'est, somme toute, qu'un appareil d'obéissance. Elle ne fait rien qui ne soit commandé par le cerveau. Toute son activité lui vient du cerveau qui dirige et donne l'impulsion. Un grand violoniste, un grand chirurgien, sont adroits par leur cerveau, lorsque leur main est très habile. Pareillement ne craindrai-je pas de déclarer qu'une très grande maladresse manuelle est une véritable défectuosité cérébrale. L'opposition qu'on établit trop souvent entre l'adresse et l'intelligence paraît donc assez mal fondée.

Mais je n'ai pas la prétention de résumer l'ingénieux livre de mon regretté ami N. Vaschide. Je voulais seulement indiquer l'intérêt d'une œuvre faite d'originalité et d'érudition, deux qualités qui sont bien rares, même isolées, et qu'on trouve réunies ici.

Charles RICHET.

« Tout bonheur que la main n'atteint pas n'est qu'un rêve. »

JOSÉPHIN SOULARY.

« De tous temps, dit-on, l'homme
fut de glace pour les vérités
et de feu pour les mensonges :
il est surtout l'ami du merveilleux. »

COLLIN DE PLANCY

(*Dictionnaire Infernal,*
VIe éd., 1863, p. 430).

1

INTRODUCTION

La vie intellectuelle peut être envisagée de mille manières différentes sans pour cela — fait extrêmement curieux — détruire sa physionomie, ses qualités premières, les éléments qui caractérisent son individualité même. On ne fait toujours, en somme, qu'analyser de nouveaux aspects, que pénétrer plus ou moins intimement dans les rouages de son mécanisme indéfinissable ou plutôt de son architecture, la construction la plus protéique, la plus oscillante, l'image même de l'insaisissable mouvement de la vie, en tant que phénomène de « conscience », de l'évolution spontanée et subconsciente de toute l'existence individuelle ou physique.

I

Dans l'antiquité la plus reculée, la pensée était considérée comme une entité métaphysique qui avait une existence surtout extérieure ; et les manifestations religieuses des civilisations anciennes sont à la portée de toutes les investigations pour préciser cette insouciance, cette absence de préoccupation de la subjectivité de l'intelligence.

Les plus curieuses pages de cette conception religieuse se trouvent certainement dans les livres bouddhistes; l'anéantissement des sensations de l'existence dans le « Grand Tout », source du calme et du bien-être, était la fin, la conclusion logique de nos formes de sensibilité peu adéquates à notre physique. Le bouddhiste esquisse pour sa vie pratique rapidement cette conception philosophique. On connaît cependant les variations nombreuses et les oscillations des croyances bouddhistes. Je désire essayer seulement de suggérer, par ces quelques mots, l'essence, les premiers principes de cette doctrine métaphysique (1).

La philosophie des Grecs était toute métaphysique, et pour le psychologue contemporain, il est parfois étrange de lire les anciens penseurs grecs, de prendre connaissance de leur psychologie et de saisir la nuance toute métaphysique de leurs mobiles mentaux. Ils ne se préoccupaient guère des sources corporelles, du siège de cette « intelligence », mais ils cherchaient à spéculer sur des données, sur les éléments conscients de la pensée, confondue consciemment et subconsciemment avec les forces physiques, avec les forces cosmiques, avec l'ambiance métaphysique. SOCRATE attirant l'attention sur le « soi-même » fut le premier psychologue conscient, car si l'on considère comme psychologue tout analyste, tout rêveur, tout cons-

---

(1) Voir surtout : les deux admirables livres de OLDENBERG. — *Bouddha*, 1 vol. *Bibl. de Phil. contemp.*, et *Nirvâna. Ibid.* Alcan, édit.

tructeur qui brode autour des données médiates ou immédiates de la conscience, on doit étendre cette épithète à tous les rêveurs de tous les temps, aux poètes surtout, les analystes par excellence de toutes les époques (1). Il faut faire une exception pour ARISTOTE qui, tout en étant métaphysicien, fut logicien et naturaliste en même temps et, implicitement, fut plus près des phénomènes psychologiques que les autres penseurs de l'antiquité, qui se montrèrent surtout d'admirables métaphysiciens, des constructeurs de la vie en elle-même, de la vie totale, dont la vie humaine n'est qu'une parcelle, une bien minuscule donnée.

II

Des philosophes modernes, comme DESCARTES, KANT, et les philosophes écossais surtout, furent plus analystes tout en restant métaphysiciens. Les problèmes de la conscience furent posés plus clairement. On laissa les sources de la vie de côté, et tout en admettant la genèse métaphysique de la pensée, on analysa surtout le problème de la vie humaine, de l'intelligence en elle-même, des phénomènes de conscience. Les problèmes de la physique, de la vie cosmique, préoccupèrent de plus en plus les spécialistes, les physiciens et les mathématiciens, tandis que la philo-

(1) CHAIGNET. *La psychologie des philosophes grecs*, 5 vol.

sophie se limite, sans qu'elle puisse s'en apercevoir, au domaine si complexe, si peu limitable d'ailleurs, de la conscience. Et si les philosophes des temps modernes agitent les mêmes données essentielles que les philosophes grecs, ils emploient un langage plus précis, plus spécialisé, plus psychologique. Le « physique » et le « psychique » sont délimités tout d'abord pour l'intelligence du problème, ensuite par nécessité analytique.

La métaphysique, tout en inspirant tout, tout en laissant sa merveilleuse empreinte intellectuelle sur toutes les spéculations philosophiques, devenait de plus en plus une science trop générale, pour suffire à toutes les exigences de l'esprit. Les données de l'intelligence posaient de nouveaux problèmes, que les connaissances scientifiques alimentaient continuellement par leurs investigations sévères et toujours révolutionnaires. « L'âme » ne fut pas la seule donnée autour de laquelle les penseurs devaient s'entêter à réfléchir, et nous assistons, dans tout le Moyen âge, pendant cette curieuse lutte intellectuelle, moins stérile qu'on ne le pense, du nominalisme et du réalisme, à des essais qui voulaient préciser la limite du réel et de l'irréel (1).

L'attention fut portée sur l'esprit, en tant qu'esprit humain surtout, à la suite de Locke qui essaya de fixer l'objet de l'entendement humain ; sur les conflits des qualités psychiques innées et les données de l'expérience, des sensations, de la réalité.

La philosophie écossaise fut la plus psychologique,

(1) Voir Picavet.

la plus humaine, et pour la première fois, le mot
« expérience » fut introduit en philosophie.

On descendit des nuages des métaphysiciens pour
analyser, pour creuser des données plus immédiates
de l'esprit, et plus intelligibles.

La « raison pure » de KANT si empreinte de l'idéalisme de BERKELEY est une des grandes étapes de la
philosophie ; quoiqu'en dise M. W. JAMES, qui conseille aux pragmatistes de ne pas s'en occuper, elle
peut être considérée comme une nouvelle édition du
« Connais-toi toi-même » de SOCRATE, et en tout cas au
même titre. Elle marque un point capital dans l'orientation de nos analyses et de nos conceptions philosophiques et intellectuelles.

Parallèlement à l'évolution philosophique, les connaissances scientifiques augmentent en documents ; les
savants précisèrent les mobiles de leurs investigations ;
des sciences nouvelles se créèrent, et « la vie » fut
examinée sous toutes ses formes, sous toutes ses
données. Des faits précis, des idées nouvelles surgissent
de toute cette longue et persévérante élaboration, et
à mesure qu'on explore la nature physique et la vie
biologique, et qu'on essaye de saisir le mécanisme
de la vie cosmique dépassant la marche éternelle des
astres et des lois astronomiques qui règlent toute cette
grandiose architecture macrocosmique, on explore
selon les mêmes méthodes, la vie humaine, on examine l'homme, en décrivant et constatant tout d'abord
son anatomie pour passer ensuite à l'examen des
fonctions du mécanisme biologique des organes et de
l'harmonie biologique, *polyzoïque*, comme disait ce
grand philosophe méconnu, DURAND DE GROS, en

un mot, tout ce que l'on appelle « vie humaine ».

On explora aussi le cerveau, et seulement depuis un siècle, depuis l'époque curieuse de GALL et SPUR-ZHEIM, dont on n'apprécie et ne connaît malheureusement que les travaux destinés au grand public, on songea à localiser les pensées dans le cerveau, organe qui jouait jusqu'alors un rôle secondaire pour ne pas dire nul (1). La belle histoire des doctrines du fonctionnement et de la structure du système nerveux central de M. Jules SOURY, cette majestueuse pierre tombale du XIXᵉ siècle (2), développe magistralement cette thèse, et l'on y retrouve la plus belle page des histoires des sciences, depuis ARISTOTE jusqu'à FLECH-SIG et GOLGI.

III

Depuis un siècle, le philosophe ne peut plus se passer des connaissances scientifiques, de ses données expérimentales précises, et il en doit tenir compte, ne fut-ce que par tenue mentale.

Les médecins et les philosophes français du commencement du siècle furent les premiers agitateurs de ce mouvement psychologique, et les travaux des médecins et des aliénistes français de l'époque : des GEORGET, des PINEL, des MOREAU DE TOURS, des LÉLUT, des PEISSE, des DURAND DE GROS, etc., contiennent des pages à relire même de nos jours. La tradition philo-

(1) SPURZHEIM.
(2) Jules SOURY.

sophique doit faire place aux faits nouveaux et doit au moins tenir compte de cet effort. La science, comme une nouvelle idole, demande un culte nouveau.

La philosophie kantienne exerce encore son influence de nos jours. Le néo-criticisme de RENOUVIER lui ajouta un nouveau, mais pâle éclat, de même que les courants modernes néo-kantiens américains, surtout avec ROYCE et DEWEY — qui la raniment si brillamment par leurs investigations et par la préoccupation obsédante du rapport de l'expérience et des phénomènes de la conscience.

Mais il y avait autre chose à considérer dans la vie mentale, dans l'intelligence, que les données abstraites de la métaphysique classique, et si l'on doit tenir compte des éléments inanalysables de la pensée, les éléments innés, les formes définissables mais abstraites de la raison pure, on trouve autre chose que des entités, que de pures abstractions. Si KANT fut avant tout un grand moraliste, il fut aussi un peu psychologue. Il s'intéresse aux constructions fondamentales de l'esprit humain, il s'occupe des lois de son action, de sa manifestation ; il cherche dans sa morale pratique un criterium, une consécration de ses idées théoriques. La raison pratique réglait les conflits des êtres vivant en masse et en groupe, il n'oublia pas la raison individuelle et la raison pure, isolée. « L'anthropologie » et la « Raison pratique » de KANT sont des livres à relire à cause de l'analyse des conflits inter-psychologiques comme dirait le regretté TARDE, actuellement à l'ordre du jour.

Les recherches scientifiques apportèrent des con-

structions encore plus précises, réduisant sensiblement
les légendes et les points d'appui des constructeurs
métaphysiques. Avec le matérialisme un peu grossier
de CABANIS, des psychologues et des anatomistes
nous décrivirent le fonctionnement de la mécanique
cérébrale. FRITSCH et HITZIG, en 1870, décrivent l'irritabilité de l'écorce cérébrale et depuis, la pensée fut
localisée dans le cerveau. Au lieu de chercher dans
les éléments cosmiques, dans l'atmosphère ambiante,
la source, le siège de cette mystérieuse intelligence,
on la localise dans cette incompréhensible glande.

Les rapports du corps et de l'esprit furent de nouveau agités, et c'est au siècle dernier qu'ils trouvèrent
une position toute scientifique. La psycho-physique
de G. FECHNER, et toute l'œuvre de ce grand esprit a
le mérite d'avoir précisé, d'avoir au moins voulu
préciser ce problème. Les données philosophiques,
inspirées par des notions scientifiques ou métaphysiques s'étaient rangées dans les deux classiques
théories : le spiritualisme et le matérialisme, qui
existent d'ailleurs aujourd'hui, mais rajeunies, enrichies et mises en compatibilité avec nos exigences
intellectuelles et avec les notions scientifiques
acquises.

G.-T. FECHNER posa le premier la possibilité d'un
rapport mathématique entre la sensation et la perception. A côté des parallélismes classiques, il fallait
ajouter un autre parallélisme : le psychologique.
La psychologie expérimentale est née de la psycho-
physique ; elle procède encore de toutes ces investigations psycho-philosophiques du commencement du
siècle, en France surtout, qui essayèrent de trouver

un rapport scientifique et des fondements objectifs —
corporels—de la pensée. Connaissant la valeur physiologique de la mystérieuse glande, le cerveau, ils s'éton-
nèrent de la pauvreté de nos inductions.

MAINE DE BIRAN représente en France au même titre
qu'HERBART en Allemagne l'époque de transition, de
réflexion entre les phases métaphysiques de la philosophie et les phases psychologiques scientifiques. Il est
l'anneau de réunion entre la philosophie classique et
la philosophie médicale, si florissante en France au
commencement du siècle, sur les questions si curieuses
jadis, si intelligibles aujourd'hui de l'hypnotisme et
du magnétisme, qui troublaient l'esprit des contemporains au même titre que la phrénologie de Gall, ce
grand esprit malheureusement trop amoureux du
bruit et de la sympathie de ses contemporains, savant
trop moderne, trop de nos jours pour l'époque.

IV

Au commencement du vingtième siècle, si l'on voulait résumer la question, les tendances philosophiques
— et je désigne sous ce terme toutes les spéculations
mentales scientifiques ou impressionnistes — peuvent être réduites à ces quelques courants : d'une
part, le courant classique plein de traditionalisme,
la philosophie empreinte de métaphysique ayant
de son côté certains courants religieux et tous les
éléments traditionnels ; de l'autre, les scientifiques, qui,
tout en concevant la matière de mille manières diffé-

rentes, partant des spéculations les plus élémentaires
scientifiques, embrouillées selon l'habitude métaphysique, jusqu'aux conceptions de la plus haute physique
de LARMOOR, J.-J. THOMSON ou de l'électrodynamique
de LORENZ, attribuent à la matière toutes les qualités
psychiques. Dans cette catégorie, il faut faire rentrer les
scientifiques et les physiologistes qui, tout en s'achar-
nant noblement à l'étude des phénomènes psychologiques, poursuivent l'idée conçue ou plutôt sentie
a priori que l'organisme humain, le cerveau, le système nerveux est le siège de l'intelligence. Ceux-là,
après avoir localisé les différentes modalités des réactions sensitivo-sensorielles, poursuivent, avec méthode
et en érudits qu'ils sont, la connaissance et la précision du mécanisme dynamique vivant ; ce sont des
biologistes puisqu'il faut y faire rentrer tous les zoolo-
gistes et tous les chercheurs des sciences biologiques.
Pour les premiers, la pensée, l'intelligence est encore
une entité métaphysique ; elle est envisagée de la
même façon que par les anciens. — Les connaissances
acquises et ajoutées depuis, mises en balance, seraient
bien pauvres et j'entends par connaissances les quelques notions nouvelles précises qui avanceraient tant
soit peu les données du problème. Les phénomènes de
conscience constituent un monde indépendant et la
psychologie, branche de la philosophie, aurait un
domaine objectif à cause de ce monde de sensations
et d'images qui ont des contingences, des rapports
plus ou moins étroits avec les données psychologiques
et physiques organiques. Cette manière d'envisager
la philosophie est tout aussi spiritualisée, tout aussi
éthérée que la philosophie du xviiᵉ siècle ou que les

spéculations des Grecs, avec cette différence qu'ils spécialisent l'objet de leurs spéculations, objet plus restreint et plus délimité que les notions toutes premières des philosophes.

Pour les scientifiques, la conscience et toute la psychologie ne seraient que des réactions propres du système nerveux, des qualités particulières de l'organisme et dont on peut suivre l'évolution, l'involution et les lois de leur genèse.

A côté de ces grands groupes, il existe une troisième grande catégorie des sciences dites psychiques, sciences qui font la joie des masses ignorantes ou instruites, toutes ces sciences dites divinatoires qui ont cheminé dans toutes les époques à côté des doctrines classiques, soit au temps des anciens quand elles émanaient directement des influences religieuses, soit au temps moderne où elles sont plus organisées, mieux armées pour la lutte. Ces sciences ont le monopole du miracle et n'appartiennent à aucun dogme, s'inspirant à tout hasard des observations et des remarques souvent judicieuses, elles osent tout, se permettent de considérer tous les phénomènes avec la légèreté d'un poète ou avec la sensibilité d'un littérateur. N'ayant pas l'éducation scientifique des hommes de science, ni les notions générales des philosophes, elles enregistrent les phénomènes avec croyance plutôt qu'avec science, enveloppant leurs faits dans une rhétorique qui spécule sur l'ignorance ou la soif d'un inconnu de l'humanité. Ces sciences, auxquelles la science doit des découvertes et des observations réelles, il faut l'avouer, soit dans le domaine des sciences divinatoires, soit dans celui du magnétisme, de l'hypnotisme, de la télépathie, etc... contiennent dans leurs documents des faits très intéressants. Il a existé dans tous les temps, et il existe encore dans ce monde composé d'aliénés, d'ignorants, de charlatans, de croyants ou d'illusionnés, de remarquables observateurs, des esprits de tout premier ordre qui ont publié et observé des faits d'une valeur incontestée. Leur ingéniosité naïve touche parfois au génie, par leur puissance intuitive.

C'est ainsi qu'en science rien n'est méprisable, et que toutes les données, même les plus humbles, sont à considérer. Dans la conception des représentants de ces sciences psychiques, la conscience et l'intelligence ont toujours une existence indépendante ; elles existent sous des formes différentes qui varient depuis les catégories physiques des alchimistes jusqu'aux conceptions métaphysiques des spirites, mais elles n'ont toujours, tout comme dans les données métaphysiques des philosophes, que des contingences avec le physique, avec l'organisme. Ce sont des physiciens sans le savoir, qui crurent avoir saisi le mystère de la vie, donc le secret de la conscience et de la pensée humaine.

Cet ordre de recherches attirant de plus en plus l'attention des savants conduisit des penseurs et des hommes de science à déterminer les limites d'un autre ordre de connaissances : *la métapsychie*, terme par lequel il faut entendre la préoccupation métaphysique des connaissances limitées au domaine purement psychique. La métaphysique était une science trop générale, trop complexe ; elle faisait une place à toutes les manifestations de la vie ; et l'ancienne

conception aristotélique, de même que tout le bagage
des philosophies modernes, admettait implicitement
cette dénomination générale du critérium.

La psychologie expérimentale constituée en science
indépendante remplacera toute l'ancienne psychologie,
dont elle modifie déjà sensiblement le domaine, recti-
fiant des erreurs grossières et lui imposant les notions
scientifiques acquises par les sciences expérimentales.
Elle écarte l'étude des problèmes métaphysiques,
comme incompatibles avec la possibilité de nos investigations actuelles. Toute science est liée à ses méthodes et les résultats ne sont enregistrables qu'en
tant que les méthodes sont rigoureuses et excellentes.

La psychologie expérimentale, improprement mais
logiquement parlant — car en l'état actuel, toute psychologie doit être expérimentale, — attaque la vie psychologique en elle-même, et tout en écartant les problèmes métaphysiques, elle conserve comme limite
possible de ses recherches le parallélisme psycho-
physique. Ainsi organisée, la psychologie contribue à
la création d'une nouvelle pédagogie ; elle est sur le
point de modifier la psychiatrie et l'esthétique, et de
loin on aperçoit son influence heureuse dans l'esprit
médical dépourvu généralement, et à son désavan-
tage, de toute préoccupation philosophique et psychologique. L'avantage considérable de cette nouvelle
manière d'envisager les phénomènes de l'esprit laissait au jugement toute la liberté de se formuler,
l'expérience étant le seul garant, le seul critérium
décisif. Aussi, il ne faut pas s'étonner que parmi les
psychologues, certains s'arrangèrent ou conservèrent
des sympathies profondes pour la métaphysique clas-

sique, sympathie parfois poétique, souvent imposée
comme un besoin personnel, tandis que d'autres,
ceux qui touchèrent surtout à la médecine ou qui
furent désorientés par le bruit des vagues sciences
sociales contemporaines, considérèrent la pensée
comme un produit de l'organisme, et toutes leurs
forces s'orientèrent vers la précision de la base dite
anatomique de la pensée. Ceux-là, les plus nombreux, sont les unilatéraux ; ils ne veulent prêter
l'oreille à aucun fait qui sorte du dogmatisme de
leurs conceptions.

La métaphysique ne les tourmente malheureusement pas, ils n'ont aucun besoin de saisir, de broder,
de contempler l'au-delà ou le grand inconnu qui
préoccupe certains d'entre nous. Ils s'intéressent aux
faits et, logiques avec eux-mêmes, ils demandent des
faits et des documents.

V

Tel est, résumé en quelques mots, l'état actuel de
la philosophie et des idées psychologiques. Dernièrement il faut ajouter le mouvement pragmatique, que
W. JAMES contribue de plus en plus à rendre sinon
plus connu, du moins toujours plus sympathique, mais
dont on trouve des tendances tout aussi visibles, non
seulement dans PIERCE, qui formule ces quelques
idées, mais dans tous les philosophes classiques qui
gardèrent l'envergure spéculative des anciens métaphysiciens, tout en connaissant et en utilisant des
connaissances scientifiques modernes. BERGSON en

France et J. WARD en Angleterre, peuvent être cités
comme les exemples les plus brillants de ce mouvement. Les pragmatiques ne sont, en somme, à mon
avis, que des philosophes expérimentaux qui veulent
philosopher après documentation faite.

A ce titre, tous les psychologues expérimentaux
font du pragmatisme, car tous ceux qui ont un passé
de recherches arrivent, par la force des choses, par la
position des problèmes qu'ils étudient, à philosopher.
Font-ils quelque chose de nouveau, ajoutent-ils pour
cela un esprit vraiment nouveau à leur personnalité ?
Nullement, et, à mon avis, la sympathie pour les
pragmatiques est une sympathie surtout verbale pour
des idées générales qui manquent à la totalité des
psychologues expérimentaux. Mais au fond, à quoi
bon broder et pourquoi des inductions compliquées,
quand après avoir touché de si près les éléments qu'on
croit premiers de la pensée humaine, on est tout aussi
ignorant sur les données générales, sur leur cause
intime. Il faut seulement retenir de cette nouvelle tendance le besoin de la sensibilité, la nécessité individuelle d'une métaphysique pratique, et cela à une
époque où la vie sociale est bouleversée par des
conflits perpétuels, des croyances, des impulsions et
des désirs.

Quelle que soit la nature intime des phénomènes
intellectuels, il reste acquis pourtant qu'ils ont un
domaine à eux, et je suis étonné que des psychologues
consentent à faire de la psychologie, tantôt un chapitre
de la physiologie, tantôt une branche des sciences
philosophiques, mêlées de ces teintes sociales dont
j'avoue ne comprendre ni le sens, ni la valeur réelle,

malgré tout le bruit et toute l'autorité dont on les
entoure.

<h1 style="text-align:center">VI</h1>

J'ai voulu esquisser rapidement la situation du problème philosophique de l'intelligence pour mieux préciser la position de la question dont je m'occupe, « la
psychologie de la main », et surtout l'esprit dans lequel
j'ai cru devoir envisager toute la délicatesse de ces si
complexes études.

Je m'explique. On oublie toujours la sensation de
la vie, et, voulant schématiser les nombreuses données
de l'existence, ses multiples aspects, on envisage
toujours ces aspects sous l'angle d'une faculté isolée,
d'un élément considéré en lui-même. C'est le cas de
tous ceux qui expérimentent. De nos jours, les données
de la sensibilité sont empreintes, me semble-t-il, de
plus de conscience que jadis. Il y a dans chaque action,
dans chaque geste, dans chaque pensée, une exigence
peu connue à d'autres époques. On est revenu par
d'autres côtés à réenvisager la vie dans son ensemble,
dans sa grandiose construction métaphysique, tout
en gardant le souvenir précis des tendances et des
besoins psychologiques qui demandaient non seulement le pourquoi des choses mais aussi le « comment ».
Nous faisons tous de la métaphysique, souvent sans
le savoir ; c'est le charme et en même temps l'ennui
de la portée pratique du domaine réel de notre conscience. Laisser aux expériences futures le soin et la
possibilité de nous découvrir les données et les causes

intimes de nos sensations est une besogne belle, laborieuse, mais qui ne résout pas et surtout n'avance en rien nos besoins individuels actuels. Car il ne faut pas oublier que l'expérience n'explique jamais l'expérience. Toutes les formules pragmatiques, celles de W. JAMES, comme celles de SCHILLER, et toute la discussion si intéressante des philosophes anglo-américains ne représentent que des conséquences ; or, toute vérité ne peut avoir des conséquences pratiques immédiates; et puis, la vérité n'est pas uniquement dans les conséquences pratiques. Le grand tort de ceux qui font de la psychologie a été de n'envisager que la vie en elle-même, telle qu'elle est, sous sa forme sensible. Nos travaux et nos recherches manquent d'atmosphère large, et le travail le plus banal, le plus médiocre des philosophes classiques a, à cet égard, plus d'horizon. Aussi, on comprend facilement l'esprit peu dogmatique de certains expérimentaux, des peseurs de soi disant états d'âme, qui sont parfois de rigoureux observateurs, mais dont les recherches souffrent d'une atmosphère trop peu aérée.

On a souvent faussé la belle conception scientifique de la mesure. Le physiologiste qui ne pèse pas avec autant de précision certains phénomènes qu'il enregistre, est-il moins scientifique que le psychologue qui croit avoir décrit un phénomène psychologique en mesurant en dixièmes de millimètres la courbe graphique à la suite du claquement de ses simplistes mains ? Non, et tous les psychologues expérimentaux le savent, mais il est extrêmement difficile d'enseigner l'esprit de l'expérience surtout à ceux qui sont nourris de vagues idées générales et dépourvus de toute finesse psychologique.

Ce livre n'a que la prétention d'être une monographie expérimentale — dans le sens large du mot — d'une question peu connue, pas du tout étudiée, mais dont chacun trouvera, à la suite d'une analyse introspective, des indications qui préciseront l'esprit qui a guidé son auteur. Tout en travaillant expérimentalement, tout en tenant rigoureusement compte des faits et des observations enregistrables, nous n'avons pas voulu nous arrêter seulement aux données immédiates du fait. Et en cela, tout en étant pénétré par l'esprit de la méthode scientifique, nous avons voulu rattacher à quelque chose de « vivant », à des faits de la vie, les données et les observations ; nous avons voulu trouver une hypothèse qui fût une conclusion nécessaire, mais nullement en construire une, une possibilité d'élargir, de classer, d'encadrer nos observations. Aussi, depuis les quelques années que j'étudie les phénomènes subconscients, je n'ai pas cessé un instant de penser à notre sujet. Le plan primitif du travail était de faire une monographie sur le sens musculaire, sur la psychophysiologie du mouvement. J'ai étudié, analysé et expérimenté le sens musculaire sur des centaines de sujets et sous tous ses aspects depuis l'histologie jusqu'à la physiologie expérimentale. La besogne a été longue, mais féconde pour ma pensée ; j'ai appris à connaître complètement mon sujet. J'espère publier un jour mes recherches scientifiques. *J'ai la conviction expérimentale que le sens musculaire existe,* qu'il a un terrain tout aussi défini que toutes les autres sensations. La grande masse musculaire, de même que tous les tissus tendineux ont une sensibilité presque spéciale et qui joue un rôle considérable dans l'organisme. Histologiquement, l'innervation musculaire est entrée, comme on le sait, dans une phase nouvelle et on est sur le point de dresser la topographie des trajets neuro-musculaires, déjà délimités par certains auteurs. Mais, entre temps, plusieurs travaux ont paru sur ce sujet, soit des revues générales, soit des monographies. L'idée qui m'intéressait tout particulièrement, c'était *l'image motrice* ; mais l'étudier au point de vue psychique serait revoir toute la physiologie, serait faire un chapitre considérable et pas nouveau, quand on connaît la littérature si riche des mouvements oculaires par exemple ou encore celle de la pathologie sensitivo-sensorielle.

Étudiant « le mouvement » à plus d'une reprise, nous avons été surpris par certains phénomènes liés intimement à la genèse, à l'évolution et à l'involution des images motrices. Le problème s'est élargi petit à petit dans notre esprit, et comme il arrive pour tous les sujets avec lesquels on a vécu et qu'on connaît un peu, on finit par le croire naïvement sien. Les préoccupations mentales, la manière d'envisager les questions s'y greffent subconsciemment et on est conduit logiquement vers une conception plus large, plus philosophique. Aussi je ne donne ce travail que sous la forme d'un simple essai ; j'ai essayé de préciser non seulement un problème psychologique, mais d'exposer des idées personnelles sur le mécanisme subconscient de la pensée ; je n'ai jamais perdu de vue l'expérience et je n'aurais pu faire autrement, mon éducation proprement philosophique étant toute expérimentale.

Mais voulant tenir compte de la sensibilité de la vie,
des besoins et des tendances psychologiques de l'organisme intellectuel malgré son affinité pour les
croyances, nous sommes curieux de nous rendre
compte du pourquoi et du comment de ses penchants
émotifs. Loin de ma pensée de toucher à la métaphysique de la question ; volontairement j'ai voulu faire
œuvre de psychologie, mais, peut-être subconsciemment, mes penchants pour la métaphysique et ma sympathie pour les spéculations philosophiques ont
dirigé mes pas vers le domaine des abstractions,
partant, loin de mon sujet. L'idée qui domine tout ce
travail n'est autre que celle d'un psychologue expérimental qui désire élargir l'esprit de ses observations
et qui ne s'est pas contenté du fait simple, brut,
mais qui se sentant vivre et ayant l'esprit ouvert à
toute vérité s'est penché vers la vie, essayant d'interpréter quelques-uns de ses aspects, de la comprendre
avec son peu de savoir, d'analyser et de concevoir
l'être en activité, comme disait Gœthe.

La psychologie de la main est, en effet, un sujet des
plus complexes, car la main représente pour moi le
siège principal de la sensibilité motrice ; elle serait en
d'autres mots l'organe sensoriel de la motilité, comme
la peau est celui de la sensibilité tactile et l'œil celui
de la vision. Je dis qu'elle est l'organe principal, car
le siège physiologique de la sensibilité motrice est le
muscle, mais ce n'est que l'élément fondamental dissé-
miné d'ailleurs dans tout l'organisme sur une surface
si considérable et arrivé, particulièrement dans la
région de la main, par la synthèse des multiples
gestes et formes d'activité si différenciées, à consti-

tuer un organe, un siège sensitivo-sensoriel. Le
mouvement est l'élément le plus intime de la pensée ;
nous analyserons et nous examinerons la psychologie du mouvement seulement en tant qu'il se trouve
rattaché à la psychologie de l'image motrice, dont la
main représente le foyer principal. Nous laisserons
de côté les données histo-physiologiques et purement
physiologiques pour ne nous occuper que de la psychologie de la question. Mais pour donner une monographie complète sur la main, pour mieux délimiter
la portée et le rôle de la main, nous avons passé en
revue tous les chapitres de notre sujet, depuis la chiromancie et l'anatomie de la main jusqu'à l'analyse de
l'image motrice. Nous voudrions préciser l'importance, la valeur et le rôle psychologique de la main.
Si par hasard nous avons attaqué le problème, si
ardent et si sympathique à toutes les foules, de la
divination chiromantique, notre point de vue a été
d'aborder l'aspect social de la question. L'œil n'a-t-il
pas l'art, la couleur et la lumière comme extériorisa-
tion sociale ? L'oreille n'a-t-elle pas la musique comme
portée sociale et l'interprétation des bruits divers et
compliqués de la vie sociale et de la nature ? La peau,
avec ses multiples formes d'activité sensorielle, n'a-
t-elle pas la connaissance directe, immédiate des
notions si précises et si fines du monde objectif et
extérieur et de l'atmosphère sociale ou cosmique qui
nous entoure ? La main, par la toute particulière
synthèse motrice et tactile qu'elle représente, sensibilité de contact, thermique, musculaire, douloureuse,
sensation de pression, de chatouillement, de relief,
etc., représente le point le plus précis, le plus tan-

gible de notre objectivation extérieure. Si la lumière, qui frappe les éléments sensibles de la rétine, nous renseigne sur la clarté et l'obscurité du milieu ambiant, et si, par la prodigieuse et riche connaissance des milliers de nuances des couleurs, l'œil non seulement nous ravit, mais enrichit notre intelligence sensible, il ne nous donne que des notions de rapport, des rapports lointains, dont la physique et l'expérience vérifient seules la réelle portée. Il faut que la main touche les choses pour sentir elle-même, expérimentalement, la notion de cette vie extérieure sur laquelle les autres sens ne font que nous documenter. La peau et toutes les formes de la sensibilité tactile nous donnent quelques notions plus directes de cette vie extérieure, mais ce sont des données brutes, grossières presque, et empreintes d'une subjectivité considérable. Il faut que la main touche les choses, il faut qu'elle délimite bien, musculairement, les contours des objets sentis, vus, perçus, pour que la vie tout entière se précise en bloc et d'une manière définie à notre intelligence. Inconsciemment, les traditions et les croyances des peuples ont attaché à la main le grand rôle qu'elle joue dans la divination de l'avenir. Le creux de la main, avec la géographie si compliquée des lignes qui dessinent les arabesques si curieuses et si indéchiffrables qu'on connaît, a été considéré, à cause de cela, comme le résumé de toute la vie, du passé et de l'avenir. L'astrologie avait trouvé dans cette surface microscopique de quoi loger toute sa rêverie grandiose et tout le firmament étoilé. Aussi, qu'on ne considère pas l'attention accordée à la divination chiromantique, à la possibilité de définir psychiquement l'individu, comme superflue. La main définit l'être humain plus que l'œil, plus qu'aucun autre domaine sensoriel et les phases de notre vie y laissent plus de traces qu'ailleurs. L'être humain, dans sa plus intime structure psychique est un organisme craintif, inquiet, s'il n'est pas inconscient ; d'où la préoccupation de l'avenir, l'inquiétude de notre future évolution sociale ou psychique. La chiromancie et son grand succès, son éternel succès, sont explicables par cette crainte et par cette curiosité.

Nous n'avons jamais perdu de vue l'aspect psychogique de notre sujet, et il nous a paru plus logique de nous contenter d'une exposition précise et documentée des faits, que de discourir sur des abstractions et sur des hypothèses possibles. L'« image motrice » est étroitement liée, par la définition que nous lui donnons, d'après son contenu, à la connaissance du subconscient, de ce grand tout qui caractérise plus que n'importe quel fait la psychologie, au mécanisme le plus délicat, le plus intime de la pensée. A ce titre, les hypothèses et les constructions des données possibles seraient facilement formulées. Nous nous contenterons de l'exposition du problème, de la délimitation de ses données, et la seule hypothèse que nous oserons esquisser, c'est celle qui se rapporte à « l'intuition », phénomène sur lequel nous comptons revenir sous peu dans un autre travail et qui, à son tour, évoque le problème encore plus ardent : celui de *la possibilité de penser sans image*. Le mouvement peut exister en lui-même et il peut définir une sensation, sans avoir besoin d'une épithète, d'une image résiduelle comme on a l'habitude de le croire. Notre conception de « l'image motrice » est un peu différente de la conception classique des images et nous l'avons employée et utilisée précisément pour ne pas provoquer une confusion par anticipation.

Tel est l'esprit de ce travail. Son contenu est varié et il touche à toutes les sciences et à tous les aspects du sujet. Nous serions heureux si nous avions pu arriver à faire cette synthèse des problèmes disparates et nombreux, autour de l'analyse psychologique de la main, et en même temps à délimiter la portée, la valeur et le contenu d'un phénomène psychologique plus complexe et plus délicat : « l'image motrice ».

CHAPITRE PREMIER

LES SCIENCES DIVINATOIRES CHIROMANTIQUES

I

La vie est intéressante en elle-même ; elle l'est surtout par les coefficients émotifs, par la sensibilité que nous y mettons ; elle n'est, autrement, qu'une suite longue et banale de besognes, de luttes et de conflits qui, parfois, ne manquent pas de beauté, mais qui, dans le plus grand nombre de cas, sont dénués de toute sensibilité personnelle, de toute préoccupation intellectuelle. L'atmosphère des cimes n'est respirable que dans notre pensée, dans cette vie intérieure dont l'émotivité nous affranchit souvent du pacte social, de la vie quotidienne dans laquelle nous nous confondons, nous abandonnant subconsciemment à la vie anonyme des masses, à cette vie sociale que certains penseurs contemporains nous présentent, hélas ! comme l'idéal, comme la forme définitive où nos sensibilités doivent et peuvent s'épanouir ou se cristalliser.

On sait pourtant la signification de ce mot « définitif » et la portée réelle de son contenu ; on sait que c'est une affirmation verbale dépourvue de toute intellectualité et qu'on répète automatiquement et en rapport inverse de la pénétration mentale et de la finesse d'analyse de l'observateur.

De tout temps, la connaissance de l'être humain a été l'effort le plus remarquable, le plus obsédant et le plus immédiat de la raison, de l'intelligence s'analysant elle-même, cherchant des points d'appui, des justifications ou des états émotifs dans ses propres élaborations mystérieuses. Ce qui se passe dans la mentalité, ses souffrances comme ses évolutions et ses formes futures ont toujours passionné l'insatiable raison humaine, surtout à cause de l'angoisse de l'inconnu et de la soif de bonheur et de bien-être qu'elle éprouve subconsciemment, à cause même de la source de ses forces psychiques, du goût de la vie, de ce principe de l'euphorie de la sensation de la vie qui passe...

On désire se connaître, on l'a toujours désiré, et l'avenir est devenu plus tentant et plus troublant du moment où l'on a cru pouvoir pénétrer la pensée, le présent et même le passé de notre personnalité, cette agrégation d'émotivités si diverses, si multiples et si anodines.

On trouve dans ce désir subconscient toute la psychologie des croyances, et l'on comprend aisément le succès des sciences divinatoires. La raison humaine ne se contente pas seulement de saisir quelques rouages de son mécanisme intime, mais elle pousse la curiosité jusqu'à vouloir saisir la trace même de sa genèse ; elle s'attendrit quand elle ne s'effraie pas ; elle brode autour de quelques données métaphysiques quand elle ne se prosterne pas aveuglément devant de froides idoles, leur confiant tous ses rêves et sa troublante émotivité.

La science, la vraie science, nous donne bien peu de cette émotion individuelle dont nous avons tous soif; elle est grave et sévère, et, dans sa belle mission, elle jette les humbles graines de vérité, sans s'inquiéter du sort de la semence, sans vouloir embrasser à la fois ni la vérité tout entière, ni toutes les connaissances possibles. D'autres esprits, d'autres chercheurs reprendront ces vérités, les interpréteront et les complèteront pour qu'un jour, un jour lointain, perdu dans l'espace où coule notre notion de l'infini, toute la vérité apparaisse dans sa beauté froide et grandiose. Un vrai savant s'endort dans l'éternité avec la joie d'avoir fait quelque chose, d'avoir pu comprendre un peu plus, d'avoir ajouté quelques nouveaux faits au bagage des connaissances acquises. Un vrai savant regarde l'inconnaissable — au moins, il devrait le regarder — soit avec courage et froideur, soit avec une certaine poésie qui, si elle n'est pas religieuse, est toujours pleine d'une majestueuse métaphysique.

Mais le reste de l'humanité, de l'humanité qui n'est pas savante, a plus de hâte ; pressée de savoir et de connaître, elle est naïvement exigeante. De là, sa passion pour les sciences occultes et l'avidité avec laquelle elle les recherche. En effet, il est si facile de formuler leurs données que ces sciences arrivent à contenter tout le monde et toutes les intelligences : le scrupule scientifique étant remplacé par une critique large et bienveillante, les conclusions deviennent plus élastiques, elles se mêlent de poésie, et les formules scientifiques se transforment en bréviaires litté-

raires à la portée de toutes les pensées. La foule, aisément croyante, est toujours pleine de sympathie pour
ces formules : elle trouve de la profondeur aux plus
grandes banalités, et s'incline devant tout ce qu'on
sait lui imposer par l'autorité, l'adresse ou la sentimentalité.

J'étudie depuis des années les connaissances acquises
par les différentes sciences occultes, surtout par les
soi-disant « sciences psychiques » qui jouissent encore
d'une si grande faveur. J'avais eu l'intention de soumettre, dès le commencement, dans nos laboratoires,
à la vérification expérimentale, les quelques données
qui sont comme la monnaie courante de ces milieux
extra-scientifiques, voire des milieux publics les plus
intelligents. Aujourd'hui, la chose est faite.

Dans ce travail, j'essayerai de formuler les données les
plus précises et d'une portée vraiment générale, qui sont
le résultat de mes recherches sur la psychologie des
investigations chiromanciques, de faire, en d'autres
termes, un essai sur la « Psychologie de la main »,
psychologie appuyée sur des recherches de laboratoire et sur des recherches psycho-sociales.

Je tiens à déclarer, avant de passer à l'exposé de
mes recherches et au contenu de ce livre, qu'on a tort
de mépriser en bloc les sciences occultes : on trouve
dans les travaux de leurs adeptes des documents d'une
valeur réelle, et toutes contiennent quelques données
déformées, amplifiées, mais réellement vraies. Qu'on
n'oublie pas que la vie individuelle est la plus riche
source de vérité ; avant de critiquer ces sciences,
qu'on songe qu'elles synthétisent d'innombrables
expériences, expériences de milliers d'années, dont

la vie humaine est empreinte consciemment et surtout subconsciemment. Il s'agit d'une expérience en somme ancestrale.

II

Je ne tiens pas à faire l'historique de la chiromancie, ni la synthèse des connaissances acquises en ce métier psychologique. Je désire seulement exposer rapidement mes recherches et mes idées dans le domaine de la psychologie de la main, esquissant seulement, en toute hâte, quelques données générales et donner un chapitre de la longue série d'investigations, qui seront exposées ailleurs, où j'ai soumis à l'expérience le problème du hasard, allant jusqu'à la psychologie de la tireuse de cartes et de la diseuse de bonne aventure. Dans mes travaux et mes recherches sur la croyance dans les rêves prophétiques, travaux déjà anciens et datant du début de mes investigations psychologiques, j'avais déjà pris date, comme nous le disons en science.

On a étudié la main dans les sciences dites psychiques surtout à deux points de vue différents : au point de vue de la « physionomie », de l'aspect de la main, et on la considère alors comme faisant partie de la *chirognomonie* ; ou encore au point de vue de l'inspection des lignes de la main

pour deviner l'avenir ; l'étude tient dans ce second
cas de la *chiromancie.*

Ces deux sciences prétentieuses et anciennes ne
font en somme qu'une seule malgré les différents
points de vue dans lesquels se placent les maîtres
les plus autorisés de ces hardies mais menues investigations du caractère humain. La première de ces
sciences, la *chirognomonie* ne s'intéresse pas à
l'avenir ; elle n'analyse que les données du présent et
elle n'envisage aucune prophétie ; mais elle se propose seulement de connaître, de classer le caractère
humain d'après la simple inspection des mains. La
chiromancie, au contraire, est une science purement
divinatoire ; elle a la prétention de saisir la trame mystérieuse de l'avenir, de fixer les grandes étapes de notre
biographie future et de préciser non seulement nos
futures douleurs psychiques, mais les chagrins d'ordre
moral, individuel ou familial.

Les livres classiques de chiromancie, de même que
les chiromanciennes émérites nous dévoilent facilement les chagrins des êtres que nous aimons, qui
sont liés à l'évolution de notre vie, et avec le calme le
plus obséquieux ces Pythonisses nous parlent des
chagrins même de notre famille par alliance. L'esprit
humain, comme on le voit, brode toujours inutilement et systématiquement, quoique naïvement,
autour de la plus banale intuition. Il désire avoir
une métaphysique toute prête à sa conception mentale du moment présent.

Les livres, les discussions ne manquent pas dans
chacune de ces deux soi-disant sciences, et depuis
l'antiquité la plus légendaire, jusqu'aux dernières édi-

tions populaires entre les mains de tous ceux qui
savent lire ou écrire, il y a des bibliothèques tout
entières ; mais la grande majorité de ces ouvrages ne
font que rabâcher les quelques données personnelles
des auteurs connus ou de ceux qui ont ajouté quelques
menus faits par l'expérience de leur métier productif
et facile. Le premier Dictionnaire nous donnera les
aperçus classiques ; les articles « chirognomonie »,
« chiromancie » et « main » du *Grand Dictionnaire
Larousse* sont parmi les mieux faits. Il y a des
données précieuses et claires également dans le
Meyer's Lexicon. Il faut également citer l'article
« Main » du *Dictionnaire Infernal* de J. COLLIN DE
PLANCY, dont la première édition parut en 1818 ; la
sixième édition est la plus complète ; elle a été publiée
vers 1863 (Henri Plon, imp.-édit., Paris). Tous les
renseignements de ce dictionnaire sont judicieusement catalogués et analysés avec une réelle compétence. Le *Dictionnaire raisonné des Sciences* du
xviiie siècle, ou en d'autres mots l'*Encyclopédie* de
DIDEROT et d'ALEMBERT nous relate seulement l'opinion
de CUREAU DE LA CHAMBRE et celle plus favorable du père
jésuite DELRIO. Nous trouvons citée cette curieuse
phrase de MUNSTER sur l'usage de la chiromancie par
les bohémiennes, ce qui donne une idée assez exacte
de l'esprit du xviiie siècle : *Anus eorum chiromantiæ
et divinationi intendunt, atque interim quo quærentibus
dant responsa, quot pueros, maritos, uxores, sicut
habitari miro astu et agilitate crumenas quærentium
rimantur et evacuant* (Lib. III, p. 257). Voir aussi
l'article « Chiromancie » du même Dictionnaire,
t. III, M. DCCLIII, p. 349. Pour le xve et xvie siècle, il

3

faut se référer aux précieux renseignements de H. Corn-
Agrippa (Nettesheim), le contemporain si célèbre
d'Erasme ; il faut lire surtout *De incertitudine et
vanitate scientiarum,* publié en 1530 à Anvers. Il
existe deux traductions françaises, l'une faite en
1682, par Turepet et la seconde en 1726, faite
par Gueden. Il faut lire encore *De Occulta philo-
sophiæ* (1531), du même auteur, traduit par A. Levas-
seur en 1727.

On peut aussi trouver des renseignements intéres-
sants dans *La Magie au dix-neuvième siècle* par
Gougenot des Mousseaux. A lire également Papus (1),
Traité méthodique des sciences occultes, 1882 :
Lehmann : *Aberglaube und Zauberei* (2) et Philippe
May de Franconie : *La chiromancie médicinale,
accompagnée d'un traité de physionomie et d'un autre,
des marques qui paraissent sur les ongles des doigts.*
Trad. fr. par Treuches de Wezhausen. La Haye, chez
Levijn van Dyck, 1665, 1 vol. in-12, volume intéres-
sant surtout pour ses 32 planches en taille douce, et

(1) A lire aussi du même auteur : *Les arts divinatoires, graphologie, chiromancie, physiognomonie, astrologie.* Broch. in-
18 ; Bibl. Chacornac. Collection des articles publiés dans le
« Figaro ».

(2) Alfred Lehmann, *Aberglaube und Zauberei von den
ältesten Zeiten an bis in die Gegenwart.* Deutsche autori-
sierte ausgabe von Dr Peterscn. Stuttgart. Verlag von Ferdinand Enke, 1898, 1 vol., 557 p.; pp. 180-185. Bibliographie
riche mais de seconde main. On trouve également des renseignements généraux dans K. Sprenzel., *Versuch einer prag-
matischen geschichte der Arzneikunde.* Autl, 3 Bd 3-4, Halle
1827 — et dans Kiesewetter C. *Geschichte der neueren Occul-
tismus,* Bd 1 u. 2 Leipzig 1891 et 1898.

des plus documentés. Nous avons utilisé un grand nombre de ses documents (1).

Un livre des plus curieux à lire est aussi : *L'art de lire dans les lignes et caractères qui sont dans les mains, ou éléments de chiromancie*. Amsterdam, 1787. Lire aussi un classique du nouvel occultisme : FLAMEL HORTENSIUS (ELIPHAS LÉVI) — *Le livre d'or, révélations des destinées humaines au moyen de la chiromancie transcendante, la nécromancie, la physionomancie, la géomancie, la cristallomancie, et toutes les sciences divinatoires*. Paris, Toirque, 1842, 1 vol. in-16. — On peut citer du même auteur : *Dogme et Rituel de haute-magie*, Paris, 1861, 2 vol. in-8.

ANAXAGORE, le naturiste si puissant de l'école ionienne, mentionne déjà, parait-il, l'utilité d'examiner la main pour saisir le caractère individuel. Sa

_____

(1) PHILIPPI MEYENS VON COBURG IN FRANCKENLANDT, *Chiromantia Medica Mit einem anhang von den Zeichen auf den Näglen der Finger*. Neben einem Tractaflein von der Physiognomia medica. Kaag. 1667. Tel est le titre exact. Pour ce qui concerne la date, il doit y avoir une erreur, ou en tout cas l'exemplaire que j'ai eu entre mes mains, celui de la Faculté de Médecine de Paris (n° 76.879) porte la date écrite à la main, le bord la première page manque, 1 vol. 158 p. — pp. 1-100 et 101-124. La grande majorité des traités de chiromancie ont copié ou paraphrasé les données de PHILIPPE MAY DE FRANCONIE, sur le présage des ongles et sur les signes cabalistiques qui accompagnent les terminaisons des lignes. Le volume est considéré comme extrêmement rare, et à juste raison. M. Ernest Bosc vient de republier à la Librairie des Sciences occultes de Paris, en 1895, la traduction française de *La chiromancie médicinale*, etc., ayant trouvé par hasard dans une bibliothèque d'un grand père maternel un exemplaire de la première traduction de *Treusches de Wezhausen*, 1 vol., 199 pages.

théorie des *homoemeries* cadre admirablement avec sa conception cosmologique de l'homme, mais je n'ai pas pu trouver l'indication du passage dont on parle vaguement dans tous les articles et livres chirognomoniques. On cite également DÉMOCRITE, ARTÉMIDORE, CHALCHINDUS parmi les anciens comme s'étant adonnés à des recherches de chirognomonie ; dans les temps modernes, le cardinal d'AILLY, SAVONAROLE, le P. NIQUET, etc. Ces derniers auteurs apportent seulement quelques observations personnelles. Le *Miroir astrologique du XVIIᵉ siècle,* une publication très curieuse et extrêmement riche en documents précis malgré la naïveté de la rédaction, est à lire ; à ce sujet, on trouve une classification étrange des mains, classification qui est loin d'être banale, mais pleine de confusion, et d'autant plus dangereuse qu'elle est formulée d'une manière quasi dogmatique. Le chevalier S. D'ARPENTIGNY (1), connu surtout par son talent d'écrivain humoristique, publia, en 1843, un très curieux travail sur la « Science de la main ». Il réussit à attirer l'attention d'un public plus sérieux, déjà distrait des anciennes préoccupations chirognomoniques, quoique cet auteur prétende fonder une nouvelle science, selon l'inspection de la main. Il annonce qu'il s'est guidé dans ses conclusions par des recherches et par la logique de l'observation sérieusement coordonnée.

(1) S. d'ARPENTIGNY, *La science de la main ou art de reconnaître les tendances intelligentes d'après les formes de la main.* Paris, 1865, 1 vol. in-12, 3ᵉ éd., 348 p. Première édition : *Chirognomonie ou la Science de la main,* par le capitaine d'ARPENTIGNY, Coulon-Pineau, 1856.

III

La chiromancie a une histoire plus connue ; on n'a guère recouru jusqu'à la première moitié du xIxᵉ siècle spécialement, aux données de la chirognomonie, confondues dans une seule et même science : la chiromancie. Les anciens connaissaient non seulement les principes de cette science, d'ailleurs à la portée de n'importe quelle intelligence, si humble fut-elle, mais ils les utilisaient avec art et avec une connaissance parfaite du métier. C'est dans la Kabbalah qu'on trouve des traces de la chiromancie. Aux Indes, la chiromancie était, paraît-il, très appréciée, il en était de même chez les Chaldéens, chez les Égyptiens et chez les Hébreux.

Ici, il faut évoquer, à titre d'historique, le curieux problème qui reste à résoudre, à savoir si la chiromancie est née indépendamment de l'astrologie ou si elle n'est qu'une application immédiate des sciences astrologiques ; l'historique n'est fait nulle part. Il n'existe que de vagues opinions.

La chiromancie ne semble être pour moi qu'une nouvelle application de l'éternelle astrologie, application qui doit être considérée comme une évolution de la position du problème des sciences divinatoires. Pendant tout le moyen âge, voire même dans les temps modernes, les Traités ont accordé une estime toute particulière à la transposition des horoscopes astraux dans la divination chiromantique.

En dehors de la terminologie de la chiromancie,

presque toute astrologique, les signes cabalistiques,
qui fourmillent dans les traités de Kabbale et d'astrologie, arrêtent continuellement l'attention des initiés.
Cette évolution serait certainement intéressante à être
étudiée. Nous la signalons seulement, car elle pourrait constituer l'objet de recherches nombreuses et
qui constitueraient, vu la richesse des documents et la valeur historique des problèmes des croyances humaines
codifiées, le sujet d'un livre. Nous citons en note quelques auteurs dont la lecture pourrait nous instruire
sur l'astrologie et la position des problèmes, mais qui
malheureusement n'ont même pas été attirés par cette
curieuse et intéressante génèse de la chiromancie (1).

D'après d'autres auteurs et particulièrement d'après
le psychologue danois Alfred Lehmann, la chiromancie aurait une origine indépendante. Cette manière
de voir peut certainement se défendre surtout quand
l'historique de la chiromancie n'est guère fait et

(1) En dehors des traités de Eliphas Lévi (Histoire de la
Magie, Paris, 1860) et A. Maury (La Magie et l'Astrologie dans
l'antiquité et au moyen âge, Ed. 4, Paris, 1877), Sayce (The
Astronomy and Astrology of the Babbylonia; I. Transaction of
the Society of Biblical Archaeology. Vol. 3, 1874), Lenormant
(Die Magie und Wahrsagekunst der Chaldäer. Jena, 1878),
Franck (La Kabbale, 2e éd., Paris, 1889), il faut lire : Schott,
Magia Universalis naturae et artis. Tm. 1-3, Herbipol, 1687 ;
Kopp, Die Alchemie in älterer und neurer Zeit. T. 1-2. Heidel-
berg, 1886; Berthelot, Des origines de l'Alchimie, Paris, 1885;
Reuchlin, De arte Cabbalistica, Hagenau, 1517, Fol.; Caccaeus,
Astrologiae methodus, Basel, 1576, Fol., et les écrits sur la magie
de Halle (J. S.), de Porta, de 1. N. Martius (surtout Unterricht
von der Magia naturali und derselben medicinischen Gebrauch.
Frankfurt und Leipzig, 1851), et de Job (J.G.), Anleitung zu den
curieuser Wissenschaften, Physionomie, Chiromantie, Astrologie.
Frankfurt und Leipzig, 1737.

quand tous les auteurs se contentent généralement de
se recopier mutuellement sans contrôler la moindre
citation. Il faut se souvenir pourtant, avant de critiquer cette méthode de travail, que la plupart des traités annoncent avoir puisé leurs savants horoscopes
dans des traités anciens, arabes ou grecs, et dont on
ne trouve guère la trace. Il existe dans toutes les bibliothèques du monde ; j'en ai trouvé au British
Museum, il y en a à la Bibliothèque nationale, et on m'affirme qu'il existe des quantités de manuscrits dans les
bibliothèques d'Allemagne. L'objet d'un pareil travail
mériterait toute l'attention des héritiers des croyances
systématisées de l'humanité pensante.

Ne connaissant pas la genèse des sciences chiromantiques, et étant plus renseigné sur les sciences
astrologiques et sur la Kabbale, cette seconde opinion
nous paraît plus critiquable. Le Dr LEHMANN cite à
l'appui du fait que les Bohémiens représentaient les
vrais maîtres de la chiromancie, ce passage du Faust-
buch de WIDMAN (1550) : « Quand le Dr Faust, écrit
cet auteur, avec ses compagnons légers arrivait chez
les Bohémiens (Zigeunern) ou chez les Tartares no-
mades (Herumziehende Tataren), il demeurait longuement chez eux et il apprenait d'eux et d'après sa propre opinion la chiromancie et comme on peut prédire
d'après les mains (1). » Les magiciens européens n'ont
traité que très tard de la chiromancie et on remarque
dans leurs écrits des essais de constitution d'une
science.

L'ouvrage d'INDAGINUS, un des plus vieux ouvrages

(1) Alfred LEHMANN, *op. cit.*, p. 181.

sur la chiromancie, n'est aux yeux de M. Lehmann qu'un essai d'encadrer (« ist zwar ein anerkennenswerter Versuch ») la chiromancie dans l'astrologie, ainsi qu'Agrippa le relate. « Mais les principales doctrines, écrit Lehmann, de la chiromancie ne s'encadrent absolument pas dans l'astrologie ». Ce qui prouverait aux yeux de cet auteur que la chiromancie s'est développée indépendante de l'astrologie. Pourtant la dénomination des sept monts par les noms des sept planètes, cités d'après Indaginus par M. Alfred Lehmann, et le travail même du classique Ioannes, cité à satiété par tous les auteurs, font qu'on se demande pourquoi il ne serait pas possible de considérer la chiromancie comme une application de l'astrologie ?

Toutes les sciences divinatoires procèdent de la contemplation astronomique et des quelques rapports plus ou moins constants liés consciemment et surtout subconsciemment aux gestes et à l'avenir des humains. La chiromancie est alimentée par le même esprit et qui devient même plus précis. C'est ainsi que fut fondée la *Chiromantia medicinalis*. L'organisme humain portant en lui et avec lui toute sa source de vie et toute l'évolution en germe des évolutions et transformations futures, et ayant été présidé par les astres, qui ont brillé le jour de sa naissance, il me semble tout naturel d'admettre que la chiromancie ne fut qu'une astrologie humaine, organique, microscopique, localisée dans la physiognomonie et dans la géographie de la main.

La lecture de Adrien Sicler est extrêment instructive à ce sujet. Sa *Chiromancie royale et nouvelle* est un précieux recueil, nourri de faits, richement documenté sur les signes qu'on peut découvrir sur la peau, signes qui tiennent de la Kabbale et de l'astrologie. ADRIEN SICLER qui cite presque tous les auteurs classiques connus à l'époque (MDCLXVI) et qui note soigneusement ses observations personnelles, analyse avec attention tous les signes plus ou moins cabalistiques qui peuvent figurer sur la surface de la main.

Il trouve, dans une préface spirituelle et empreinte d'une érudition peu prétentieuse pour son époque, tout naturel qu'il y ait une correspondance secrète et « toute particulière » entre les signes intérieurs tracés sur la main et notre évolution future. La main se plie, elle est mobile ; donc la multiplicité des figures est logique. « Le cerveau, dit-il, qui ne se meut, ni ne se plie, ne laisse pas d'avoir quantité de traits, de lignes, et de figures. » Les recherches de la psychophysiologie moderne changent sensiblement toutes ces données empiriques, mais, connaissant la souplesse de ces argumentateurs rhétoriciens, on ne saura pas s'étonner s'ils utiliseront à leurs manières nos données scientifiques modernes. Tout ce volume est divisé en sept livres et cela pour rapporter les faits « aux sept planètes et aux sept étoiles », que « saint Jean vit en la main droite du Fils de l'Homme : *et habebat in dextera sua Stellas septem* ».

Toute l'astrologie y passe ; tous les signes cabalistiques de l'ancienne Kabbale et toutes les transmutations astrologiques sont étudiés, expliqués et illustrés par de nombreux exemples. Les traités de

Jean-Baptiste della Porta (1), de l'abbé Jean Belot,
d'Isaac Kemker, l'auteur d'une fameuse *Harmonie chi-*
romantique, de Georgius Valla, un habile connaisseur
des signes des ongles, les *Ecritures saintes*, et Indagine sont particulièrement mis à profit. Ce qu'elle
a de curieux cette « Nouvelle chiromancie » et en quoi
réside son importance au point de vue de l'influence
génétique des sciences astrologiques sur la chiromancie, c'est qu'on examine dans les sept livres les
doigts et les signes qu'on peut déceler, les empreintes
de toutes sortes : le doigt de milieu étant dirigé par
Saturne (livre I), l'Indicateur par Jupiter (livre II),
le creux de la main et le poignet, le Rascette et la
Plaine de Mars, par Mars (livre III) ; l'annulaire par le
Soleil (livre IV), le pouce par Venus — la ligne de vie
aussi — (livre V), le petit doigt par la planète Mercure (livre VI), et le livre VII contient « les aphoris-
mes de chaque figure qui se trouvera dans la percus-
sion de la main, qui est sous l'influence de la Lune ».

Mais on ne saura jamais attendre une démonstration précise en s'appuyant seulement sur les auteurs
du moyen âge, compilateurs diligents, peu scru-
puleux, curieux et bavards quand ils traitent de la divination et des sciences que nous appelons aujour-
d'hui Sciences occultes. Les manuscrits non encore
utilisés et l'étude des auteurs grecs nous renseigne-
raient certainement davantage. Le travail aura sa
grande utilité, car rien n'est plus touchant que

---

(1) J.-B. della Porta, *La Magie naturelle en quatre livres.*
Lyon M.DC.L. — Et son autre édition : *Magiae naturalis,*
Antverpiae, M. D. LXI.

l'histoire d'une croyance sociale en marge de toute
science, de toute forme officielle, qui intrigue toute
une société et vers le domaine de laquelle la pensée
s'oriente toujours émue, convaincue d'avance et
confiante.

IV

En Grèce, les penseurs comme ARISTOTE, ANAXA-
GORE, PLATON, PTOLÉMÉE, etc., accordaient une importance considérable aux lignes de la main et à leur valeur
divinatrice. Les stoïciens et les péripatéticiens discou-
raient sur la chiromancie. Les pythagoriciens ju-
geaient aisément l'esprit des hommes par les linéa-
ments des mains et du visage (Philippe MAY, préface). On cite partout le fait que le Stagirique envoya
à Alexandre le Grand, son illustre élève, le livre sur
la chiromancie écrit en lettres d'or, trouvé sur un
autel dédié à Hermès, avec la plus flatteuse recom-
mandation. Une traduction de ce livre, écrit en
arabe, fut faite en latin, traduction que j'ai essayé
de retrouver pour en prendre connaissance, mais sans
arriver à aucun résultat. Je n'ai pas trouvé non plus
la traduction de l'arabe du livre de TRISMEGISTE dont
nous parle ARISTOTE, qui aurait fait un traité qui serait traduit de l'arabe, par Jean HISPANUS, selon tous
les auteurs du moyen âge et de la Renaissance. ARIS-
TOTE considérait pourtant la chiromancie comme une
véritable science précise.

On trouve dans l'*Index Aristotelicus*, de Hermannus
BONITZ au mot χείρ tous les renvois des textes concer-

nant la main dans les divers œuvres du Stagirite, avec la mention exacte des textes. Nous nous contenterons de renvoyer les lecteurs aux annotations de Bonitz, résumant d'après la traduction de BARTHEL. SAINT-HILAIRE, indiquant les sources les plus importantes. On pourrait écrire tout un chapitre sur la main dans *Aristote* et faire comprendre ses idées sur la dynamique organique et fonctionnelle et cette curieuse logique des faits pesée et analysée avec un sentiment scientifique presque moderne (1).

L'édition F. DIDOT des œuvres d'Aristote est la seule que nous ayons étudiée pour mieux contrôler et saisir les traductions de Barthélemy Saint-Hilaire (2).

CAMUS traduisit, en 1783, l'*Histoire des Animaux* (3), mais la plus grande partie des références se trouvent dans le traité *Des parties des animaux* (4).

ANAXAGORE avait soutenu que l'homme doit sa supériorité aux autres animaux, à · l'usage de ses mains, à la puissance de ses extrémités supérieures. ARISTOTE critique cette opinion dans le *Traité des Parties des animaux*, dans une belle page, solide et instructive. On sait que HELVETIUS et quelques écrivains du XVIIIᵉ siècle avaient repris les idées d'ANAXAGORE. Voici brièvement son argumentation. L'homme

(1) HERMANNUS BONITZ. *Index Aristotelicus*. Berolini. Typis et Impensis Georgii Reimeri, 1870, 1 vol., 878 ; voir pp. 847, 848. — mot χείρ.

(2) ARISTOTELIS OPERA OMNIA. Didot, 1848.

(3) Voir aussi trad. allemande de A. KARSCH, 1855, Stuttgart.

(4) Voir aussi la trad. allemande de A. V. FRANTZIUS, 1853, Leipzig. « *Aristoteles über die Theile der Thiere.* »

a reçu de la nature des mains et des bras en place des membres antérieurs et des pieds des autres animaux. L'homme seul est l'animal qui a une station droite parce que sa nature est d'essence divine. Le privilège de cette souche de divinité « c'est de penser et de réfléchir ». Il serait difficile de penser que la partie supérieure du corps était lourde, car le poids rend l'esprit difficile et l'activité sensorielle grossière. C'est la pesanteur matérielle qui abaisse le corps des animaux vers la terre. « L'homme n'a des mains que parce qu'il est si intelligent. Les mains, en effet, sont un instrument ; et la nature, sait toujours comme le ferait un homme sage, attribuer les choses à qui est capable de s'en servir. N'est-il pas convenable de donner une flûte à qui sait jouer de cet instrument, plutôt que d'imposer à celui qui a un instrument de ce genre d'apprendre à en jouer? La nature a accordé le plus petit au plus grand et au plus puissant, et non point du tout le plus grand et le plus précieux au plus petit. Si donc cette disposition de choses est meilleure, et si la nature vise toujours à réaliser ce qui est le mieux possible, dans des conditions données, il faut en conclure que ce n'est pas parce que l'homme a des mains qu'il a une intelligence supérieure ; mais que c'est, au contraire, parce qu'il est éminemment intelligent qu'il a des mains. C'est en effet le plus intelligent des êtres qui peut se bien servir du plus grand nombre d'instruments. Or, la main n'est pas un instrument unique, c'est plusieurs instruments à la fois, elle est, on peut dire, l'instrument qui remplace tous les instruments. C'est donc à l'être qui était susceptible de pratiquer le plus grand

nombre d'arts et d'industries que la nature a concédé
la main, qui, de tous les instruments, est applicable
au plus grand nombre d'emplois (1). »

Et plus loin :

« La main devient tour à tour griffe, pince, corne,
lance, épée, ou toute autre arme et tout autre instrument. Si elle peut être tout cela, c'est qu'elle peut
tout saisir et tout retenir. La conformation même de
la main a été parfaitement adaptée à sa destination
naturelle. Elle est à la fois capable de s'écarter et de
se diviser en plusieurs segments ; c'est parce qu'elle
peut s'écarter, qu'elle peut aussi se réunir, bien que
la faculté de se réunir n'implique pas nécessairement
celle de s'écarter. On peut se servir de la main d'une
seule façon, ou de deux, ou même de plusieurs. Les
flexions des doigts permettent aisément de tout saisir
et de tout presser. De côté, il n'y a qu'un seul doigt,
et celui-là est court et épais, il n'est pas long. De
même que sans la main on ne pourrait absolument rien
prendre, de même on ne le pourrait pas davantage, si
ce doigt n'était pas ainsi placé de côté; il presse
alors de bas en haut ce que les autres doigts pressent
de haut en bas. Cette disposition était indipensable
pour qu'il pût fortement serrer ce qu'il prend, comme
fait un lien puissant, et que, dans son isolement, il
pût égaler l'action de tous les autres. S'il est court,

(1) ARISTOTE, *Traité des parties des animaux*, liv. IV,
chap. x, §§ 15-16, p. 199.
— Ed. D\u1d3f de Frantzius, p. 222. — Ed. Leng Kavel,
p. 122.
— Préface BARTH. SAINT-HILAIRE, *Histoire des animaux*, t. I,
pp. 136-138.

c'est pour qu'il ait la force indispensable, aussi
parce qu'il n'aurait pas été du tout utile s'il eût
été long. Il convient aussi que le dernier doigt
soit petit et que celui du milieu soit allongé, comme la
rame au milieu du navire ; car il faut de toute nécessité que l'objet saisi soit saisi surtout circulairement
par son milieu, pour qu'on puisse l'utiliser à ce qu'on
veut faire. C'est pour cela qu'on appelle le pouce le
grand doigt, bien qu'il soit très petit; car on peut
dire que, sans lui, les autres doigts ne serviraient
presque à rien (1). »

La conformation des ongles chez l'homme est
conçue par cette merveilleuse nature, qu'ARISTOTE
admire sans cesse, selon le même plan. Les autres
animaux ont des ongles pour s'en servir ; l'homme au
contraire pour défendre, pour protéger les extrémités
des doigts. L'esprit de finalité a fait aussi que, pour
l'usage de la nourriture, les flexions du bras soient disposées à l'inverse de ce qui doit se passer chez les
quadrupèdes. « Il n'y a rien dans les membres de
devant des animaux quadrupèdes qui ressemble ni
aux bras ni aux mains », écrit ARISTOTE (2). Et plus
loin : « C'est encore pour cela — l'utilité pratique —
que quelques animaux polydactyles ont cinq doigts
aux pieds de devant, et qu'ils n'en ont que quatre aux
pieds de derrière ; tels sont les lions et les loups, les
chiens et les léopards. Ce cinquième doigt tient chez
eux la place du grand cinquième doigt de la main.

(1) ARISTOTE, *Des Parties des animaux*, t. II, liv. IV, chap. x,
§§ 17-20, pp. 201-203.

(2) ARISTOTE, *Des parties des animaux*, t. II, liv. IV,
chap. x, § 21, p. 204.

Quant aux petits polydactyles, ils ont aussi cinq doigts aux pieds de derrière, parce qu'ils rampent, et afin qu'appuyés sur un plus grand nombre de doigts, ils montent plus aisément en rampant vers tout ce qui les dépasse et est au-dessus de leur tête (1). »

« Comme les actes et les mouvements des animaux sont excessivement variés, soit pour le corps entier, soit pour les parties dont on vient de parler, il est de toute nécessité que les éléments qui les constituent aient aussi des forces non moins dissemblables. Pour certaines parties c'est de la mollesse qu'il faut ; pour d'autres, c'est de la dureté ; les unes doivent pouvoir se tendre, d'autres pouvoir se fléchir, aussi les parties similaires ont-elles été douées partiellement de puissances et de propriétés de ce genre. L'une est molle, l'autre est sèche ; celle-ci est visqueuse, celle-là est cassante. Les parties non similaires ont aussi des fonctions et des forces très diverses, combinées entre elles de cent façons. En effet, telle de ces forces permet à la main de serrer les choses ; telle autre lui permet de les saisir... C'est donc en vue d'une certaine fin qui doit être atteinte par cette cause, que ces dernières parties sont faites, comme on vient de le dire (2). »

Voici comment ARISTOTE décrit la main : « Dans la main, on distingue la paume, et les doigts au nombre de cinq ; dans les doigts, on distingue encore la partie qui peut fléchir, l'articulation ; et celle qui ne fléchit pas, la phalange. Le gros doigt, le pouce, n'a qu'une

(1) ARISTOTE, *Des parties des animaux*, t. II, liv. IV, chap. x, § 22, p. 205.

(2) ARISTOTE, *Des parties des animaux*, liv. II, chap. I, §§ 9 et 10, p. 79.

articulation ; les autres en ont deux. La flexion
d'ailleurs se fait toujours en dehors, aussi bien pour
le bras que pour les doigts. C'est au coude que se fait
la flexion du bras. L'intérieur de la main, la paume,
est charnue ; et elle est partagée par plusieurs raies.
Chez ceux qui doivent vivre longtemps, une ou deux
de ces raies traversent toute la main ; chez ceux dont
la vie est courte, il y a deux raies qui ne traversent
pas la main entière. L'articulation de la main et du
bras est le poignet, ou carpe ; le dessus de la main est
composé de muscles et n'a pas reçu de nom spécial (1). »

Les hommes qui ont une raie dans toute la largeur
de la main — une ligne sécante — vivraient, selon
ARISTOTE, plus longtemps. Cela parce que les animaux
dont la vie est courte sont précisément ceux qui n'ont
pas d'articulations, les animaux aquatiques par exemple ; le contraire serait donc vrai : les êtres qui sont
articulés doivent vivre plus longtemps. L'intérieur
de la main ne doit pas avoir d'articulations très marquées ; le fait positif indiquerait la longueur réelle de
la vie. Déduction trop sommaire et trop fortuite,
comme la plupart des réponses à ses ingénieux problèmes, qui seront toujours à relire. Pourtant si l'on

(1) ARISTOTE, *Histoire des animaux*, liv. 1, chap. xii, §§ 3 et 4,
pp. 64-66. « Vitae brevis signa plures in manu incisurae nec
perpetuae ; contra longae vitae in manu una aut duae incisurae longae ». — *Fragmenta Aristotelica*, 261, 1526 a, 18, 20 —
apud BONITZ, p. 848. « Τοῖς μὲν μακροβίοις (τὸ τῆς χειρὸς θέναρ
ὀνόμασται) ἑνὶ ἢ δυσὶ δι' ὅλου, τοῖς δὲ βραχυβίοις δυσὶ καὶ οὐ δι' ὅλου
ὅσοι τὴν διὰ τῆς χειρὸς το μήν ἔχουσι δι' ὅλης μακροβιώτεροι Ζια,
15, 493 b 33. » Apud. BONITZ, p. 848, col. 2.

4

raisonne *in abstracto*, on peut concevoir facilement la
relation, quoique lointaine et pas démontrée, entre le
rapport d'une articulation saine, bien accentuée, bien
large, fonctionnant bien, signe d'une résistance vitale
assez grande par rapport à une articulation à peine
mobile, ou ankilosée, comme les articulations dans
des cas d'athétose (1).

Le membre est un ensemble de parties qui forme un
tout qui renferme encore en lui d'autres parties distinctes. La main ne se divise pas en plusieurs mains,
comme le visage qui ne se divise pas en plusieurs
visages (2). La main est analogue à la pince de certains animaux (3). Si on a des petits pieds, on a aussi
de petites mains (4).

« L'homme a des pieds plus grands que ceux d'aucun autre animal, comparativement à la dimension
de son corps ; et on le comprend bien. Comme il est
le seul être qui se tienne droit, les deux pieds devant
à eux seuls supporter tout le poids du corps, doivent
avoir aussi longueur et largeur. La dimension des
doigts est, avec toute raison contraire, dans les pieds
et dans les mains. La fonction des mains étant de
saisir et de serrer les objets, il faut que les doigts
soient longs, puisque la main enveloppe les objets
saisis par sa partie fléchissante ; mais la fonction
des pieds est de rendre la marche aussi sûre que

(1) Aristote, *Les Problèmes, ibid.*, sect. x, parag. 49,2 ;
p. 298 et sect. xxxiv, parag. 10, 2ᵉ vol., p. 405.

(2) Aristote, *Histoire des animaux,* liv. I, chap. i, § 3 p. 3.

(3) Aristote, *ibid.*, liv. I, chap. i, . § 8, p. 6.

(4) Aristote, *ibid.*, liv. I. chap. xi, i.

possible ; et l'on doit croire que c'est à cela que sert
la partie du pied qui n'est pas fendue comme les
doigts. Il est préférable que l'extrémité soit fendue
plutôt qu'elle ne le soit pas. Car le pied tout entier
ressentirait par sympathie la souffrance d'une seule
de ses parties ; mais cet effet ne se produit plus autant
avec la division des doigts telle qu'elle est. De plus,
les doigts étant courts peuvent avoir beaucoup moins
à souffrir. Voilà comment les pieds de l'homme ont
plusieurs divisions, et comment les doigts n'en sont
pas longs. C'est encore pour la même raison que
l'homme a également des ongles sur les mains, dont
les extrémités doivent être couvertes plus que tout le
reste, à cause de leur délicatesse (1). »

Dieu, dit encore ARISTOTE, « a mis en nous deux
organes qu'il nous a donnés et à l'aide desquels nous
employons les instruments extérieurs, la main dans
le corps et l'intelligence dans l'âme ». La nature a
fait l'intelligence ; la volonté n'y est pour rien. On
ne sait se servir de ses mains de suite après la naissance, mais seulement lorsque la nature les a complètement développées. « Ce n'est, en effet, qu'après
la faculté de nous servir de nos mains que l'intelligence se manifeste en nous, parce que les instruments de l'intelligence ne viennent aussi qu'après les
instruments dont la main se sert. Or, l'organe de
l'intelligence, c'est la science ; car la science, qui est
à l'usage de l'âme, est comme la flûte au musicien
qui sait en jouer. Les mains ont aussi une foule

(1) ARISTOTE, *Des parties des animaux*, t. II, liv. IV,
chap. x, §§ 43 et 44, p. 220.

d'instruments naturels ; mais la nature est antérieure
à la science, ainsi que tout ce qu'elle produit (1). »

ARISTOTE remarque « pourquoi sue-t-on davantage
quand on se fatigue par un travail des mains, bien
que le reste du corps demeure dans son état ordinaire ? » La cause serait parce que cette partie du
corps aurait plus de force, elle se rapproche plus de
l'effort. Ayant plus de force à cause du travail
accompli on retient sa respiration, d'où la sueur.
Quand on se frotte les mains, Aristote croit, en outre,
que « nous faisons plus d'efforts que quand nous
frottons tout autre membre », question d'ailleurs
résolue presque dans des termes identiques par Théo-
phraste (2).

L'engourdissement et le refroidissement sont plus
perçus aux mains et aux pieds, selon ARISTOTE, parce
que l'engourdissement étant un refroidissement, donc
produit par l'absence et le déplacement du sang, et les
extrémités inférieures et supérieures ayant peu de
chair et beaucoup de nerfs et de muscles, les pieds
se refroidissent plus vite que les mains, et les mains
plus vite que les autres régions du corps (3).

La main tremble quand on a peur, ainsi que la
lèvre inférieure, parce que l'émotion de la peur sup-

(1) ARISTOTE, *Les Problèmes*, 2 vol., section xxx, parag. 5,
p. 336.

(2) ARISTOTE, *Les Problèmes*, sect. II, parag. 5, p. 58. Trad.
BARTH. SAINT-HILAIRE. Le texte grec est à peu près exact ; le
traducteur d'ailleurs attire l'attention de la difficulté de traduction. Voir pour le texte grec. Même allusion au rapport
de la sueur et de la respiration, voir *Les Problèmes*, sect. V,
§ 25, p. 73.

(3) ARISTOTE, *Les Problèmes*, sect. VI, parag. 7, p. 209.

prime la chaleur qui descend des parties supérieures
du corps — d'où la pâleur. La main, tout comme la
voix, car dans la conception aristotélique du souffle
pneumique, les mains se rattachent à la poitrine,
s'arrête puisque le principe qui met la voix en mouvement s'est refroidi tout particulièrement. Les mains
et les lèvres sont, en outre, les organes les plus
mobiles et ceux qui ont le moins de sang, ajoute
ARISTOTE (1).

GALIEN, tout nourri de l'esprit aristotélicien, se pro-
nonce contre l'avis d'ANAXAGORE sur la main, sur son
rôle exclusif au point de vue de l'intelligence humaine.
Comme ARISTOTE, il croit qu'ANAXAGORE avait pris
l'effet pour la cause. Il n'est pas pourtant du même
avis qu'ARISTOTE sur le rôle des ongles ; il n'en aurait
pas bien compris l'utilité physiologique.

GALIEN a consacré tout un chapitre à *la main*.
Enthousiaste, curieux, toujours documenté, il nous
donne un résumé excellent de la psycho-physiologie
de la main. Curieux observateur, il nous a laissé
des pages excellentes qu'on relira toujours avec
plaisir, et que tous les auteurs d'ailleurs ont utilisées largement, presque autant, sinon plus, que les
données d'ARISTOTE. Dans les premiers chapitres, il
rappelle les doctrines d'ARISTOTE, qu'il met à contribution, et insiste sur les facultés des animaux
et le rapport avec leurs pattes, puis il examine
l'utilité de la division de la main en doigts et
de l'opposition du pouce avec les autres, l'utilité de

(1) ARISTOTE, *Les Problèmes,* 2 vol., sect. XXVII, parag. 6 et
7, p. 286.

la structure des doigts, l'utilité des ongles et leur
conformation actuelle. Examinant des ongles, il
ne néglige pas de critiquer ironiquement PLATON :
« imitateur d'HIPPOCRATE » qui aurait traité avec peu
de soin des ongles dans *Timée* (1) ; il n'est guère plus
tendre pour ARISTOTE. N'oublions pas que GALIEN se
pose comme celui qui compléterait HIPPOCRATE, qui
n'aurait « rien écrit de mauvais », mais qui aurait pourtant exprimé obscurément bien des choses et en aurait
omis d'autres. GALIEN examine ensuite l'acte de la
préhension (p. 130), il analyse les muscles qui jouent
un rôle principal dans cet acte et il revient sur la
nécessité des ongles, de même que sur l'utilité des os
des doigts, dont la multiplicité serait réellement
avantageuse. Il passe en revue successivement l'utilité de la chair des doigts, la grandeur et le nombre des
doigts, l'articulation des doigts, les tendons des doigts
et en particulier ceux du pouce, la distribution
des nerfs, les mouvements directs de flexion et d'extension, les mouvements latéraux, l'étendue des
mouvements des doigts, les insertions tendineuses
du pouce, sa comparaison avec le pouce du singe,
l'utilité du nombre des doigts, l'inégalité des doigts,
les fonctions particulières des muscles des doigts,
des muscles de l'avant-bras qui meuvent les doigts,
des muscles palmaires grêles, etc.

---

(1) GALIEN, *OEuvres anatomiques, physiologiques et médicales.* Trad. Dr Ch. Daremberg, Paris, Baillière, 1854, t. I, V.
— *De l'utilité des parties du corps humain* (Περὶ χρείας μορίων)
livre Ier, *De la main,* pp. 111-198.

Voici quelques-unes des remarques les plus intéressantes de GALIEN :

« Pour toute articulation, il y a une position indo-
lente et moyenne ; toutes les positions en deçà ou
au delà sont moins douloureuses si elles se rapprochent
de la moyenne, et plus si elles s'en éloignent : sont
tout à fait douloureuses les positions extrêmes au
delà desquelles on ne peut ni fléchir, ni étendre, car
ces positions ont lieu quand les muscles qui les produisent prennent une tension extrême (1). »

« En partant de cette position qui maintient les
doigts droits, on reconnaîtra clairement quelle est la
puissance de chacun des mouvements latéraux. En
jugeant de cette façon, la brièveté du mouvement
latéral interne sera manifeste pour tous (2). »

« Ainsi l'homme est le plus sage de tous les animaux, ainsi les mains sont des instruments qui con-
viennent à un être sage ; car l'homme n'est pas le plus
sage des animaux parce qu'il a des mains, comme le
dit Anaxagore, mais il a eu des mains parce qu'il est
le plus sage, comme le proclame Aristote (3). »

« Comme beaucoup de corps ont un volume trop
grand pour qu'une seule main suffise, la nature a fait
l'une l'auxiliaire de l'autre, de sorte que toutes deux,
en saisissant les objets volumineux par deux côtés
opposés, ne le cèdent pas à une main qui serait très
grande. Les mains ont donc été tournées en regard

(1) GALIEN, *op. cit.*, p. 155.

(2) GALIEN, *op. cit.*, p. 158.

(3) GALIEN, *op. cit.*, chap. III, p. 114.

l'une de l'autre et elles ont été construites absolument
semblables (1). »

Et à la question de savoir pourquoi les doigts sont
inégaux, GALIEN trouve comme à toute question une
réponse toute prête.

« Pourquoi les doigts sont-ils inégaux? Pourquoi
celui du milieu est-il plus long que les autres? C'est
sans doute parce qu'il était plus convenable que leurs
extrémités arrivassent toutes sur la même ligne, lorsqu'ils embrassent certains corps volumineux, et quand
on veut retenir entre les doigts quelques objets
liquides ou petits...

« Si la main veut se fermer pour retenir un corps
petit et liquide, l'inégalité est d'une utilité évidente,
puisque le grand doigt jeté sur l'index devient une
sorte de couvercle pour combler l'espace vide (2). »

« Nous avons démontré qu'il (le pouce) présente
une utilité équivalente à celle des quatre doigts réunis
qui lui sont opposés. C'est, il me paraît, pour avoir
songé à cette utilité du pouce, que le vulgaire l'a
appelé *antimain*, comme s'il équivalait à toute la
main (3). »

JUVÉNAL nous enseigne que de son temps la chiromancie est à la mode à Rome (Satyre VI) :
Proebibit vati crebrum manumque popisma roganti.

VIRGILE et PLAUTE témoignent qu'ils connaissaient
la chiromancie et qu'ils s'y intéressaient. Chez les
Romains et particulièrement à Rome, malgré les

(1) GALIEN, *op. cit.*, p. 118.
(2) GALIEN, *op cit.*, *passim.*
(3) GALIEN, *op. cit.*, p. 161.

sceptiques, la chiromancie faisait partie des moyens divinatoires étudiés par le Conseil des Augures.

ARTÉMIDORE, un écrivain contemporain d'ANTONIN LE PIEUX, défendait la chiromancie. Nous ne possédons pas malheureusement son livre sur la « Chiromancie », mais si l'on juge d'après sa curieuse « Interprétation des Songes », nous perdons un document de toute première valeur.

LUCIUS SYLLA, CÉSAR et AUGUSTE, nous sont cités comme de forts habiles chiromanciens. JOSÈPHE (*Lib. Ant. Jud*) rapporte que CÉSAR, était si habile « qu'il étoit impossible qu'un homme dont il avait veu la main le pust tromper en aucune manière : de sorte qu'il reconnut facilement un jour qu'un certain, qui se disoit Alexandre fils d'Hérode, était un imposteur, n'ayant à la main aucune marque de Royauté ». (D'après Perruchio, p. 3.) PTOLÉMÉE (1), GALIEN, CHALCHINDUS, PETRUS PRIMODARIUS, SCOT, AVICENNE, AVERROÈS, ALBERT LE GRAND, ANTIOCHUS TIBERTUS (2), GEORGIO VALLA, SAVONAROLE, BARTHÉLEMY COCLÈS

---

(1) PTOLEMAEUS, *Quadripartitum*, Ed. Camerarius, Norimberg, 1535, in-4.

(2) ANTIOCHI TIBERTI, DOCTORIS *Cheiromantia*, Libri III de non recogniti, in ordinem digesti. Eiusdem argumenti de cheiromantia, incerti cuiusdam authoris liber, hastenus non dum typis excusus per Joannem-Dryandrum Medicum Marpargensem-Moguntiae Excusum in aedibus Juonis Schœffer, anno MDXLI ; Joannem n'est pas un autre que INDAGINE. Le livre d'ANTIOCHUS est à lire surtout pour la thèse qu'il se propose de démontrer que la chiromancie est une science. Voir surtout les pp. 23-66, chap. I et II, III et VII pour la transmutation de l'astrologie dans la paume de la main.

(DELLA ROCCA) (1), PATRICIO TRICASSO DA CESARI,
II.-C. AGRIPPA (2), PARACELSE (3), TAISNIER (4), JEAN
BELOT (5), JOANNES DE INDAGINE (6), J.-B. DELLA

(1) COCLÈS (BARTHÉLEMY DELLA ROCCA, dit), *Compendium
physiognomiae* (Strasbourg, 1533, in-8); traduit en français sous
le titre : *Le compendium et brief enseignement de physionomie
et chiromancie montrant par le regard du visage et lignes de la
main, les mœurs et les complexions des gens,* Paris, 1 vol.
in-8, 1546.

(2) H. C. AGRIPPA, *De occulta philosophia,* Colon. Agrip.,
1531-1533, in-fol. — Et aussi le second travail du même
auteur : *Opera in duos tomos digesta.* Vol. 1-2, Lugd., 1600.

(3) PARACELSUS, *Opera,* Ed. Huser, Bd. 1-2, Strasburg, 1603.

(4) TAISNERIUS ou TAISNIER, *Joh. Taisnerius Opus mathema-
licum octo libros complecteus in quibus chiromantiae naturalis
astrologiae et artis divinatricis doctrina continetur.* 1 vol. fol.,
1562. — C'est une vulgaire copie, comme le remarque aussi
judicieusement M. ERNEST BOSC, du travail de BARTHÉLEMY,CO-
CLÈS, cité par un grand nombre d'auteurs comme un devin sûr.

(5) JEAN BELOT, *Instructions familières pour apprendre les
sciences de chiromancie et de physiognomie,* Paris, 1619.

(6) INDAGINE, *Introductiones apotelesmaticae elegantae in
Chyromantiam, Astrologiam naturalem,* etc., 1522, Francof. Du
même auteur : *Astrologia naturalis,* etc., Strasbourg, 1630, et
surtout sa *Chiromantia.* L'édition de *Chiromantia* de 1531
(apud Joannem Schittum Cargent), contient le résumé des
traités d'Indagine. Voici le titre exact : 1. *Chiromantia.* —
2. *Physiognomia ex aspectu membrorum Hominis.* — 3. *Periaxio-
mata, de faciebus signorum.* — 4. *Canones astrologici, de judi-
ciis degritudinum.* — 5. *Astrologia naturalis.* — 6. *Complexio-
num noticia, iuxta dominium Planetarum,* 1 vol., 138 pag.,
1531, éd. illustrée. A la dernière page on peut voir les
œuvres d'Indagine. La *Chiromantia* d'Indagine est un
livre documenté, clair, et l'on peut suivre de tout près les
rapports et l'influence de l'astrologie avec la chiromancie ; on
trouve à côté des nombreux renseignements sur la *chiromancie* vraie, des données sur la *chiromancie astrale.* Bon
résumé de ce livre dans le volume d'*Antiochus Tibertus,* à la
fin du volume.

Le Chiromancien (1531).

Planche I

PORTA (1), DEL RIO, ROBERT FLUDD, MANSFELD,
HARTLIEKE, PAMPHILUS, BLAISE DE PARME, ALSARABE,
CORVAEUS, ISAAC KEMKER, COMERCIUS, GOZELIN, LE
PÈRE NIQUET, PERRUCHIO (2), ADAMANTIUS, CUREAU
DE LA CHAMBRE (3), ADRIEN SICLER (4), MOL-
DENAIRE, DAVID LAIGNEAU et RONPHILE (5), sont les
auteurs les plus cités et ceux qui ont contribué le
plus à la constitution des formules et des oracles
divinatoires de la chiromancie médicinale ou astrologique. Tous ces auteurs n'examinaient pas seulement
les lignes de la main en vue de prononcer des oracles,
mais ils s'intéressaient également et longuement à la

(1) PORTA (GIAMBATTISTA DELLA), *La magie naturelle divisée
en quatre livres, contenant les secrets et Miracles de la nature.*
Lyon, MDCL. — Et aussi *Magiae Naturalis*, etc., Antverpiae, MDLXI.

REICHLIN-WELDEGG, *Die deutschen Volksbücher von Johann
Faust und Christoph Wagner.* Bd 1-3, 1849.

SCHEIBLE (J.), *Dr Johann Faust* Bd 1-4, Stuttgart, 1846-1849.

(2) PERRUCHIO, *La chiromancie, la physionomie et la géomancie avec la signification des nombres, et l'usage de la Roue
de Pythagore par la science.* Paris, chez Louis Billoire,
au second pilier de la grande salle du Palais à la Palme, et
au Grand Caesar. MDCLXIII 1 vol. Ex.-Bibl. École de médecine, 343 pages.

(3) CUREAU DE LA CHAMBRE, *Discours sur les principes de la
chiromancie,* Paris, 1653, in-8.

(4) ADRIAN SICLER, *La Chiromancie Royale et Nouvelle,
enrichie de figures et d'exemples; et de quantité d'observations
de la Cabale, avec les Prognostics de chiromanciens, anciens et
modernes. Ouvrage extrêmement utile à toutes sortes de personnes de toute profession par le sieur A. S., Médecin spagyrique,*
Lyon, chez Daniel Gayet, MDLLXVI, avec approbation et Privilège du Roy. 1 vol., 227 pp.

(5) RONPHILE, *La chyromancie naturelle de Ronphile,* traduite en français par le sieur Rampalle, Paris, 1666, in-12.

physionomie de la main, révélatrice pour eux d'un grand nombre de secrets du caractère humain.

Au moyen âge, l'époque où les sciences divinatoires reprirent leur vogue, la chiromancie ancienne, branche de la Kabbale, établissait un rapport intime entre le physique et le psychique. La main, selon la Kabbale, est le microcosme synthétique de toute l'évolution humaine, elle porte les traces indéniables de toute vie future ; elle est révélatrice non seulement de l'âme humaine mais de toute la vie. On subit la vie et les réactions individuelles sont nulles. On sait les persécutions que subirent plusieurs chiromanciennes au moyen âge, pendant la guerre contre les sorciers et les astrologues. Les Bohémiens et les Sorciers s'emparèrent de ce métier facile et productif et le continuèrent avec plus d'ardeur encore ; souvent, en effet, cet art valait par ce que le chiromancien était capable d'évoquer et de faire miroiter devant les yeux du client naïf et docile, comme tous ceux qui demandent à l'inconnu sa curieuse et sa mystérieuse cristallisation future. Ils sont en vogue en pleine Renaissance et nous savons par les auteurs que les plus grands personnages ne dédaignaient pas leurs horoscopes (Tomosinus).

Avec la phrénologie, les sciences divinatoires, qui évoluaient lentement et péniblement en Europe avec une certaine recrudescence pendant tout le XVIIᵉ, dans le XVIIIᵉ siècle, gagnèrent en importance. La doctrine de GALL et de SPURZHEIM agita toutes les poussières des vieilles croyances humaines.

Le père jésuite DELRIO distinguait deux chiromancies : une non physique et une non astrologique ; il

rejetait la seconde. DELRIO était pourtant sévère pour
ces sciences et il demandait à l'Église et au gouverne-
ment d'empêcher les diseuses de bonne aventure
d'exercer leur métier. L'Église pourtant, qui avait
toujours pourchassé les praticiens des arts magiques,
avait permis à la chiromancie de se développer
et d'en faire usage. DELRIO était sévère surtout
pour la chiromancie astrologique. Il n'admettait pas
les signatures planétaires. C'est dans le livre de JOB
qu'on lit : « Dieu met des signes dans la main de tous,
afin que chacun puisse se connaître. » (In manu
omnium Deus signa posuit ut noverint singuli opera
sua.) Et on pourrait citer bien des textes des Écritures
saintes, qui donnent de l'importance aux signes de la
main, cet organe qui d'après ARISTOTE attesterait
notre origine divine. Dans la version de J.-F. OSTER-
VALD : *La Sainte Bible,* qui contient l'ancien et le
nouveau Testament (Paris, 1862, Impr., Ch. Meyrueis),
je ne retrouve pas cette citation, que tous les auteurs
recopient à satiété, v. pp. 545 et 546.

Les éléments mentaux relevant indubitablement des
signes physiques, les sciences psychiques divinatoires
devaient fleurir nécessairement à cause de leur verbiage facile et léger et à cause des nombreuses
affirmations plaisantes et dénuées de tout scrupule
scientifique, de tout contrôle. Le capitaine STANISLAS
D'ARPENTIGNY avec sa *Science de la main* et DES-
BAROLLES avec ses *Mystères de la main* (1859) marquent
les deux principales étapes de tous les tâtonnements
de la première moitié du XIXᵉ siècle. Le capitaine
d'ARPENTIGNY fit rapidement école. Grâce à la force
d'esprit de ces deux hommes, habiles explorateurs de

la main, et à leur pénétration psychologique, la
chiromancie, avec plus de sens critique, revint
à l'ordre du jour et notre sensibilité fut rejetée
presque à l'émotivité du Moyen Age. Puis, la vie
sociale, et la notion plus présente de la lutte pour la
vie, glissèrent plus de curiosité dans l'esprit humain
et la curiosité engendra la soif de l'inconnu. Le mécanisme psychologique est simple ; plus la vie est
intense, plus les émotions obscurcissent la logique et
le raisonnement, et comme on ne vit que dans l'espoir
d'un avenir rêvé, ou du moins soupçonné, formulé
selon des vœux et des probabilités toutes faites, la
moindre parole nous révélant ce coin obscur est, par
ce fait, agréable à entendre. Aujourd'hui, les sciences
divinatoires sont de nouveau à la mode et ce n'est pas
étonnant, car nous sommes en pleine époque de transformation de croyances. Notre vie, faite de croyances
métaphysiques systématisées, peut difficilement s'adapter aux exigences étroites et anodines des formes
sociales ; notre sensibilité est empreinte d'une mélancolie de plus en plus grave, et si les croyances dans
les sciences divinatoires ne sont pas solides, elles
amusent, elles tiennent compagnie à nos rêves et
elles calment notre angoisse devant les étapes futures
et fragiles de notre vie.

CHAPITRE II

L'étude de la main, au point de vue chiromantique et chirognomonique, peut être divisée en deux parties : l'étude de la main dans sa *forme* (*paume et doigts*) — l'étude chirognomonique — et dans *ses lignes* — l'étude chiromantique.

Selon l'harmonie qui existe entre la paume et les doigts, on peut présumer de l'équilibre mental et physique de l'individu. La paume représente les facultés personnelles, les éléments subjectifs du cerveau, les éléments individuels caractéristiques de la mentalité, et la plus ou moins grande résistance de la santé physique et morale. Les doigts indiquent l'expression, la forme que l'on donne à la pensée, et, au point de vue physique, ce qu'on appelle, dans le langage usuel des chiromanciennes, « les lois ataviques du tempérament ». Ils personnifient, en d'autres termes, l'élégance, le sens artistique, etc... et les formes diverses du tempérament psycho-physique, l'acte d'agir, l'acte de la préhension, du contact.

Les peuples simples, peu civilisés, dont l'âme enfan-

tine et obscure s'exprime difficilement, qui non seulement n'ont point trouvé la formule de leur sensibilité,
mais ne la cherchent même pas, ont paraît-il des
doigts informes qui s'harmonisent mal avec la paume.
J'ai pu confirmer cette affirmation d'après les photographies et les documents des voyageurs. Les Esqui-
maux n'ont pas la main fine, non plus les Cannibales
et les habitants indigènes des Iles Océaniques. Au
contraire, les êtres affinés presque maladivement —
les trop civilisés, disons le mot — possèdent des
doigts allongés, trop souples et presque dénués de
consistance. La vie ancestrale a laissé des traces
notoires de la variété des impulsions, des gestes et des
penchants ébauchés.

Le capitaine d'ARPENTIGNY réclamait emphatique-
ment l'honneur d'avoir songé à ériger en système
toutes les connaissances chirognomoniques. On
s'adressera à cet auteur pour tout ce qui concerne la
technique psychologique de cette douteuse science
nouvelle, car si sa priorité n'intéresse personne, il est
toutefois bien documenté, empreint d'une psychologie
toute personnelle et intéressant à lire, surtout si l'on
sait dégager les faits de sa littérature. DESBAROLLES
complète et emprunte largement les données du chevalier d'ARPENTIGNY. L'essentiel dans la chirognomonie est de distinguer des types de main, de coordonner en somme les caractères essentiels des extrémités
supérieures et de les mettre en harmonie avec les
éléments psychiques tout particuliers des caractères
humains. Voici d'après les auteurs classiques, connus
surtout par leur compétence chiromantique, le nombre des types des mains distingués.

Corvaeus distingue cent soixante-dix espèces de mains (170).

Cornélius Agrippa distingue cent cinquante espèces de mains (150).

Patrice Tricassus distingue seulement quatre-vingts types de mains (80).

Isaac Kemker distingue soixante-dix types de mains (70).

Tainerius distingue quarante types de mains (40).

Indagine distingue trente-sept types de mains (37).

Jean Corus distingue vingt types de mains (20).

Mélompus distingue douze types de mains (12).

Compotus distingue huit types de mains (8).

Perruchio distingue sept types de mains (7).

Romphilius distingue six types de mains (6).

Le curé Jean Bélot distingue quatre types de mains (4).

Le capitaine d'Arpentigny distingue sept formes de mains ou plutôt sept types chirognomoniques, confirmés par Desbarolles et utilisés ou adoptés par tous ceux qui étudient empiriquement la main :

1° *La main élémentaire* ou grande paume ;

2° *La main nécessaire* en forme de pelle, de spatule, ou de battoir ;

3° *La main artistique*, effilée, conique ;

4° *La main utile*, anguleuse ou carrée ;

5° *La main philosophique* ou noueuse ;

6° *La main psychique* ou pointue ;

7° *La main mixte*, qui à proprement parler n'est pas un type mais une forme intermédiaire.

I. *La main élémentaire* est large, épaisse, aux doigts

5

forts et gros, dénués de souplesse, au pouce recourbé
en dehors ; paume « d'une ampleur, d'une épaisseur
et d'une dureté excessives ».

Elle appartient aux « gens grossiers » à « imagination lente », qui s'adonnent « aux travaux grossiers »
et sont « paresseux et indifférents ». Voilà ce que
pensent de cette forme de mains toutes les Pythonisses ; j'ai choisi, parmi les épithètes, les plus signi-
ficatives ; car il y en a qui ajoutent des pléonasmes de
ce genre : « des gens qui pensent peu », « des gens
rudes », « des paysans » (*sic !*). D'après les livres classiques cette main paraît se trouver rarement en
Europe, elle est surtout une main « d'asiatique », des
« Lithuaniens », des « Lapons » et des « parias de
l'Inde ». Quelle chance pour l'Europe de ne pas avoir
des échantillons de ces types d'humanité ! Les Pythonisses se chargent de les découvrir facilement.

II. *La main nécessaire*, en forme de battoir, a le
pouce « grand » et la dernière phalange de chaque
doigt en forme de « *spatule* plus ou moins évasée ».
Cette main appartient aux « gens de travail », « gens
d'affaires », « gens de chiffres », « l'arithmétique les
gouverne » ; elle dénote une activité énergique, déci-
sive, de l'application persistante au travail.

Quelques-unes des chiromanciennes ajoutent gra-
tuitement que cette forme de main est le symbole de
la « fidélité en amour » et du « sentiment familial » !
Il est touchant de prendre un pareil critérium pour
estimer la fidélité sentimentale. Cette forme de main
est encore le signe d'un fort penchant scientifique.
Les Kabyles ont la main type en spatule. On trouve,

selon les auteurs, cette physionomie de main chez les
peuples du Nord, surtout en Allemagne, en Belgique,
en Angleterre, particulièrement en Ecosse, dans
l'Amérique du Nord et d'après certains auteurs « dans
les pays de montagne », sur « les versants des montagnes
et des collines », selon le chevalier d'ARPENTIGNY, toujours bien renseigné ; en Espagne, dans les provinces
de la Galice et des Asturies. Ce type de main est l'anti-
pode de la vie artistique.

« La main en spatule à grand pouce, écrit d'ARPEN-
TIGNY, est sans doute originaire des zones où la rigueur
du climat et la stérilité relative du sol rendent plus
obligatoires que dans le Sud la locomotion, l'action,
le mouvement, et la pratique des arts par qui la faiblesse
physique de l'homme est protégée (1) ».

Les mains en spatule sont des mains de colons ; on
aime « les biens matériels du sol ». Ce sont des gens
mobiles, aimant la locomotion. Le sens pratique des
Américains vient de l'abondance de ces *mains de
métier*. L'Espagne et la France, en transplantant aux
colonies ces mains nécessaires, ont souffert de ce
dépeuplement des éléments d'ordre, et d'une grande
utilité immédiate. Charles Quint doit sa gloire aux
qualités qu'il trouva dans les mains flamandes, mains
d'hommes laborieux, froids, lents, éléments opposés à
la nature espagnole, imaginative, romanesque, aven-
tureuse. « C'était avec ses Flamands, gens à grosses
mains carrées, que Charles Quint conservait, exploi-
tait, organisait, administrait les terres qu'il avait con-

(1) D'ARPENTIGNY, *op. cit.*, p. 126.

quises avec ses Espagnols, gens à mains sèches et
pointues (1).

L'Angleterre est féconde surtout en mains spatulées
et elle couvre les continents de ses colonies et les
mers de ses vaisseaux, tandis que la France est féconde
en mains philosophiques. Les mains romaines étaient
des mains fortes, spatulées. Hercule est le modèle des
hommes spatulés. « Ils auront les nerfs en harmonie
avec leur tempérament, lequel sera sanguin, et avec
leurs os, lesquels seront gros et forts (2) ». Or CHOPIN,
quoique « spatulé à petit pouce », ne remplissait
pas, selon cet auteur, ces conditions, il y avait une
discordance entre son physique et sa vitalité. L'abbé
de LAMENNAIS fut une seconde anomalie du type en
spatule « *grand pouce* ». Chopin péchait par les nerfs,
l'abbé de Lamennais par la charpente ». Les deux
portraits psychologiques de ces anomalies du type
spatulé sont très fins et très curieusement posés.

Et le chevalier d'ARPENTIGNY fait l'éloge dythi-
rambique des mains en spatule. « Gloire aux mains
en spatule ! Sans elles, il ne saurait exister de société
solide et puissante. Sans l'art du verrier, pour ne
parler que de celui-là, sans l'invention des cheminées
(telles qu'elles sont aujourd'hui), qui ne remonte, dit-
on, qu'au XIVᵉ siècle, et qui sans doute leur appar-

(1) D'ARPENTIGNY, *op. cit.*, p. 139. Voir à ce sujet les
chap. XII et XIII du même livre sur « les mains anglaises »
et « les mains de l'Amérique du Nord » (p. 151 et 169); à vrai
dire, des chapitres sur la psychologie de ces peuples, où il
est rarement question des mains. Voir aussi chap. XV : « Les
mains romaines », p. 177.

(2) D'ARPENTIGNY, *op. cit.*, p. 185.

tient, nous ne serions encore que des demi-bar-
bares (1) ». Les mains des « caporalistes », des admirateurs napoléoniens de la Révolution française,
natures qui ne plaisent guère à notre psychologue,
furent selon lui, tout comme les mains du *petit capo-
ral*, des mains spatulées. « Au reste, les mains de ce
personnage, beaucoup trop vantées, n'étaient ni fines,
ni délicates, elles étaient au contraire assez fortes,
assez épaisses et très courtes. Aussi, fut-il un homme
de détail, et qui, s'il tendit à de grandes choses (en
est-il sans beauté et sans fécondité ?) n'y alla que par
les petites (2). » Pourtant, que dire de l'hymne aux
mains spatulées !...

  « Etrangères à tout entraînement, les mains élémentaires indiquent des sens lourds et paresseux, une
imagination lente, une âme inerte, une insouciance
profonde. Elles étaient beaucoup plus communes dans
les Gaules, quand le renne et le castor y trouvaient
un climat conforme à leur organisation, qu'aujour-
d'hui (3). » Ces mains sont très lentes, et il est difficile
qu'elles deviennent mouvementées, qu'elles se modifient en d'autres termes. Le chevalier d'ARPENTIGNY
s'appuie sur l'immuabilité des choses du xive siècle, pour
soutenir cette opinion. Les mains élémentaires sont ac-
cessibles à la poésie, mais à la poésie simpliste, très peu
à la science. « Ce fut aux lyriques accents de la voix d'Or-
phée et aux accords de la flûte d'Amphion que, dans

  (1) D'ARPENTIGNY, *op. cit.*, p. 185.
  (2) D'ARPENTIGNY, *op. cit.*, p. 189.
  (3) D'ARPENTIGNY, *La Science de la main*, ouv. cit., 3e édit.,
1865, p. 107.

le monde grec, les premières agglomérations d'hommes furent formées, et que les premières villes furent bâties. » C'est un échantillon du jugement littéraire du fougueux chevalier. Selon cet auteur, ajoutons encore que les mains élémentaires résistent peu à la douleur et au chagrin et qu'elles dénotent très peu de ressort moral.

Une chiromancienne anglaise, versée dans quelques lectures historiques, me disait un jour ces mots, que je cite textuellement d'après mes notes prises immédiatement après la visite. « C'est un type oriental, éliminé par la sélection sociale. Les types à imagination lente sont des débiles, des paresseux à notre point de vue. Ces gens pensent peu en apparence et c'est la vérité, car qui songerait à mesurer la vie intérieure, souvent illusoire !... » Elle aurait pu très bien faire une rédaction pour un concours universitaire !

III. *La main artistique* est caractérisée surtout par le fait que les doigts seuls sont pointus, tandis que la paume et le reste de la main passent pour avoir la forme habituelle proportionnée. Le pouce est le critérium du modelage psychique de la forme artistique de l'individu, car dans ce type le pouce peut avoir des formes extrêmement différentes, d'où la variété des sous-types de cette grande classe psychique. D'après d'ARPENTIGNY, il y aurait à distinguer trois principaux types : 1° la main souple avec le pouce petit et une paume moyenne ; 2° la main souple avec le pouce grand et la paume large et épaisse ; et 3° la main très ferme, la paume grande, la main également grande. Le premier sous-type serait une main artistique, dont

le propriétaire aurait des penchants pour la forme,
pour la beauté de la ligne. Le second sous-type est plus
matériel : l'individu incline vers les affaires finan-
cières, il rentre par certains éléments dans la première
catégorie des types (catégorie I). C'est une main d'am-
bitieux. Le troisième sous-type tend vers la vie sensuelle. Le premier sous-type est caractérisé par « l'enthousiasme », le second par « la ruse », le dernier
par « la volupté ». En général cette troisième catégorie représente la mentalité inconstante, mobile, légère,
impressionnable, non dépourvue de profondeur de
pensée, mais une intelligence à réactions immédiates,
rapides, spontanées, enthousiastes.

Les doigts de la main artistique sont, selon d'AR-
PENTIGNY, « volumineux à leur première phalange,
vont en s'amincissant jusqu'à l'extrémité, qui présente
la forme d'un cône plus ou moins obtus. Son pouce
est petit, comme je viens de le dire, et sa paume assez
développée » (1). Puis l'auteur, selon sa bonne habitude, analyse ce qu'il entend par « esprit intellectuel
artistique », et voici comment il conçoit la main caractéristique des artistes : « Une paume assez grande
donc, des doigts lisses, un pouce faible, plus de phalanges coniques, c'est-à-dire des grands appétits sans
frein moral suffisant, un esprit manquant de force pour
assujettir les sens à sa domination ; — le tout bro-
chant sur un fond d'idées médiocrement spiritualistes
— tel est, si je ne me trompe, le caractère des artistes
en général (2). » L'esprit artistique se trouverait très

(1) D'ARPENTIGNY, *op. cit.*, p. 193.
(2) D'ARPENTIGNY, *ibid.*, p. 194.

fréquent « chez toutes les nations des îles de la mer
du Sud ». Le chevalier d'ARPENTIGNY dissèque, avec
de l'ingéniosité parfois, avec du bon sens toujours,
les qualités de l'esprit artistique; il le retrouve dans
l'armée, et c'est grâce à cette inspiration, conséquence
immédiate de la main artistique-conique, « que les
généraux, tel Murat à la bataille de Smolensk, gagnent
des victoires » !

La main artistique régna jadis sur la société ; la
caractéristique de cette époque fut « un spiritualimes
relatif et de l'amour ». On le retrouve depuis le commencement du xiiᵉ siècle (Abélard et saint Bernard) jusqu'à la fin du xiiiᵉ. Les mains artistiques sont toujours
conduites par les mains psychiques, qui fournissent
les modèles, les objets et les sujets d'enthousiasme.
Ce fut donc l'époque des cathédrales. Plus tard cette
main ne domine plus l'époque. La main de François Iᵉʳ
était artistique « en ce sens que la paume en était
grande, le pouce petit et les doigts lisses, mais les
phalanges extérieures en étaient sensiblement spatulées ». D'ARPENTIGNY l'a décrit d'après la statue du
prince à Saint-Denis (1). Au xviᵉ siècle, la main artistique est retrouvable, mais avec plusieurs sous-types ;
l'aristocratie, en dehors des décors brillants, a des
« mains encore rudes et grossières du xviᵉ siècle » (2).
Le xiiiᵉ siècle fut l'époque qui a toutes les sympathies
de cet analyste de talent, car il procède de Dieu, tan-

(1) D'ARPENTIGNY, op. cit., p. 214. Lire à ce sujet dans le
xviiᵉ chap., « Les mains artistiques du xviᵉ siècle », qui n'est
en somme qu'une très savante description du goût et des
tendances de la renaissance.

(2) D'ARPENTIGNY, ibid. p. 217.

dis que le xviii⁰ siècle, quoique curieux, ne procéda
que de l'homme, et Voltaire représente l'homme de ce
siècle.

IV. *La main utile, carrée ou anguleuse* est le type
de la mentalité méthodique, ordonnée. C'est une main
de « bon employé », de « fonctionnaire sérieux ». « Elle
est bonne chez un colonial », me disait une pythonisse, ou encore, « il faut choisir dans ce type des
garçons de bureau, de recette et des hommes de confiance. » C'est une intelligence médiocre, capable de
faire un admirable sous-ordre, c'est la main la « plus
commune ». C'est une main moyenne, mais plutôt
grande que petite, aux doigts « noueux », la paume
« moyenne » et qui a en particulier la forme non spatulée, mais carrée des dernières phalanges. C'est une
main « d'esclave ». Le « pouce est grand, avec une
racine développée ; la paume moyenne, creuse et assez
ferme ». « La terre, écrit d'ARPENTIGNY sur cette
catégorie intellectuelle d'hommes, est leur unique
domaine....., leurs regards ne vont pas plus loin.
Ils ne savent du monde des idées que ce que l'œil
nu sait du firmament. Toujours prêts, d'ailleurs,
à nier ce qu'ils ne peuvent ni sentir, ni comprendre,
et à donner pour bornes à la nature, celles de leur
compréhension (1). » Ce fut au xvii⁰ siècle que ces
mains utiles prirent, selon cet auteur, la direction de
la France ; les monuments de Louis XIV gardent l'empreinte de cette absence de fantaisie. Ils sont semi-
palais, semi-casernes. C'est le « savoir-vivre, érigé en
science ». On voit que le chevalier d'ARPENTIGNY est

_____

(1) D'ARPENTIGNY, *op. cit.*, chap. xviii, p. 232.

sous l'influence du spirituel et profond observateur
que fut Saint-Simon, et la page citée est vraiment
bien choisie. La critique du xviiᵉ siècle, confondue
avec les observations sévères que mériterait la main
utile, est pleine d'humour et d'érudition. L'inconnu
est suspect à cette époque, la muse de ce siècle est
méticuleuse et elle ne s'aventure que sur les routes
frayées, « aimant mieux procéder par la mémoire que
par le sentiment » (1). « Plutôt *bourgeois* que *citoyens,*
les hommes à phalanges carrées s'accommodent mieux
des privilèges que de la liberté (2). » Coustou, Coysevox et Puget ne donnent que la vie au marbre, mais
sans le beau. « Le Poussin s'exile en Italie, Lesueur
s'enferme dans un cloître et Claude Lorrain dans la
nature (3). » Le cardinal de Richelieu n'avait pas les
doigts pointus et, selon d'Arpentigny, on le représente
à tort comme tel dans un très beau portrait du cardinal, par Philippe de Champaigne (du musée de Caen).
« C'est là une flatterie gratuite s'il en fut (si pourtant
flatterie il y a, car la main se montrant de profil, les
doigts ne peuvent guère apparaître autrement que
pointus) (4). » Ainsi « qu'Aristote, ce parangon du
type carré, ainsi que Boileau, ce prototype des poètes
selon la règle, ainsi que Turenne et Vauban, ces généraux selon la science, Richelieu, écrit d'Arpentigny,
eut des phalanges carrées et non des phalanges poin-

(1) D'Arpentigny, *op. cit.,* p. 237.

(2) D'Arpentigny, *ibid.,* p. 240.

(3) D'Arpentigny, *ibid.,* p. 242, d'après Lamennais.

(4) D'Arpentigny, *ibid.,* p. 249.

tues » (1). Les mains utiles aiment l'ordre pour lui-
même, l'ordre comme les Anglais et les Américains
l'entendent, « qui froisse notre goût artistique et nous
est antipathique » (2). Ces doigts à phalanges carrées
constituent l'immense majorité des mains charnues :
l'esprit social et les idées sociales expliquent largement cette prédominance. On vit selon « l'usage » (3).
C'est tout comme au xviiᵉ siècle en France : « On savait
mal l'ortographe à la cour de Louis XIV, mais on y
savait saluer avec plus de grâce qu'en aucun lieu du
monde (4). »

V. *La main philosophique* est caractérisée par des
doigts larges et noueux ; la paume est également
large, mais élastique. L'extrémité des doigts n'est ni
carrée ni spatulée, mais légèrement ovoïde, quasi
conique. Le pouce en est grand et divisé en deux moitiés à peu près égales par une articulation franche et
bien délimitée. Par la forme des doigts, la main philosophique révèle de la sentimentalité poétique, « l'intuition de la poésie relative », dirait le capitaine
d'ARPENTIGNY, du « calcul » — cause des nodosités
— des déductions rigoureuses, inductions déduites
avec autant de logique que de décision, à cause de la
division exacte du pouce. Dans son ensemble la main
philosophique indique, selon d'ARPENTIGNY, « l'instinct

(1) D'ARPENTIGNY, *op. cit.*, p. 245. A lire les pages vraiment
intéressantes de cet auteur sur le xviiᵉ siècle et sur l'époque
de Louis XIV. Chap. xviii, pp. 229-156.

(2) D'ARPENTIGNY, *op. cit.*, p. 255.

(3) D'ARPENTIGNY, *op. cit.*, *Les mains charnues*, chap. xix,
pp. 258-267.

(4) D'ARPENTIGNY, *op. cit.*, p. 259.

métaphysique », ou celui « de la critique aiguë ».
C'est une main d'Européen !

Les mains philosophiques sortirent des mains populaires dès l'avènement de Louis XV. C'était comme
une réaction aux mains utiles du xviiᵉ siècle. Philosophie facile et à interprétation encore plus facile.
Détermination des faits historiques qui fait concur-
rence à ceux des historiens qui croient pouvoir démontrer que l'histoire est une science. Les « phalanges
ovoïdes affranchirent la philosophie des entraves
de la foi, de la tradition, de la révélation » (1). « Les
mains à nœuds quasi carrées, quasi coniques, ont
l'éclectisme », et c'est à cause de ce fait que d'ARPEN-
TIGNY leur a donné le nom de mains philosophiques.
Très grandes, ces mains tendent à l'analyse ; petites, à
la synthèse ; la domination du grand pouce indiquerait la domination de la raison ; au contraire, le pouce
petit donnerait de l'avantage aux sentiments du
cœur.

VI. *La main psychique* est la plus belle et la plus
rare. Elle est petite, agréable au toucher, les doigts
légèrement ondulés, effilés et sans nœuds, le pouce
petit, élégant et fin, c'est-à-dire d'une forme régulière
et bien modelée, la dernière phalange un peu plus
longue que les deux autres.

L'inspection de la main psychique s'arrête à une
« harmonie de lignes et de relief », « très agréable à
voir », comme s'exclament les classiques de ce métier.
Ce type de main appartient aux gens doués d'une
réelle intelligence, voire même « d'une grande intel-

(1) D'ARPENTIGNY, *op. cit.*, p. 276.

ligence », la main de ceux qui s'élèvent au-dessus de leur milieu, des « idéalistes », des « admirateurs », la main des idéologues, des « apôtres », la main de la « noblesse », du « désintéressement ». On trouve rarement cette main dans les « classes inférieures » !... Les sciences chiromantiques aiment à distinguer l'humanité en classes supérieures et inférieures et cette distinction sociale repose sur des constatations caractéristiques et nullement, paraît-il, sur des données *a priori*.

Les mains psychiques ajoutent de la beauté aux œuvres du penseur. Ces mains n'ont pu parvenir à aucune domination en Europe, comme les autres types de main. « Peut-être, ajoute d'ARPENTIGNY, n'y ont-elles jamais prétendu, dédaigneuses qu'elles sont, dans la haute sphère où les retient le génie qui les anime, des intérêts matériels (1). » Toutefois on trouve des traces de leur présence dans les drames humains les plus poignants. Les mains psychiques aiment les grandes luttes. Au temps du sensualisme grec, elles se résumèrent dans Platon ; au temps de l'apogée du sensualisme romain, en Jésus. Fénelon serait le type à opposer à Bossuet ; à Voltaire et Diderot s'opposeraient Vauvenargues et Rousseau, et au XIXᵉ siècle des hommes comme Chateaubriand, Benjamin Constant, Mme de Staël représenteraient le parfait type psychique. D'ARPENTIGNY, observateur de nature, conteste, à l'encontre de tous les auteurs, que ce type soit l'apanage d'une race héraldique ; au contraire on le trouverait « dans les classes les plus abjectes où il

(1) D'ARPENTIGNY, *op. cit.*, p. 286.

végète, s'ignorant lui-même, incompris et dédaigné, à cause de son inaptitude relative aux travaux manuels. Apollon, hélas ! a gardé les vaches (1) ! »

La main psychique serait le caractéristique du mysticisme, de la largeur d'idées, et elle se retrouverait chez un grand nombre dans l'Asie méridionale, où le génie contemplatif domine la vie sociale et où l'on méprise les méthodes d'analyse. En effet, il faut dire avec d'ARPENTIGNY que la morne et somnolente Asie a été le berceau de toutes les grandes religions, tandis que l'Europe laborieuse, la terre des « ivresses légères », a été le lieu d'origine des philosophies qui ont lutté contre les religions. L'Orient est le pays de la métaphysique ; on le répète depuis Aristote ! En Europe, l'Allemagne serait le pays où il y aurait le plus de mains psychiques. Milton, Klopstock, Lamartine, Victor Hugo, G. Sand, de Vigny seraient des parfaits types de mains psychiques. La main psychique donne de l'enthousiasme, de l'inspiration, de l'abnégation. Ce type aurait régné, même aux Indes Orientales, jusqu'au xiiie siècle, quand il fut supplanté par les Tartares mahométans qui « le reléguèrent dans les temples » (2). Les civilisations espagnole et italienne seraient nées sous l'influence des mains artistiques et psychiques ; la civilisation française au contraire procède des instincts, des mains utiles et des mains philosophiques. L'histoire des premières civilisations serait plus intéressante, tandis que celle de la dernière, plus instructive.

(1) D'ARPENTIGNY, *op. cil.*, p. 287.

(2) D'ARPENTIGNY, *op. cil.*, pp. 298.

Les peuples orientaux se suffisent à eux mêmes, tandis que les occidentaux ne se défont de l'ennui et du spleen que par le travail. L'imagination suffit à ce peuple des mains psychiques. Mahomet avait les mains très dures. « La main psychique de race, si littéralement dotée qu'elle soit, n'a pourtant qu'une entente médiocre des choses du monde extérieur et de la vie réelle ; elle les regarde de trop haut pour les bien voir (1). »

VII. *La main mixte* est constituée par les types nullement définis qui appartiennent à plusieurs de ces catégories, sans pouvoir être classés dans aucune. Ce sont des types intermédiaires, « propres à tout » et à « rien », et qui peuvent exceller dans la « littérature commerciale », — mauvaise note pour le journalisme ! — dans « l'art industriel », dans des métiers qui peuvent « mener à tout » ! ! !

« L'intelligence que représente une main mixte participe de l'intelligence attachée à chacun des deux types que sa forme rappelle (2). » Ces mains seraient l'élément constitutif des masses modératrices, compensatrices ; l'esprit des mains mixtes est toujours varié. Les Juifs auraient ce type de mains, de même que les Normands.

Nous pouvons maintenant analyser les types de ces sept catégories d'après la prédominance des éléments de la topographie de la main ; ce sont des détails complémentaires analytiques, révélés par des signes soi disant « indépendants ». La paume étroite indi-

(1) D'ARPENTIGNY, *op. cit.*, p. 302.

(2) D'ARPENTIGNY, *op. cit.*, p. 309. Voir le chap. XXIII sur « *les mains artistico-élémentaires* », p. 315-329.

querait un tempérament faible et stérile ; épaisse et
d'une dureté excessive, la paume serait l'indice d'une
vie instinctive, brutale, ou encore elle serait le signe
d'une individualité bien définie. La main molle est le
symbole de l'incertitude, de l'inactivité intellectuelle,
de la paresse ; le contraire serait révélé plutôt par une
main dure (1). Les Juifs auraient la main molle. L'activité serait encore plus grande si les doigts sont
spatulés. La main molle dénote une activité passive ;
la main dure une vie active ; dans le premier cas on
aime jouir de la vie, tandis que dans le second il
paraît qu'on aime agir. La main aux doigts spatulés
évoque le plus l'activité. Lorsque la main est grande,
c'est un signe de force physique, ce qui paraît d'ailleurs logique ; on est d'autant plus robuste que la
main est dure ; plus la paume de la main est petite,
plus elle est en désharmonie avec l'architecture générale de la main, plus les goûts sont affinés, plus le
sujet est curieux. La mollesse de la main en dehors
de la paume indiquerait une tendance vers le mysticisme, un « goût pour le merveilleux ».

Le *pouce* occupa tout particulièrement l'attention
du capitaine d'ARPENTIGNY, et nous trouvons dans son
livre de nombreux détails, que nous n'utiliserons pas
à cause de leur absence de portée psychologique
directe ; il s'agit plutôt du métier, de l'art de saisir
quelque donnée révélatrice par l'analyse de l'architecture de la main (2). La première phalange est le signe
de la logique, et la deuxième de l'invention. « A défaut

(1) D'ARPENTIGNY, *op. cit.*, chap. V, pp. 71-83.
(2) D'ARPENTIGNY, *op. cit.*, chap. IV, p. 59.

d'autres preuves, disait Newton, le pouce me convain-
crait de l'existence de Dieu » ; voici une des citations
les plus heureuses mais devenue des plus banales, qu'on
retrouve partout et que d'Arpentigny cite également au
début de son chapitre. Le pouce représente la volonté rai-
sonnée. « L'animal supérieur est dans la main, l'homme
est dans le pouce (1). » Le *Pollex truncatus* — pouce
coupé — des Romains indiquait la catégorie des
citoyens qui se coupaient le pouce pour ne pas porter
les armes, d'où le terme *poltron*, que les langues néo-
latines conservent encore avec une signification toute
méprisante. Il faut songer que chez les Romains lever
le pouce était le signe de la demande du pardon, de
la grâce. Le pouce des singes est fort flexible, tandis
que le pouce humain représente à lui tout seul toute
la volonté psychique qu'on oppose aux instincts. « Les
idiots de naissance viennent au monde sans pouce, ou
avec des pouces impuissants et atrophiés ; ce qui est
logique, car, où l'essence manque, le symbole doit
faire défaut » (2). Les nourrissons tiennent toujours les
mains fermées, les « doigts par dessus le pouce », et ce
n'est qu'avec le temps que le pouce prend son indépendance et qu'il « se ferme par dessus les doigts » (3).
Les épileptiques « ferment le pouce avant les doigts »,
« ce qui signifie que ce mal, qui est éprouvé avant
d'être senti, atteint le principe par lequel on pense,
avant le principe par lequel on sent » (4). Les mori-

(1) D'Arpentigny, *op. cit.*, chap. iv, p. 60.
(2) D'Arpentigny, *op. cit.*, chap. iv, p. 61.
(3) D'Arpentigny, *op. et loc. cit.*
(4) D'Arpentigny, *op. et loc. cit.*

bonds, comme je l'avais remarqué moi aussi tant de
fois, rentrent le pouce sous les doigts. « L'homme
seul, parce qu'il a un pouce, c'est-à-dire la raison,
connaît la mort (1). » Le mont du pouce, l'éminence
thénar est le siège de l'amour, de Vénus, car, « au
fait : aimer c'est vouloir ».

Étroite et grêle, la deuxième phalange signifierait
absence complète de décision, douceur. Le pouce petit
serait le signe des « vierges folles », des impulsifs,
des instinctifs, des intuitifs. Albert DÜRER, à cause
de sa soumission si triste à sa femme, HOMÈRE,
SHAKESPEARE, MONTAIGNE, LA FONTAINE, LOUIS XVI
avaient, selon d'ARPENTIGNY, de très petits pouces.
SOUVAROFF, DANTON, GALILÉE, DESCARTES, NEWTON,
LEIBNITZ, SAINT-SIMON, CHARLES FOURIER, ROBERT
OWEN, etc., de même que les Corses, avaient de très
grands pouces ; DAVID, FONTENELLE avaient aussi de
gros pouces ; VOLTAIRE, « l'homme du monde dont le
cœur fut le plus assujetti au cerveau », avait, ainsi que
le prouve sa statue (au Théâtre Français), des pouces
énormes » (2). HOUDON n'aurait pas ciselé le marbre
avec ce détail anatomique, si « les mains bien connues » du modèle ne lui en avaient imposé l'obligation.
Le Lama « lève fièrement le pouce de la main droite
et se dit : Je suis ainsi » (3) ; le geste indique une fois
de plus la valeur psychique du pouce.

Il y a en outre une différence très grande entre la
main féminine et la main masculine. Sur cent femmes,

(1) D'ARPENTIGNY, op. et loc. cit.
(2) D'ARPENTIGNY, op. cit., p. 65.
(3) D'ARPENTIGNY, op. cit., p. 66.

en France, selon l'auteur de la *Chirognomonie*, on en trouve :

40 p. 100 appartenant au type conique ;
30 p. 100   —   —   carré ;
30 p. 100   —   —   spatulé ;

Le mains élémentaires sont rares parmi les femmes.

Les doigts noueux sont extrêmement rares chez les femmes, c'est ainsi qu'on s'explique leur difficulté, sinon leur impossibilité de concevoir l'abstraction et les données métaphysiques de la pensée. La grande majorité des femmes appartient presque exclusivement à ces trois catégories chirognomoniques ; les femmes de la première catégorie aiment ce qui fait du bruit et elles se laissent facilement dominer ; celles de la seconde catégorie sont des femmes ambitieuses, prudentes, adroites, et celles de la troisième catégorie sont des femmes délicieuses, des vraies femmes, des êtres de cœur. Le pouce étant grand chez la femme révèlerait une sentimentalité pauvre, du raisonnement ; le contraire serait une preuve de tendresse, de faculté à pouvoir subir une passion. Choisissons nos ménagères parmi les femmes aux doigts carrés. C'est un avis prudent, sur lequel toutes les chiromanciennes insistent et qu'elles ne cessent de répéter comme conseil intime à tous les bons bourgeois qui désirent goûter la délicieuse paix chez eux. Au contraire, fuyons les femmes aux pouces petits et souples ; elles révèlent le « besoin d'une activité en dehors du foyer ». L'expression est courtoise et correcte et de nature à nous forcer à réfléchir sérieusement.

Les Anglaises « ont généralement la phalange déli-

catement carrée ». Les Orientales « ont les mains
pures avec des petits pouces » (1). CHARLOTTE CORDAY,
SOPHIE DE CONDORCET, LUCILE DESMOULINS « avaient
les doigts très effilés » (2). Madame ROLAND « avait de
belles grandes mains spatulées » (3). La spirituelle
Madame de MAINTENON appartient au type carré.

CARUS, dans un opuscule très intéressant (*Ueber
Grund und Bedeutung der verschiedenen Formen der
Hand*), a classé les différentes formes de main en
4 types, et il leur donne comme prototype moral : à la
main *élémentaire*, Sancho Pança ; à la main *motrice*,
Marius ; à la main *sensible*, le Tasse ; à la main
psychique, Jésus-Christ.

(1) D'ARPENTIGNY, *op. cit.*, p. 335.
(2) D'ARPENTIGNY, *od. loc.*
(3) D'ARPENTIGNY, *op. cit.*, p. 338.
(4) CARUS, 1 vol., Stuttgart, 1846, p. 7.

CHAPITRE III

Le premier coup d'œil de la chiromancienne, son examen le plus sérieux, son attention la plus soutenue, vont à la *paume de la main*. Au point de vue métier (1), et d'après les conseils des ouvrages techniques chirognomoniques, on doit considérer cette région de la main d'abord dans ses dimensions, puis dans son degré de fermeté, enfin dans sa « couleur intérieure » — le terme est presque classique — c'est-à-dire au point de vue de la physionomie tactilo-musculaire.

(1) En dehors des renseignements si précis et si personnels de Mme FRAYA, voici une liste de quelques livres qu'on pourrait consulter avec profit et qui synthétisent le plus clairement possible les données classiques de la chiromancie. Je laisse de côté INDAGINE, la réédition de PHILIPPE MAY, SICLER, etc., qui échappent à la connaissance de la grande majorité des prophéteurs.

AROLA, *L'art de lire dans la main. La chiromancie dévoilée*, Paris, M. Masson, éd., 72 pages. Des schémas clairs. Bon résumé.

JULES ANDRIEU, *Chiromancie-étude sur la main, le crâne, la face*. Excellente, mise au point de la « Collection excellente ». Bibliothèque des Salons. Librairie Jules Taride, 1 vol. 150 pages.

I

La *paume* large et très ferme, presque dure, signifie
pour la chiromancienne puissance de travail, idées
personnelles et quelque peu intransigeantes. Quelques-unes ajouteraient volontiers : honnêteté, caractère brusque et loyal ; d'autres souligneraient comme
notes toutes particulières, activité intellectuelle et
physique, santé robuste.

La paume large, mais souple, c'est l'esprit assimi-
lateur pouvant s'élever à la compréhension des idées
générales; caractère spontané. « Connaissances étendues », ajouteraient d'aucunes, ou encore « indul-
gence philosophique ; plus d'activité mentale que
physique ». Pour certaines chiromanciennes, elle sera
le signe d'un caractère affable et bienveillant : « Désir
de rendre service », murmureront ces charmantes
prophétesses. « Santé délicate, mais résistante », sera
la dernière réflexion suggérée par ce type palmaire.

La paume très grande et très proéminente, dispro-
portionnée avec les doigts, serait l'indice de la violence
et de la malice. « Nature très dangereuse, déséquili-
bre à craindre », chuchoterait l'oracle avec un regard
empreint de crainte et de compassion. Son contraire,
une paume étroite et grêle, équivaudrait à étroitesse
d'esprit, conception mentale lente et débile ; pas de
clarté dans les idées ; illogisme, entêtement, caractère
méfiant et ombrageux ; impressionnabilité ; manque
presque absolu de franchise. La paume étroite, mais
forte, serait le signe physique de l'égoïsme et de la
sensualité, et d'un caractère irritable.

Une paume moyenne, souple et bien proportionnée
évoquerait l'équilibre mental, en même temps qu'une
santé très solide malgré sa fragilité. « Assimilation,
intelligence vive, clarté, jugement », disent les livres
classiques de la chiromancie. La paume dure et grossière signifierait une grande activité physique, le goût
des sports, du mouvement. L'individu serait violent
et sa sensibilité équivalente à zéro. Si la paume est
souple et ferme, le sujet aurait certainement une
grande délicatesse de sentiments ; son intelligence
serait active, docile et perfectible ; son caractère
serait empreint de loyauté et de droiture. La paume
très molle, c'est paresse, « goûts voluptueux » — pour
employer le terme consacré — une volonté chance-
lante, voire absente ; santé très délicate. Des mains
sèches et sans relief sont, pour une docte chiromancienne, l'indice de l'ambition, du positivisme, de
l'âpreté au gain, de l'orgueil et de la susceptibilité.
Caractère autoritaire et dominateur ; dissimulations.
Troubles des voies digestives. Paume épaisse et dure :
beaucoup de « sensualisme » et de « matérialité » :
combativité ; volonté entière. Paume épaisse et molle,
veulerie, paresse, lâcheté ; impuissance à réagir
contre les instincts. La main grande est une main
analytique, la main moyenne indiquerait l'esprit
synoptique ; les très petites mains le synthétisme.

II

L'importance des *doigts* n'est pas moindre en chiromancie que celle de la paume. Cette science s'attache

à les observer dans leur ensemble et dans le détail de
leurs proportions. Chaque phalange doit donc être
considérée avec un soin particulier, d'abord isolément, puis comparativement aux autres.

La phalange onglée, dite « première phalange », à
cause de sa situation prédominante, représente les
fonctions cérébrales pures. Les penseurs, les esprits
cultivés, ceux qui, chez les chiromanciennes, passent
pour des intellectuels — oh! le vilain mot! — ont
toujours, paraît-il, une première phalange relativement plus longue que les autres. La réflexion, le goût
de la philosophie et des sciences abstraites sont indiqués, s'il faut en croire les livres classiques, les plus
remarquables prophétesses et particulièrement Madame FRAYA, par la forme légèrement spatulée de la
première phalange. JACQUARD, VAUCANSON, CONSTANTIN
PERRIER avaient les doigts très spatulés, selon d'AR-
PENTIGNY. Ceci d'ailleurs concorde avec les données
classiques. Dans cette catégorie rentrent les gens qui
« ont besoin de mouvement physique », de « l'action
quand même », « amour sans tendresse », des « auda-
cieux », selon le chevalier d'ARPENTIGNY. Au contraire,
les esprits primesautiers, plus spontanés que logi-
ciens, se reconnaissent à la forme conique de la phalangette, laquelle est presque pointue quand il s'agit
de théoriciens utopistes, des extatiques, des intuitifs,
des inventeurs. Les doigts spatuleux et à nœuds appartiennent aux gens doués pour les sciences mécaniques,
pour la stratégie, tels VAUBAN, ARAGO, MONGE, CARNOT,
etc., de même qu'aux instrumentistes : la main de LISZT,
ce jongleur du piano, est un exemple typique : main
très grande, doigts noueux, phalanges très spatulées.

Carrée, elle est révélatrice de bons sens, de méthode et de positivisme, de la simplicité, de l'obéissance « aux choses convenues », de l'amour de l'ordre, de l'esprit d'organisation, mais sans initiative.

La deuxième phalange indique l'équilibre existant entre les facultés idéalistes et utilitaires, le degré de sens pratique individuel. Si elle est plus élevée que les autres, le raisonnement et les qualités d'ordre positif prédominent ; si elle est courte, le rêve l'emporte sur le bon sens.

La troisième phalange représente le domaine matériel, les impressions sensuelles, la violence plus ou moins impétueuse des instincts. Cette phalange, épaisse, indique toujours une nature voluptueuse, sensible aux joies du confortable, du luxe et du far-niente ; sèche ou maigre, elle signifie une sécheresse de cœur et une malveillance irrémédiables. Bien proportionnée, elle atteste des qualités de bonté douce et d'affectivité qui peuvent aller jusqu'au dévouement.

PHILIPPE MAY, l'auteur de la *Chiromancie médicinale*, déjà citée, a consacré un chapitre à « la proportion de la main et des doigts » (1). Il doit y avoir « une proportion si admirable et une égalité si grande, que l'une ne surpasse pas l'autre en grandeur de la grosseur d'un cheveu, comme l'expérience le fera voir à celuy qui sera curieux de les mesurer ». Voici sa technique : « Pour mesurer la proportion de la main, il faut commencer par les deux milieux des montagnes

---

(1) PHILIPPE MAY, *op. cit.*, trad. français de Treusches, édit. Ernest Bosc. chap. VIII, pp. 52-58. Ch. VII dans l'édition allemande de 1667, pp. 37-41.

du Soleil (1) et de Mercure (2), comme indiquent les lettres A et B dans la sixième figure (3), et il faut que la grandeur de cet espace se trouve quatre fois dans la largeur de la main (c'est-à-dire dans les montagnes) et neuf fois dans la longueur (c'est-à-dire depuis la fin du doigt du milieu jusqu'à la Rascette, comme le montrent les figures de 1 à 9), la proportion des doigts se trouve depuis la lettre A jusqu'au B. Le petit doigt et le pouce sont d'une égale grandeur, mais il faut compter du premier article du pouce. L'index est aussi grand que le doigt du Soleil, pourveu qu'il soit proportionné à la main et s'estend depuis la lettre B, jusqu'à C. Le doigt du milieu doit estre aussy long que la distance qu'il y a entre la lettre C et la lettre B, C'est-à-dire de la largeur de la main au-dessus de la ligne C, B. Or, où cette proportion se rencontre elle indique : 1° une bonne santé ; 2° un bon tempérament ; 3° un homme de cœur, courageux et vertueux. Mais où elle ne se rencontre pas, elle signifie : 1° un mauvais tempérament ; 2° une nature faible et débile ; 3° des catharres ; 4° un homme superbe (p. orgueilleux), lasche, efféminé et paresseux. Chez les femmes ces proportions seraient les présages des « mesmes effects et encore plus grands que chez les hommes. » La main plus large chez la femme sera un signe défavorable pour son esprit ; mais au point de vue de l'accouchement, « les mains inégales, plus grandes et plus larges qu'elles doivent être » seraient un signe « qu'elle sera très heureuse dans ses couches ».

(1) L'annulaire.
(2) Petit doigt.
(3) Numéros de la figure du texte de PHILIPPE MAY.

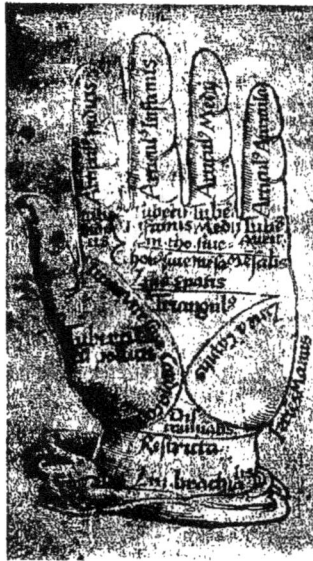

Fig. 1. — La main chiromancienne.

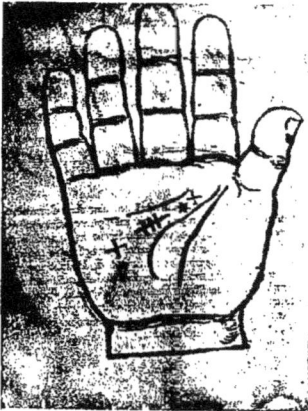

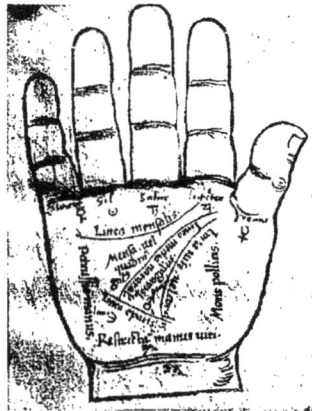

Fig. 2. — La main chiromancienne.   Fig. 3. — La main chiromancienne.

PLANCHE II

Il faut chercher surtout l'harmonie et compléter
l'impression première par l'inspection des lignes. « Il
faut que la main et le visage soient d'une mesme longueur », dit PHILIPPE MAY avec son habitude d'affirmer sans donner des preuves. A son époque, d'ailleurs, l'expérience était une somme d'observations
globales enregistrées grâce à des dons personnels,
intuitifs, comme on les nommerait de nos jours. Dire
que PHILIPPE MAY voulait aussi diagnostiquer la
nature des blessures, leur quantité et les coups
obtenus dans la « meslée ». Il dit, analysant cette
proportion entre la main et le visage que dans certains cas, à la guerre, « les vêtements seront plutôt
endommagés que son corps » !

Lorsque les doigts, considérés dans leurs rapports
proportionnels avec la paume, sont longs, larges et
fermes, ils indiquent une pensée forte, un puissant
équilibre et beaucoup d'énergie. « Lorsque les doigts
passent les bornes de leur juste proportion et sont
plus longs qu'ils ne doivent estre, écrit PHILIPPE
MAY, ils dénotent : 1° une nature faible et débile ;
2° un homme timide et sans courage, mais d'abord
fort libéral et propre pour apprendre quelque chose
en peu de temps; mais au contraire quand ils sont
plus courts qu'ils ne doivent être, ils dénotent un
homme avare et qui n'est propre à rien.

Doigts longs et effilés : recherche excessive du détail,
observation, analyse minutieuse, goûts affinés, sensibilité qui peut devenir maladive, santé fragile.
Doigts des diplomates, des « aigrefins ».

(1) PHILIPPE MAY, op. cit., édit. E. Bosc, p. 57.

Doigts longs et spatulés : pessimisme, irritabilité, caractère méfiant et taciturne ; sens critique « acerbe » — le mot est, paraît-il, consacré — peu de bienveillance ; satisfaction de soi.

Doigts moyens, bien proportionnés avec la paume : équilibre, connaissances aisément généralisées ; intelligence rapide et claire.

Doigts courts et gros : caractère impulsif ; violence, irréflexion, étourderie, précipitation, maladresse, inconséquence.

Doigts très courts et très gros : de la cruauté, de l'entêtement.

Doigts courts et carrés : plus de synthèse que d'analyse ; esprit clair, actif ; raisonnement, loyauté, fidélité.

Doigts courts et pointus : mensonge, imagination déréglée ; manque de pondération, égoïsme.

Doigts élégants et charnus, à racine gracieusement fuselée : amour excessif de soi ; inconscience féroce de la douleur d'autrui ; soif de luxe. « Nature à éviter »! nous conseilleront discrètement les chiromanciennes amies...

Doigts inélégants mais souples, et capables de se replier en arrière : générosité impulsive, grandeur d'âme, altruisme, souplesse d'intelligence, mais faiblesse de volonté.

Doigts fermes sans rigidité : intelligence active et originale, volonté précise.

Inutile de parler des doigts « crochus » l'expression est assez connue. Elle évoque un type psychologique bien défini.

Doigts durs, ne fléchissant que difficilement : aucune

souplesse mentale ; esprit irritable et ergoteur ; causticité ; pas de générosité.

Les doigts gourds, épais et maladroits appartiennent aux êtres que tient pour inférieurs le monde des prophétesses ; « aux êtres accoutumés aux durs labeurs physiques », ajoutent, pour compléter leur pensée, nos aristocratiques voyantes. Difformes, ils révèlent des âmes grossières ou méchantes, souvent vicieuses et cruelles ; contournés et mal faits, des intelligences inférieures ; des caractères irritables, mesquins et déséquilibrés (1).

La *chirognomonie* divisait les hommes en deux catégories d'après l'aspect des doigts : ceux qui avaient les doigts lisses et ceux qui avaient les doigts noueux. Chez les premiers on trouvait de l'impressionnabilité, de l'intuition, de la spontanéité, du caprice, du coup d'œil rapide, du goût artistique ; chez les seconds de la réflexion, de la logique, du calcul, de l'application intellectuelle précise.

DESCARTES, PASCAL avaient des doigts noueux.

En chiromancie, comme en chirognomonie, le *pouce* possède à lui seul une vie spéciale. Sa position le rend indépendant des autres doigts auxquels il semble commander. Et la science chiromantique lui confère un symbolisme curieux et complexe : il contient à lui seul le plus de renseignements possibles.

Le pouce, par son opposition, est un signe presque

____

(1) ANTIOCHI TIBERTI DOCTORIS, *De Cheiromantia, op. cit.*, lib. B. II, 114 « Digiti crassi vel ampli breves et curvi hominem invidum, stultum audacem, avarum et temerarium, etc. » Le livre le plus curieux à lire sur l'influence de l'astrologie, du zodiaque et de la chiromancie.

distinctif humain. Un petit pouce annonce un esprit
indécis, tandis qu'un grand, de la puissance domi-
natrice, de l'autorité. Souvenons-nous que Voltaire
avait des pouces très grands. Napoléon aussi. On cite
ces exemples assez souvent dans la chirognomonie.

A la naissance, le pouce est presque toujours replié,
caché par les autres doigts : je l'ai vu dix fois dans
dix cas d'accouchement ; ce n'est qu'avec le développement de l'âge et de l'instinct qu'il prend une allure
personnelle, qu'on le voit peu à peu s'ouvrir et s'agiter. Dans le sommeil, c'est-à-dire dans l'inconscience,
selon nos savantes chiromanciennes, ce doigt se replie
comme dans la première enfance ; au moment de la
mort, les agonisants le dissimulent sous les autres
doigts en fermant la main, tout comme au moment de
la naissance. Ce reflexe serait le signe d'une cessation
de la personnalité. J'ai pu observer moi-même ces
deux derniers faits dans mes recherches sur le sommeil et sur les mourants. De là, nos prophétesses
déduisent avec logique que plus l'être possède d'activité mentale, plus le pouce est nettement détaché des
autres doigts. Lorsqu'il est rapproché de l'index
dénué de souplesse, il manifeste une âme inférieure,
inculte et inapte à se perfectionner. Au contraire,
flexible et bien orienté en dehors, il indique de la
souplesse dans l'esprit et dans le caractère, de la générosité, de la magnanimité.

Sa première phalange (onglée) suffirait presque, à
elle seule, à manifester toutes les facultés d'énergie,
de décision et d'activité. Très élevée et plus haute
que la deuxième, elle indiquera un inébranlable entêtement ; moyenne, de la volonté modérée, mais cons-

tante, un esprit réfléchi ; courte, la faiblesse ; très
courte et très rejetée en arrière, le défaut de positivisme, l'impressionnabilité, l'insouciance, une volonté
incohérente.

La deuxième phalange, longue, dit : logique, prudence, pouvoir analytique aigu, défaut de spontanéité.

Moyenne : sagesse, bon sens, droiture.

Courte : irréflexion, étourderie, « coups de tête à
redouter ».

L'expression bien connue « mettre les pouces » pour
céder, viendrait du rôle prépondérant joué par le
pouce dans les actes décisifs de psychologie humaine
(*Larousse*).

III

Quant aux *lignes de la main*, ce sont les facteurs les
plus généraux et les plus connus des sciences chiromantiques. Leur objet intéresse, à vraiment parler,
seulement la chiromancie. Il est impossible, en l'état
actuel de nos connaissances, de dire à quoi tient cette
dénomination des lignes et quel est le rapport du
contenu de ces termes avec leur propre valeur linguistique. On trouve même dans ARISTOTE le terme de
ligne de *vie*, et tous les auteurs postérieurs citent les
livres arabes et s'y rapportent. Au moyen âge les
livres de chiromancie connus qui se répètent presque
textuellement les uns d'après les autres, ne s'in-
quiètent guère de ce problème. Dans bon nombre de
textes et de citations il y a des confusions dans la
topographie des lignes ; la ligne du cœur est souvent

confondue avec la ligne de tête : *Linea vitæ et quæ cordis linea appelat,* dit INDAGINE, (page 9). On en compte quatre principales : les *lignes* de *vie,* de *tête,* de *cœur,* et de *chance* ou de *fortune.* L'horoscope est tiré selon leur forme, selon leur longueur ou leur profondeur. « Ceux-là se trompent, écrit SICLER, qui disent que les Lignes des Mains sont causées par des plis, formées par hasard, ou figurées selon qu'on ferme le poing : car s'il était ainsi, il faudrait que, comme tous les hommes ferment la Main de la même sorte, les Lignes fussent semblables : au lieu que l'expérience nous fait voir, que de mille il ne s'en trouve pas deux, qui ayent quelque rapport entre elles. » (Ouv. cit. Préface.)

La *ligne de vie* délimite l'éminence thénar (Mont de Vénus). Commençant entre le pouce et l'index, elle se termine vers le poignet, plus ou moins près de la rascette, nom classique du bracelet linéaire du poignet, dont le rôle en chiromancie n'est pas moins considérable, comme nous le verrons plus loin : son nom lui vient de ce qu'on prétend pouvoir déterminer d'après elle l'âge du sujet et la durée de sa vie. L'examen doit donc en être fait minutieusement, sans négliger aucun de ses éléments, forme, couleur, étendue, profondeur, etc. Les mesures se font rigoureusement et le compas à la main, de la manière suivante, la plus classique (1).

(1) Voir surtout le livre de PHILIPPI MEYENS : *Chiromantia medica,* II ch. « Von abmessung der linie des Hertzens » p. 26, et IIIe chap. « Von abmessung der Kopfslinie », p. 30. Il donne de même la technique des mesures des autres lignes, voire même celle du foie, des poumons et de l'estomac.

Voici sommairement une des techniques courantes
de la chiromancie; elles varient, quoique généralement
peu, par rapport à d'autres données classiques. Une
des pointes du compas demeure fixe à la base de l'index et l'autre décrit des arcs de cercle vers la ligne
de vie; pour les trente premières années de la vie, ces
arcs de cercle doivent partir soit de la racine de l'annulaire, soit du milieu de la racine du petit doigt;
pour cinquante années de vie, l'arc de cercle doit
aboutir au commencement de la ligne du cœur. Pour
les autres âges on mesure la longueur totale de la ligne
de vie, on la divise en trois et on se rend compte de
combien elle dépasse les unités obtenues comme nous
venons de le dire. On peut faire le même calcul pour
les autres lignes. Cette manière de mesurer la ligne
de vie nous vient des anciens cabbalistes, qui divi-
saient empiriquement cette ligne en sept ou dix par-
celles, dont chacune signifiait une durée de vie de dix
années.

DESBAROLLES signale la technique courante et celle
de PHILIPPE MAY. Il va de soi que la ligne
de vie courte indique une brève existence. Profonde, elle signifie une santé florissante et durable.
Sa coloration fournit de précieux indices: pâle, « discontinue », et large, elle est un signe de maladie,
d'instincts méchants; bleuâtre, livide, de folie; rouge,
cramoisie, elle indique un tempérament colérique et
sujet à l'emportement; les affections cardiaques y
seraient figurées par de petits cercles. La réunion à
la ligne de tête signifierait prudence. Longue et grêle
elle annoncerait un caractère mélancolique, envieux;
ridée elle serait le prodrome des états maladifs. Un

7

point profond sur cette ligne fondamentale de la vie
serait le signe certain d'une mort violente ; des
« ronds », maladie, ou même perte des yeux, des deux
s'il y avait deux ronds. Un « cercle » serait le signe
fatal d'une atavique tendance au meurtre.

La *ligne de tête* commence tout près de la ligne
de vie, et son tracé se dirige obliquement vers la per-
cussion de la main, en divisant en deux la paume
dans le sens de la largeur. Remarquons, en passant,
avec DESBAROLLES, qu'elle joue dans la géographie de
la main un rôle très important au point de vue chiromantique ; c'est elle, en effet, qui sépare le canton
méridional, ou matériel, de la zone septentrionale, ou
spirituelle, la région de la fatalité, du domaine de la
liberté. Elle se termine au niveau de la base de l'éminence hypothénar. Profonde et nette, elle révèle une
volonté ferme et catégorique. La volonté est plus
ferme quand elle s'avance vers le mont de Mars. Plus
longue, elle indique l'esprit rêveur, des penchants
sentimentaux, de l'imagination, pourvu qu'elle se
dirige vers le Mont de la Lune (l'éminence musculaire
du bord interne de la main). Si elle s'incline plus de
ce côté, ce serait un signe de la folie. Courte, elle dit :
hésitation ; longue et horizontale, égoïsme ; pâle,
indécision. Et le sentiment triomphe quand elle se
rapproche de la ligne de cœur.

La *ligne de cœur* commence vers la base de l'articulation du petit doigt et finit vers la base du monticule interne de l'index. Commençant par de petits
rameaux, elle indique un caractère agréable, et présage une vie heureuse. Au contraire, commençant
brusquement, elle ferait présumer la sécheresse du

cœur. L'inconstance et l'esprit capricieux seraient
révélés par le tracé en « anneaux » ou en « chaîne »,
le symbole des amours nombreuses. Aboutissant au
médius, elle signifie la mort violente ; traversée de
barres, des obstacles en amour... ; fragmentée, inconstance sentimentale.

L'attachement et sa durée seraient liés, selon
DESBAROLLES, à la longueur de cette ligne. « Si elle
manque, dit-il, par le haut et ne commence qu'à la
hauteur du Mont de Saturne, on aimera plutôt sensuel-
lement qu'avec le cœur, on pourra s'attacher, mais à
cause des plaisirs sensuels. » Pour aimer du « fond
du cœur », il faut que cette ligne partant du Mont de
Jupiter n'arrive pas jusqu'à Mercure : La coloration
rouge vif indiquera un amour violent ; la coloration
pâle « la débauche froide », signe d'un homme
« blasé ». La mort violente peut se révéler aussi par
le fait d'une union de la ligne de cœur avec la ligne
de tête et avec la ligne de vie, entre le pouce et l'index ;
ce signe se retrouvant dans les deux mains serait le
présage d'un crime ; surtout quand il s'incline vers la
ligne de tête. La ligne de cœur traversée par d'autres
lignes que les lignes principales serait l'indication
d'un long cortège de déceptions.

La *ligne de chance*, ou de fortune, qui est celle de la
déstinée est la seule ligne verticale importante de la
main : commençant à la rascette, elle s'élève à travers
le creux de la main ou plaine de Mars, pour finir à la
base du Médius. Brisée, tronçonnée, elle présage des
obstacles à surmonter, la lutte, mais aussi les réus-
sites prodigieuses ; c'est la ligne de fatalité de bon
nombre de grands créateurs. Si elle disparaît avant

son terme normal, malheurs vers la fin de la vie. S'arrêtant à la ligne de cœur, elle présage le deuil et la fin du bonheur par le trépas d'un être bien aimé.

L'étude complète de toutes ces lignes, hâtons-nous de le dire, constituerait la matière de vingt chapitres volumineux, et nous ne formulons ici que des généralités et la substance de tout ce verbiage, parfois pompeux, toujours naïf et généralement dogmatique. N'oublions pas, surtout, que pour émettre une affirmation, l'étude d'une seule ligne ne suffit pas, mais qu'il faut les considérer dans leur ensemble, en tenant compte de la nature de la peau, de la forme, de la couleur, en un mot de la physionomie de la main.

Citons encore, parmi ses lignes principales, la ligne *hépatique*, qui commence vers l'extrémité de la ligne de vie et se termine à la ligne de cœur. Elle délimite avec ces deux lignes le triangle connu sous le nom de plaine de Mars. Elle indiquerait la santé, la solidité, l'équilibre de la pensée quand elle est nette et bien indiquée; barrée, des maladies fréquentes, et tortueuse, une constitution faible.

La *voie lactée* occupe la base du pouce, au point d'intersection de la ligne de chance et de la ligne hépatique. Elle est presque parallèle à la ligne de chance, et indiquerait les passions et la sensualité.

L'*Anneau de Vénus* est la ligne courbe qui se dessine autour des articulations du médius et de l'annulaire; elle serait le symbole de la passion irrésistible, surtout quand on la rencontre en même temps que la voie lactée. Pour certaines chiromanciennes, elle indiquerait aussi une sensibilité, une impressionnabilité extrêmes, et l'aptitude aux sciences occultes.

Les lignes du poignet, ou *rascette*, sont le symbole de l'énergie, de l'élément « volonté en action ». Profondes et apparentes, elles disent une vie active et laborieuse; compliquées et sinueuses, la réussite. Elles seraient aussi l'indice de l'âge, mais elles tirent leur interprétation du rapport avec les autres lignes de la main et surtout de leur orientation.

La ligne de l'*intuition* est la moins définie; elle convergerait vers le Mont d'Apollon, selon la plupart des auteurs; on ne l'examine presque pas dans la chiromancie courante.

IV

En dehors des lignes, il existe dans la topographie de la main de nombreux signes dont les chiromanciennes font grand cas (1). Le caractère de ces dessins est généralement géométrique. Citons :

Les carrés : puissance, énergie dans la région ou dans la faculté à laquelle elle se réfère ;

Les croix : des ennuis ;

Les étoiles : de la réussite, mais cachée ; un événement en dehors de notre volonté et « du libre arbitre ».

Les cercles : réussite éclatante, gloire ;

(1) *La chiromancie royale* de SIGLER n'est qu'une collection des signes, de tous les signes qu'on trouve dans la main et sur les doigts et avec toute l'interprétation zodiacale, astrologique et chiromantique possible. Je renvoie le lecteur curieux à ce travail, un des mieux faits de ce genre.

Des triangles : talent, adresse, persévérance ;

Des points noirs : blessures, signe maléfique ;

Des points blancs : signe favorable ; découverte scientifique (!) ;

Des grilles : de la malchance ;

Des chaînes : de la contrariété, des difficultés ;

Des rameaux : signes favorables quand ils sont ascendants, défavorables dans le sens contraire.

Des lignes courbes et rompues : des chances négatives, des luttes à soutenir.

L'auréole : la perte d'un œil ou la gloire.

Il nous reste encore à parler des ongles et des monts de la main. Ces derniers sont au nombre de sept, et portent les noms des planètes. L'éminence thénar est dédiée à Vénus ; l'éminence hypothénar à la Lune ; l'élévation de la base de l'index, à Jupiter ; celle du médius, à Saturne ; celle de l'annulaire, au Soleil, ou Apollon, et celle de l'auriculaire, à Mercure. On est en pleines considérations astrologiques. La prédominence d'un de ces monts serait la domination de notre esprit par la planète respective du Zodiaque. Le développement exagéré serait l'excès de cette influence ; de même que le contraire serait la négation de l'élément Zodiaque auquel le monticule se réfère.

Le *Mont de Vénus* marque l'amour passion dans son caractère plutôt charnel ; une sentimentalité sensuelle, le goût de la femme ; peu élevé, il indique un état habituel de mysticisme et de rêverie, une transformation de la Vénus terrestre en Uranie.

Le *Mont de Jupiter* révèle la bonté, la rectitude

d'esprit, mais, trop élevé, la subtilité, l'amour de la nature; il indique de la gaieté.

Le *Mont de Saturne* indique un tempérament calme, mélancolique, mièvre, casanier, le bon sens, la chance. Fatalité, profonde tristesse. En astrologie, Saturne est la planète maléfique par excellence. Elle donne la douleur, la solitude, la misanthropie, etc.

Le *Mont du Soleil*, ou d'Apollon, marque l'ingéniosité, la tolérance, le savoir faire (?) le goût des arts, les dons moraux et surtout les dons spirituels les plus brillants. Il donne aussi le goût des lettres, de la gloire, de la célébrité, de tout ce qui brille (naturellement).

Le *Mont de Mercure*, normal, indique la finesse, la subtilité; un peu relevé, un penchant pour le mensonge et le vol, pour la vie pratique; proéminent, il serait le signe de l'hypocrisie et d'aptitudes commerciales. Le goût de la science.

La *Plaine de Mars*, le creux de la main, nette et pure, proclamerait le courage, le calme, la résignation; de petits sillons la traversant seraient les signes caractéristiques de la bestialité, de la violence et de l'injustice.

Sur le *Mont de la Lune* siègent la rêverie, la poésie, l'amour de la solitude; disproportionné, il présagerait la folie, la mort subite.

La couleur des montagnes est à considérer. Il faut que chaque montagne se trouve « directement et immédiatement au-dessous de son doigt » (PHILIPPE MAY). Les planètes n'agiraient directement que de la sorte! Des taches rouges et blanches sur les collines dénoteraient « changement de sang ».

Les ongles durs et rosés manifestent une santé
robuste, une intelligence vive ; pâles et mous, une
mauvaise santé, une volonté faible. Ils sont courts
chez les gens minutieux, méthodiques, amoureux de
l'ordre et du détail ; rongés chez les individus nerveux, agités, inquiets, voire envieux et sournois. Ce
dernier signe est généralement d'un fâcheux augure
quant à la valeur morale du sujet. La proportion des
ongles est encore à considérer. D'après PHILIPPE MAY,
les ongles seraient mous dans les maladies véné-
riennes.

On rencontre parfois sur les ongles de petits points
d'un gris blanchâtre, blanc ou rose (1) ; leur coloration plus ou moins foncée constituerait toute une
gamme dont les notes les plus basses correspondraient
à de mauvais présages, tandis que les notes élevées
seraient d'un heureux augure. Leur signification varie
d'ailleurs avec leur accentuation et leur forme : à peine
indiqués, par exemple, ils présagent plutôt des illusions et des soucis... Les taches jaunes seraient d'un
bon présage. Le père jésuite DELRIO, un des sévères
critiques de la chiromancie, admet volontiers que les
points noirs et blancs qui apparaissent sur les ongles
pourraient servir comme diagnostic des états maladifs ou de santé. Mais il proteste contre la probabilité
d'un signe prophétique car « l'avenir est indépendant
de la volonté de l'homme ».

Chaque ongle croît depuis la racine jusqu'au bout,

(1) Voir le *Traité des points et des taches qui paraissent*
quelquefois sur les ongles des doigts, de PHILIPPE MAY, « Anhang der chiromantiae medicae », pp. 106-124, éd., de 1667.
Éd. Bosc, pp. 133-162.

selon l'auteur de la *Chiromancie médicinale*, en
trois mois. Dès qu'un signe paraît, il faut le
rapporter à sa position dans le temps : car comme il
est convenu que les événements s'annoncent d'avance,
il faut savoir les prévenir et au besoin réagir. Il y a
des auteurs qui exigent l'inspection médicale de la
main pour la thérapeutique ; la fatalité peut être con-
jurée parfois, surtout quand il s'agit de troubles
secondaires, de perturbations organiques. Il faut
donc diviser les ongles en trois parties : chaque partie
correspondrait à un mois. On peut, selon PHILIPPE
MAY, constater des signes par rapport aux médica-
ments ingérés ! « Afin donc, écrit cet auteur, qu'un
médecin puisse sçavoir s'il sera heureux ou malheu-
reux en sa pratique, je lui conseille de considérer
l'ongle de son pouce et de prendre garde s'il y a
quelque signe heureux ou infortuné, et suivant la
nature de celuy qu'il rencontrera, il pourra juger du
succes de son entreprise, car Mars, qui a l'intendance
sur les médecins..., etc. (1). » Le conseil médical
paraît simple et à retenir.

V

Une chiromancienne consciencieuse ne procède
jamais à l'inspection des mains qu'après que celles-ci
sont au repos depuis environ trois heures ; après la
digestion, « quand les viandes sont bien digérées », le

---

(1) PHILIPPE MAY, *op. cit.*, p. 161.

sujet doit être dans un état d'esprit calme ; à aucun
prix, elles n'examinera les mains durcies et fatiguées
par le travail (1). Il en sera de même des mains d'enfants au-dessous de sept ans, où les lignes ne sont
pas encore formées ; de celles des vieillards ou des
infirmes, les déformations de l'âge ou pathologiques
troublant et bouleversant toute leur physionomie
linéaire. Elle étudiera de préférence la main droite
chez les hommes, et la gauche chez les femmes.
Notons ici une observation psychologique très inté-
rante : la main gauche représente, dans le symbolisme chiromantique, la fatalité organique, les facultés
innées ; la droite, au contraire, l'adaptation au milieu,
les réactions spirituelles, la lutte et l'acquis ; les ver-
tus conquises se gravent dans sa paume. Il est donc
logique d'examiner plutôt la main gauche chez les
femmes, qui sont infiniment plus impulsives, plus
naturelles et primitives, au sens profond du mot,
que les individus mâles. La peau et les lignes seront
observées à la loupe, dans une chambre bien éclairée,
et de préférence à la lumière du soleil. On maintiendra
dans cette pièce une température modérée ; le sujet
devra n'avoir fait aucun excès et, si possible, être à
jeun.

 « Pour bien examiner toutes les lignes de la main,
il faut qu'elle soit nette, écrit PERRUCIO, sans tumeur,
sans gale et non altérée du travail ; que la personne
soit bonnement à jeun, de sorte que huit et neuf heures
du matin sont très commodes pour en connaistre : il

(1) Voir PHILIPPE MAY sur les conseils dans la pratique
chiromantique, chap. II, éd. Bosc.

faut qu'elle soit sans émotion, et que le lieu où l'on
sera, soit clair, sans être néanmoins exposé à une
clarté trop grande, qui pourrait facilement éblouïr la
vue et, par conséquent, oster le moyen aux sens
d'opérer et de connoistre ny l'effet, ny la cause (2). »

Avec tous ces éléments, la pythonisse expérimentée
ou les médecins, comme on disait au xvie siècle, a
entre les mains des notions empiriques très précises
pour elle, et qui, de fait, en dehors de la phraséologie
habituelle à ce genre de vaticinations, ont une certaine valeur expérimentale. Elle palpe, elle affirme,
elle essaie de se documenter par la physionomie du
sujet et son aspect général. Nous possédons tous un
subconscient extrêmement tangible, quand nous
savons l'ébranler, ou au moins l'agiter.

Une bonne chiromancienne est toujours une habile
diplomate. Ses phrases ont une tournure spéciale ;
tout ce qu'elle dit pourra être interprété à sa louange :
Aio te, Eacide, Romanos vincere posse. Elle n'affirme
jamais sans restrictions ; ses oracles sont pleins de
réticences, et lui sont en partie dictés par les mouvements, les changements de physionomie, les altérations du visage du sujet. Elle sent que les signes de
la main, malgré toute la valeur qu'elle leur attribue
scientifiquement, ne constituent pas une source de
renseignements comparable à celle qu'est le visage ;
c'est au visage surtout, miroir fidèle des émotions,
où viennent se peindre les agitations psychiques, où
apparaissent en images les oscillations mentales, les
phases du dialogue intérieur, de la conversation

(2) PERRUCHIO, *op. cit.*, p. 74.

intime de l'être avec soi-même, que la chiromancienne
recueille les plus précieux indices ; un geste réprimé,
un mouvement qui s'ébauche, une altération de la
voix, la guident dans ses investigations. Puis elles
nous parlent toujours d'avenir tout en brodant sur
l'inconnu et dans le vague, paroles pourtant sugges-
tives pour n'importe quel être, quelle que soit son
intelligence et sa culture.

Une page d'un auteur plein de bon sens résume
fort bien la croyance habituellement accordée aux
manigances chiromantiques, ainsi que le scepticisme
qu'elle évoque dans certains esprits graves. Nous
l'empruntons au *Dictionnaire infernal* (1) de COLLIN DE
PLANCY, de 1863, dans sa sixième édition, l'auteur de
la *Bibliothèque des Légendes*, assez connu par les
folkloristes et ceux qui ont étudié la psychologie des
croyances.

« Gardez-vous, en chiromancie, dit M. SALGUES (2),
des lignes circulaires qui embrasseraient la totalité
du pouce ; les cabbalistes les nomment l'anneau de
Gygès, et ADRIEN SICLER, nous prévient que ceux qui
les portent courent le risque qu'un jour, un lacet
fatal ne leur serre la jugulaire. Pour le prouver, il
cite Jacquin Caumont, enseigne de vaisseau, qui fut
pendu, ne s'étant pas assez méfié de cette funeste
figure. Ce serait bien pis si ce cercle était double en
dehors, et simple en dedans : alors nul doute que
votre triste carrière ne se terminât sur une roue. Le
même ADRIEN SICLER a connu à Nîmes un fameux

(1) Paris, Furne, Jouvet et Cie, 1 vol., 723 pages.
(2) SALGUES, *Des erreurs et des préjugés*, etc., t. II, p. 49
et suiv. Cité d'après COLIN DE PLANCY, *Dict. Inf.*, p. 434.

impie qui fut roué en 1559, et qui portait ce signe mortel à la première phalange. Il m'est impossible de vous tracer toutes les lignes décrites et indiquées par les plus illustres chiromanciens pour découvrir la destinée et fixer l'horoscope de chaque individu ; mais il est bon que vous sachiez qu'ISAAC KEM-KER a donné soixante-dix figures de mains au public ; le docte MÉLOMPUS, douze ; le profond COMPOTUS, huit ; JEAN DE HAGEN, trente-sept ; le subtil ROMPHI-LIUS, six ; l'érudit CORVAEUS, cent-cinquante ; JEAN CORUS, vingt ; PATRICE TRICASSUS, quarante et PER-RUCHIO, six ; ce qui fait de bon compte quatre cent vingt-trois mains sur lesquelles votre saga-cité peut s'exercer. Mais, dites-vous, l'expérience et les faits parlent en faveur de la chiromancie. Un Grec prédit à Alexandre de Médicis, duc de Toscane, sur l'inspection de la main qu'il mourrait d'une mort violente ; et il fut, en effet, assassiné par Laurent de Médicis, son cousin. De tels faits ne prouvent rien ; car si un chiromancien rencontre juste une fois ou deux, il se trompe mille fois. A quel homme raison-nable persuadera-t-on, en effet, que le soleil se mêle de régler le mouvement de son index (comme le disent les maîtres en chiromancie astrologique) ? que Vénus a soin de son pouce, et Mercure de son petit doigt ? Quoi ! Jupiter est éloigné de vous immensé-ment : il est quatorze fois plus gros que le petit globe que vous habitez, et décrit dans son orbite des années de douze ans, et vous voulez qu'il s'occupe de votre doigt médius !... »

Et COLLIN DE PLANCY qui est d'ailleurs fort scep-tique, cite le cas du docteur BRÉHIER et celui du célèbre M. RAILLON, assez connu dans le xviiiᵉ siècle, dans lesquels les prophéties chiromantiques se réalisèrent pleinement. Le premier auteur raconte, dans ses *Caprices de l'Imagination*, le cas d'un homme de quarante ans qui mourut un mois après que le bohémien lui eut annoncé cette fin. RAILLON mourut sur le coup, tombant d'un échafaud comme on le lui avait prédit (1). Ce sont sans doute des cas probables qu'on cite et qui se perdent dans le nombre des cas négatifs qu'on ne cite pas !

PHILIPPE DE MÉLANCHTON pronostique en 1550, « voyant la main de la femme de Sébastien Redingerus, docteur en médecine, appelée Catherine Landschuckin, qu'elle ne passerait trente ans, ce qui arriva effectivement ; car elle mourut en travail d'enfant, précisément la trentième année de son âge » (2).

Ouvrez le volume de SICLER et vous trouverez des milliers d'attestations, toutes de « bonne foi », soit citées, d'après les auteurs classiques, soit comme font INDAGINE, J.-B. DELLA PORTA, ANTIOCHUS TIBERTUS et PHILIPPE MAY, des observations personnelles. DESBAROLLES est encore intéressant à connaître à ce sujet par sa documentation toute personnelle. Le curé JEAN BELOT avait remarqué une étoile dans une jointure du médius, étoile de mauvais présage, « en la personne d'un gentilhomme de ses amis » et qui fut assassiné dans ses bras le 24 juillet 1623 (3). Il y a des signes qui

(1) J. COLLIN DE PLANCY, *op. cit.*, p. 434.

(2) PHILIPPE MAY, *Epistre Dédicatoire*, p. ix, édition, Bosc.

(3) SICLER, *op. cit*, p. 6 et PERRUCHIO, liv. IV, ch. viii. C'est le premier qui aurait assigné à la présence de l'étoile la fatalité d'être assassiné.

varient selon la latitude, et Sicler conseille aux personnes qui ont certains signes à leurs jointures du médius de chercher les régions dominées par la constellation du Cancer, et il nous donne une liste des plus détaillées (1) des localités dont le séjour serait favorable. Chaque hiéroglyphe de la main a son interprétation, son pronostic et sa thérapeutique! Les Planètes paraissent conduire tous nos pas, tous nos gestes ; le Zodiaque de la main n'est qu'un écho de la constellation qui nous protège et l'analyse des signes seule peut donner aux lignes de la main, à sa conformation chiromantique la possibilité d'une intelligence précise de sa destinée et de sa manière d'être. Le signe hiéroglyphe tient son importance en dehors de son dessin, de la constellation qui dirige le doigt, ou du monticule de la base de l'articulation du doigt. Le doigt du milieu aurait des « sympathies » avec la rate et Sicler s'appuie sur Hippocrate, qui avait constaté des rapports de maigrissement de la rate quand le corps s'engraisse et *vice versa*, pour faire des pronostics et des constatations médicinales (2). Camille Balde découvrait, selon Sicler, les personnes timides « par les mains subtiles et longues » (3). Artaxerxès, roi des Perses, nommé « à la longue main » était « fort faible et débile ». Heureusement qu'on retrouve quelques aperçus lumineux, qui cadrent mal parfois avec cette exubérance d'érudition, mais qui mettent au point la valeur de ces

(1) Sicler, *ibid.*, 7 et 8.

(2) Sicler, *ibid.*, p. 25.

(3) Manus subtiles et longæ timidorum propriæ, *ibid.*, p. 81.

curieuses constatations, véridiques parfois, étranges toujours, difficiles à contrôler souvent. Il s'agit des lignes entrecoupant la racine du médius et qui dénoteraient, selon PERRUCHIO, des plaies à la poitrine, des plaies à la tête, si ces lignes s'entrecoupent à la racine de l'index, au bras si elles sont localisées à l'annulaire, etc.

« Et j'ay souvent remarqué que si les lignes sont fourchues, les playes sont fort légères ; si elles se terminent en une croix, elles sont de difficile guérison, et si elles se finissent en une croix spéciale (sous le texte il y a un dessin), elles sont mortelles.

« Que si une desdites lignes descend pour fendre le *Cingulum Verens,* elles menacent de mort violente et c'est possible de cette ligne que COCLÈS prédit à quarante-cinq personnes devoir mourir de mort violente, d'où CARDAN remarque que de son temps il n'en restoit que deux, à qui le malheur ne fût arrivé.

« Je vis la même à un certain Jacquet, natif de Pezenas, auquel je dis qu'il était menacé de mourir des mains de la justice, ce qui luy arriva pour avoir assassiné Monsieur le Comte d'Uzès, son maître ; mais j'avoue en cela que les yeux humains ne sont pas assez clairsvoyans et que les règles de la chiromancie n'étant fondées que sur des faibles conjectures, on ne peut pas par conséquent prévoir les événements futurs qu'à travers un million de nuages épais, qui empêchent les professeurs de pouvoir absolument prédire un événement accompagné de toute ses circonstances et dépendances, cela tenant du divin, comme dit le prophète Isaïe : Annoncez les choses qui doivent venir au temps futur et nous connaîtrons que vous êtes Dieu (1). »

(1) Sicler, *La Chiromancie royale,* 1re partie, p. 25 : « Annuntiate quæ ventura sunt in futurum et sciemus quia Dei estis vos. »

CHAPITRE IV

I

La conception de la beauté est certainement la plus variable, à supposer même qu'un jour on précise scientifiquement ce qu'il faut entendre par beauté, il faudra qu'elle modifie sensiblement ses canons, car nos idées évoluent, changent sous des influences extrêmement différentes et inattendues, d'où des goûts et des tendances artistiques nouvelles et éternellement renouvables. Il n'y a pas une beauté ; il y a des beautés. La beauté vivante est souvent extrêmement insaisissable. MM. Duval, Langer, Brücke, Thomson, P. Richer, Stratz (1) essayèrent de

(1) Brücke, *Schönheit und Fehler des menschlichen Gestalt*, 1890. — Langer, *Anatomie der äusseren Formen des menschlichen Körpers*, 1884. — Wessely, *Der weibliche Modell in seiner geschichte Entwickelung*, Leipzig, 1884. — P. Richer, *Anatomie artistique*, 1890. — *Canon des proportions du corps humain*, 1893. — *Physiologie artistique*, 1895. — *Dialogues sur l'art et la science. Nouvelle Revue*, t. cvii. — *La Revue de l'art ancien et moderne*, 1897, fos 3 et 4. — M. Vachon, *La femme dans l'art*, 1891. — M. Duval et Bical, *L'anatomie des maîtres*. — *Histoire de l'anatomie plastique*, 1890, Quentin. On trouve d'excellentes remarques sur da Vinci, Buonarotti,

nous donner, encore de nos jours, le cadre anatomique et artistique de la beauté des canons artistiques, comme les anciens nous en ont laissé quelques-uns dans leurs écrits que certainement peu
d'artistes de talent avaient consultés.

Voici d'après ces auteurs et à titre de document ce
qu'on pense anatomico-artistiquement d'une belle
main. Les peintres comme tous les artistes qui n'ont
eu aucune idée des soi-disant canons anatomiques
font volontairement l'index plus court ou plus long

RAPHAËL, RUBENS, REMBRANDT, DÜRER. — HENKE, *Die menschen
des Michel-Angelo im Vergleich mit der Antike*. Rostock, 1892.
— HOUDOY, *La beauté des femmes dans la littérature et dans
l'art du XIIe au XVIe siècle*, 1876. Paris, 1 vol., 185 pages. —
SCHÆFFER, *Die Frau in der Venezianische Malerei*. Bruckmann, 1899. — A. WALKER, *Analysis and classification of
beauty in woman*, London, 1846, 2e éd., 1 vol., 396 pages. —
Pour LÉONARDO DA VINCI voir : Ch. RAVAISSON, *Les manuscrits
de Léonard de Vinci*, t. I, 1881, t. II, 1883 et t. III, 1881 (nouv.
édit. K) et J.-P. RICHTER, *The literary works of Leonardo da
Vinci*, London, Sampson Low, Marston, Searle et Rivington,
1883. — N. GERDEY, *Anatomie des formes extérieures du corps
humain*. Paris, 1829. — LOUIS PEISSE, *La médecine et les médecins*, Paris, 1857. Surtout les chapitres « l'art à l'académie de
médecine » (t. II, p. 306) et « de l'usage des études anatomiques et physiologiques dans les arts du dessin » (t. II,
p. 338). — N. TRÉLAT, *Introduction à un cours d'anatomie
appliquée aux beaux-arts*, Paris, 1863. — H. KUHNHOLZ,
*Réflexions de Floriano Caldoni sur l'anatomie appliquée à la
peinture*, Montpellier, 1845. — CH. LEVÈQUE, *La Science du
Beau*, 1861, Paris, Aug. Durand. — HAY, *The geometric beauty
of the human figure defined*, 1851. — ZEISING, *Neue Lehre von
den Proportionnen des Menschlichen Körpers*, Leipzig, 1854. —
G. AUDRAN, *Les proportions du corps humain mesurées sur les
plus belles figures de l'antiquité*. Paris, Audran, MDCLXXXIII,
44 pl. Les figures de l'antiquité sont mesurées minutieusement. Rien à retenir de ce travail, sauf ces quelques renseigne-

que l'annulaire à la grande surprise de MANTEGAZZA qui reproche amèrement aux artistes cette ignorance (*Psychologie des Weibes*, trad. all. 1894, et Teuches). Mais pourquoi cette disposition anatomique représenterait-elle la beauté? Est-ce qu'une main est plus belle avec ou sans index plus court que l'annulaire? L'histoire de l'art nous fournit des mains qui nous paraissent belles et qui appartiennent également aux deux catégories. La beauté n'est pas liée à un type anatomique, mais à des types. Il n'y a pas une beauté mais des beautés, comme il y a des vérités et pas une vérité !

Si l'antiquité grecque était observatrice et avait le

ments que je trouve écrits à la main à la fin de l'exemplaire de la Bibliothèque nationale, un ancien exemplaire de « Monasterii B. M. Ordinis S. Benedictii » :

	POUR L'HOMME		POUR LA FEMME	
	Parties	Minutes	Parties	Minutes
Hauteur :				
Du coude à la naissance des doigts...........	6	3	4	4 [Du coude au poignet]
Du poignet à la naissance des doigts...........	1	4	1	6
Le second des doigts, ou le plus long..........	1	6	1	4
Largeur :				
Le gros de l'avant-bras..	1	6	1	4
Le poignet	1	1	1	»
La main................	»	»	1	8

Pour les hommes, les mesures ont été prises d'après les proportions d'Apollon Pythien du Vatican, et pour les mesures des femmes selon *Vénus Aphrodite* dite *de Médicis*. On nomme *partie* la quatrième partie du visage, comme par exemple la distance du menton au nez. Une *minute* est la douzième part d'une *partie*.

coup d'œil sûr, ainsi que les auteurs modernes, Paul
RICHER entre autres, l'ont démontré, la Renaissance,
malgré sa somnolence psychologique, nous donne
des extrémités harmonieuses et même d'assez beaux
échantillons. Le type physique est intimement lié à
notre possibilité d'intelligence de la beauté ! L'éducation du regard était certainement supérieure à l'imi-
tation servile d'une idéologie innovatrice, mais il y a,
comme nous venons de le dire, beauté et beauté.
Les mains des statues antiques sont belles parce
que calmes, de ce calme qui fait selon LANGER, la
grande supériorité de l'art grec. D'accord avec
LANGER, je crois que les saillies musculaires sont souvent mal placées chez les Grecs, tout comme il y a
des erreurs systématiques dans l'art du moyen âge et
de la Renaissance.

Le canon nous donne, paraît-il, des enseignements
précieux sur ce qu'on peut concevoir par une belle
main (1).

Les Égyptiens choisissaient comme unité de
mesure, selon CH. BLANC, la longueur du médian, qui
« était comprise dix-neuf fois dans la hauteur totale
du corps » (STRATZ). C'était le *module*, l'unité de
mesure du canon, des règles de la beauté. Les Grecs
s'inspirèrent des canons égyptiens, et on vit bien des
canons de la beauté chez les Grecs : celui de POLYCLÈTE
dont nous retrouvons des renseignements dans
VITRUVE, GALIEN et PLINE. LEONARDO DA VINCI, ALBRECHT

(1) Il y a un chapitre sommaire mais clairement rédigé dans
le livre plein de bon sens et vraiment intéressant du
Dr. STRATZ, *La beauté de la femme*, Gaultier-Magnier, Paris.
Trad. de l'allemand de Robert Waltz. Chap. IV, pp. 37-54.

Dürer et Agrippa s'occupèrent plus tard des proportions de la beauté, y mêlant comme Agrippa, dans sa fameuse *De occulta philosophia* (de 1531, t. II, ch. xxvii), même la beauté des astres (1). Zeising résume toute l'histoire du canon de la beauté dans sa classique *Neue Lehre von den Proportionen des menschlichen Körpers* (1854), ainsi que Hay qui est, comme toujours, extrêmement documenté : *The geometric beauty of the human figure defined* (1851), et de même que Quetelet : *Des proportions du corps humain.* (*Bullet. de l'Académie des sciences, lettres et beaux-arts de Belgique*, XV.) En 1899, Fritsch nous a donné un travail très sérieux sur le canon artistique dans sa *Die Gestalt des Menschen* (1899) ; citons aussi les essais de Schmidt (1849), de Carus (1854) et de Schadow en Allemagne ; de Sargent en Amérique, et de P. Richer en France.

II

Le canon de Polyclète (2), dont il n'existait que la tradition, et cela encore vague, du temps de Vitruve, nous est totalement inconnu. On sait seulement qu'il perfectionna le système du sculpteur Pythagore de Rhegium et qu'il dressa une statue, célèbre par ce que nous rapporte l'antiquité, qui résumait tout son traité.

(1) Le volume d'Agrippa était connu en manuscrit depuis 1510 (Beyle, *Diction.*, IX, art. *Agrippa*).

(2) J.-J. Winckelmann est le premier qui ait étudié l'antiquité et ses monuments avec une méthode scientifique, dans ses nombreux ouvrages. Lui aussi croit que le *canon* de Polyclète est représenté par le *Doryphore*.

Cette statue « représentait un garde du roi de Perse armé d'une lance, un doryphore ». Quant à la loi des proportions dans la statue de POLYCLÈTE, nous l'ignorons, quoiqu'en pense Ch. BLANC, qui rapporte le passage de GALIEN. Ce dernier écrit que le *doigt* était l'unité du canon de POLYCLÈTE. « Il pense, GALIEN — en parlant de CHRYSIPPE — que la beauté consiste non dans la convenance des éléments (le froid et le chaud, l'humide et le sec), mais dans l'harmonie des membres, savoir, dans le rapport du *doigt* avec le *doigt*, des doigts avec le métacarpe et le carpe, de ces parties avec le cubitus, du cubitus avec le bras, et de tous ces membres avec l'ensemble du corps, *ainsi qu'il est écrit dans le canon de* POLYCLÈTE » (1).

(1) « Pulchritudinem vero non in elementorum sed in membrorum congruenta, *digiti* videlicet *ad digitum*, digitorumque omnium ad palmam et ad manus articulum, et horum ad cubitum, cubiti ad brachium, omnium denique ad omnia positam esse censet ; perinde atque in Polycleti normâ litteris mandatum conspicitur. » GALIEN, *De Hippocratis et Platonis decretis*. Liv. V, p. 255 de l'édition in-folio de Venise, 1565. Cité d'après Ch. BLANC, p. 47. — A. BOSSE, *Recueil de figures pour apprendre à dessiner sans maître le portrait, les figures, l'histoire et le paysage*, 1737. Paris, G.-A. Jombert. Une seule image de main (pl. 9). — GERARD DE LAIRESSE, *Le grand livre des peintres ou l'art de la peinture considérée dans toutes les parties et démontrée par principes*. Trad. du hollandais sur la seconde édition, 2 vol. MDCCLXXXVI. Paris, chez Moutard, 527 p. ; CXXXV pl. On trouve quelques notions — mais banales. Ch. VII : De la beauté. Ch. VIII : Du mouvement des membres, p. 86. *Polyclète ou théorie des mesures de l'homme selon le sexe et l'âge avec indication des grandeurs réelles d'après le pied du Rhin, suivie d'une dissertation sur la diversité des formes de la face et de la conformation de la tête des peuples de la terre. Continuation de ce que* PIERRE CAUTER *a écrit sur cette mesure*, par GODEFROY SCHADOW. Berlin, 1834.

Parmi les anciens, citons encore des opinions artistiques et des formules géométriques de la beauté d'ASCLEPIODOR, LYSIPPE, EUPHRANOR, PHILOSTRATE, VITRUVE.

VITRUVE, contemporain de DIODORE, parle des règles antiques qui étaient oubliées, tout en nous renseignant d'une manière inexacte. « Le corps humain, dit-il dans son troisième livre, a naturellement et ordinairement cette proportion que le visage, qui comprend l'espace qu'il y a du menton jusqu'au haut du front, où est la racine des cheveux, en est la dixième partie. La même longueur est depuis le pli du poignet jusqu'à l'extrémité du doigt qui est au milieu de la main. Toute la tête, qui comprend ce qui est depuis le menton jusqu'au sommet, est la huitième partie du corps entier ; la même mesure est depuis l'extrémité inférieure du col, par derrière ; il y a, depuis le haut de la poitrine jusqu'à la racine des cheveux, une sixième partie, et jusqu'au sommet une quatrième. La cinquième partie du visage est depuis le bas du menton jusqu'au dessous du nez, il y en a autant depuis le dessous du nez jusqu'aux sourcils, et autant encore de là jusqu'à la racine des cheveux qui termine le front. Le pied a la sixième partie de la hauteur de tout le corps, le coude la quatrième, de même que la poitrine. Les autres parties ont chacune leurs mesures et proportions sur lesquelles les excellents peintres et sculpteurs de l'antiquité, que l'on estime tant, se sont toujours réglés. Le centre du corps est naturellement au nombril, car, si à un homme couché, et qui a les mains et les pieds étendus, on met une branche du compas

au nombril et que l'on décrive un cercle, la circonférence touchera l'extrémité des doigts, des mains et
des pieds. Et comme le corps, ainsi étendu, a rapport
avec un cercle, on trouvera qu'il a le même rapport
avec un carré, car, si on prend la distance qu'il y a de
l'extrémité des pieds à celle de la tête, et qu'on la
rapporte à celle des mains étendues, on trouvera que
la largeur et la longueur sont pareilles, comme elles
sont en un carré fait à l'équerre (1). »

« Il est malaisé, sans doute, écrit CHARLES BLANC (2)
en parlant des canons et de ses recherches personnelles
au Musée du Louvre, de vérifier ces mesures sur les
statues antiques, puisque la plupart sont mutilées et
que leurs doigts sont presque toujours des restaura-
tions modernes, mais, comme la règle égyptienne nous
le montre, le médius est égal à la hauteur de la che-
ville interne, à la longueur du genou, à la distance de
la base du nez au pli des frontaux, et l'une ou l'autre
de ces mesures étant facile à prendre, nous avons pu
les comparer à celle du canon égyptien, et voici le
résultat de nos opérations ». Sur les figures archaïques
du temple d'Egine et les plus anciennes statues grecques du Louvre, telles que l'*Athlète* et l'*Achille*, nous
avons trouvé justes toutes ces mesures, mais seulement quand nous avons mesuré les longueurs déterminées par des os. La distance du nombril aux
pectoraux est la seule qui ne soit pas exacte. Dans le
modèle égyptien, cette distance est de trois médius,

(1) D'après Ch. BLANC, *Grammaire du dessin*, 1867. Paris,
Renouard, 1 vol., 720 p. ; p. 40.

(2) *Ibid.*, p. 48.

dans toutes les figures dont nous parlons elle est
moindre. Toutefois il faut remarquer la différence
d'attitude entre le modèle égyptien et celles des autres
modèles qui portent toujours sur une hanche et ne sont
jamais dans la position d'un homme que l'on mesure.
Quant aux membres d'une dimension variable, ils sont
tous conformes au canon égyptien. Voici un exemple :
l'*Achille* a une hauteur totale de 2 m. 035 ; en dédui-
sant la hauteur du casque il reste 2 mètres, mais si
l'on suppose la tête relevée et la figure droite, on
regagnera précisément les 35 millimètres que nous
avons retranchés. La hauteur restera donc de 2 m. 035.
D'un autre côté, la longueur du médius, redressée
d'après les calculs les plus rigoureux, et vérifiée d'ailleurs par la distance de la base du nez aux frontaux,
est de 0 m. 107, qui, multipliés par 19 = 2 m. 033,
c'est-à-dire la hauteur totale de la statue à 0 m. 0002
près.

« La clef des proportions de l'homme une fois trouvée
dans le médius (1), l'analogie nous conduisait à chercher dans ses phalanges les petites mesures, celle de la
face par exemple, mais c'est l'index qui les contient.

« Le Vénitien PAOLO PINO, en son *Dialogo di pittura*,
observe que du bout de l'index à la phalange moyenne
il y a la même distance que du menton à l'ouverture
des lèvres et que cette longueur mesure également la
bouche et les oreilles. La phalange onguéale de l'index détermine la longueur des yeux et par conséquent la distance qui les sépare, puisque cette
distance doit être égale à un œil. Mais c'est le

(1) *Ibid.*, p. 52.

médius et non plus l'index qui précise l'intervalle
entre le nez et.l'oreille. Il faut croire que ces rapports étaient connus des Egyptiens, car on trouve
dans toutes les collections d'antiquités égyptiennes,
et notamment au Louvre, des doigts en pierre de
touche ou en basalte, sur lesquels sont marquées des
divisions inégales. Tantôt le médius est seul, tantôt il
est joint à l'index ». Dans le canon égyptien, un doigt
est toujours pris, soit comme un signe numéral, soit
comme symbole d'unité. Deux doigts joints et non
fléchis, médius et index, signifient justice, droit, règle,
et par analogie mesure, puisque la mesure est une
règle matérielle, comme le droit est une règle morale.
Une vérification fut faite par le docteur HENSZLMANN (1)
sur l'unité de mesure des édifices antiques. Ce savant,
« après avoir mesuré le corps humain à sa manière, a
constaté que dans les séries numériques correspondant aux divisions croissantes et décroissantes de
l'échelle qu'il a inventée pour déterminer les proportions dans l'architecture antique se trouvait la mesure
exacte du médius, égale à la dix-neuvième partie de
la hauteur » (2).

« La proportion de la main consiste en 3 mesures
et proportions de nez, de laquelle mesure faut faire
3 carrés égaux, pointez et marquez perpendiculairement 1, 2, 3 dont la base du tiers carré d'enbas se
divise en deux parties égales, pour y adjouter une
moitié, faisant une tierce partie de la dite base mar-

(1) Dr HENSZLMANN, *Méthode des proportions dans l'architecture égyptienne, d'origine et du moyen âge.* Paris, 1859.

(2) CH. BLANC, *op. cit.*, p. 54.

quée 1, 2, 3, qui nous donne le poignet du poulce et le premier doigt près du dit poulce montant une ligne poinctée jusques à la somité de l'angle, le dextre du carré marque 1, faisant une quille poinctée dans laquelle est le dit premier doigt, la grandeur du quel n'excède la première joincture extrème d'en haut du doigt du milieu, en 3 parties esgales, les 2 parties de la dite joincture d'en haut du dit tiers doigt, comme il appert en la figure de la main, représentant le dedans marqué B, et le poulce n'excède la joincture seconde du premier doigt. Reste la quarte partie faisant le poignet, qui est la mesure du nez, dont la base est divisée en 4 parties, qui nous sert aux mains vues de costé. Les mesmes mesures sont observées, tout en dehors de la main marquée A, comme en dedans marquée BC et aux dites mains de costé semblablement, y font observer les mesmes mesures : mais les mains estant vues de costé, ne contiennent que 3 mesures de la base du poignet, comme il appert aux figures des dites mains cy dessouls représentées, marquées 1, 2, 3, 4 sur une ligne penchante ou diagonale, dans une forme d'ovalle, au dessouls du poignet marqué B & A qui nous représente l'ombre, ou plan géométrique du dit poignet. » Mais JEAN COUSIN (1) nous donne dans son langage mi-mathématique, mi-artistique des renseignements tout aussi précieux sur

(1) Jean COUSIN, *Livre de Pourtraicture de maistre Jean Cousin, peintre et géométrien très excellent.* Paris, 1595. « Particularités des mains veues par dedans, par dehors et par le costé ». — Voir aussi l'édition de MDCLVII, MDCXXXII. — La première édition chez Jean le Clerc, la seconde et la troisième chez Guillaume Le Bé.

les « particularités des mains avec leurs proportions et mesures », sur les proportions des mesures de la femme, de l'enfant, vu chacun soit de côté, soit de face ou par derrière.

Le canon d'ALBERT DÜRER (1) serait trop long à résumer ; il fait usage des mathématiques et de la géométrie à l'excès. Un grand nombre des canons postérieurs en ont été inspirés, et les Dürer sont restés classiques. On trouvera dans la traduction française de LOUYS MAIGRET LIONOIS la reproduction fidèle et exacte du texte de l'auteur avec toute sa prodigieuse, mais hélas inutile précision.

BRAMANTE (1514) aurait écrit sur la quadrature des corps et il l'aurait appliquée aux proportions du corps humain. GIUSEPPE BOSSI, qui avait écrit un travail sur la Saint-Cène de LEONARDO DA VINCI vers 1810, à Milan, signale l'ouvrage d'un certain LUCA CINGIASIO qui avait essayé de déterminer mathématiquement les proportions du corps humain, d'où auraient puisé VINCENZO FOPPA et même DÜRER. LEONARDO DA VINCI nous laisse également des observations, de même que PAOLO PINO, POGGI, JÉRÔME CARDAN, FRANCESCO MAZ-

(1) Les quatre livres d'ALBERT DÜRER, peintre et géométrien très excellent. De la proportion des parties et pourtraicts des corps humains. Traduits par LOUYS MEIGRET LIONOIS, de langue latine en française, 1613, Arnheim, chez Jean Jeantz, 125 p., p. 24. V. aussi LUDWIG JUSTI, Konstruierte Figuren und Köpfe unter den Werken Albrecht Dürers. Untersuchungen und Rekonstruktionen. Leipzig, 1902. Kerne W. Hiermann, 1 vol., 72 p. — ALBERT V. ZAHN, Dürers Kunstlehre und sein Verk, zur Renaissance. Leipzig, 1866. — LANGER, Dürers ästhetisches Glaubensbekentnis. (Zeitschrift für bildende Kunst, N. F., IX, 121, 187, X, 220, 255.)

ZUOLI, LAMAZZO, GIOVANNI-BAPTISTA ASMEUNI, BAR-
BARO DANIEL (1567), MACOLANO, BARCA, PINO, TROTTI,
E. SALMEGGIO DE BERGAME, VOLPATO, BANDINELLI,
etc. (1). Citons encore les *Canons* de GIOTTO — des
curieuses conceptions de la beauté de ce primitif
dont Florence et Sienne gardent encore des œuvres
émouvantes —, de PIEDRO DELLA FRANCESCA, de GHIR-
LANDAJO, de RAPH. ALBERTI (1398). On trouvera tout
l'historique des « canons » avec des détails précis
dans l'introduction de la traduction de DÜRER de
LOUYS MAIGRET LIONOIS, citée plus haut. Il ne faut
pas oublier les analyses et les canons de CH. RICHET
qui avait cru pouvoir distinguer et pénétrer les intentions du créateur, dans les harmonies mystérieuses et
précises des formes géométriques (2).

Pour ce qui concerne le canon *moderne,* en dehors
de CH. BLANC, citons P. RICHER (3), l'homme qui a certainement le mieux compris l'action vivante. « Le
membre supérieur, dans sa totalité, devrait être
mesuré du sommet de l'acromion à l'extrémité du
doigt médius. Mais cette mesure, pour être exacte,
exigerait la subdivision de notre module (la hauteur

---

(1) D'après GODEFROY SCHADOW (qui nous donne un historique très savant des différents auteurs et travaux sur les proportions du corps humain). — LANGLOIS imprima en 1651, à
Pau, son traité de peinture. En 1796 parut l'édition de DETER-
VILLE, où l'on trouve des observations sur la longueur des
membres du corps. — Cité dern. dans BOSSI.

(2) CH. RICHET, *Le prototype humain ou les douze lois fondamentales de la géométrie des formes.* (*Bull. Soc. Anthrop.*,
1897.)

(3) P. RICHER, *Canon des proportions du corps humain,* 1893,
Paris, Delagrave, p. 38.

de la tête) en des fractions incommodes et que nous avons tenu à éviter.

« C'est ainsi que le membre supérieur de notre type compte, mesuré de cette façon, plus de trois têtes et pas tout à fait trois têtes et demie. Si l'on veut se contenter d'un à peu près, cette dernière mesure peut à la rigueur suffire. Mais comme nous prétendons à plus de précision, nous proposons de mesurer le membre d'une autre façon.

« Si nous enlevons, par exemple, la longueur du doigt médius, ce qui, sur le modèle, s'obtient facilement, en lui faisant fermer le poing, nous constatons que le membre supérieur, ainsi raccourci, compte exactement trois têtes du dessus de l'acromion au-dessous de la tête du 3e métacarpien. D'où il suit que la longueur du médius est inférieure à une demi-tête, puisque le membre dans sa totalité, ne doit pas atteindre trois têtes et demie, ainsi que je viens de le dire.

« Si, pour mesurer le membre dans sa totalité, nous prenons notre point de départ en bas, à l'extrémité du médius, au lieu de le prendre comme tout à l'heure, en haut, à l'acromion, nous constatons que la mesure de trois têtes remonte jusqu'au fond du creux de l'aisselle, en un point qui correspond, dans la profondeur, à la partie inférieure de l'articulation scapulo-humérale et qui, nécessairement, se trouve séparé du dessus de l'acromion, par une longueur de moins d'une demi-tête, longueur égale à celle que nous avons trouvée par en bas, c'est-à-dire égale du doigt médius. »

Pour les subdivisions du membre supérieur, on les compte en commençant par le bas.

La main et le poignet forment, selon P. Richer, la première tête, la main seule dépasse de peu, trois quarts de tête.

Le doigt médius, plus la tête du troisième métacarpien, égale une demi-tête.

Le diamètre antéro-postérieur de la tête du troisième métacarpien est ce qui manque au membre supérieur pour atteindre trois têtes et demie.

« Le canon, dit P. Richer, de huit têtes, reproduit les proportions du membre supérieur de la figure d'ensemble de J. Cousin, le même membre supérieur présentant des proportions bien moindres sur les figures consacrées aux membres séparés. Par contre, c'est sur ces derniers dessins que le membre inférieur est conforme à celui de notre canon, pendant qu'il est, sur la figure d'ensemble, bien plus long.

« La longueur du membre supérieur, moins la main, est doublée entre quatre et cinq ans, triplée entre treize et quatorze ans, puis quadruplée au moment du développement complet.

« D'autre part, la main est doublée entre cinq et sept ans, puis triplée à l'âge adulte.

« Des os du membre supérieur, ce sont ceux de l'avant-bras qui croissent avec le plus d'intensité. »

Topinard (1) croit que l'École française s'est tenue au canon de Cousin, légèrement modifié par Ch. Blanc, ce qu'il appelle *Canon des ateliers* (Ch. Blanc, etc...) taille = 100.

_____

(1) Topinard, *op. cit.*, p. 1060.

9

Membres supérieurs (Cousin)	Épaule au haut du poignet. . 2 têtes 8 nez 25,0	
	Poignet. . . . . 1/4 » 1 » 3,1	37,5
	Main. . . . . . . 1 visage 3 » 9,3	

Membres supérieurs (Gerdy)	Épaul. au coude 1 t. 1/4 5 » 15,6	
	Coude au haut du poignet. . 1 tête 4 » 12,5	40,6
	Main et poignet 1 » 4 » 12,5	

III

Dans le volume de Houdoy, où est analysée minutieusement la beauté de la femme dans la littérature et dans l'art du xııe jusqu'au xvıe siècle, on parle rarement de la beauté de la main ; on s'arrête à l'exaltation de la beauté des bras. On ne trouve aucune citation précise ni dans les chansons de gestes, ni dans les épopées du xııe siècle où l'on parle « de la plus belle que jamais fût née (1) », le portrait délicieux de la toute belle Blanchefleur lors de son entrée à Paris. On nous parle des grands pieds de la charmeuse Berthe, mais on ne nous renseigne pas sur ses mains. Au xııe siècle, « les petits pieds, écrit Houdoy, étaient un signe de noblesse et l'un des caractères de la beauté de la femme (2). » *Pedes parvi et pulchri fornicatorem et jocosum innuunt* (3). On s'extasie devant la blancheur de la peau, devant la souplesse des hanches,

(1) *Garin le Loherain*, cité par Houdoy, p. 23.
(2) Houdoy, *op. cit.*, p. 25.
(3) *Speculum naturale*, LXXIX, c. CXIIII.

devant la finesse des cheveux blonds — les seuls qui
se prêtent à la tendresse caressante de l'œil, condition
essentielle de la beauté, dirais-je, avec ceux du XII° et
du XIII° siècle, avec les Grecs et les Romains, mais la
main ne paraît pas intéresser ces amants de la beauté
plastique. Tout au plus si l'on trouve que les hommes,
bien esthétiquement, doivent avoir, entre autres,
« les poings bien carrés », et c'est logique par ce
temps chevaleresque où la beauté du mâle était synonyme de force physique !

Au XIII° siècle, on trouve quelques renseignements.
Il faut que les mains soient « mignonnes, délicates
et allongées ». ROBERT DE BLOIS (1), dans son *Cos-
toiement des Dames*, prodigue au sexe féminin des
conseils sur les soins à donner aux mains : .

> Vos mains moult nétement gardés,
> Sovent les ongles recopés,
> Ne doivent pas la chair passer
> C'ordure ne puiest amasser.....

Rien de particulier sur les mains dans les cantates
amoureuses du trouvère ADAM DE LA HALLE, peintre
enivré de sa belle dont « Dieu ne viendrait plus à
bout de refaire un visage pareil à celui que j'admi-
rais alors ! (2) », que la simple description suivante :
« Que dirais-je de ses blanches mains, dont les doigts
allongés, aux jointures non noueuses, se terminaient
finement par un ongle rosé, qui se rattachait à la chair
par une ligne unie et nette ! (3) »

(1) HOUDOY, *op. cit.*, p. 47.
(2) HOUDOY, *op. cit.*, p. 53.
(3) ADAM DE LA HALLE, œuv. cit. par ED. COUSSEMACKER, 1872.

Pour l'homme, par le même contraste qu'au xiie siècle, les mains étaient « de véritables tenailles destinées à porter la lance, à serrer la poignée de l'épée » ; elles étaient « nerveuses et carrées », tandis que les femmes avaient les « bras longs et maigres ».

Houdoy, qui constate cette antithèse typique dans la littérature, ne la retrouve pas dans la peinture.

Pendant le xive et le xve siècle, et surtout dès les premières années du xve siècle, l'école primitive flamande, ce qui n'est pas mon avis, donne une attention plus marquée aux mains. Il remarque les mains d'Ève, du célèbre polyptique de *l'Agneau,* de VAN EYCK : « Les bras et les jambes sont maigres et sans distinction, mais la main est fine et véritablement délicate (1). » Tout me semble dessiné avec cette délicatesse reconnue de Houdoy, un homme de goût et vraiment fin.

CORNÉLIUS AGRIPPA, cette curieuse personnalité du commencement du xvie siècle, nous donne quelques renseignements curieux sur la beauté de la femme, dans son classique ouvrage *De praecellentia feminis sexus,* auquel Houdoy donne l'importance qu'il mérite. « Les hanches et la croupe « coxas » sont opulentes ; le mollet est charnu et les extrémités des mains et des pieds sont dessinées par une courbure arrondie et élégante (2). »

La carnation devient plus riche au xvie siècle ; la beauté change de type, pour ainsi dire, et la main constitue l'objet de toute une immense littérature chiromantique ; au point de vue de la beauté,

(1) HOUDOY, *op. cit.,* p. 71.
(2) HOUDOY, *op. cit.,* p. 78.

nous nous retrouvons devant les arides et fatigants canons de la soi-disant beauté. La main « potelée » semble être appréciée, quoique les données soient relativement pauvres. L'art flamand, avec sa nuance sensuelle, parfois brutalement exprimée, pittoresque toujours, est un champ de documentation intéressante. Le xvi⁰ siècle célèbre la chair : des poètes comme CLÉMENT MAROT, et même le délicat et sentimental RONSARD, des littérateurs comme BRANTÔME — qui n'avait point « froid aux yeux » — nous précisent cette opinion par leur enthousiasme pour la couleur, pour la forme floue. Ils s'éloignent de la ligne, et Diane de Poitiers ne fût-elle pas une des plus célèbres dames de l'époque ? La « température rurale » de la Renaissance, dont parlait TAINE (1) se fait singulièrement apprécier dans les œuvres d'art, et RONSARD célèbre les deux beautés, « la beauté maigre et la beauté grasse ». La femme opulente, dont la *Renaissance* nous prodigue des échantillons nombreux, remplace la gracieuse et frêle créature du xii⁰ siècle. Il est vrai que nous sommes aussi en pleine résurrection antique et à la période des premiers tâtonnements anatomiques. RUBENS est l'âme de cette époque et la main « canonisée » est considérée comme une unité géométrique de ces corps de Vénus bien portants, obèses et épanouis.

IV

D'après FRITSCH, dont nous empruntons quelques données dans le livre du docteur STRATZ, le module

---

(1) TAINE, *Philosophie de l'art*, Baillière, 1865.

du canon serait la longueur de la colonne vertébrale, « depuis la base du nez jusqu'au bord supérieur
de la symphise pubienne, lorsque le corps est parfaitement droit » (p. 11). FROMEP, dans son *Anatomie
fur Künstler* (1890, 2ᵉ édit.), utilisait comme
« module » la longueur de la tête, comme le délicat et
sensible docteur NIFO ; P. RICHER prend la même unité
de mesure. On trouvera dans le chapitre cité du docteur STRATZ des considérations anatomiques d'ordre
général très clairement mises au point ; mais il
manque des détails sur les régions partielles, et, en
particulier, sur les membres supérieurs.

Les bras doivent, on le sait, être longs, de manière
que le coude soit à la hauteur de la taille et le poignet à la hauteur du *Mont de Vénus ;* à l'état de repos
les bras tombent naturellement le long du corps. La
distance de l'articulation de l'épaule à l'articulation
du coude doit être égale à celle qui la sépare du
mamelon au côté opposé ; la distance de l'articulation
du coude au poignet doit être égale à celle du mamelon au nombril (STRATZ). D'après LANGER, la longueur
de la main doit correspondre à la distance du nombril à l'articulation de la hanche ou « un neuvième
de la hauteur totale. » « Une petite main passe pour
belle, écrit STRATZ. En nous plaçant au point de vue
anatomique, nous ne pouvons exiger qu'une chose,
c'est que la longueur de la main corresponde au neuvième de la hauteur totale. La main sera donc, chez
la femme, plus petite que chez l'homme. Nous consi-
dérons comme des défauts les mains larges et épaisses,
les doigts gros, courts et crochus, les doigts noueux,
les poignets saillants » (p. 188). Tous ces défauts

d'ailleurs, l'auteur incline à le reconnaître, peuvent
être dûs au rachitisme. « Plus les extrémités sont
larges, plus les ongles eux aussi seront larges, courts
et plats. Les muscles de la main n'ont guère de
relief ; mais une certaine rondeur des formes de la
main, due à la présence plus abondante du tissu adipeux, constitue un des caractères sexuels secondaires
de la femme les plus connus ; lorsque la peau est
suffisamment élastique, il se forme en outre des fossettes sur les articulations. On pourra donc considérer comme des qualités : l'étroitesse et la forme légèrement arrondie de la main, les fossettes sur les surfaces articulaires, des doigts longs et effilés, des
ongles bombés et plus longs que larges. » (STRATZ,
p. 188).

La main doit, d'après PLINE, VARRON, VITRUVE,
A. NIPHUS, avoir la dimension du visage. « Les mains,
potelées ont extérieurement la blancheur de la neige,
et à l'intérieur la teinte de l'ivoire (1) » ; « un peu
grassouillettes « cras ciusculos », elles auront les doigts
aux jointures non noueuses, terminées finement par
un ongle légèrement convexe (2). »

La longueur du médius est un problème dont
CASANOVA et dernièrement MANTEGAZZA se réjouissent
en l'examinant. Le médius doit être plus long que le
quatrième doigt, selon ces auteurs ; c'est une qualité
de tout premier ordre et elle représente une évolution
plus raffinée, plus définitive, plus « avancée ».

(1) NIPHUS, dans le Portrait de *Jeanne d'Aragon*, cité par
HOUDOY, p. 95.

(2) HOUDOY, *op. cit.*, p. 168.

Il a été observé, en outre, que chez les Lapons et chez les Hindous l'index était le plus long. Braune cité par le docteur Stratz (*Festgabe für Karl Ludwig*, Leipzig, 1876, Vogel), a démontré que l'index est raccourci à cause de son articulation qui est oblique sur le métacarpe ; sur 70 p. 100 cas de ses sujets, il est plus long que le quatrième et il est plus facilement trouvable chez les femmes.

Caractères de la main bien proportionnée
chez la femme, d'après Stratz (p. 202)

Qualités de la main :

Poignet mince ;
Main étroite ;
Index plus long que l'annulaire ;
Peau fine ;
Petite main ;
Main longue ;
Ongles longs et bombés.

Défauts de la main :

Poignet massif ;
Main large ;
Annulaire plus long que l'index ;
Peau épaisse ;
Grande main ;
Main courte et large ;
Ongles larges et plats.

Mes recherches ne concordent pas avec celles des auteurs, et puis je ne vois pas, malgré l'opinion des auteurs si convaincus comme Mantegazza, l'harmonie et les coefficients de beauté qui résultent du fait que l'index soit plus long que le quatrième doigt.

Sur 100 femmes françaises dont j'ai mesuré l'index et le quatrième doigt sur le vivant, femmes adultes de la population parisienne, essayant toujours de déterminer les coefficients ethniques toujours compliqués, j'ai trouvé seulement 10 p. 100 qui ont l'index plus long que le quatrième doigt et à peine d'une différence égale en moyenne à deux millimètres. 6 p. 100 avaient les deux doigts presque égaux. Chez les hommes, les différences sont encore plus sensibles ; j'ai trouvé seulement 7 p. 100 qui avaient l'index plus long que le quatrième doigt et d'une grandeur en moyenne d'un millimètre et demi de moins. Sur ce point seulement nous sommes d'accord avec les auteurs, à savoir que les femmes ont parfois l'index plus grand que le quatrième doigt. Pour ce qui touche la beauté, l'index étant plus petit que le quatrième n'empêche pas, au moins à notre avis, l'harmonie esthétique de la main ; sans doute cela ne doit pas dépasser certaines limites, car comme certains auteurs le pensent, le fait pourrait servir comme indice du soi-disant état de dégénérescence. Cette différence ne doit dépasser, pour une harmonie réelle et normale, la longueur d'un centimètre environ. La longueur de l'index donne, il est vrai, parfois une facture plus élégante à la main, elle nuance plus l'opposition des quatre doigts, qui font pour ainsi dire corps au pouce, mais une petite différence entre la longueur de ces deux doigts donne, à mon avis, une physionomie plus personnelle à la main, car elle nuance les bouts des doigts et assure le vrai caractère de la forme de la main par le rapport des quatre bouts des doigts, rapport qui est comme la signature de la main.

Je ne saurais achever ce chapitre sans évoquer l'image d'une des plus belles mains que j'ai pu voir et examiner dans ma vie. Par hasard, je l'avais vue une fois jouer au piano la *Mort d'Yseult*, de WAGNER, arrangée par LISZT. Cette petite main glissait sur les touches du clavier avec une fougue prodigieuse.

Avant d'attaquer le morceau, ces mains avaient une physionomie toute particulière; petites, aussi petites qu'on peut imaginer une main de femme, elles se continuaient par des poignets d'une structure anatomique des plus harmonieuses; l'ossature était retenue dans une gaîne de tendons frêles et définissables dans leurs enveloppes fibreuses à travers un réseau veineux dont les mailles étaient délimitées par des annelets tout aussi délicats que ceux des armures du moyen âge. Ces petites mains faisaient songer à ces mains en marbre des musées d'Italie, qui reposent avec nonchalance sur des coussins de velours à peine chiffonnés. La proportion des lignes rappelait par leur vie les mains des saintes, peintes par Luini, ou encore celles de l'art chrétien, mais ces mains étaient encore plus petites et pas du tout potelées. Ceux qui ont visité des musées d'Italie et particulièrement ceux de Milan, doivent se souvenir des mains peintes par Luini et surtout des proportions si heureuses des mains de ses Madones. Le poignet était si fin que l'espace délimité par l'index et le pouce de la personne, critérium ordinaire de la finesse de ces attaches et conseillé par les canons de la beauté, étaient, ce qui est rare, un bracelet trop large. La paume de la main était dessinée

avec un luxe de détails qui mettait en relief, qui déli-
mitait tous les groupes musculaires et en même
temps laissait à la peau et aux tissus subjacents une
physionomie propre en se repliant et en accentuant
les sillons normaux d'une manière des plus agréables
à l'œil. On aurait dit qu'un mouleur artiste avait pris
la paume de la main de *Vénus d'Arles* et qu'il s'était
amusé à la rendre plus vivante, à ciseler, à nuancer
les grandes lignes à peine ébauchées, mais visibles
de la déesse. Le creux de la main, sans être profond,
s'évasait harmonieusement vers les articulations
digitales, et l'œil ne rencontrait aucun pli, aucun
relief disgracieux. Les doigts étaient comme ceux de
ces admirables mains des saintes vierges en bois du
xvi° siècle, chez lesquelles le modelé des articulations
et des tendons est si soigné. L'index plus long que
l'annulaire : le canon de la beauté parfaite des mains
était réalisé. L'image que j'évoquai pour fixer dans
ma pensée cette délicieuse main, et la seule qui me
vint à l'esprit, fut celle d'une main d'une sainte
momifiée, que j'avais vue jadis en Orient un jour de
sécheresse, pendant que la foule l'invoquait. Je veux
parler de la sainte Philoftcia de Curtea d'Argeş (1)

(1) « Curtea d'Argeş », célèbre monastère de Roumanie,
bâti, dit-on, sous le règne du prince valaque Néagoé Bas-
sarab, au commencement du xvi° siècle, par l'espagnol Manuel
Gomez. Il existe à ce sujet une touchante légende. Il paraît
que l'architecte et les maçons, désespérés de voir que les
murailles qu'ils élevaient dans la journée s'effondraient pendant la nuit, firent le vœu d'emmurer celle de leur femme qui
viendrait la première au-devant de son mari, avec le déjeuner
du matin. C'est à la femme de l'architecte qu'échut ce triste
sort. Aussitôt, la cathédrale s'éleva majestueusement, mais

une toute jeune fille aux mains d'enfant, dont les doigts avaient gardé l'empreinte parfaite d'une musculature finie et chez laquelle les articulations ankylosées, desséchées, paraissaient encore souples et capables d'empoigner la quenouille.

Les bouts des doigts étaient frêlement modelés, et d'une manière si suggestive que l'idée d'une caresse vous était imposée comme une tentation immédiate, presque obsédante, à chaque coup d'œil... On pensait — impression peut-être trop personnelle — se trouver devant la seule main de femme capable d'esquisser le geste de la caresse, le plus touchant, le plus humain de toutes les caresses féminines : une mère caresse plus volontiers et plus instinctivement l'enfant qu'elle ne l'embrasse. Les ongles bombés avaient cet éclat nacré-violet des mains mortes, de ces mains plus modelées, quand la main vivante fût réellement belle, plus définies encore à cause du relâchement des tissus, des mains de mortes chez lesquelles l'asphyxie a été rapide, brusque, et l'agonie instantanée. Le dos de la main présentait une surface tactile agréable à suivre dans tous ses plis ; on était obsédé par l'harmonie des fossettes et par les capricieux trajets des veines. La peau était d'un tissu si fin que la maille veineuse était visible ; elle était si souple, si blanche sur le tissu subjacent, que les vaisseaux sanguins

une fois l'édifice achevé, le maître maçon Manuel (*Meşterul Manole*), de désespoir, se précipita dans le vide, du haut du monastère. A l'endroit où il tomba, une fontaine jaillit. Il existe là-dessus une jolie ballade populaire roumaine ; voir aussi la petite brochure *Me,terul Manole* de N.-D. POPPESCU, Bucarest, 2ᵉ éd., 1882.

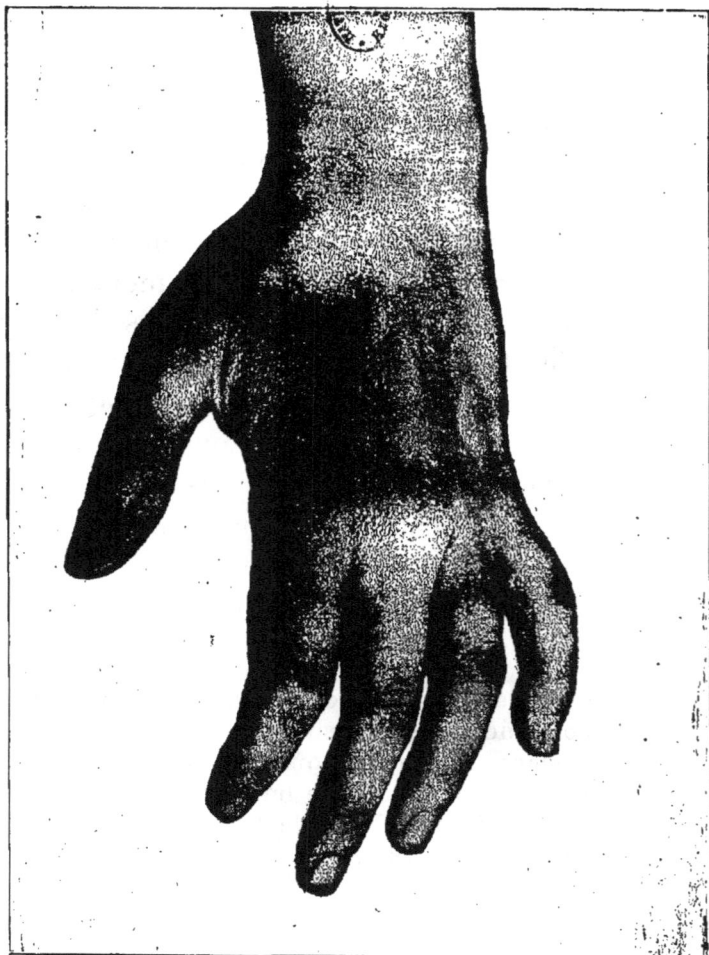

PLANCHE III

paraissaient être comme sous une action vaso-
motrice manifeste même à l'œil nu : ils étaient souvent dans une vaso-dilatation constante, conservant
tout leur calibre réel. Les collatérales veineuses des
doigts rappelaient, par le détail si achevé des ramus-
cules du plus petit calibre, la dissection rêvée par
des anatomistes poètes, s'il y en avait !

La chiromancienne, toutes les chiromanciennes
s'exprimaient d'ailleurs dans les mêmes termes, me
disait tout bas, examinant cette main merveilleuse :
« Il faudrait un poète pour chanter cette forme parfaite et un grand statuaire pour la modeler ; il serait
dommage qu'une pareille main ne restât pas comme
document dans nos musées d'art. » Et, en effet, cette
main évoquait dans la pensée de tous les hommes une
vision de beauté obsédante, une de ces hallucinations
étranges que l'imagination conçoit dans les moments
de fièvre, une de ces mains fantômes des fées qu'ils
invoquent dans des moments de détresse pour caresser leur front ou pour serrer leurs mains.

Quand cette belle petite main attaqua le morceau,
ce fut un double délice ; l'œil jouissait autant que
l'oreille. Les petites mains devenaient tout à fait
vaporeuses ; on n'aurait jamais su deviner le jeu d'une
femme, le jeu de si petites extrémités. On reconnaît
facilement le jeu d'un homme au piano, il y a une
sonorité plus grande, en dehors de la manière toute
particulière d'attaquer le morceau, surtout pour la
musique wagnérienne, qui exige une main non seulement souple, mais élastique, extensible. Les arpèges
wagnériens coulaient harmonieux, vigoureux, et la
divine musique vibrait telle que le maître nous

raconte l'avoir conçue, le symbole d'un spasme d'amour.

Des accords attaqués violemment succédaient à des notes passionnées, douces et tendres, à peine effleurées, mais rendant un son exact, sonore et limpide. L'interprétation était unique. Et l'œil s'enivrait de suivre sur le clavier le toucher sublime de cette frêle structure. Tantôt la main devenait griffe. Tantôt elle grandissait à un tel point qu'elle arrivait à faire des légati impossibles, ou bien, s'étant faite plus petite et plus câline, elle se transformait soudain en main de madone à la musculature vigoureuse, pour nuancer un puissant accord d'amour avec de la gravité et de l'orgueil accompli. On ne distinguait plus le relief des vaisseaux sanguins, on avait l'impression d'une main osseuse et décharnée attaquant le clavier dans un délire... Parfois, on pouvait s'imaginer qu'une des délicieuses créatures graves et voluptueuses de Van Dyck, ou encore une des saintes madones si humainement conçues par la Renaissance, mais avec des mains plus belles encore, jouait comme par miracle du piano avec leurs belles mains ranimées, toutes en chair. Les articulations de ces mains étaient tantôt rigides, comme ankylosées, tantôt souples ; la peau devenait alors si pâle, si anémiée, qu'on aurait pu croire qu'il s'agissait encore là de cette main de tout à l'heure ; de cette main volontaire qui, sous le fouet d'une excitation musicale ou wagnérienne — tous les musiciens comprendront mon insistance — savait soumettre le clavier et lui arracher, jonglant avec les plus grandes difficultés techniques, ces accords surhumains que les cordes brutes ne donnent qu'à

ceux qui possèdent le don intuitif rare de leur transmettre leur âme.

Il me sera difficile d'oublier cette belle petite main
glissant sur le clavier, évoluant sans cesse, avec une
élégance toujours nouvelle, après l'avoir vue si
vivante, si peu humaine ! Les accords les plus difficiles étaient exécutés avec une rare maëstria par ces
petites mains de sainte passionnée qui paraissaient mu-
siciennes autant que la personne elle-même, et qui
évoquaient la sensibilité féminine, toute cette affectivité motrice, cette avalanche d'images musculaires,
que le thème musical suggère si discrètement quand
les impulsions chevauchent et peuvent se cristalliser
ou se résoudre passionnément, mais, hélas ! toujours
si tristement.

Quand les petites mains avaient cessé de jouer, elles
prenaient une physionomie nouvelle ; la peau était
sèche ; il paraissait n'y avoir que des tendons dans
cette main nerveuse, qui semblait, au repos, appar-
tenir à l'une de ces belles mystiques absorbées
par la beauté de leurs idées fixes, et dont la pensée,
fixée par leur rêve, a épuisé tout le charme physique
pour nourrir cette émotivité ardente qui le consomme
si gravement. Ces mains anémiées étaient des mains
de morte, des mains immatérielles.

Or, toute cette psychologie évoquée, faite à l'aide
des images visuelles de la main, était exactement
celle de la personne, psychologie cristallisée de la
manière la plus étrange par l'émotivité de la musique.
Les états d'âme de cette belle sensibilité étaient ceux-
là mêmes qu'évoquaient les changements de physionomie, les gestes de cette petite main. Des chiro-

manciennes habiles avaient pénétré cette psychologie
et, quelque temps avant la scène que je viens de
raconter, l'avaient esquissée tout entière, examinant
non les gestes, mais seulement la main dans tous ses
détails et cela devant moi : « Il y a dans votre main,
disaient-elles entre autres, au sujet, quelque chose
qui vous accuse de gestes de bête fauve, de femme
passionnée, et, en même temps, les signes manifestes
d'un être de passion grave qui mesure la portée de
ses actes, mais devient d'autant plus impulsive qu'il
raisonne davantage. Il y a un mélange étrange de
raison et d'intuition, mélange incompréhensible.
Vous souffrez avec la puissance d'une sentimentalité
d'homme... Vous êtes une femme de tête difficile à
saisir. Vous êtes maître de votre physionomie. » Et
c'était vrai ! Il y avait une harmonie vraiment étrange
dans cet organisme mental ; une imagination vaga-
bonde et passionnée, modelée par une sensibilité de
mystique, mystérieuse et grave, et conduite par une
volonté féroce, insaisissable, par un orgueil presque
morbide...

CHAPITRE V

LA MAIN DANS LES ŒUVRES D'ART

L'art peut nous documenter sur bien des points au point de vue des caractères, sur la topographie et surtout sur la physionomie des mains. Si des détails de son architecture nous échappent, comme dans toute forme dessinée et projetée sans aucune attention spéciale, les grands maîtres nous fournissent des mains presque vivantes et qui se prêtent à l'analyse la plus minutieuse. Dans mes voyages en Espagne, en Italie, en Angleterre, en Allemagne et surtout dans les musées de France, j'ai toujours cherché, préoccupé comme je le suis par l'étude de la physionomie, à examiner surtout la manière dont les peintres et les sculpteurs envisagent la main, le rôle, la forme, et les renseignements qu'on pouvait tirer de leurs œuvres. Les porches des cathédrales, comme celles de la cathédrale de Chartres, entre autres, ne m'ont pas laissé inattentif; des broderies, comme certains dessins sur des étoffes persanes, des ciselures, des dessins, des gravures, et toutes les formes de l'activité artistique nous dévoilent de petits coins, peuvent nous préciser ces trois points de vue, peuvent nous évoquer une psychologie de la main ou simplement nous

10

documenter sur la main. L'examinateur consciencieux se rendra compte par lui-même du rôle que la main joue dans la psychologie humaine étudiant le geste et l'importance capitale qu'elle acquiert dans toute œuvre artistique. Sans mains, l'artiste ne saura donner l'expression définitive, personnelle de son œuvre.

J'ai sous mes yeux des centaines de notes, de rapides aperçus et des descriptions de mains des tableaux et autres œuvres d'art remarquées dans les musées. Je choisirai seulement quelques exemples et après avoir classé mes documents. La classification peut être faite à des points de vue bien différents. Il y a à considérer la main pour ainsi dire au point de vue anthropologique — une main de peuples du Nord n'aura jamais la même physionomie que la main des peuples du Sud; la main d'un Cafre n'a guère la conformation, plutôt la physionomie psychique, de la main d'un Italien ou d'un Espagnol. Une main d'Anglaise, avec son architecture osseuse, longue, avec l'articulation lâche et développée, se distingue au tout premier coup d'œil de la main potelée d'une slave, d'une femme adulte slave, dont les articulations manquent souvent de finesse, mais dont le poignet est mobile, la paume est large et épaisse et les doigts rarement pointus ; la chair enveloppe copieusement l'architecture osseuse. Il n'existe pas malheureusement de travaux anthropologiques comparés sur la main ; on a commencé à peine ce genre d'études, et il faut citer les recherches faites au Laboratoire des Hautes Études de Paris sur le pied et sa conformation anatomique, sous la direction de M. Manouvrier, par M. Volkov et publiées dans les derniers mémoires de la Société d'Anthropologie de Paris. Ces

différences de pays, pour ne pas employer le mot osé
de race, sont assez sensibles dans les œuvres d'art.
Les mains peintes par FRA FILIPPO LIPPI, par FRA
ANGELICO, par BENOZZO GOZZOLI, par LORENZO DI CREDI
ou par ANTONIO POLLAJUOL ne ressemblent guère à celles
dessinées par LUCAS CRANACH, CHRISTOPHE AMBERGER
ou MARTIN SCHAFNER. La renaissance italienne du
XIe siècle ne peint pas de la même manière que les
peintres de la renaissance allemande. Non seulement
le point de vue de la facture artistique des sujets
qui les intéressent, de la personnalité, de l'âme qu'ils
veulent peindre, diffère ; mais encore on se rend
compte que les artistes avaient devant leurs yeux
des modèles ou plutôt de simples images appartenant à des catégories anthropologiques pour ainsi
dire toutes différentes. Il en est de même pour les
différentes régions d'un même pays : l'Italie, avec ses
nombreuses écoles et provinces est un exemple vivant.
Notre classification se basera sur les formes des mains
peintes ou sculptées, sur la physionomie individuelle
qu'on pourrait déchiffrer dans la facture artistique ;
en d'autres termes, nous avions voulu nous rendre
compte si en dehors de toute conformation physique,
on pourrait distinguer des types psychologiques, chirognomoniques pour employer l'expression chère au
capitaine d'ARPENTIGNY.

Une rapide excursion dans l'histoire des arts illus-
trera nos affirmations, contrôlables et documentées
certainement plus et mieux par des hommes plus
compétents et par des connaisseurs réellement profonds et érudits de l'histoire de l'art. Pour les œuvres
d'art que je n'ai pas pu voir moi-même, je me suis

procuré des photographies ; l'art photographique n'est
pas à dédaigner dans une pareille étude et j'ai pu me
renseigner d'une manière assez précise, faisant toujours la réserve d'un examen précis, car, en peinture
plus que n'importe où, il importe avant tout d'examiner la tache, de saisir la couleur pour mieux comprendre le modelage anatomique.

Les premières civilisations sont intéressantes à être
connues à cause des formes définies dans lesquelles
la pensée devait s'encadrer. L'Inde et l'Egypte sont
les pays par excellence des croyances religieuses et
sociales, qui imposaient des manifestations classiques
définies presque à toute forme d'art.

Les mains des Egyptiens étaient de petites mains,
étroites, spatulées et sans nœud, comme les analysa
d'ARPENTIGNY d'après les fragments de sculpture que
nous possédons. Les pyramides, les temples de la
Haute-Egypte et de l'Inde, ont été construits par des
mangeurs de riz, de concombres, d'oignons, c'est-à-
dire par les peuples les plus faibles et les mains les
plus délicates du monde (1).

Une petite statuette en bronze damasquiné du Louvre, représentant *La reine Kairomana* nous montre malgré ses poignets fermés une main d'adolescente sans
aucune expression, ou plutôt l'expression est dictée par
le bras, par le geste. C'est une des poses hiératiques
caractéristiques aux premières civilisations artistiques. J'ai pu faire la même remarque chez les nombreuses statues du roi Ramsès II, dont des échantillons plus grandioses ornent les deux temples cavernes

(1) D'ARPENTIGNY, *op. cit.*, p. 98.

Fig. 1. — Bas-relief assyrien
(Louvre).

Fig. 2. — Bas-relief assyrien
(Louvre).

Fig. 3. — Bas-relief assyrien (Louvre).

PLANCHE IV

d'Abou-Simbel ; la statue du musée de Turin a toujours le poignet fermé et l'artiste ne paraît s'être occupé que du geste ; le pouce se détache d'une manière plus définie ; mais il est dessiné d'une manière trop anguleuse et il n'y a pas de modelage. Une photographie de la statue du même roi du temple de Karnak nous a laissé la même impression ; comme d'ailleurs la belle stèle funéraire du Louvre représentant Osiris, Isis et Horus, et la stèle funéraire de la XIIe dynastie. Les mains sont mortes, crispées dans une position hiératique, éternellement la même ; le geste le domine, la main n'a pas de physionomie indépendante.

Au British Museum de Londres on peut voir et examiner de près des bas-reliefs de l'ancien palais du roi Assourbanipal, la *Chasse au lion*, pour se rendre compte du même aspect de la main dans l'art Chaldéo-Assyrien, ou encore la *Libation* du même roi, du même musée ; le bas-relief représente des gestes nombreux et compliqués et les mains esquissent presque toutes les mêmes gestes monotones et uniformes ; pourtant, chez le conducteur du char qui paraît serrer la main davantage, le pouce s'appuie plus énergiquement sur les brides. *Les archers du roi perse Darius*, du musée du Louvre, peuvent nous servir encore de démonstration, quoique les reliefs ne soient pas fameusement conservés, mais ils le sont d'une manière suffisante pour porter un jugement sur l'art perse.

Il faut arriver à l'art grec, pour saisir une main plus modelée, plus définie, plus variée comme type et gestes. « De toutes les statues antiques que possèdent les musées de l'Europe, écrit d'ARPENTIGNY, deux seules nous sont parvenues avec des mains, ou plutôt chacune d'elles avec une main. Sans ces restes précieux, nous ignorerions complètement comment les Grecs comprenaient la beauté de la main. Or, ils la voulaient grande, avec des doigts lisses et forts, le pouce développé, la paume moyenne, la phalange carrée. Telle est, du moins, l'unique main de l'admirable statue des *Fils de Niobé* qu'on voit à Florence (1) ». Or, je ne suis guère d'accord avec cet auteur sur le nombre des documents. Ils ne manquent pas, hélas ! Il a raison pourtant d'expliquer la présence des mains grandes et dures, par le fait que les Grecs n'admettaient pas le beau sans la force. Une belle main devrait être une main forte. Le fragment de la délicieuse frise des « danseuses devant un portique » à pilastres corinthiens, du Louvre, nous renseigne déjà sur les différentes manières de se donner la main, quoique toutes les mains se ressemblent et ne peuvent pas se distinguer l'une de l'autre. La main commence à s'évaser, les doigts s'écartent, le geste varie et se personnalise au détriment du bras, qui domine quand même la main dans toute la sculpture grecque. Voyez la *jeune fille spartiate* du Vatican, la main s'ouvre d'une manière maladroite non seulement parce que l'artiste a voulu représenter une jeune fille, mais pour peu qu'on ait examiné la main on sent sa maladresse. Mais c'est déjà un grand progrès : on aperçoit le creux de la main et même quelques vagues lignes. *La reine assise*, du Louvre, échantillon de l'art cypriote, nous présente une main dont les doigts, même à l'état de repos,

---

(1) D'ARPENTIGNY, *op. cit.*, p. 96.

Fig. 1. — Statue Chaldéenne
(Louvre).

Fig. 2. — Bas-relief assyrien
(Louvre).

Fig. 3. — Bas-relief assyrien (Louvre).

PLANCHE VI

Fig. 1. — Amida enseignant
(Japon, XVe siècle).

Fig. 2. — Djou-Itchi-Men-Koau-On
Personnification de la Charité
et de la Grâce (Japon).

Fig. 3. — Portrait d'ancêtre
(XVIe siècle, Japon)
(Musée Guimet).

Fig. 4. — La religieuse
Tchiou-Ojo-Honi (XVIIe sièc., Japon).

PLANCHE VII

Fig. 1. — Brahma (Inde).

Fig. 2. — Civa Tandava.
Dieu de la Destruction (Inde)
(Bronze du Musée Guimet).

Fig. 3. — Koan-In à douze bras
(xviiie siècle, Chine).

Fig. 4. — Chine, xviiie siècle.

PLANCHE VIII

ont un aspect individuel aux reliefs bien définis malgré la nature de la matière brute — pierre calcaire — dans laquelle ils sont ciselés. Et les exemples abondent : examinez tout l'art grec archaïque jusqu'au vi° siècle. Au Louvre, on peut également admirer les gestes des mains si gracieuses du bas-relief de Thasos qui date, je crois, du vi° siècle et qui représente Hermès et une des Charités ; la femme paraît tenir un collier dans ses mains, qu'elle examine avec une grâce naïve, mais exquise, tandis qu'Hermès a la main franchement ouverte, mais vivante et faisant le geste d'une direction à suivre ou de préciser un point de l'horizon tout proche.

A partir du vi° siècle le bras se modèle de plus en plus. Les muscles se dessinent avec leur relief anatomique sur le vivant et la main gagne sinon en forme du moins en force. Elle esquisse le geste, les doigts sont plus adroits et on peut classer déjà quelques types. Dans les civilisations primitives, la main de femme se distinguait non par la forme, mais par sa petitesse ; chez les Grecs de la belle époque, la main féminine n'est pas petite, mais elle devient féminine par son architecture, par sa physionomie individuelle. Le Poseidon de la frise orientale du Parthénon, la frise où il y a Poseidon, Dionysos et Peitho, a une main gauche extrêmement modelée ; on remarque même une belle ligne de vie qui se perd dans les lignes transversales du poignet, ligne de vie d'ailleurs qu'on retrouve tout aussi délicate dès qu'on représente des divinités masculines, des athlètes, des soldats. Instinctivement, l'idée de la force obligeait les artistes à donner plus de vie au groupe des muscles thénar

comme conséquence immédiate de la musculature du
torse et des bras en particulier.

Comme type dans cet ordre d'idées je citerai le
Discobole du Vatican ; la statue n'est, paraît-il, qu'une
copie ancienne d'après une déesse de MYRON,
mais elle date bien du vᵉ siècle avant Jésus-Christ.
Chacune des mains a une physionomie personnelle ;
on ne saurait pas imaginer une position plus empreinte
d'adresse que celle de la droite, toute prête à lancer
le disque. On remarque même les mouvements synergiques de la main gauche qui passe de l'état de repos
à un état de contraction que j'appellerai « à vide »
par coordination musculaire. Le pouce droit presque
aplati, les muscles de la région thénare très développés et d'une manière artistique, la paume large et
solide, pourrait être citée comme type d'une « belle
main » élémentaire de chirognomonique.

La belle époque de l'art grec est extrêmement riche
en documents. Les statuettes de Tanagra et les terres
cuites grecques nous donnent même des détails
quoique uniformes, l'artiste s'étant préoccupé surtout
du geste, de la ligne. Dans la collection du Louvre,
je n'ai pu examiner aucune forme bien modelée et
qu'on pourrait analyser minutieusement. L'art statuaire grec nous fournit des échantillons de toutes
sortes de formes de mains : on dirait que depuis
l'époque de Périclès la main intéresse plus l'attention
du sculpteur, d'ailleurs c'est le siècle d'Anaxagore qui
accordait tant de foi à la chiromancie. La main d'Apollon ne ressemble guère à la main de Vénus, et Mercure
n'a pas la même forme de main que Mars ou Jupiter.
Les déesses se féminisent et tandis que l'athlète a sa

main vigoureuse, symbole de la force, Apollon a la
main plus fine, plus gracieuse, plus modelée. Parcou-
rez les images des statues de cette époque et des siècles
suivants et vous remarquerez cette grande différence
à peine sensible dans certaines œuvres d'art de l'époque
archaïque. Examinez la main de l'*Apollon Sauroctone*
du Vatican, — la première une copie de PRAXITÈLE et
la seconde une copie de LIOCHARÈS, donc du ive siècle
— et comparez cette main presque féminine au premier coup d'œil, mais vigoureuse : le type de la main
psychique de la Chiromancie, avec la main de l'athlète
Apoxyomenos du Vatican, la fameuse copie en marbre
du bronze de LYSIPPE, et on est stupéfait de la
grande différence du type physique de la main. La
main de l'Athlète est bien une main élémentaire, main
d'ignorant, du muscle adroit, vigoureux et il évoque
tout autant un physique développé que la main
d'Apollon; mais cette belle main d'*Apollon du Belvé-
dère* est une main intelligente, mobile, souple, et qui
évoque presque à elle toute seule le beau type mytho-
logique de la grande divinité païenne. Le *Mercure au
repos*, du musée de Naples, a la main active, ou plutôt
presque la main en forme d'abattoir, la « main utile »
des types classiques des physionomies de la main.
Vénus a la « main artistique » ; elle se distingue de
la main d'Apollon par la largeur de la paume de la main,
par les doigts plus pointus, effilés presque, par la
physionomie à peine potelée de la main, par un pouce
plus petit, mieux dessiné ; le pouce est généralement
fort petit. Je citerai comme exemple, entre tant d'autres, la *Vénus de Médicis*, de PRAXITÈLE, du musée des
Offices de Florence, une des Vénus les mieux mode-

lées. La main de Diane n'est guère belle : elle se rapproche souvent d'une main d'homme de petite taille ; d'ailleurs elle a rarement une physionomie à elle. Examinez entre autres la *Diane* de Versailles, du musée du Louvre, due à l'école de Scopas.

La statue de Démosthène, du musée du Vatican, une copie d'une œuvre de Polyeuctos, est extrêmement intéressante à être examinée au point de vue de la main ; c'est le type de la main noueuse, et bien dessinée, dite « philosophique » ; on ne peut pas examiner toute la main, mais les pouces, les index et le dos de la main nous renseignent suffisamment. L'*Aphrodite au Bain*, du Vatican, a une main plus belle, plus petite, la paume plus réduite que la main habituelle des Vénus ; elle n'évoque aucune énergie, mais une paresse molle, une main nerveuse et caressante ; les naïades, les nymphes ont en général des mains comme l'Aphrodite, dont la main est essentiellement le type de la « main psychique ».

Parmi mes notes je trouve marquée comme main type celle de l'esclave scythe du musée des Offices de Florence, la statue en marbre connue sous le nom de l'*Arsotino*, c'est une main anguleuse, carrée, la main des subordonnés, des esclaves de la classification assez intelligente du chevalier d'Arpentigny. *Laocoon et ses fils*, l'œuvre des sculpteurs rhodiens qui se trouve au Vatican est intéressante pour des attitudes de mains ; la main de Laocoon, une main élémentaire, fait un contraste curieux par rapport aux mains « artistiques » de ses deux fils et particulièrement de celui de sa gauche.

La main d'homme présente plus de variations dans

l'art grec ; la main de femme a moins de types ; on
vérifiera cette impression dans une curieuse peinture
grecque du musée de Naples et trouvée dans la région
d'Herculanum : *Les Joueuses d'Osselets*. Il y a cinq
femmes et toutes ont la même forme de main, la
main de Vénus modifiée, schématisée et loin d'être
belle, tandis que les gestes des bras sont des plus
gracieux. La main de femme est encore empreinte du
type de la main de l'homme.

L'art romain n'ajoute rien de nouveau, il répète
les modèles de l'antiquité grecque sans ajouter la
moindre nuance ; il n'y a aucune originalité, ni
aucune invention malgré les qualités de tout premier
ordre que nous sommes prêts à lui reconnaître. Une
des plus gracieuses mains de femme de cette époque
est celle de la délicieuse statue de jeune femme de
cette époque du Palais des Conservateurs à Rome ;
elle n'est pas belle, elle n'a pas de type défini, quoiqu'on pourrait la classer dans le type de la « main
psychique », mais elle a un ensemble de reliefs et de
lignes qui rappellent gracieusement la main d'Aphrodite, mais pliée. Les mains de Minerve, romaines, sont
des mains « carrées » féminines, et les mains des
Muses ne sont guère intéressantes à examiner ; seules
les Victoires ont des extrémités supérieures plus fines ;
telle la *Victoire* en bronze du musée de Brescia et le
Pudicèle du Vatican. Des mains élémentaires, rudimentaires se trouvent chez les Silènes, chez les Bac-
chus qu'on retrouve dans tous les musées. Le type de
mains philosophique, noueuse et belle est celle du
Marc-Aurèle à cheval, statue en bronze qui se trouve
sur la place du Capitole, à Rome ; sa main gauche est

typique. Sur une quarantaine de déterminations de chiromanciennes aucune ne s'est trompée sur sa valeur psychique; certainement je n'avais présenté que la main, essayant de tromper autant que possible mes examinatrices. La main d'*Auguste* du musée du Vatican est aussi une « main philosophique ». Une main de l'art romain qui ne peut guère dérouter personne, c'est la main de la statue d'*Esclave* du palais Pitti de Florence : c'est encore une main « utile », carrée. Ces différents types de mains, leurs qualités et leurs physionomies peuvent s'étudier facilement en dehors des admirables bas-reliefs de la Colonne Trajane de Rome, où il y a des mains types des « barbares », et des « soldats romains », et surtout sur des sarcophages, dont on trouve même au Louvre quelques-uns. Le sarcophage trouvé à Bordeaux est intéressant par la variété de formes de mains, quoique très peu modelées. Les fresques de Pompéi et d'Herculanum sont une source inépuisable, mais où la variété manque; il y a quelques types. La peinture trouvée à Pompéi, *Le boulanger Papus Proculus et sa femme* du musée de Naples, est curieuse par les mains des deux sexes, assez distinctes ; la main du boulanger est une main bien élémentaire, aux doigts écartés, tandis que la boulangère a, en dehors de la paume épaisse et forte, des doigts très pointus.

L'art chrétien primitif manque de données; j'ai vu pourtant quelques échantillons : le dessin est maladroit, la couleur pas toujours fraîche et on assiste à des tâtonnements timides d'expressions musculaires. La main de la statue de pâtre du IVe siècle du musée Latran de Rome est une main « élémentaire » comme

Fig. 1. — Salle de la Renaissance au Louvre.

Fig 2. — Vierge. École vénitienne
XVe siècle (Louvre).

Fig. 3. — Louis de Poncher, conseiller du roi, par Guillaume
Reguanel, 1450-1533 (Louvre).

Fig. 4. — Statue tombale
(Louvre).

PLANCHE IX

Fig. 1. — Statue tombale. Valondérie Balbiani
Germain Pilon (Louvre).

Fig. 2. — Vierge de douleur
Germain Pilon (Louvre).

Fig. 3. — René Birague
Chevalier de France
Germain Pilon (Louvre).

Fig. 4. — Pierre d'Evreux Navarre. École française
(Première moitié du xvᵉ siècle) (Louvre).

PLANCHE X

la main de saint Pierre ; la statue en bronze de la Basilique de Saint-Pierre à Rome est une « main philosophique » ; les bouts des doigts sont ovoïdes, l'architecture est froide et bien délimitée. Les mains de la mosaïque de la Basilique de Sainte-Rudentienne de Rome ont toutes la même facture : je les ai examinées de près sur des photographies et j'ai gardé la même impression. Le sujet est *le Christ trônant entre les apôtres;* la main est la même, la différence se réduit à des changements de position, des doigts plus ou moins écartés chez les uns et chez les autres ; ce sont des mains élémentaires, à la paume grande, aux doigts noueux et larges. Je n'ai pu distinguer aucune différence individuelle.

L'art byzantin, dont j'ai bien étudié les nombreuses images sur les icônes et les dessins sur étoffe destinée à l'usage des services religieux, nous présente une main dont les doigts tendent à s'égaliser, tendance notoire dans la toute première civilisation ; l'index s'individualise et la paume garde l'énergie païenne, et ceci provient de la manière dont on fait le signe de croix orthodoxe. Les doigts s'écartent un peu et la main, quoique d'un dessin souvent médiocre, a une facture délicate ; elle est rarement lourde, mais elle manque de mobilité. Les mouvements de la main se stéréotypent et on trouve dans les icônes religieuses actuelles et dans les peintures murales les mêmes gestes et les mêmes attitudes.

Dans le style roman, manifestation de l'Europe catholique du xᵉ au xiiᵉ siècle, on retrouve la même maladresse que dans l'art byzantin ; les mains des statues des cathédrales sont presque toutes ouvertes

et les artistes s'intéressent surtout à l'expression du
visage ; les statuettes de cathédrales, celles d'Autun
par exemple, peuvent être citées comme exemples.

Le style gothique est l'époque de l'éveil de l'esprit
critique ; on examine de plus près les détails.
La cathédrale de Chartres, avec ses nombreuses statues, nous offre une variété d'attitudes de mains. Je
ne dirai pas qu'il y a des types différents comme chez
les Grecs, ces observateurs de génie, mais on peut
remarquer et distinguer les mains des « apôtres »
des mains de saintes. Examinez la clôture du chœur
et les statues du porche du nord. A mon avis, dès cette
époque commence la formation d'une main « d'ossature », une main osseuse, qui se retrouve dans toute
la Renaissance à côté de la « main d'évêque », extrémité supérieure aux orbes onctueux, aux formes arrondies et aux doigts coniques et gros.

La cathédrale de Cologne et la cathédrale de Strasbourg, parmi celles que j'ai visitées, peuvent être
citées à l'appui de ma thèse. Dans la cathédrale de
Strasbourg, on pourra remarquer une statue de
femme aux mains très agiles et souples ; c'est une des
rares mains dont les doigts se plient souplement,
et que j'ai pu trouver dans mes recherches. L'index
est harmonieux et le tout évoque un spécimen très
beau d'une « main psychique ». Notre-Dame de Paris
possède des types variés de mains ; le tympan de la
porte centrale et le tympan de la porte rouge n'ont
guère les mêmes types de mains. A côté de la main
aux gestes stéréotypés, aux doigts collés, il y a des
mains ouvertes à demi, dont les doigts sont souples
et finement modelés. Les statues des apôtres ont des

mains typiques et qui ont des rapprochements sensibles avec de belles mains de divinités mâles païennes.
Une descente de croix du musée du Louvre nous présente une main, la main de la jeune femme qui pleure
et soutient la main de Jésus-Christ, d'une grâce parfaite et très agréable à voir, surtout à cause des
reflets de l'ivoire patiné par le temps. En Italie, la
madone de CIMABUÉ, la *Madone trônante* de Florence
(Académie des Beaux-Arts) et celle de GIOTTO,
nous présentent le type de la main d'une femme à la
paume moyenne, aux doigts effilés, aux gestes timides
qu'on retrouvera dans les premières manifestations
de la renaissance italienne. La *Crucification* de GIOTTO,
de Padoue (église de l'Areno), est encore à citer ; on
remarquera que les paumes des mains ne se distinguent
guère : la différence entre les formes des mains et la longueur des doigts chez les femmes et leur facture est simplement plus fine, plus frêle. A Sienne, DUCCIO DI BUO-
NINSEGNA nous offre un spécimen de « main d'évêque »
typique (musée de la Cathédrale) ; je veux parler du
fragment du retable. Le pouce s'individualisant donne
toute la paume de la main, tandis que les doigts prennent
une forme légèrement conique, à paume conique.

Pour le style gothique du xvᵉ siècle en France, j'ai
trouvé un exemple de tout premier ordre au Louvre :
*Le tombeau de Philippe Pot, grand sénéchal de Bour-
gogne.* Tandis que la main du grand seigneur de
Bourgogne est une main presque artistique, les mains
des figures qui soutiennent sa statue couchée sont
des mains « utiles, carrées », plus ou moins ouvertes,
mais toutes de la même facture.

Je ne pourrais pas parler de l'art de cette époque

sans citer la main de la *Dame à la corbeille de
roses* de la tapisserie de la Licorne, et qui se trouve
au musée de Cluny, à Paris. C'est un type de belle
main et dont le poignet, si lourd, si gros chez les
Grecs et même jusqu'aux xiiie et xve siècle, est large,
mais fin ; il évoque une articulation fragile. La main
est une main « psychique » des chirognomonistes.

L'*art flamand* pourrait fournir des documents pour
un long article, car il compte parmi ses représen
tants JEAN VAN EYCK, un vrai peintre des mains. Le
musée de Berlin possède *L'homme à l'œillet*, aux
mains noueuses et harmonieuses, grandes, mais
évoquant le type d'une distinction empreinte de
logique et de raisonnement ; c'est une « main philosophique ». Le portrait d'*Arnolfini et de sa femme* à
la National Gallery de Londres nous présente des
mains qui appartiennent certainement à la même
classe, mais dont la masse musculaire prédomine chez
l'homme. Examinez les masses musculaires des deux
pouces mis l'un à côté de l'autre, et on ne pourra
faire que cette comparaison : la main de la femme a
la paume étroite, les doigts très larges et très effilés,
la région thénar bien délimitée, les articulations
franches ; tandis que la main de l'homme ayant la même
architecture, est plus osseuse, plus grande. On
pourrait faire remarquer que le petit doigt est un
peu courbé comme chez certains dégénérés. (Oh! le
mot vague et inutile!) Les mouvements synergiques
des doigts ne permettent guère une pareille flexion à
moins de cas exceptionnels. Une belle main « utile »,
nous la retrouvons dans la main d'homme de la
Vierge au donateur du Louvre.

Les peintres flamands peuvent nous documenter aussi sur la main ; ils peignent des mains ouvertes, des mains jointes pour la prière, des gestes de bénédiction avec plus d'expression. Il y a un essai naïf d'analyse des mouvements synergiques des doigts et une assez juste observation de certaine position dans l'espace. Nous avons les portraits de HUGO VAN DER GOES, de THIERRY BOUTS — qui ont peint des mains « intuitives et utiles » — dans la *Récolte de la manne* de l'ancienne Pinacothèque de Munich. Il ne faut pas oublier MEMLING, auteur de belles mains en prière, mains d'hommes : *Portrait de Martin van Nieuwenhove*, de l'hôpital Saint-Jean de Bruges, et mains de femme : *Portrait de Barbara van Vlaedenberg*, du musée de Bruxelles.

Dans une *Descente de Croix* de l'École de Cologne, qu'on trouve au Louvre, on peut remarquer des mains jointes extrêmement individualisées. En dehors de la main du Christ, main fatiguée, carrée, propre, représentant un mélange de raisonnement et d'intuition à cause des bouts de doigts pointus, il y a des mains de femme artistiques, fines ou potelées, courtes, « volontaires » ou « autoritaires ». La main de femme, la main droite qui tient le bras droit du Christ est une bien belle main « psychique ». On m'a parlé de belles mains de STEPHAN LOCHNER, du musée de Cologne, mais je ne les ai pas encore vues, ni même en photographie. Dans la *Descente de Croix* de M. WOHLGEMUTH, de Munich, les femmes qui pleurent, ont de belles mains artistiques et variées comme forme, surtout celle de la droite du Christ.

La Renaissance italienne perd pour ainsi dire le

11

goût de l'observation, dont l'esprit critique assez
curieux au xiiiᵉ siècle avait conduit à des finesses certainement d'une grande valeur. On revient à des
formes classiques, on copie ou des « types » physiques
ou encore, sous l'influence d'une certaine tendance vers
l'observation scientifique du corps humain, on examine plus attentivement la physionomie humaine, l'expression de la chair, si ce terme m'est permis. Voir ainsi
les mains de Luca della Robbia, de Matteo Civitali
(*La Foi*, du Musée national de Florence) même celles
de Rossellino et, en particulier, les mains bouffies
des anges et les mains des madones aux doigts longs,
mais à paume grossière ou d'une finesse qui cadre
mal avec l'architecture des doigts. Il semble qu'on
ajoute de la chair sur des mains du xiiᵉ ou du
xiiiᵉ siècle. Une main curieuse à examiner est celle de
l'admirable *David* en bronze d'Andrea del Verrocchio,
du Musée national de Florence : c'est une main
« psychique » d'homme, bien modelée. Masaccio, à
l'Eglise des Carmes de Florence *(Tribut de saint
Pierre)* nous donne des mains « carrées » ou « élémentaires » d'homme, d'une petitesse étrange surtout
lorsqu'ils dessinent des gestes si arbitraires. Fra
Angelico, Filippo Lippi, Botticelli, essayent d' « hu-
maniser » moins la main. Chez Fra Angelico, les
mains d'homme paraissent comme faites en ivoire,
les doigts sont fusiformes (la fresque du couvent
de Saint-Marc de Florence) ; les anges pourtant ont
toujours les mêmes classiques mains potelées.

La *Vierge* du musée de Berlin de Lippi, a la main
« positive », quoique plus humaine que celle du xiiᵉ
et du xiiiᵉ siècle. Botticelli peint les mains de ses

BOTTICELLI. — *Primavera.*

PLANCHE XI

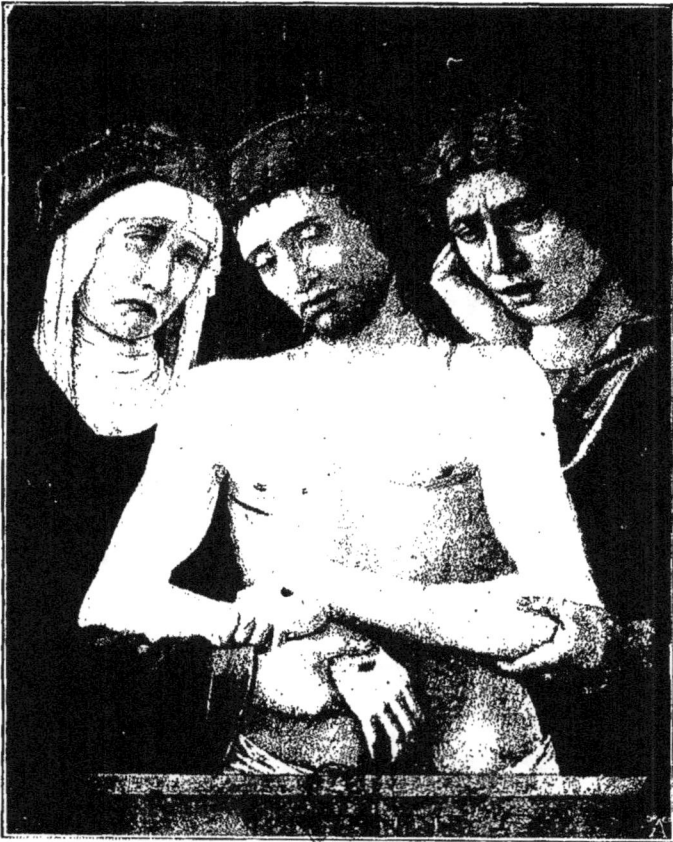

Deposizione. — Tableau de Giambellino (phot. Tarennelli).

Planche XII

beautés physiques, avec la paume de la main grande,
mais il amincit sensiblement le poignet. Sa *Vénus* et
sa *Primavera* ont des mains gracieuses, mais dominées par l'ossature.

Les peintres de la Renaissance italienne font
d'ailleurs plus attention aux poignets, et tandis que
les primitifs spiritualisaient les mains, ils les regardent
avec des tendances humaines païennes, j'oserais dire,
tout en pensant que peut-être la race ait changé de
types ethno-esthétiques. Les conceptions de la beauté
avaient certainement changé. Nous retrouvons de
belles mains chez MELAZZO DA FORLI, dont son admirable *Ange musicien* qui se trouve à Rome dans une
fresque de la sacristie de Saint-Pierre. Belles mains
aussi chez PINTURICCHIO, dont le portrait de *Lucrèce
Borgia* (appartements de Borgia à Rome) est une
illustration typique : c'est la main avec le pouce large,
la paume épaisse, le second type de mains artistiques, qui révèle l'être mobile, sensuel, impressionnable. Le *Saint Antoine de Padoue* du COSIMA TURA
nous donne le type d'une main « élémentaire », mais
trop tourmentée : on approche de l'époque des
fausses préoccupations artistiques, de la tendance à
peindre tout et à observer les détails d'une manière
incomplète. Dans la Pinacothèque de Milan, il y a
une *Vierge à l'enfant*, de CRIVELLI, qui peut servir
comme exemple de ces doigts classiques, sans articulation, comme en bois, quoique délicatement
sculptés : c'est le souvenir de la main classique, antérieur à la Renaissance. A l'académie Brera, de Milan,
il existe un autre type de main : la main aux tendons visibles, aux extenseurs et aux doigts presque

anatomiquement modelées ; je parle de GIOVANNI
BELLINI et de son *Christ mort*.

GIOVANNI et ANTONIO DA MURANO ou VIVARINI, BELLINI,
VINCENZO CATANEO, CARPACCIO, VÉRONÈSE, SEBASTIANO
DEL PIOMBO, GIORGIONE, etc., et tous ceux de l'école
vénitienne, ont donné une attention particulière aux
mains. Si elles ne sont pas toujours aussi belles que
celles des madones de CRIVELLI, elles ont toutes
l'aspect d'une main potelée œdématique, à paume
large — comme, par exemple, les femmes de CARPACCI,
sa *Sainte Ursula* entre autres — main grasse, comme
on trouvera des exemples typiques dans les œuvres
de BARTOLOMMEO DE VENZI et dans ROTARI (1).

Le xvıe siècle italien nous conduit en pleines considérations anatomiques, qui formèrent avec la tradition
du classicisme grec un mélange dont on trouve successivement des types de toute beauté chez LEONARDO DA
VINCI, chez LUINI, chez RAPHAEL et chez MICHEL ANGE.
La main de la *Gioconda* est, en somme, une main
classique de Vénus, mais plus humanisée, plus couverte de chair : le poignet et la main précisent une
forte musculature, une paume large mais harmo-

(1) Voir à ce sujet, sur la peinture italienne et vénitienne
en particulier, les ouvrages suivants :

BOSCHINI, *Le ricche minere della pitura veniziana*. Venezia,
1664.

MOLMENDI, *La dogaressa di Venezia*. Torino, 1884.

CECCHETTI, *La donna nel medioevo a Venezia*. Venezia, 1885.

EMIL SCHÆFFER, *Die Frau in der Venezianischen Malerei*.
München, Verlagsanstalt Bruckmann, 1899, 1 vol., 188 p.

MUSATTI, *La donna in Venezia*, Padova, 1891.

RODOCANACHI, *La femme italienne à l'époque de la Renaissance*. Hachette, 1907. De belles reproductions artistiques et
un choix judicieux des images.

Jeanne d'Aragon (*Musée du Louvre*).

PLANCHE XIII

nieuse, le pouce est large, pas modelé, court et non
dessiné. BERNARDINO LUINI a peint une belle main
dans le même genre, mais avec des doigts plus longs
qui dominent toute la main, dans le *Silence* du
Louvre et dans le *Cortège funéraire angélique de
sainte Catherine*, de l'académie Brera, de Milan. On
peut citer de RAPHAEL, la main du *pape Jules II*, du
musée « des Offices » de Florence, « main d'homme
aimant les arts », comme diraient les chiromanciennes.

Jeanne d'Aragon, de RAPHAEL, ou plutôt de JULES
ROMAIN, qui se trouve au Louvre (collection François Ier) et qui passe pour une des plus belles femmes,
la preuve de la beauté vraie, « la beauté parfaite », a
réellement de belles mains. RAPHAEL nous a laissé,
selon HOUDOY, « *l'exquise délicatesse de ses mains.* »
Voici d'après HOUDOY la belle description de sa main,
de l'enthousiaste médecin NIFO, un des intimes de la
grande dame : « Les mains potelées ont extérieurement la blancheur de la neige, et à l'intérieur (*Sil-
vestri parte*), la teinte de l'ivoire, elles ont pour
juste dimension la hauteur de la face, les doigts pleins
et ronds sont allongés et se terminent par un ongle fin,
convexe, et d'une couleur suave (1). » On comprend
l'enthousiasme du médecin qui vit aussi le corps de
la princesse ; le portrait nous évoque cette beauté
avec le velouté de la peau et sa couleur toujours
suave.

(1) NIPHUS, *De Pulchro et Amore*. Lyon, 1549. Apud Berin-
gos fratres. Voir aussi GABRIEL DE MINUT, *La Beauté avec la
Paulegraphie, ou description d'une dame tholosaine, nommée
la belle Paule* (Paule de Viguier). Lyon, 1587.
Voir les documents et le travail de JÉRÔME RUSCELLI sur

MICHEL ANGE, qui chante la toute belle *Villoria Colonna*, sculpte des mains presque à l'antique, mais plus petites, plus modelées en tant que doigts ; je citerai à titre de souvenir sa *Pieta*, de Saint Pierre du Vatican, son *Jérémie*, du plafond de la chapelle Sixtine : main « philosophique », comme d'ailleurs les mains de son *Moïse* de l'Église San Pietro in Vincili (Rome), main vigoureuse aux tendons trop prononcés, aux aponévroses trop tendues et à ce genre de peaux trop souples, car elles facilitent aux vaisseaux sanguins de garder presque leur calibre normal. La main de *Laurent de Médicis*, de l'Église San Lorenzo, à Florence, est caractéristique dans cet ordre d'idées. On voit la tendance anatomique et la recherche de préciser les vagues et inutiles connaissances des insertions musculaires. TITIEN est peut-être un des rares peintres de la Renaissance qui, à notre point de vue, fût influencé, plutôt par le classicisme, que par les idées de l'époque. C'est vrai qu'il fit surtout des portraits. Les mains de la *Belle du Titien*, du musée « des Offices » de Florence, en sont un exemple ; la paume est large, mais elle est dictée par le pouce et l'index ; il n'y a pas de tendons contractés, ni des aponévroses palmaires crispées comme chez la plupart des peintres de la Renaissance.

Jeanne d'Aragon : TEMPLO ALIA, *Divina Signora donna Giovanna d'Aragona fabricato da tutti ipue gentili spiriti et in tutti le lingue principali del mondo*. Venise, 1558.

AUGUSTIN NIPHUS, *Le beau et l'amour,* analysé à la fin du livre de J. HOUDOY : *La beauté des femmes dans la littérature et dans l'art du XIIe au XVIe siècle*, 1886, pp. 139-182.

Voir aussi BEYLE, *Dict. hist.*, sur A. NIFO et RENAN : *Averroès et l'averroïsme*.

A Londres, à la National Gallery, j'ai vu le type
d'une main souple, élémentaire dans le *portrait d'un
tailleur* de Moroni.

La plus riche collection des formes nous paraît se
trouver au premier coup d'œil dans les *Noces de Cana*,
de Véronèse, du Louvre, mais on pourrait réduire le
tout à deux ou trois types, dans toute cette multitude de
mains qui font les gestes les plus compliqués et les
plus différents. Néanmoins la main du Christ n'a pas
la même facture que la main des musiciens, ni la
main des convives n'est pas la même que celle des
serviteurs. Dans la *Sainte Cène* de Leonardo da Vinci,
de l'église de Sainte Marie des Grâces de Milan, il y a,
au contraire, une vraie distribution de caractères
psychiques, non seulement d'après le visage, mais
d'après la facture de quelques mains qui peuvent être
analysées.

La Renaissance en France a tous les défauts et
toutes les qualités de la Renaissance italienne. Les
mains des statues du chœur de la cathédrale de
Chartres peuvent être citées comme exemple, avec la
différence que l'artiste s'attache plus à la pureté des
lignes. Et cela se retrouve encore dans l'harmonieuse
main si souple de Jean Goujon, de la nymphe de la
Fontaine des Innocents de Paris, et on devine presque
Fragonard et la gracieuse mobilité des attitudes du
xviiie siècle.

La Renaissance flamande garde plus que les autres
les traditions gothiques et elle ne subit pas plus tard
l'influence classique de l'antiquité. Au musée d'Anvers,
il y a, paraît-il, les mains bien dessinées de Quentin
Metsys dans le triptyque de l'*Ensevelissement du*

Christ, mais je n'ai vu que des photographies médiocres et qui rendent difficile tout examen minutieux. Les mains chez BREUGHEL LE VIEUX, dont j'ai vu au Louvre quelques spécimens, sont toutes agitées (*La parabole des aveugles*) et elles se prêtent peu à l'analyse.

J'ai vu une belle main cadavérique chez HANS HOLBEIN au musée de Bâle. La position de la main de son *Christ mort* est trop artificielle, mais le mouvement est bien pris et la physionomie est bien d'un mort dont les mains sont anémiées, tendineuses et sèches. HOLBEIN nous a laissé la belle main « philosophique » d'*Erasme* (musée du Louvre) et ces mains soignées, presque féminines des *Ambassadeurs* de la National Gallery. Il faut citer la belle main « carrée » de femme de LAÏS CORINTHIACA du musée de Bâle. LUCAS CRANACH peint, en général, des mains élémentaires, énergiques, vigoureuses; il paraît du reste donner une attention spéciale au pouce, visible et mis en relief dans ses nombreux portraits, soit à Breslau, soit à Heidelberg ou Anvers.

En Espagne, j'ai gardé comme souvenir d'une très belle main « psychique » et intuitive de la Renaissance, celle de l'*Infante Isabelle-Claire-Eugénie*, de SANCHEZ COËLLO, du musée de Prado, mais je ne saurais pas la décrire. La main droite, si j'ai bonne mémoire, s'appuyait sur un fauteuil, et le pouce était très délicat et court. Les mains peintes par DEL GRECO sont toutes nerveuses et agitées ; je n'ai vu des mains que dans des tableaux de genre et dans des compositions religieuses. Le XVIIe siècle, en Espagne, avec RIBERA et MURILLO, nous fait retrouver presque la même archi-

tecture des mains de la Renaissance : les madones
ont des doigts pointus et longs et les bergers les mains
lourdes et élémentaires. L'*Adoration des Bergers* du
Louvre est un exemple. VELASQUEZ a réussi à nous donner des mains pathologiques de toute précision chez
ses nains, chez ses myxœdémateux dégénérés et les
mains d'enfant dont les musées du Prado et de Madrid
possèdent une si riche collection. Comme main d'enfant,
il faut citer celle de la charmante poupée, l'*Infante
Marie-Thérèse d'Autriche*, du Prado, mains de femme
en miniature, ou encore celle du *Prince Balthazar
Charles*, du même musée. Je n'ai pas vu le portrait
du *Pape Innocent X*, de VELASQUEZ, qui se trouve à
Rome à la galerie Doria. Elle m'a été citée comme
une belle main « d'autoritaire ». Une main vraiment
espagnole m'a été citée, mais je n'ai pu la voir qu'en
photographie : c'est la *Sainte Agnès* d'ALONSO CANO,
du musée de Berlin. Le pouce se détache du poignet,
la paume est moyenne, mais le dos potelé ; les doigts
sont proportionnés, mais les phalanges petites et les
doigts fusiformes.

   « Le peintre RIBERA, écrit D'ARPENTIGNY (1), que sa
nature entraînait vers l'expression du laid, a toutefois
donné, comme MURILLO et ZURBARAN, des doigts plus
ou moins pointus à tous ses personnages ; ce qu'il
n'eût certes pas fait si la généralité des mains de son
pays ne lui en eût fait une loi. Les gros doigts carrés
et en spatule abondent, au contraire, sur les toiles des
maîtres hollandais et flamands. »

   L'art hollandais du xvi⁰ et du xvii⁰ siècle nous apprend

(1) D'ARPENTIGNY, *op. cit.*, p. 128.

peu de choses sur la psychologie et sur l'esthétique
de la main ; tandis que celle du xvᵉ siècle était si personnelle, celles des siècles suivants gardent des souvenirs précis de la Renaissance italienne, avec toutes
ses préoccupations esthétiques et avec toutes ses tendances si systématisées. FRANZ HALS nous peint rarement une main aristocratique, mais ses mains ont
l'empreinte adorable de l'individualité sentie, saisie.
Examinez les *Ivrognes* du musée d'Amsterdam,
d'ADRIEN BROUWER, les *Musiciens*, de VAN OSTADE, du
musée de la Haye, et vous aurez en petit la tendance
si personnelle de HALS ; on trouvera des mains « élémentaires » très bien observées et examinées, au point
de découvrir même des nuances individuelles ; on
peut citer dans cet ordre d'idée : JAN STEEN et GABRIEL
METSU. REMBRANDT nous a donné un contraste intéressant dans le dessin des mains du *Christ* et des *Pèle-
rins d'Emmaüs,* du musée du Louvre. Autant la main
du pèlerin à la gauche du Christ est simple, rude, élémentaire, autant celle du Christ est une main presque
« féminine », une main de caresse, une « main bonne ».
    Dans l'école flamande du xvⁱᵉ siècle, je ne citerai
que pour mémoire les noms de VAN DYCK, RUBENS et
TENIERS. Le *Christ* de VAN DYCK (musée d'Anvers) —
peintre de la main, artiste maniéré et plein de distinction — est presque la copie de la forme la plus
classique des mains du *Christ au tombeau ;* la main
est en demi-pronation lâche et aux muscles bien mis
en relief. Comme belle main, entre tant d'autres de
cet artiste, je citerai celle de la *Baronne Spencer,* de
la collection du comte Spencer, et les mains si fémi-
minées des lords *John* et *Bernard Stuart,* de la collec-

tion du comte Darnly. VAN DYCK peint toujours la
même main et les mêmes formes. N'oublions pas la
belle main de *Charles I, roi d'Angleterre* (musée du
Louvre). RUBENS excelle en contorsions musculeuses ;
ses mains sont anguleuses, les fléchisseurs et les con-
tracteurs sont nuancés à l'excès, et dans le tableau :
Le coup de lance, du musée d'Anvers, on trouvera une
illustration précise de nos affirmations. Pourtant il a
peint les mains belles, mais trop pointues et trop
modelées d'*Anne-Marie, archiduchesse d'Autriche,* du
musée d'Amsterdam : c'est une main en ivoire. Il a
peint aussi la main de sa première femme *Isabelle
Brant* (musée de Munich) qui, sans être belle, sort
des mains habituelles peintes par RUBENS.. La main
du peintre, du même tableau, est un type intéressant
de « main artistique ». JORDAËNS, dans *le Satyre et le
Paysan,* peint presque les mêmes mains que RUBENS,
mais on peut examiner dans la paume de la main
droite de la femme, des conformations curieuses des
lignes de la main et les mouvements synergiques et
habituels de l'index et du pouce étendus dans l'extrême
majorité des œuvres d'art. D. TENIERS, comme l'a si bien
défini PAUL MANZ, « est un Van Dyck en 18° ». Il est
moins maniéré, mais il a sa précision et sa distinction
dans l'arrangement. Les *Cinq Sens,* du musée de
Bruxelles nous présentent des mains de tout genre,
mais pour la plupart « utiles » et bien flamandes.

Le XVIIe siècle français accorde, surtout les statuaires,
une attention particulière à la main. Le poignet s'affine, et il faut attribuer à l'art français ce soin de modeler non seulement la main, mais en même temps le
bras et tout particulièrement le poignet. Il n'y a pas

dans l'antiquité des mains plus belles que celles du
xviie siècle. Regardez les mains de la statue de *Madame
Adélaïde de Savoie* de Coysevox (Louvre), les mains
d'hommes de Puget (*Milon de Crotone*), de Coustou,
de Girardin, de Auguier, et on se rendra compte de
la différence notoire des mains de la Renaissance
classique. Coysevox est d'ailleurs le maître. En
peinture, Poussin est pourtant empli duclassicisme.
On trouve chez Le Nain de belles mains de paysanne ;
voir notamment ses *Paysannes assises* du Louvre,
ou encore le *Repas des Paysans* (Louvre). Philippe
de Champaigne nous peint *le cardinal de Richelieu*
(Louvre), dont la main est un type de main « philosophique » — quoi qu'en dise d'Arpentigny, — modelée
sans aucune préoccupation anatomique et sans aucun
souvenir de la Renaissance. La même forme de main
mais moins autoritaire, plus intuitive, au pouce plus
large, est la main de *Bossuet* (Louvre), de Hyacinthe
Rigaud. On ne peut pas passer sous silence les si gracieuses mains de femme du peintre Largillière, des
mains aux poignets si bien dessinés, à la paume légère et
délicatement évasée, au pouce petit et énergique ;
voyez le *Portrait de l'Artiste et de sa Famille*, du
Musée du Louvre. En passant, citons encore Mignard,
dont les mains de femme sont assez belles, telles
celles de *Marie Mancini Colonna*.

Au xviiie siècle, la main touche à la perfection de la
grâce. J'avoue humblement trouver plus d'harmonie,
plus de distinction, plus de charme à regarder ces
belles mains de ce siècle gracieux, que dans les
œuvres classiques de l'antiquité grecque. Chez les
statuaires, nous trouvons des mains de femmes mode-

lées avec toutes les distinctions et toute la caractéristique indiquées par l'art chirognomonique, voire
même le plus difficile, comme celles de CLODION, de
PIGALLE, de HOUDON. La main de *Voltaire* peint tout
l'homme, et HOUDON n'a pas oublié de nous la copier
avec son pouce gros, énergique et avec ses doigts
noueux et indiquant le bon sens critique et la raison
philosophique. La peinture ne compte-t-elle pas LAN
CRET, WATTEAU, FRAGONARD, CHARDIN, GREUZE, MAU
RICE QUENTIN DE LA TOUR, NATTIER? Le xviiiᵉ siècle n'est
presque exclusivement que français, et aussi évoque-
t-il le goût, la finesse, la délicatesse d'une époque de
sensiblerie et de grâce. Dans l'*Embarquement pour Cy-
thère*, de FRAGONARD (Louvre), les mains, voire même
celles des petits anges qui précèdent de leur vol l'embarquement, jusqu'aux mains tendues pour soulever
une compagne ou jusqu'à celles qui esquissent et qui
soulignent des pensées toutes intimes pendant qu'on
conte fleurette, sont toutes de formes et de grâce
variées. L'architecture est maniérée, mais les doigts
paraissent être habiles, le poignet souple et fin, et la
paume de la main adorable à toucher. Les mains potelées mais harmonieuses de *la Guimard*, de FRAGONARD,
ne terminent-elles pas un poignet fin, rondelet, symbole d'une articulation souple et gracieuse? Les
mains de *Gilles*, de WATTEAU (Louvre), sont d'une
facture heureuse et bien opposée à des mains des
peintres de la Renaissance. J'oublie VAN LOO et sa
grâce si maniérée, si xviiiᵉ siècle. Les mains de ces
précieuses dames sont soignées et en même temps
souples, les doigts mobiles et habitués à caresser les
perles, l'index est plus grand souvent que l'annulaire,

— signe de dégénérescence, crieraient des aimables
morticoles — mais il donne à la main une tenue qui
attire l'œil et le repose, et ce qui est tout au point de
vue même de l'art. *L'accordée de village*, de GREUZE
(Louvre), nous fait retrouver la main « utile », bonne
à tout faire, signe de la banale et si bête bonté et doci-
lité humaines. NATTIER — voyez plutôt le *Portrait de
Madame Louise enfant* (à Versailles), et la *Marquise
de Prye* — la gracieuse marquise du charme de
laquelle presque toutes les toiles de NATTIER sont empreintes — est tout aussi XVIIIe siècle que VAN LOO et
certainement plus que BOUCHER, qui frôle la Renaissance et les allégories classiques et s'en souvient
trop. Le poignet est fin et la région hypothénar
soignée — les muscles de la région du petit doigt
donnent à la main une tenue toute pleine de distinction —. J'ai eu la chance de voir une main, encore plus
belle que celle de *Madame Louise enfant*, peinte par
NATTIER ; elle avait le creux de la main encore mieux
dessiné, mais tout aussi évasé et si délicatement modelé ; elle avait en plus la grâce de la châtelaine de
Prye de jadis, de si parfaite distinction pour bien
des artistes.

Un mot encore sur la peinture anglaise du
XVIIIe siècle, pour terminer cette longue et rapide
excursion documentaire. Le XIXe siècle est tout près
de nous. La chiromancie est vivante, on parle continuellement des mains ; la photographie précise des
poses rapidement et fugitivement prises et l'œuvre d'art
devient moins intéressante à nous documenter. L'art
devient indirectement, non seulement l'écho des idées
sociales, mais des connaissances acquises que l'artiste

est forcé d'utiliser, qu'on lui impose presque, en dehors de la tradition classique qui domine même au commencement du xx⁰ siècle la production artistique contemporaine.

Les mains d'une élégance toute anglaise, mains bien dessinées, légèrement musclées, ces types de mains nerveuses qui passent pour des mains très belles, nous les retrouvons chez Thomas Gainsborough, cet admirateur de Van Dyck et chez Reynolds. J'ai admiré tout dernièrement les belles mains « artistiques » et vigoureuses de *Mrs Siddons*, de Gainsborough, à la National Gallery. On cite également comme belles mains celles de *Mistress Sheridan* de la collection de lord Rothschild. Les mains des peintres anglais diffèrent essentiellement de celles des peintres français ; l'ossature est plus grande, la chair est plus absente, et les muscles sans être dessinés modèlent des longues et charmantes mains au repos. Reynolds est plus italianisé que Gainsborough ; on a eu raison de comparer sa *Nelly O' Brien* à la *Joconde* de Vinci. On peut encore citer comme exemple les mains de *Mistress Howe* de la Galerie Wallace. Citons encore les portraits de G. Romney, surtout ceux de la si gracieuse *Lady Hamilton*, le modèle préféré du peintre, et ceux de Hoppner, peintre si en vogue à la fin du xviii⁰ siècle. Romney est le seul peintre anglais qui se rapprocha le plus sensiblement du xviii⁰ siècle français. Chez Lawrence, il faut chercher le génie du chiffre, le savoir-faire, mais nullement des traits caractéristiques, des observations justes.

Dans notre rapide incursion, nous avons voulu préciser quelques étapes de la psychologie physiologique

artistique. La main dessinée en bloc, peut individua-
liser dans son ensemble ; elle arrive chez les Grecs à
des types bien distincts, des types psychologiques
presque différents. Les doigts commencent à s'ouvrir,
mais instinctivement ; ils paraissent mobiles et agiles,
et la paume s'allège de plus en plus. Avant la Renaissance, l'esprit critique de l'art gothique ajoute quelques nuances à l'individualité de la main, mais sous
l'influence des idées religieuses, le geste domine la
main, le bras occupe quand même la place prédominante. La Renaissance attire notre attention sur les
muscles, sur les mouvements synergiques de la main.
La main s'ouvre physiologiquement ; on voit plus le
creux de la main ; les doigts s'écartent moins naïvement ; mais souvent pour se figer en des formes con-
torsionnées. Le xviiie siècle a donné, à mon humble
avis, les plus beaux échantillons de mains. On
remarque pour la première fois le poignet ; les articulations s'affirment, le creux de la main s'ouvre harmonieusement, la main devient vivante et personnelle.
Les bouts des doigts ne sont pas immobiles et ne
sont pas figés dans des formules stéréotypes ; on sent
qu'on s'en sert pour se coiffer et qu'on se recueille,
qu'on remarque la beauté inexprimable d'une belle
main féminine avec toute sa troublante et si intense
psychologie. La représentation de la main dans l'œuvre
d'art suit certainement l'évolution artistique, et l'analyse en est surtout intéressante à cause de la valeur psychologique que les documents examinés peuvent nous
révéler sur la psychologie générale individuelle. L'artiste poursuit parfois dans son œuvre la représentation,
la cristallisation des images qui l'ont ému ; il dessine

souvent pour se rapprocher d'un souvenir vivant,
tendre qui est dans son imagination créatrice, comme
d'autres fois il copie simplement des modèles où il est
influencé par des doctrines ou des tendances d'école.
Une partie du corps humain, partie aussi spiritualisée,
aussi intellectuelle que la main, pourrait nous révéler,
nous évoquer, ne fût-ce que vaguement, quelques
traits psychiques de la personnalité, peinte ou sculptée,
en dehors des considérations banales chiromantiques.
Une précieuse, nonchalante et rêveuse du xviiie siècle
a eu certainement, comme nous le savons d'ailleurs,
une psychologie différente de celle d'une joueuse d'osselets du temps d'Herculanum, malgré certains éléments communs de leur vie psycho-sociale ; elle
n'aura pas les mêmes mains, pas la même physionomie des mains. La légendaire Minerve de la sculpture antique ne saura être figurée avec des poignets
et des mains à la Jeanne d'Aragon ; de même qu'un
barbare scythe, ou un légionnaire romain n'auront
pas la même musculature, donc les mêmes mains que
les saints et les anges du xiiie et xive siècle. La main
représente, comme nous l'avons souvent dit, notre
vie intellectuelle en action ; le geste est l'apanage de
la main, comme la caresse, comme la manifestation spontanée ou voulue de nos émotions violentes.
L'artiste ne pourra donc que nous documenter, s'il
est vraiment artiste, sur la psychologie de la main,
par son dessin, par sa coloration, par son architecture.

MM. CARTAILHAC et l'abbé BREUIL ont signalé dans
les cavernes d'Altamira et de Marsoulas, des empreintes de mains humaines. M. F. REGNAULT, de Tou-

12

louse, revient à ce sujet et il a communiqué à la Société d'Anthropologie, séance du 5 juillet 1906, ses impressions sur l'examen minutieux de la grotte de Gargas. « On peut voir très nettement, écrit-il, l'empreinte de deux mains sur un fond rouge brun se détachant en rose clair, et formant, çà et là, de larges taches rouges au milieu desquelles une main est imprimée. » Ces empreintes se trouvent faites sur les draperies stalagmitiques qui tombent de la voûte, et elles sont nombreuses. Il y a même une petite chambre de 4 à 5 mètres de long sur 2 et 2 m. 50 de large, où de pareilles taches rouges sont abondantes et garnissent toute la paroi de la roche ; les empreintes des mains sont très nombreuses et les cinq doigts sont toujours tournés en hauteur. Cette grotte a donc toutes les ressemblances avec les dessins ou empreintes de la grotte de la Dordogne et de Marsoulas.

M. C. FABRE, professeur à la Faculté des Sciences de Toulouse, a analysé des fragments de peinture rouge de la grotte de Marsoulas (Haute-Garonne), et il a trouvé qu'elles étaient obtenues par l'oxyde de fer. On a trouvé des résultats identiques à la grotte de Gargas. L'oxyde de fer donc paraît avoir servi aux artistes préhistoriques de nos cavernes et on s'en est servi aussi pour colorer certains silex taillés et des pointes de flèche en or, des armes de choix selon M. REGNAULT (1).

Il faut citer aussi les recherches d'archéologie pré-

(1) F. REGNAULT (Toulouse), *Empreintes de mains humaines dans la grotte de Gargas* (Hautes-Pyrénées). (*Bull. et mém. soc. d'Anthropol*, Paris, t. VII, fasc. 4, 1906, p. 331.)

historique du regretté E. PIETTE, une des plus belles
figures des chercheurs du dernier siècle et à qui on
doit la collection si admirable des documents préhistoriques de Saint-Germain (1), et tant d'autres notes
sur l'ethnographie préhistorique.

(1) E. PIETTE, *La grotte de Gourdon pendant l'âge du renne*
(*Bull. soc. Anthropol*, Paris, 2ᵉ série, t. VIII, p. 384). — *Equidés
de la période quaternaire d'après les gravures de ce temps.
Matériaux pour l'histoire primitive et naturelle de l'homme,*
IIIᵉ série, t. IV, p. 359. — *Phases successives de la civilisation
pendant l'âge du renne, dans le midi de la France,* etc.
(Grottes du Mas d'Azil). *Ass. fr. p. A S.* Paris, 215, p. 49.

CHAPITRE VI

L'ANATOMO-PHYSIOLOGIE DE LA MAIN

On peut examiner scientifiquement les données qui peuvent être retenues pour soutenir certains éléments de la doctrine chiromantique ; en d'autres termes, ce que la main peut évoquer ou fournir d'indications psychologiques sur le passé, le présent et l'avenir. C'est ce que nous allons faire maintenant.

Anatomiquement, la main est un organe des plus compliqués. Des quantités de muscles, de forme, de puissance et de fonctions bien différentes en enveloppent le squelette complexe et délicat. Je fais grâce au lecteur des détails anatomiques inutiles, stériles et dont la connaissance constitue le titre de gloire de tant d'intelligences assidues. Je renverrai le lecteur à relire de préférence les ouvrages d'anatomie de M. Paul Richer, auteur d'ouvrages remarquables sur l'anatomie vivante, la vraie, la seule, qui puisse nous intéresser. Sous son influence, l'anatomie aride a commencé à intéresser avec sympathie les artistes et les cerveaux curieux, tandis que jadis, par ses nombreuses descriptions des plans des corps géométriques imaginaires, l'anatomie était restée uniquement

CHAPITRE VI

On peut examiner scientifiquement les données qui peuvent être retenues pour soutenir certains éléments de la doctrine chiromantique ; en d'autres termes, ce que la main peut évoquer ou fournir d'indications psychologiques sur le passé, le présent et l'avenir. C'est ce que nous allons faire maintenant.

Anatomiquement, la main est un organe des plus compliqués. Des quantités de muscles, de forme, de puissance et de fonctions bien différentes en enveloppent le squelette complexe et délicat. Je fais grâce au lecteur des détails anatomiques inutiles, stériles et dont la connaissance constitue le titre de gloire de tant d'intelligences assidues. Je renverrai le lecteur à relire de préférence les ouvrages d'anatomie de M. PAUL RICHER, auteur d'ouvrages remarquables sur l'anatomie vivante, la vraie, la seule, qui puisse nous intéresser. Sous son influence, l'anatomie aride a commencé à intéresser avec sympathie les artistes et les cerveaux curieux, tandis que jadis, par ses nombreuses descriptions des plans des corps géométriques imaginaires, l'anatomie était restée uniquement

une science de concours (1). Mais, si l'on examine le
problème à ce point de vue, on remarquera que tout
le bras et l'épaule même se dessinent, évoluent, se
dirigent et doivent se cristalliser dans la formation de
la main. Le poignet de la main est aplati généralement
transversalement. « ALLIOT au dire de MALGAIGNE, qui
aurait vérifié le fait plusieurs fois, a signalé que
·l'augmentation physiologique des diamètres du poignet accusait une intelligence faible et obtuse (2). »
La main est capable d'un nombre de mouvements
musculaires indéfinis ; on peut compter, cataloguer
tous les mouvements dont l'épaule, le bras et l'avant-
bras sont susceptibles ; ceux de la main, non. En
dehors des mouvements synergiques, ou de ceux
concordants avec ceux du bras, la main, grâce à la
souplesse de ses doigts, possède la faculté pour ainsi
dire unique de multiplier à l'infini les mouvements de
leurs formes, de même que leurs combinaisons. Les
mouvements digitaux cristallisent la multiplicité des
images motrices de l'intelligence ; ces mouvements et
ceux du bras entier, peuvent, soit instinctivement, soit

(1) Voir P. RICHER, *Physiologie artistique de l'homme en
mouvement*, O. Doin ; — *De la forme du corps en mouvement*
(*Nouvelle Iconographie de la Salpêtrière*, Mars et Avril 1895,
pp. 122-135). — Voir aussi l'article de H. MEIGE sur l'œuvre
de PAUL RICHER, *Iconographie*, 1907.

(2) P. TILLAUX, *Traité d'Anatomie topographique avec application à la chirurgie*, 11ᵉ édition, 1903, Asselin et Houzeau,
p. 559. — Les chapitres V et VI : « Du poignet et de la main »
sont parmi les plus clairs des traités d'anatomie, quoiqu'en
disent les anatomistes dont la science réclame des efforts de
mémoire inutiles et des descriptions souvent grotesques des
organes de l'anatomie morte.

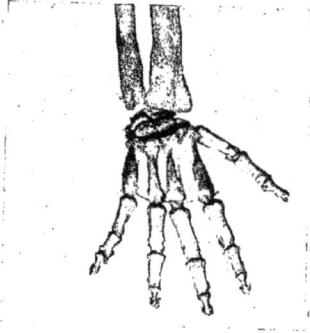

Fig. 1. — Squelette de la main humaine.

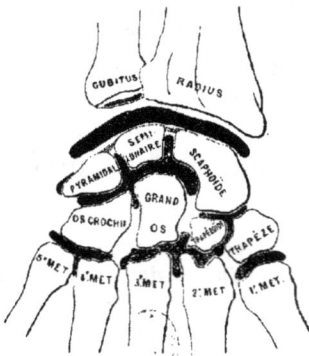

Fig. 2. — Squelette du poignet.

PLANCHE XIV

à cause de l'éducation, révéler parfois toute notre
mentalité : l'affectivité comme le raisonnement, l'impulsivité comme la douceur; la nonchalance et la
tristesse (1).

Trois nerfs : le médian, le cubital et le radial, branches terminales du plexus brachial, gros faisceau nerveux qui est constitué par la réunion des dernières
racines nerveuses qui sortent de la moelle cervicale,
activent la motilité et la sensibilité du bras et de
l'avant-bras et se terminent dans la main de la façon
la plus compliquée. Il y a dans cette innervation
physiologique une activité fonctionnelle des plus
intéressantes à analyser, à cause du mécanisme
sensitivo-sensoriel alimenté par ces branches importantes du plexus brachial et surtout du rôle défini de
chaque territoire musculaire. Le nerf médian innerve
la majeure partie des muscles de l'éminence thénar —
le Mont de Vénus des chiromanciennes, la partie de
la paume de la main du côté du pouce — sauf l'adduc-

(1) Pour l'anatomie artistique de la main, voir surtout les
études de LÉONARD DE VINCI sur la musculature de l'épaule,
du bras et de l'avant-bras, dessins conservés à Windsor et
reproduits dans DUVAL et BICAL, op. cit., pl. x et pl. xiii; le
dessin de GÉRICAULT (Ecole nationale des Beaux-Arts),
pl. xii, pl. xv, dans DUVAL et BICAL; le dessin de MICHEL-
ANGE (British Museum), pl. xiii, xiv. Ibid.; les études anatomiques de RAPHAËL (musée de Lille), pl. xx, et les trois dessins
de RAPHAËL (musée de Venise), pl xxviii, Ibid.; de même
que les deux études de BREUGHEL d'après un cadavre (Florence, Offices), pl. xxix. Ibid.

POLAILLON, Main, anatomie (Dictionn. encyclop. des sc.
médic., t. IV, 1871, pp. 4-34).

E. DALLY, Main, anatomie comparée et anthropologie (Dictionn. encyclop. des sc. médic., t. IV, pp. 34-49).

teur du pouce ; il fournit également des ramifications
nerveuses aux deux lombricaux externes, petits muscles intrinsèques de la paume de la main. En ce qui
concerne la sensibilité, le nerf médian innerve le tégu-
ment de la face palmaire en partie, la peau du creux
de la main, la face palmaire du pouce, la face dorsale
de la main, les deux dernières phalanges de l'index,
du médius, et la moitié externe de l'annulaire. Le
cubital innerve les muscles de l'éminence hypothénar
— la région du petit doigt — les muscles interosseux
palmaires et dorsaux, l'adducteur du pouce et les deux
derniers lombricaux (les internes). Au point de vue
de la sensibilité, il innerve directement la moitié
interne du dos de la main, la face palmaire interne
(éminence hypothénar), la moitié interne de l'annulaire
et le petit doigt. Le radial innerve entre autres, par sa
branche postérieure, les quatre muscles de la couche
profonde de la région musculaire, de la paume de la
main, du côté du pouce (long adducteur du pouce,
court extenseur du pouce, extenseur propre de l'index),
l'articulation du dos de la main, et par sa branche
antérieure sensitive la moitié externe du dos de la
main, la face dorsale du pouce, la face dorsale (moitié
externe) de la première phalange du médius, la face
dorsale de la première phalange de l'index.

Pour bien concevoir la richesse de cette activité
musculaire, il faut songer encore aux nombreux muscles extenseurs qui occupent la région postérieure de
l'avant-bras, de même qu'aux muscles fléchisseurs qui
occupent la région antérieure dont les muscles
prennent insertion sur les os de l'avant-bras et dont les
tendons prennent insertion sur l'ossature de la main·

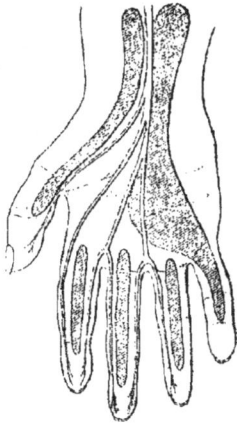

Fig. 1.
Innervation de la main.

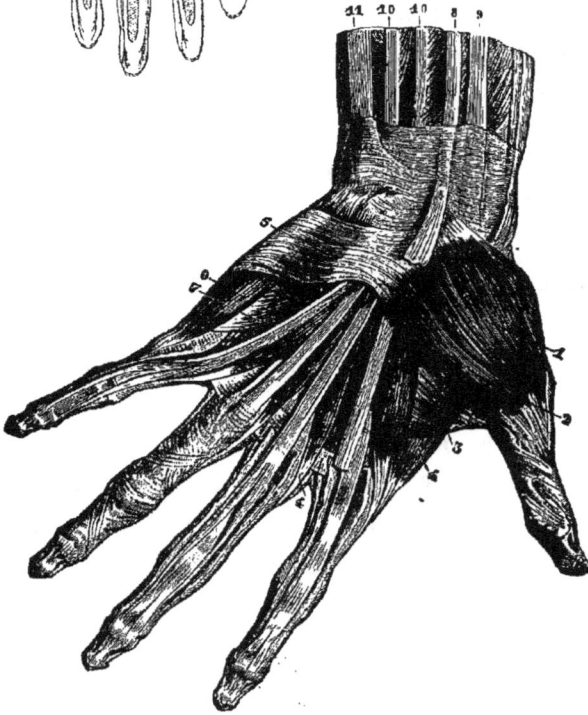

11 10 10 8 9

Fig. 2. — Musculature de la main, d'après DEBIERRE.

PLANCHE XV

ALIX nous donne une page intéressante sur cette prodigieuse souplesse musculaire.

« L'opposition s'opère principalement par l'écart ou le rapprochement du métacarpien, par de légères inclinaisons de ces os, et surtout par sa rotation. Les phalanges ne font qu'achever et compléter le mouvement commencé par le métacarpien. Le pouce ne s'oppose pas de la même manière à tous les doigts. L'opposition du pouce à l'auriculaire est directe, mais son opposition à l'index est latérale ; elle est un peu moins latérale pour le médius, moins encore pour l'annulaire. Il y a là une dégradation dont on peut juger en considérant les ongles ; en effet, l'ongle du pouce peut se placer complètement sous celui de l'auriculaire et réciproquement ; mais, si l'on veut le placer sous celui de l'annulaire, cela n'est déjà plus possible, les deux ongles se croisent ; pour le médius, le croisement est plus prononcé ; il l'est bien plus encore pour l'index. Tandis que les doigts peuvent parcourir toute la paume de la main, le pouce n'en peut toucher que l'extrémité digitale, et encore n'atteint-il directement que l'éminence palmaire du cinquième doigt, ne pouvant entrer en contact avec les autres que par sa partie latérale. Les doigts étant étendus, il n'atteint que la première phalange de l'index. Une très légère flexion des autres doigts suffit pour qu'il atteigne leur première phalange, même de l'index, il faut déjà une flexion sensible des doigts ; enfin, il est nécessaire que la flexion des doigts soit très prononcée pour que le pouce atteigne leurs phalanges terminales. Il suit de là que l'opposition résulte d'un mouvement combiné : ce n'est pas seulement le pouce qui s'oppose aux doigts, ce sont aussi les doigts qui s'opposent au pouce. Souvent même le mouvement du pouce très borné, mais par cela même très rapide, consiste uniquement à se tourner et à se poser dans une situation fixe, et les doigts, par un mouvement beaucoup plus étendu, viennent à sa rencontre. De là l'importance des muscles extenseurs dans les mouvements du pouce (1). »

De ces trois nerfs, le radial est le nerf de l'extension par excellence ; le médian et le cubital sont ceux de la flexion. Ils animent donc par leur innervation toute la dynamique musculaire du membre supérieur, dynamique qui ne se concrétise, pour ainsi dire, que dans les mouvements de la main. Aucun des muscles du bras, ni de l'avant-bras, voire même de l'épaule, n'a de rôle précis ; leur jeu, leurs mouvements isolés ou associés ne prennent un sens que lorsqu'ils aboutissent à une synergie musculaire de la main. Autrement, tous ces mouvements musculaires restent informes, incapables d'ébaucher un geste, et sont dénués de tout élément psychique. L'élément reflexe, seul, y est plus ou moins définissable. Ce mécanisme se précise davantage encore quand on songe aux anastomoses de ces nerfs, et les anastomoses avec les autres branches du plexus, de même qu'aux relations intimes fonctionnelles qui régissent leur innervation dans la moelle cervicale.

Les recherches de O. POLIMANTE (2) sur la distribution fonctionnelle des racines motrices dans les muscles des membres montrent entre autres comment

(1) ALIX, *op.* et *loc. cit.*
(2) *Archives italiennes de Biologie,* III, 1895.

il fallait comprendre le mécanisme fonctionnel du
plexus brachial. L'innervation des membres présente
dans les origines médullaires une systématisation
évidente. Cette systématisation est fonctionnelle,
l'hérédité et l'habitude ont établi des conditions qui
facilitent l'activité des centres supérieurs. SCHWALBE
a montré depuis longtemps que les nerfs de la région
radiale reçoivent les fibres de la cinquième, sixième
et septième paire des nerfs cervicaux, tandis que ceux
de la région cubitale (brachial cutané interne, cubital)
les tient du dernier nerf cervical et premier thoracique.
La pathologie nous fait comprendre cette activité fonctionnelle, car on se trouve devant des paralysies ou
des parésies d'une fonction, sans paralysies distinctes
des groupes musculaires bien définies (1). Au point de
vue embryologie il faut savoir que c'est vers la fin de
la troisième semaine que les membres supérieurs
apparaissent. Les premiers vestiges paraissent sur la
crête de Wolf, sous « la forme de petites saillies
arrondies, constitués par une masse de tissu embryonnaire revêtue d'une couche ectodermique continue »
(VIALLETON). On ne peut pas distinguer tout d'abord
les éléments musculaires des éléments qui deviendront squelettiques. Vers la onzième semaine l'ébauche des membres est faite en ce sens qu'on distingue

(1) Pour la comparaison anatomo-anthropologique de la
main et du pied, voir : ALEXIS JULIEN, De l'homotypie des
membres thoraciques et abdominaux (Revue d'anthropol., 1879).
— DURAND DE GROS, De la torsion de l'humerus et des origines
animales de l'homme (Bull. soc. d'anthropol., 1868). — CH. MAR-
TIN, art. Membres (Dictionn. des sc. médic.) — VIRCHOW
(Werke der Berlin. Anthrop. Gesel. 1895).

l'amorce du pied, et secondement des incisions indiquant la forme des doigts (bourrelet digital). A six
semaines de la vie embryonnaire on distingue les
segments des bras et de l'avant-bras. Successivement
apparaissent la première phalange, la seconde, etc.
La main présente deux sillons de séparation : l'un
entre le pouce et l'index et le second entre le médius
et l'annulaire. (V. chapitre *Embryologie* dans Duffo,
op. cit., résumé conférences Cunès.)

On ne se rend bien compte du rôle capital que
joue la main dans l'organisme que lorsqu'on a pu
étudier les illusions des amputés ; en dehors des
hallucinations des membres fantômes, on remarque la
monotonie des mouvements, de la totalité des mouvements que les sujets peuvent réaliser ; toute la musculature du bras et de l'épaule paraît rendue inutile,
et les grimaces musculaires, les grimaces des gestes
qui tentent de suppléer au geste absent, sont typiques
à cet égard. On fait appel aux muscles du thorax, du
cou, muscles moins associés habituellement à la
dynamique musculaire de la main, et soit pour le
geste le plus simple, soit pour le geste le plus compliqué, les efforts se multiplient souvent infructueuse-
ment et ils se traduisent par la répétition de quelques
vagues et informes associations motrices, dénuées de
toute expression. Il en est de même dans le cas des
paralysies ou des amyotrophies, ou encore dans les
cas d'hémiplégie organique. Les mouvements expres-
sifs, les gestes sont lourds, à peine ébauchés (1). Le

(1) On trouvera ces détails dans la première édition de l'admirable *Traité de l'Electrisation localisée et de son application à la
physiologie, à la pathologie et à la thérapeutique* de Duchenne

contact avec la vie réelle non seulement se réduit,
mais la pensée s'appauvrit.

Pour préciser la physionomie anatomo-topogra-
phique de la main, on ne doit pas oublier la riche
vasculature qui irrigue les tissus. Les artères cubi-
tales et radiales se terminent dans les tissus musculaires superficiels ou profonds de la main, formant les
arcades connues en anatomie sous le nom « d'arcades
palmaires superficielles » et « profondes » et « d'arcades dorsales », arcades dues aux entrecroisements
des portions terminales des artères, la première faite
surtout par l'artère cubitale, et la seconde par la
radiale. L'arcade superficielle correspond à peu près
à la bissectrice de l'angle déterminé par les plis palmaires supérieur et moyen. De ces arcades sortent
des branches collatérales digitales, qui s'anasto-
mosent entre elles et qui irriguent les tissus des phalanges pour finir dans des mailles fines, dans des
arcades minuscules des pulpes des doigts, après
avoir traversé des nombreux anneaux nerveux. La
circulation veineuse est tout aussi riche, sinon plus
riche en arborisations que la circulation artérielle ;
des nombreuses veinules qui construisent les arcades
à concavité supérieure des réseaux pulpaires des
doigts se forment les réseaux dorsaux et les réseaux

DE BOULOGNE, 1 vol. Paris, Baillière, 1858, 926, dans le chap. I.
— Deux parties : action individuelle et usage des muscles qui
meuvent le petit doigt, et, les doits de la main démontrés par
l'électro-physiologie et l'électro-pathologie. Toute la physiologie de la main, la physiologie des muscles qui meuvent les
doigts, le pouce, la main, intéressante à lire pour tout auteur
qui voudra connaître la question de l'anatomo-physiologie de
la main (pp. 171-207).

sous-unguéaux et particulièrement les arcades dorsales digitales, qui à leur tour évoluent et se terminent dans les arcades des veines métacarpiennes
palmaires ou dorsales et dans les veines marginales
de la main. Le débit sanguin est versé ensuite dans
la veine cubitale superficielle et dans la veine radiale
superficielle.

Qu'on tienne compte encore des nombreux os qui
rentrent dans l'architecture de la paume de la main et
du poignet, les os du carpe aux articulations complexes et délicates qui servent tour à tour comme
points de levier à des nombreuses contractions musculaires ou de point d'appui à des mouvements du
corps. Qu'on considère aussi tous les tissus qui constituent les cloisons interosseuses et qui délimitent ou
qui forment les gaines de tant de tendons qui ne font
qu'y passer, de même que toutes les bourses séreuses,
les capsules et les synovies des articulations, ou
encore les riches vascularisations des lymphatiques,
et on aura une idée de la complexité des éléments
qui rentrent en jeu, qui se modifient ou qui peuvent
se modifier et transformer la main d'une manière
constante.

La main n'est pas un organe immuable. On sait
qu'elle change de volume ; elle suit les évolutions
de la pulsation cardiaque, augmentant ou dimi-
nuant de volume à chacune d'elles ; comme tous
les autres organes, elle a un pouls, qu'il est
facile d'enregistrer, de même que le pouls digital
depuis la découverte du plethysmographe, appareil
destiné à enregistrer les variations des tissus des
organes. Un des plus récents appareils de ce genre,

imaginé par deux savants physiologistes français, le plethysmographe de HALLION et COMTE, a permis entre autres d'analyser le pouls digital et d'arriver, après de délicates investigations, à la connaissance précise des coefficients physiologiques des quelques phénomènes physiologiques. A l'émotion correspond un changement de volume de la main ; la quantité comme la qualité du sang qu'elle contient ne sont plus les mêmes : sa physionomie change. Une mélancolie prolongée provoque une anémie d'origine vasomotrice des vaisseaux sanguins de la main. Ces vaisseaux se resserrent, et la main devient plus petite, de même que par un temps froid. En hiver, on y peut observer un phénomène de vaso-contraction qui la rapetisse, tandis que la chaleur estivale, propice à la vaso-dilatation et à l'activité normale du mécanisme circulatoire, amplifie légèrement son volume. Le professeur PATRIZI, de Modène, un des plus ingénieux expérimentateurs psycho-physiologistes, nous a montré dernièrement dans ses recherches sur les *Reflexes vasculaires des membres et du cerveau, sous différentes excitations et sous différentes conditions psychologiques et expérimentales* (1), qu'on pourrait même établir des distinctions physiologiques individuelles, grâce à la connaissance approfondie de ces reflexes vaso-moteurs. Il y aurait des types vasomoteurs visuels et des types vaso-moteurs auditifs et nos recherches personnelles confirment pleinement ces admirables investigations. Selon PATRIZI, il y aurait non seulement un rapport intime entre ces reflexes

(1) *Riv. Sperm. di Freniatria*, 1896.

vasculaires et l'idéation, mais les courbes pléthys-
mographiques seront comme le criterium de l'organisation psychologique cérébrale.

Il y a lieu de citer les recherches de HALLION et
COMTE, d'ANGELL et THOMPSON, de BINET et COUR-
TIER, de MENTZ, etc., sur le criterium psycho-
physiologique de ces réactions vasculaires ; de
même que celles de Mosso, de BINET et VASCHIDE,
de KIESOW, sur la pression sanguine des doigts
comme criterium de la mentalité humaine et de ses
multiples réactions affectives ou sensorielles. Un
grand chapitre de la psychologie expérimentale a été
créé grâce à l'étude de ces réactions psycho-physiologiques de la main. Des agents physiques comme le
froid et la chaleur modifient donc la forme et la physionomie de la main. Il en est de même de nombreux
facteurs psychiques, et les nerveux et les aliénés sont
typiques à cet égard. Il y a des catatoniques, des
malades qui gardent idéfiniment des attitudes déterminées, d'où découlent des troubles vaso-moteurs qui
congestionnent d'abord la main, puis en changent
graduellement la forme. Toutes les secousses psychiques, de même que les excitations physiques,
laissent leur empreinte dans la main. Il suffit de
savoir lire dans la main pour les y retrouver, d'y lire,
non pas comme les chiromanciennes, mais comme
les cliniciens, qui parviennent, du premier coup d'œil,
à établir les diagnostics rapides et précis. La tension
des synovies, celle des tendons et de toutes les articulations varie tout comme le calibre des vaisseaux
capillaires, comme le réflexe du poignet de la main.

ALIX consacre à la main quelques belles pages dans

son travail consciencieux sur les *Lignes papillaires de la main* (1).

« C'est en vain, écrit ALIX, que l'on s'efforcerait de concevoir un organe mieux disposé pour servir une intelligence. Quelle variété dans les usages auxquels il convient? Tout ce que peut rêver l'imagination semble réalisé dans la main.

« Placée à l'extrémité d'un bras mobile dans tous les sens, il n'est pas un point de la surface du corps où elle ne puisse atteindre. Si la douleur, sentinelle vigilante, crie alarme en quelque endroit, la main s'y porte aussitôt pour écarter le mal ou pour y remédier. Sans elle, serait-il permis à l'homme de couvrir sa nudité? Elle seule peut revêtir le corps des tissus qu'elle a fabriqués; elle seule peut, par ses soins, lui conserver son éclat et sa pureté ou chercher à l'embellir par la parure et les ornements.

« Sa mobilité, son agilité, sa souplesse, la faculté qu'elle a de se tourner et de s'incliner dans tous les sens, de se plier sur elle-même comme un ressort brisé, et surtout sa division terminale en cinq branches, qui tantôt se fléchissent et s'étendent à la fois et d'un commun accord, tantôt se meuvent isolément, qui peuvent à volonté s'écarter ou se rapprocher les unes des autres, et, dans ces actes variés, savent se prêter un mutuel appui, en font un instrument que l'art est incapable de reproduire.

(1) ALIX, *Recherches sur la disposition des lignes papillaires de la main et du pied, précédées de considérations sur la forme et les fonctions de ces deux organes* (*Annales des sciences naturelles*, 1868, t. VIII, p. 295; t. IX, p. 5).

« Aussi les anciens avaient-ils choisi le mot dextérité (adresse) pour désigner la précision, la justesse, l'habileté, en un mot la science des mouvements.

« Puissante à mesurer et à modérer ses actions, elle connaît toutes les nuances qui séparent la plus douce caresse et la pression la plus légère de l'étreinte la plus énergique et du coup le plus violent. En s'ouvrant, elle se montre aux regards sous sa forme la plus gracieuse; tel est l'aspect d'une main qui donne ou qui accorde. En se fermant, elle devient un symbole de puissance ou de menace ; elle change de nom, c'est alors le poing, véritable masse d'armes hérissée d'inégalités, prête à frapper comme un marteau ; mais, par une disposition admirable, ce marteau qui vient de frapper s'ouvre aussitôt pour saisir. Ces merveilles des mouvements de la main ne dépassent pas celles de sa sensibilité. La conscience des déplacements qu'elle éprouve fait connaître à l'esprit la forme des objets dont elle suit les contours ; en même temps elle apprécie les moindres inégalités de la surface ; elle connaît leur volume et leur consistance, leur température, leur degré d'humidité ; enfin, par l'organisation de la peau qui la recouvre, elle devient le siège du toucher le plus délicat.

« Ajoutons qu'en raison de sa conformation et de sa sensibilité, la main peut en quelque sorte se prolonger à distance à l'aide des instruments qu'elle saisit ; organe principal au toucher, c'est par elle surtout que nous connaissons la résistance des corps.

« En dépit de ces perfections, la main fût restée une merveille inutile si elle n'avait pas été placée au voisinage de la tête. Aussi appartient-elle au membre

thoracique, dont les dimensions sont calculées de
manière à la mettre facilement en contact avec les
différentes régions de la face du crâne.

« Les mamelles de la femme, au nombre de deux
seulement, sont situées sur la poitrine, et répondent
à la facilité qu'elle a de soutenir son enfant sur ses
bras.

« Elle devient l'organe de la préhension des aliments,
et la bouche, ennoblie, se trouve affranchie des actes
grossiers ou cruels.

« La main se place au devant du visage pour la
protéger, elle soutient la tête fatiguée, elle vient
en aide à la vue et à l'ouïe, soit pour modérer,
soit pour accroître leurs perceptions. Les sens, à
leur tour, réagissent sur elle. L'œil sans cesse la
surveille et la guide, et, comme elle peut facilement
lui montrer toutes ses faces, il distingue ses moindres
lésions.

« Associée continuellement à la pensée, la main la
traduit comme le visage, et concourt à la physionomie. Par divers mouvements, elle attire, elle repousse ;
elle refuse, elle accepte ; elle ordonne, elle implore ;
elle maudit, elle bénit. Par les gestes dont elle accompagne les discours, elle permet à l'art oratoire de
déployer toute sa puissance. Enfin, non seulement elle
a son langage, mais, par un prodige de l'art, elle vient
suppléer la parole, et le sourd-muet, rendu à la
société, reprend sa place dans la famille et dans la
nation.

« Dans le repos, la main fait encore partie de la
physionomie, soit qu'elle se place en des points déterminés du corps dont elle marque harmonieusement

les divisions principales, ou que, s'approchant de la
tête, elle vienne en compléter l'expression. Il est permis au peintre de cacher sous les plis des vêtements
le reste du corps ; en l'absence de la main, le tableau
reste incomplet. »

CHAPITRE VII

LA PSYCHO-PHYSIOLOGIE DE LA MAIN

Il y a des mains abattues, des mains neurasthéniques, comme il y a des mains gaies, des mains
agiles, des mains nerveuses et des mains mélancoliques. Certaines mains sont tendres et voluptueuses ;
d'autres sont paresseuses, d'autres encore pleines
d'énergie. La plus belle main que j'ai vue dans ma vie
donnait l'impression de la parfaite beauté, de l'harmonie la plus accomplie. Chez certains neurasthéniques, les doigts arrivent à ne plus garder une
motilité propre indépendante ; les mouvements sont
limités, fixes tout comme le geste des malades atteints
de stupeur ou de confusion mentale.

I

Un premier élément à considérer dans la main,
c'est la *peau*, que les chiromanciennes envisagent
tout d'abord, car elle constitue une source de documentation précise remarquable. Le bout des doigts,
par exemple, est une région extrêmement sensible où
les corpuscules tactiles abondent, et, soit à cause de
la présence des éléments spécifiques, soit à cause
des riches vascularisations sanguines, ils occupent un

des rôles les plus élevés dans la finesse de la topographie tactile après les lèvres et les régions orbiculaires. La sensibilité de ces régions est due certainement à la présence notoire de corpuscules tactiles de Paccini. La face palmaire est plus riche que la face dorsale, outre que le nerf médian l'innerve pour ainsi dire plus activement que la région dorsale ou dos de la main. La paume présente en dehors des terminaisons nerveuses quelques renflements reconnus, comme corpuscules tactiles, par des histologistes comme Kölliker, Henle, Denonvilliers et surtout par Paccini. Ces corpuscules tactiles sont plus nombreux entre les espaces interdigitaux, lieux où se trouvent les renflements du derme, et leur nombre peut atteindre parfois même 300 dans la paume d'une seule main à la partie collatérale des doigts, tout près d'un espace interdigitaire. Béclard avait présenté, dans sa *Physiologie*, la main comme l'organe du toucher par excellence, et c'est presque juste. Elle n'était pour Dally que l'organe essentiel du tact. Les deux définitions peuvent être admises comme vraies ; d'ailleurs elles se complètent. Chez les aveugles et chez certains sujets qui ont développé leur sensibilité tactile, cette faculté atteint une finesse inouïe. Toujours en rapport avec la distribution des corpuscules tactiles, elle est plus obtuse à la paume de la main, plus aiguë sur les bords et à la face dorsale.

La coloration et la finesse de la peau sont des coefficients psycho-physiologiques de tout premier ordre. Le toucher de la peau peut indiquer rapidement et facilement l'occupation, le métier du sujet examiné, et surtout il peut nous indiquer sa forme de sensibilité.

Les lignes de la main changent aussi : elles ne
sont pas fixes, et si leur topographie n'est pas définitivement établie, on peut se guider quand même
selon leur conformation générale et surtout d'après
leur physionomie. La « ligne de la vie » n'est qu'une
démarcation musculo-tendineuse des muscles de la
région du pouce, et la « ligne du cœur » n'est que le pli
dicté mécaniquement par l'articulation métacarpo-
phalangienne. Ce sont des lignes dictées par des
besoins dynamiques, et on comprendra alors leur
rôle fondamental dans l'étude de la psychologie de la
main. Quant à la « ligne de la tête », elle est moins précise ; c'est un pli cutané palmaire moins profond ; il
n'est dicté par aucune articulation, ni par aucune
insertion musculaire précise. C'est un pli physiologique forcé, dicté, imprimé par deux pressions pour
ainsi dire opposées : la dynamique de la paume de la
main et celle des articulations des doigts. Le triangle
palmaire connu sous le nom de la « plaine de Mars » est
aussi la résultante mais indirecte de cette pression ;
il est surtout formé par les plis imprimés mécaniquement à la main : mouvements musculaires et tendineux de la région du pouce et de celle du bord interne
de la main.

L'étude de la *sensibilité tactile* et particulièrement
celle de la main a été l'objet d'un nombre considérable de recherches expérimentales depuis les travaux de E.-H. WEBER (1). On connaît actuellement
non seulement la topographie de la sensibilité tactile,

(1) E. H. WEBER, *De pulsu, resorpsione, auditu et tactu*,
4ᵉ édit., 1864.

mais la localisation des sensations tactiles, et même ses troubles pathologiques, son organisme sous un jour nouveau, avec des données plus précises et plus analytiques. La peau perçoit non seulement le contact, mais elle a le souvenir de ce contact, elle analyse la forme linéaire ou autre de ce contact, elle localise cette excitation et les auteurs sont arrivés à distinguer deux formes de localisation tactiles : l'*Ortsinn* des allemands, la vraie localisation des sensations tactiles, et le *Raumsinn*, le sens du lieu de la peau dont AUBERT et KAMMER, HOFFMANN et MÖBIUS et d'autres neurologistes, nous ont donné des aperçus expérimentaux et cliniques des plus ingénieux, depuis l'époque du premier travail d'AUBERT et KAMMER, de 1858.

On doit à E.-H. WEBER les premières recherches sur la sensibilité tactile, et son travail publié en latin date déjà de 1829. LICHTENFELS (1851) et plus tard VIERORDT (1861) et son école : KOLTENKAMPF et ULRICH, RIECKER, PAULUS, HARTMANN, etc., apportèrent d'importantes contributions. Les travaux de FECHNER et de G.-E. MULLER sont les plus belles étapes de la nouvelle méthode de psycho-physiologie.

D'après ces recherches, précisées et contrôlées par de nombreux travaux modernes, la face palmaire des doigts, et particulièrement celle de la troisième phalange, les bouts des doigts, occupent dans l'échelle de la forme de la sensibilité la seconde place. La première est occupée par le point de la langue, et si l'on perçoit la distance minima de deux points sur le bout de la langue à une distance de 1 mm. 1, la moyenne n'est que de 2 mm. 2, et il faut pour le bord rouge

des lèvres ainsi que pour la face palmaire de la deuxième phalange 4 mm. 5.

Mentionnons encore la loi de VIERORDT qui s'énonce
comme il suit : « La forme du sens de lieu d'une partie de la peau est d'autant plus développée que cette
partie est plus mobile. » Cela a été vérifié pour toutes
les parties du corps. On comprend alors la source
inépuisable et la forme des renseignements que les
bouts des doigts nous fournissent.

GRATIOLET distingua une nouvelle sensation tactile
de la main : « le toucher sous-onguéal ». « Cependant toute l'épaisseur de la peau est sensible et, si
elle est impressionnable à la superficie, elle ne l'est
pas moins par sa face profonde. La peau peut donc
recevoir des impressions affectant l'une ou l'autre de
ses deux faces.

« Aussi partout où la nature a voulu rendre le toucher
plus parfait, a-t-elle soustrait par des coussins grais-
seux la face profonde de la peau au contact immédiat
des parties dures sous-jacentes.

« La sensation de pression commence quand la sensibilité de la face profonde entre en jeu. Mais l'appréciation mesurée des pressions plus ou moins fortes
suppose de nouveaux appareils. Ici les ongles jouent
un rôle important. Quand, par exemple, nous appli-
quons le doigt à la surface d'un corps, les moindres
pressions déplacent la pulpe digitale et la refoulent
contre l'ongle, ce qui est assez prouvé par ces zones
blanches qui se dessinent alors au-dessous de lui.
De là une sensation particulière qui se propage de
proche en proche de la face palmaire à la face
dorsale de la phalange et que je désigne sous le

nom de *toucher* (il l'appelait aussi sensation) *sous-onguéal* (1). »

Il existe des différences individuelles notoires et depuis les premières expériences de VALENTIN de 1840, on possède une riche documentation. L'homme et la femme n'ont pas la même sensibilité tactile ; selon LOMBROSO, la femme aurait une sensibilité moins fine que l'homme, d'où l'explication de son insensibilité dans le crime. Elle serait, au contraire, supérieure à la sensibilité de l'homme selon les recherches de GALTON et RANDAL, recherches faites sur la sensibilité comparée de l'homme et de la femme dans la région de la nuque. W. DENETT et A. STERN n'ont trouvé aucune différence ; selon ces deux auteurs la sensibilité tactile serait plus développée chez les personnes instruites et plus obtuse chez les personnes non instruites. Chez les criminels, LOMBROSO et OTTOLENGHI accusent une diminution notoire (2). KROHN a publié en 1894 le cas d'un professeur de gymnastique ayant eu l'avant-bras gauche fracturé, qui perdit la sensibilité de ce bras, au défaut des mouvements des bras (3).

Sous l'influence de l'exercice et de la fatigue, la sensibilité tactile varie considérablement. Il faut

(1) GRATIOLET, *Anatomie comparée du système nerveux*, p. 407.

(2) ED. SÉGUIN, *Traitement moral, hygiène et éducation des idiots et des autres enfants arriérés.* Edit. *Progrès médical*, Paris, 1906, pp. 108, 374, 485 ; — et *Éducation psycho-physiologique d'une main idiote. Bull. d'éduc. spéciale*, vol. III, 1895. Rapport et mémoires de SÉGUIN sur l'éducation des enfants normaux et anormaux à l'Exposition internationale de Vienne, 1877.

(3) *Psychological Review*, vol. I, n° 3, p. 280.

remonter en 1858, donc à VOLKMANN, pour retrouver les premières recherches méthodiques. L'exercice a une influence notoire sur la sensibilité tactile et surtout sur les régions moins sensibles ; l'influence n'est pas toujours durable et elle se perd parfois quelque temps après que l'exercice a cessé. Il y a des ouvrières qui arrivent à distinguer, par le contact le frôlement le plus léger des bouts des doigts, même les nuances de soie. Nous devons à FUNKE BART et à F.-B. DRESSLAR de nombreuses expériences très précises sur l'influence de l'exercice. La fatigue diminue la sensibilité de la peau. GRIESBACH a étudié cette influence de la fatigue dans les écoles et la mesure de la sensibilité tactile constitue même une méthode pour l'appréciation de la fatigue intellectuelle.

La qualité des excitants est encore à considérer ; la qualité est, en outre, intimement liée à l'intensité des contacts. Les expériences de CZERMAK, KLUG, RAUBER, GOLDSCHEIDER, RILEY et DESSOIR, ALRUTZ ont démontré que le compas esthésiométrique a besoin d'un écartement plus grand lorsque les impressions du contact sont chaudes que lorsqu'elles sont froides. .

La perception des figures, des lignes, en d'autres notes des formes de l'excitation tactile est des plus intéressantes à examiner. Les recherches déjà anciennes de WEBER, et celles plus récentes de PARRISH, NICHOLS, JUDD, RUMPF, EISNER, sont extrêmement instructives à cet égard. On a appliqué même des lettres sur la peau, des formes de figures variées et il résulte de ces curieuses investigations qu'une ligne droite paraît au contact plus courte que la même distance perçue au compas esthésiométrique ;

cette même longueur constitue des points descriptifs contribuant à augmenter l'impression de la distance : tout en paraissant plus courte qu'en réalité, elle paraît plus longue qu'une ligne droite (NICHOLS). Les lettres enfin ne sont perçues que lorsqu'elles sont écrites inversement; autrement on perçoit la forme, mais on ne peut pas reconnaître la lettre dessinée.

VIERORDT, CZERMAK, STANLEY, HALL, TAWNEY, PILLSBURY, V. HENRI, SOLMONS, DONALDSON et NICHOLS, SCRIPTURE, PARRISH, ont examiné la perception des mouvements sur la peau ; la perceptibilité de la vitesse est liée à la sensibilité de la région touchée ; le premier mouvement est perçu comme plus rapide par des régions plus sensibles que par des régions dont la sensibilité est obtuse.

Citons aussi BRYAN et HARTER avec leurs recherches sur la *Physiologie et la psychologie du langage télégraphique*. (*Psychological Review*, Janvier 1897, 1, pp. 27-53.) On arrive à distinguer les variations individuelles de ceux qui emploient le télégraphe Morse, variations qui peuvent être précieuses à cause de leur constance. On arrive à reconnaître la personne qui télégraphie; et on a pour ainsi dire le diagramme de celui qui envoie le message. On trouve des remarques précieuses dans ce travail et on assiste en outre à la connaissance de l'apprentissage du télégraphe. Le goût de l'exercice est notoire au début, il se ralentit pour devenir stationnaire, puis il atteint ce que nous les psychologues nous appelons la limite de sa perfectibilité. Du moment qu'on arrive à distinguer l'individualité de quelqu'un d'après les simples bruits auditifs transmis à distance, pourquoi ne pas accorder du crédit à une possibilité plus précise d'examen de la main, contractée, remuée, touchée? Citons encore les recherches de Rumpf, Kremer, Klinkenberg, Israel sur l'influence du chloroforme, de l'éther, du nitrate d'amyle et de l'acide carbonique ; celles de Ker sur le phénol ; celles de Asch, Klinkenberg, Screbzenni, Ker, Buccola et Seppilli, etc., sur les sinapismes ; celles sur l'influence de l'électricité de Suslowa et Spauke ; celles de Klinkenberg, Alsberg, Stolkikow, Israel, sur le frottement, l'anémie, l'hypérémie, et sur l'influence du chaud et du froid. Tous ces agents modifient sensiblement le tact, engourdissent plus ou moins la sensibilité tactile et pour une durée de temps qui varie avec la quantité de la substance toxique ingérée, ou avec la durée de l'agent mécanique qu'on examine. En général la sensibilité diminue ; souvent elle est réduite jusqu'à une insensibilité. Dans l'excitation électrique, l'anode diminue la sensibilité de la peau et la cathode l'augmente ; le frottement l'augmente également, de même que toute cause extérieure qui provoque l'hypérémie. L'anémie la diminue.

La tension de la peau peut influencer sensiblement sur la finesse de la sensibilité. Aussi chez les femmes enceintes, à cause de la tension de la peau sur le ventre, la sensibilité diminue ; la tension serait, selon Czermak, Hartmann et Teuffel, en rapport direct avec la valeur de la tension de la peau. Des recherches expérimentales sur la tension de la peau précisent amplement ces données.

Les narcotiques, comme l'atropine, la daturine, la morphine, la strychnine, le chloroforme, l'alcool et le tabac, influencent sensiblement le tact. Les expé-

riences de Lichtenfels sont à citer, quoiqu'elles
datent de 1851.

La pathologie nous renseigne continuellement sur
la dissociation si complète et si délicate des phénomènes de la sensibilité tactile. Les sensations de
contact peuvent rester intactes tandis que leur localisation peut être défectueuse ; on perçoit la chaleur
et non le froid.

On se trompe non seulement sur la localisation directe, immédiate, mais aussi on n'arrive pas à distinguer la région droite de la région gauche (l'allochirie). Les travaux anciens de Laehr, Hoffmann et
Lotze sont encore à lire. Obersteiner et Ferrier
signalèrent l'allochirie, retrouvée chez les hystériques
plus tard, entre autres par M. Pierre Janet.

Selon les recherches de Czermak, Goltz, Gärttner
et A. Stern, les aveugles auraient une sensibilité tactile plus développée que les voyants. Seul, Hocheisen
trouve que cette différence est à peine sensible. Les
enfants aveugles sont plus sensibles au toucher que
les enfants voyants, et cette supériorité de la sensibilité tactile n'est guère limitée aux régions exercées,
mais elle se répète à toutes les régions du corps. Le
cas de Hellen Keller est un exemple admirable de la
finesse tactile et musculaire ; cette jeune fille était
aveugle et sourde, comme la célèbre Laura Bridgman
(Jastrow).

A. Stern, examinant la sensibilité de la pulpe des
doigts chez les typographes, la trouve développée
d'une manière toute particulière ; elle serait supérieure
non seulement aux autres adultes mais aussi aux
aveugles.

Nous trouvons dans la *Revue de Paris* du 1er janvier 1901, un intéressant article de M. P.-Félix Thomas, intitulé *Marie Heurtin*, sur l'éducation d'une sourde-muette et aveugle de naissance, dont nous détachons les notes suivantes concernant l'odorat et le toucher :

« De tels progrès seraient inexplicables si Marie Heurtin n'était douée d'une intelligence peu commune. Il est à remarquer, d'abord, que l'odorat et le toucher ont, chez elle, une délicatesse qui ne se rencontre probablement jamais chez les personnes douées de la parole et de l'ouïe. Nous ne parlons pas du goût dont l'importance, au point de vue intellectuel, est secondaire, et que ses maîtresses ne pouvaient songer à développer beaucoup.

« Son odorat est si subtil qu'il lui fait d'ordinaire reconnaître les personnes, bien avant qu'elle ait eu le temps de les toucher. Il semble même que chacun ait, pour elle, une odeur particulière, un signe distinctif, comme chaque fleur a son parfum qui ne trompe jamais. La prie-t-on, par exemple, de se rendre à l'ouvroir pour transmettre un avis à quelqu'une de ses compagnes, vivement elle se dirige vers la place habituelle occupée par son amie, et si elle ne l'y trouve point, on la voit aussitôt qui s'arrête, tourne la tête lentement et cherche en respirant, un indice qui la renseigne. Il est bien rare alors qu'elle cherche longtemps. »

Et plus loin, à propos du toucher actif :

« La prodigieuse finesse de ce sens est surtout frappante lorsque Marie Heurtin — ce qu'elle aime beaucoup — cherche à causer un instant avec ceux qui l'entourent. Pour mieux nous en rendre compte

d'ailleurs, supposons que la nuit, obligé au silence,
notre main, par hasard, rencontre celle d'un ami et
que nous désirions avec lui échanger des confidences;
comme les moindres mouvements alors prennent de
l'importance et comme nous sommes habiles à les
percevoir et à les traduire ! Or, Marie Heurtin n'est-
elle pas dans une situation semblable, elle qui vit dans
la nuit la plus profonde et dans le silence le plus
absolu, n'ayant pour communiquer avec autrui d'autre
ressource que le toucher? Aussi, dès que sa main
rencontre la nôtre, elle la presse, l'explore, prompte-
ment l'interroge. Si nul signe connu ne lui répond, si
les doigts qu'elle touche restent inertes, on voit qu'elle
est surprise, déçue, et, comme à regret, elle se retire.
Mais si, au contraire, les doigts s'animent, alors immédiatement sa physionomie s'éclaire et ses mains
parlent. Rien de saisissant comme ce muet langage.
On sent que dans cette main qui vibre une âme est là,
présente, inquiète, avide de savoir. Son attention est
si vive qu'elle vous comprend pour ainsi dire à demi
mot, et achève sa pensée avant même que l'expression
en soit complète... S'il en était autrement, d'ailleurs,
toute conversation un peu longue paraîtrait bien vite
extrêmement lente et pénible. En effet, dès que la
conversation est rapide, Marie Heurtin, ne voyant pas,
ne peut guère saisir que des fragments de mouvements
et des ébauches de gestes ; il faut donc que ces
ébauches et ces fragments lui suffisent. Parfois même
il lui suffit de toucher le poignet de sœur Sainte-
Marguerite et d'en sentir les muscles se déplacer,
pour interpréter sa pensée, semblable à un musicien qui jugerait d'une mélodie, sans l'entendre,

aux seules vibrations des cordes placées sous ses doigts. »

Les théories physiologistes de Wundt, G.-E. Müller, les théories psychologiques de Fechner, Cramer et Nichols, essayent d'expliquer le mécanisme psycho-physiologique du phénomène de la perception de deux points malgré le contact isolé d'une seule pointe de compas esthésiométrique. Ces théories, mentionnées ici en passant, sont à lire, car elles évoquent la grande complexité des phénomènes psycho-physiologiques qui accompagnent la simple sensation du toucher.

Les théories sur le mécanisme de la sensibilité tactile sont nombreuses; nous les rappelons rapidement pour préciser une fois de plus la richesse des données d'un contact de mains et la difficulté d'une conception précise, scientifique de la dynamique sensorielle tactile. Weber admettait ce qu'il appelle des *cercles de sensation*. La peau serait partagée en cercles et dans chacun se trouveraient des ramifications d'une fibre nerveuse. Ces cercles ont des grandeurs et des formes qui varient extrêmement, d'où la variabilité de la topographie de la sensibilité tactile. Sous l'influence des idées de Kölliker et de Lotze, Weber admet que l'expérience y est pour beaucoup et que ce n'est pas seulement une question de structure anatomique cérébrale. Meissner incline à croire qu'il s'agit d'une irradiation de la sensibilité produite par le contact de la peau.

J. Müller admettait aussi l'irradiation, mais une irradiation des ramifications nerveuses dans les centres nerveux et nullement à la périphérie. Quoique

14

ancienne, car cette théorie date depuis 1844, elle a été reprise en 1871 par BERNSTEIN.

LOTZE dans sa *Medicinische Psychologie* admettait le signe local, c'est-à-dire l'existence de points sur la peau qui ont la propriété d'avoir une certaine qualité spécifique. Il y aurait une relation intime psycho-physiologique entre la sensation et le contact. On trouve dans WUNDT une exposition développée des signes locaux de LOTZE.

CZERMACK admettait comme LOTZE que chaque sensation de contact de la peau avait un signe local. Mais autour de chaque signe local il y aurait, selon lui, un cercle de sensation qui limiterait la variation des modifications des points locaux.

RUPP, au dernier congrès allemand de Psychologie expérimentale (Würzbourg, 18-21 avril 1907), a communiqué le résultat de ses recherches sur « la localisation des excitations tactiles des doigts », soit au point de vue spatial, soit pour déterminer la mobilité de cette localisation pour un doigt déterminé. Les données expérimentales sont contradictoires. Le temps de réaction est allongé toutes les fois que les doigts prennent des positions peu usuelles. Souvent aussi, fait d'ailleurs connu, les sujets localisaient indifféremment sur un doigt ou sur un autre.

Il faut tenir encore et surtout compte de la mobilité des doigts, et de cette sensibilité musculaire qui a ses illusions, ses lois psycho-physiques, sa modalité. KRAEPELIN et son école ont étudié minutieusement l'influence de la fatigue, de l'exercice, des excitations sensorielles ou narcotiques sur la mobilité volontaire. Les *Psychologische Arbeiten* sont à ce sujet une des

meilleures archives psychologiques. Depuis ARISTOTE,
qui signale une des plus curieuses illusions musculaires tactiles, l'activité musculaire des doigts a
constitué l'objet d'un grand nombre de recherches
dynamométriques (GOLDSCHEIDER, DRESLAR, RIVERS,
KRAEPELIN). Le muscle plus que la peau se modèle, se
contracte selon l'idée active qui dirige, qui coordonne
ou qui perçoit nos multiples et nombreuses réactions
cérébrales ou du monde extérieur.

P. RICHER nous a d'ailleurs montré qu'il faut
admettre, contrairement aux idées courantes, que le
muscle sur le vivant n'est pas toujours en état de tension, mais peut être dans un état de relâchement, de
repos (*Note sur la contraction musculaire physiologique*. Soc. Biol., 27 janvier et 18 février 1894).

LINK et JOTEYKO viennent tout dernièrement de constater que lorsqu'on ausculte le muscle dans diverses
affections du système musculaire et nerveux, on peut
diagnostiquer la nature de la pathologie du mécanisme physiologique musculaire. La contraction
anisotrope est discontinue, tandis que la contraction
sarcoplasmatique serait continue et silencieuse.
L'absence de bruit serait un signe du muscle dégénéré. La première des contractions, selon LINK et
JOTEYKO, seraient due à l'action des centres moteurs
cérébraux, tandis que la seconde aux centres médulaires (1).

A.-E. SEGSWORTH a expérimenté sur la différence de

(1) Mlle JOTEYKO, *A propos de récents travaux sur l'ausculta-
tion des muscles dans les paralysies, la contraction et la réaction
de dégénérescence. Quelques considérations sur la théorie motrice du sarcoplasme.* (*Journ. de Neurologie*, 1906, n° 14.)

sensibilité pour l'évaluation des distances à l'aide des mouvements du bras (*American Journ. of Psychology*, VI, pp. 369-408). On avait examiné les mouvements du bras par rapport à la courbe tracée par le bras et secondairement son rapport à l'angle parcouru ou développé. La sensibilité est plus fine pour les mouvements tout petits, la vitesse diminue la sensibilité, et citons encore cette dernière conclusion : « Quand on essaye de faire avec une main un mouvement égal à celui qu'on exécute avec l'autre main, la copie par la main gauche est plus grande que le modèle ; la copie par la main droite est au contraire plus petite. »

Citons en outre le travail de PATRIZI sur la simultanéité et la succession des impulsions volontaires symétriques. (*Archives italiennes de Biologie*, t. XIX, 1893, pp. 126-140.) Selon cet auteur, la succession du travail des deux mains en tant qu'efforts volontaires, symétriques, est avantageuse pour le système nerveux autant que l'activité simultanée.

E.-A. PACE a publié des expériences très intéressantes pour faire préciser la valeur et la variété de *l'estimation tactile de l'épaisseur* (*Procedings Amer. Journ. Psych. association*, 1893, p. 5).

Le toucher utilise trois moyens pour estimer l'épaisseur d'un objet : *a)* on tâte l'objet avec les doigts ; *b)* on serre l'objet ; *c)* on se fie aux sensations tactiles qui accompagnent le mouvement des doigts ou qui sont évoquées par eux. Pour des surfaces épaisses qui dépassent 5 millimètres, le contact continu est plus précis en renseignements utiles ; tandis que les mouvements des doigts peuvent apprécier avec justesse une épaisseur d'environ 5 millimètres et au-

dessous même, pour les toutes petites épaisseurs, les
erreurs deviennent considérables.

Ch. Feré a publié un cas très curieux de l'influence
de l'éducation de la *motilité volontaire sur la sensibilité* (*Revue Philosophique*, 1897, décembre, pp. 591-
604). L'éducateur avait développé la sensibilité tactile
et motrice de la main dans des proportions inouïes.
L'opposition du pouce au petit doigt d'abord était
impossible des deux côtés, les deux doigts n'arrivaient
même pas au contact. La pulpe du petit doigt s'appliquait ensuite à celle du pouce dans la moitié de son
étendue. Les mouvements de latéralité, d'écartement,
de flexion, firent des progrès intenses, et cela pendant
l'espace d'une année. La modification de l'acte de
la préhension fut sensible ; les empreintes digitales
postérieures montrent comment les intervalles des
doigts s'égalisent, se modèlent, tandis qu'au début
de l'expérience, on voyait un écartement considérable du pouce et de l'index et les autres doigts très
rapprochés.

A ces éléments, si on ajoute encore l'innervation
des poils, la sensibilité trichestésique (1) de Vaschide et
Rousseau, les riches terminaisons nerveuses des éléments tactiles différenciés du tact comme les nerfs,
disposés jusqu'à présent, de la sensation de froid et
de chaud, comme pensait le Suédois Magnus Blix en
1882, Goldscheider, V. Frey et Kiesow, Nagel,
Oppenheim, et tous les coefficients nerveux, la main

---

(1) Voir N. Vaschide et P. Rousseau, *Recherches Expérimentales sur une nouvelle forme de la sensibilité tactile : La
Trichestésie (Bullet. Inst. Génér. Psych.*, 1902, décembre.)

peut vraiment servir comme critérium de la mentalité humaine.

Selon les recherches de Ch. Féré, il résulterait : « 1° Les doigts les plus différenciés au point de vue moteur (1), le pouce et l'index, présentent une plus grande variété de formes des empreintes, le fait est encore plus évident pour le gros orteil. D'une manière générale, on peut dire que la variété des formes des empreintes de la pulpe des doigts et des orteils diminue du premier au cinquième. 2° J'ai vu d'autre part que chez les individus d'une organisation inférieure, la disposition des lignes papillaires se rapproche plus souvent par sa simplicité de la disposition normale chez les singes. »

E.-H. Weber avait déjà remarqué que les deux pointes de contact de son compas sont mieux senties quand elles sont placées dans la direction de l'axe du doigt, donc longitudinalement. Féré vérifia cette constatation et observa que la condition la plus favorable à la perception des deux pointes du compas, coïncidait avec la direction perpendiculaire aux lignes papillaires de la main. La sensibilité cutanée est intimement liée avec la disposition des lignes papillaires. On sait d'ailleurs que les individus débiles et arriérés ont des lignes papillaires simples. La différenciation physiologique certifiée, tant au point de vue de la sensibilité qu'au point de vue de la motilité, correspond à une différenciation morphologique.

Le tact est favorisé, d'après les recherches de Féré,

---

(1) Ch. Féré, *Note sur la sensibilité de la pulpe des doigts* (*R. Soc. Biol.*, 1895, 19 oct., pp. 657-659).

par la même attitude qui faciliterait la plus grande
rapidité des mouvements des doigts, c'est-à-dire
qu'elle est plus grande « dans l'attitude de la préhension réalisée par l'opposition du pouce aux quatre
autres doigts réunis » (1). L'association de l'abduction
forcée allonge considérablement le temps des réactions. Le doigt le plus spécialisé réagit le plus vite.
Habituellement c'est le pouce, mais ce peut être
l'index, le médius ou même le petit doigt. Mais dans
les expériences de Féré on a constaté un retard
de 0″113 pour le pouce, 0″172 pour le médius, 0″255
pour l'annulaire et de 0″300 pour le petit doigt.

Selon Frey, les corpuscules de Meissner correspondent aux sensations de pression dans la région de la
peau dépourvue de poils. Dans les régions où il y a
des poils, les organes de pression sont les terminaisons nerveuses mêmes de la racine des poils. Les
organes de la sensibilité douloureuse sont tout différents de celle de la pression tactile. Les recherches de
V. Frey, Lucke (2), W. Mitchell, Richet, F. Mac Do-
nald, Max Dessoir, Goldscheider, etc., sont démons-
tratives à cet égard. Cavazzani et Monca ont montré,
même expérimentalement que les fibres nerveuses
qui conduisent la sensibilité tactile ne peuvent pas
être les mêmes qui nous renseignent sur la température.

(1) Ch. Féré, *Note sur la dissociation des mouvements des
doigts (Rev. Soc. Biol.*, 1895, p. 587).

(2) Voir surtout son travail : *Untersuchungen über die Sinnes-
functionen der menschliechen Haut (Abhand der path. phys.
classe d. Konigl Säch. Gess. d. Wiss.*, Leipzig, 1896, 1 vol.,
98 p.).

La chiromancienne doit savoir, au moins empiriquement, qu'il existe des saillies temporaires de l'épiderme, en outre des saillies permanentes, anatomiques, formées par les papilles du derme et leurs systèmes de courbes concentriques. Ces premières saillies sont déterminées par la projection des follicules pileux, élément psycho-physiologique, dont l'irritation provoque à la surface de la peau le phénomène connu sous le nom de « chair de poule », qui se manifeste surtout sous l'influence du froid ou consécutivement à une violente émotion.

Elle doit savoir encore distinguer la nature des sillons et des plis de la peau, et ne pas confondre, par exemple, les sillons interpapillaires avec les plis musculaires déterminés par les contractions fortuites des fibres musculaires sous-jacentes, dont la forme peut varier considérablement. A la longue, avec l'usure de la vie, ces plis s'impriment sur la peau, ils laissent des traces durables, des empreintes visibles pour tous. Elle les distinguera des plis articulaires, des plis de locomotion, marquant les différentes articulations des nombreuses pièces du squelette de la main. Elle reconnaîtra une vieille main à l'apparition des plis séniles, rides fatales de la vieillesse dues à la disparition de la graisse des téguments et à la rétraction de la peau, qui ne sont pas, à proprement parler, des plis, mais des ébauches de plis.

Elle reconnaîtra de même au tact que les régions les plus sensibles et les plus mobiles de la main sont situées du côté externe, la paume étant à peu près immobile. Elle étudiera aussi la distribution physiologique normale, appréciant empiriquement la finesse de la répartition topographique qualitative de la main.

Elle ne négligera pas les bourses séreuses sous-cutanées produites par le frottement de la peau. Ces cavités, creusées dans le tissu cellulaire sous-cutané et destinées à favoriser le glissement de la peau, peuvent fournir certaines indications sur l'âge du sujet à examiner. En effet, elles sont plus volumineuses chez le vieillard que chez l'adulte, et réduites à leur minimum chez l'enfant. Certaines de ces bourses séreuses sont acquises, d'autres congénitales, on peut donc les trouver dans la vie fœtale. Il en est de professionnelles, qui indiquent à un observateur perspicace, à la grande surprise du sujet examiné, la nature du métier qu'exerce ce dernier. Par exemple, les ouvriers en papiers peints présentent une bourse qui se developpe à la partie postérieure du cubitus gauche, et sous la face dorsale des 4e et 5e métacarpiens gauches, alors que, normalement, ces bourses ne se développent pas dans ces régions. Nous ne parlerons que pour mémoire des callus et des durillons des manœuvres ; voilà des indices nombreux et précis qu'un œil habitué à interroger la main découvre aisément, et à l'aide desquels il est possible d'esquisser avec une certaine rigueur un caractère psychologique, et même, de localiser, approximativement, la vie sociale du sujet examiné.

CHAPITRE VIII

La surface cutanée des doigts est parcourue par des arabesques compliquées en apparence, mais qui semblent pourtant suivre certaines lois, certains dessins précisés avec un grand luxe de détails par les auteurs. La médecine légale, à la suite des recherches de GALTON, en a fait une preuve d'identité pure de l'individu. Pour mieux faire comprendre le sens de ces lignes et de ces reliefs, qui évoluent d'une manière si variée, il faut tout d'abord parler de la technique employée pour leur examen ; nous exposerons ensuite les principales recherches des auteurs et nous résumerons en quelques mots les données les plus précises qui paraissent ressortir de tous ces travaux.

I

La technique des empreintes digitales a été l'objet de nombreuses recherches. Le Dr R. FORGEOT a publié, sous l'inspiration du professeur LACASSAGNE, une thèse de doctorat en médecine qui résume parfaitement l'état du problème (1). On trouvera tous les renseignements nécessaires dans les travaux de MM. LACASSAGNE, GALTON, FÉRÉ, AUBERT, COUTAGNE, FLORENCE.

L'origine des empreintes est vieille ; on en eut l'idée dans tous les temps. On trouve chez les peuples primitifs et chez les sauvages des traces indéniables, mais la méthode vraiment scientifique est toute récente, et nous la devons presque exclusivement à GALTON (1888), qui connaissait parfaitement l'emploi qu'en fit J.-W. HERSCHELL, haut fonctionnaire des Indes. La Faculté de Lyon contribua largement à la connaissance plus précise, plus utilisable surtout de la technique des empreintes, et elle fut vulgarisée et répandue dans le public sous l'influence du Dr BERTILLON, qui en fit un des critériums de l'identité judiciaire du système bien connu, qui rend tous les jours de grands services à la justice.

On doit à PURKINJE, l'anatomiste très connu de Breslau, les premières notions précises des crêtes papillaires de la main ; il nous a laissé une description détaillée des dessins si compliqués de ces crêtes, après les remarques des anatomistes du xvii⁰ siècle, comme MALPIGHI, RUYSCH, ALBINUS, mais sans s'occuper de leur utilité médico-légale. Il avait remarqué un certain rapport avec le tact. Le travail de 1823, de PURKINJE, est un travail scientifique (2) ; nous lui

(1) Dr R. FORGEOT. *Les empreintes latentes relevées par des procédés spéciaux au point de vue d'anthropologie criminelle.* Thèse de médecine de Lyon, 1891. 1 vol. 98 p. et 4 pl. — Voir aussi les *Archives d'anthropologie criminelle,* n⁰ 34, 15 juillet 1891, et *Soc. des Sciences méd. Lyon,* 29 juillet 1891.

(2) PURKINJE, *Commentatio de examine physiologico organi visûs et systematis culanei,* Breslau, 1823.

devons surtout l'idée de système qu'il a attaché à
chaque disposition des dessins des cinq phalangettes.
Plus tard ALIX (1), sous l'influence de GRATIOLET, vers
1868, nous donne une étude comparative de la main
de l'homme avec la main des primates, et on retrouve
dans son travail, comme dans celui de CH. BELL, toute
l'atmosphère scientifique empreinte du darwinisme de
l'époque. Il faut arriver à HERSCHELL, qui utilisa pendant quarante années l'empreinte du pouce comme
sceau d'identification aux Indes, et à GALTON (2), comme
nous l'avons dit, pour retrouver un travail méthodique
et fondamental.

Décrivons la technique avant d'exposer les données
physiologiques et médico-légales de *l'empreinte*.
Parmi les procédés divers, signalons ceux qui utilisent le protonitrate de mercure, l'hyposulfite de
soude, l'iode, l'azotate d'argent, l'éosine, l'acide
osmique, le procédé à l'encre, et celui de POITEVIN.
Selon le Dr FORGEOT, il faut reconnaître que le D^r AU-
BERT est « le premier qui ait appelé l'attention sur les
empreintes obtenues sur le papier avec l'aide des sels
chimiques » : il analysait le plus souvent la sueur avec
des papiers imbibés au préalable de certains sels.
Le procédé avec du *protonitrate de mercure* est intéressant, selon M. AUBERT, « pour déceler et déterminer la quantité plus ou moins grande des sels

(1) ALIX, dans les *Annales des Sciences naturelles*, 1868,
t. VIII, p. 295 et t. IX, p. 5.

(2) GALTON, dans la *Nature*, 1888, t. XXXVIII, p. 201 et dans
Philosophical Transactions, 1891, t. CLXXXII, p. 15. H. DE
VARIGNY a donné un résumé des idées de GALTON, dans la
Revue scientifique, 1891, t. XLVII, pp. 557-562.

alcalins de la sueur » ; le procédé POITEVIN utilise un mélange de liquide photographique et de chlorure de palladium. *L'hyposulfite de soude* de FLORENCE constitue un procédé plus pratique, plus utilisable que les deux premiers. Voici d'après FRÉCON (1), cité par le Dr FORGEOT, la technique de ce procédé : « Lorsqu'on a appuyé fortement la pulpe des doigts ou même toute la surface palmaire de la main sur un papier blanc, même en regardant cette feuille par transparence, souvent l'on ne voit aucune trace de l'application de cette main, ou bien cette trace reste confuse. Mais si l'on vient à tremper le papier dans une solution aqueuse d'hyposulfite de soude à 10 p. 100, additionnée de quelques gouttes d'alcool, on découvre aussitôt l'empreinte de la main, dessinant jusqu'aux fines striations de l'épiderme et se montrant sous forme d'une tache d'huile. » Selon FORGEOT, ce procédé ne donnerait pas des détails et tout au plus une image « en gros du doigt sous forme de tache d'huile ». Le procédé avec de l'*iode* consiste, soit en badigeonnages avec de la teinture, soit surtout sous l'action des vapeurs d'iode. On soumet le papier qui a subi un contact de la main « à un dégagement de vapeurs d'iode (AUBERT, COULIER) ». L'empreinte obtenue est fugitive ; elle disparaît rapidement et l'on doit opérer après le contact « sous peine d'avoir des résultats négatifs ». Selon FRÉCON, on pourrait rendre stable cette méthode par l'emploi de l'acéto-nitrate d'argent et de l'acide gallique. On pourrait adresser presque les mêmes

(1) FRÉCON. (Thèse de méd. de Lyon. Travail du labor. de méd. légale de Lyon., 1 vol. 112 p. ; 14 figures. — Storck, 1889).

critiques au procédé avec l'*azotate d'argent* ; l'image obtenue est peu stable.

D'après les recherches de M. Forgeot, la dose d'azotate d'argent nécessaire pour avoir les lignes papillaires nettes serait de 4 à 6 grammes p. 100 au lieu de 0,50 à 1 gramme p. 100, comme le conseillait le Dr Aubert. La dose à 8 p. 100 paraît préférable, car à une dose plus élevée la teinte renforcée devient noirâtre. L'*éosine* est utilisée au titre de 2 p. 100 ; c'est un procédé de laboratoire. Les lignes digitales apparaissent pourtant extrêmement nettes et j'ai pu, plus d'une fois, me rendre compte de la précision du dessin. L'*acide osmique* est « le réactif par excellence des sudorates et le révélateur parfait d'un papier ayant subi le contact d'une main. » Il y a pourtant peu de netteté dans les images.

Le procédé à l'encre du Dr Forgeot paraît des plus pratiques ; il est simple, les images sont précises et les empreintes sont facilement conservées. Voici, en résumé, ce procédé : on prend une feuille de papier, on la touche, puis on passe dessus une teinte plate d'encre ordinaire. L'empreinte apparaît plus ou moins nette.

De toutes ses recherches, M. Forgeot a constaté :

« 1º Les bases (j'ai expérimenté avec la potasse) décolorent le fond qui vire uniformément au jaune marron ; l'ensemble de l'empreinte ressort peut-être plus nettement, mais les détails sont flous : d'où la conclusion que les bases doivent être rejetées ;

« 2º Les acides (j'ai pris une dilution d'acide sulfurique) dissolvent l'encre en partie, le papier change sa teinte noire en lilas clair ; les lignes apparaissent

plus facilement à l'examen direct et gagnent de ce côté
ce qu'elles perdent si on les regarde par transparence ;

« 3° Sel d'oseille. — Ce réactif est celui qui donne
les meilleurs résultats. Plongez une empreinte très
noire, trop foncée, à détails peu nets dans une solution de sel d'oseille commun ; tout le fond s'éclaircit,
tire au violet clair, en même temps que les doigts ou
la main ressortent de plus en plus et que les détails
s'accusent.

« La décoloration au sel d'oseille vulgaire est une
bonne méthode pour toutes les empreintes trop foncées ou faites avec une encre trop noire. Dans ces cas,
elle doit être employée et le sera utilement » (1).

Pour faire apparaître l'empreinte de doigts ou de
mains en passant une teinte plate d'encre sur un papier
touché au préalable, la qualité du papier est à considérer : des papiers donnent de bons résultats, d'autres
sont négatifs et il y a les intermédiaires ; la réussite de
l'empreinte dépend souvent de l'épaisseur du papier.
Les empreintes obtenues dans de bonnes conditions
sont visibles directement, mais les détails ne se voient
que par transparence ; il faut donc que le papier ne
soit pas trop épais ; les papiers spongieux doivent être
éliminés, les résultats étant à peu près négatifs.

Les papiers ordinaires destinés à l'écriture sont les
plus favorables ; ils donnent une empreinte maximum
pour les papiers minces tels que : papier blanc éco-
lier, papier à lettre de mauvaise qualité ; le papier à
lettre dit anglais et les cartes de visite fournissent des
empreintes bien accusées, mais visibles que directe-

(1) FORGEOT, op. cit., pp. 37 et 38.

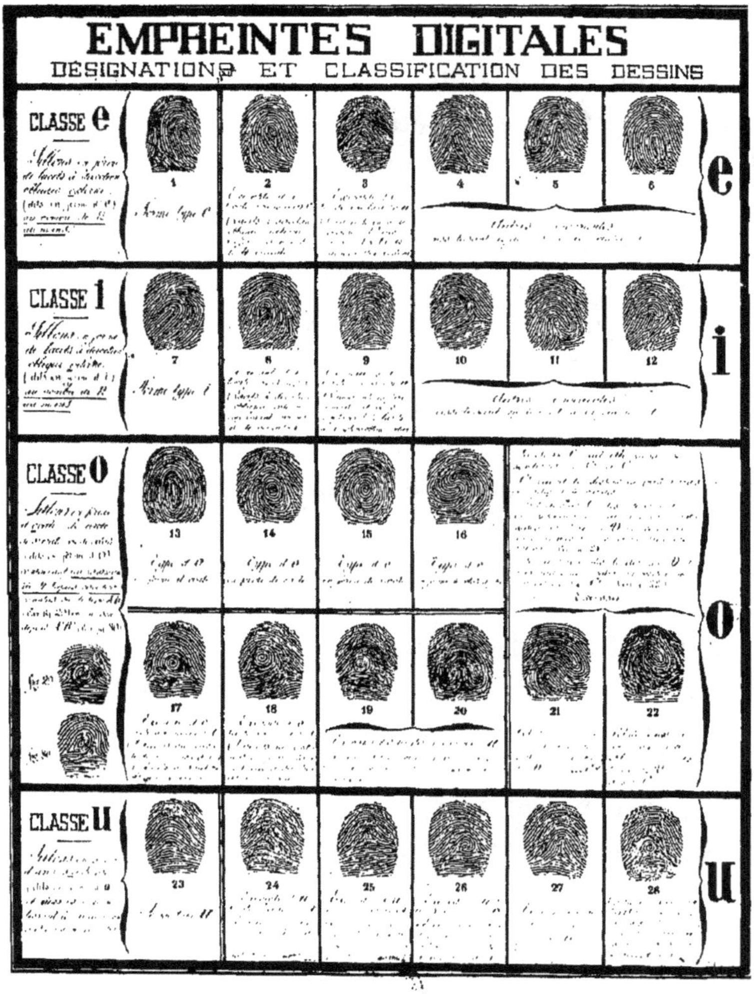
EMPREINTES DIGITALES
DÉSIGNATIONS ET CLASSIFICATION DES DESSINS
CLASSE e
CLASSE i
CLASSE O
CLASSE U
e
i
o
u

Planche XVI

ment, pas par transparence, et les détails sont moins nets et moins faciles à étudier.

Les imprimés, les journaux donnent des résultats très variables ; quelques-uns donnent de belles épreuves par le badigeonnage à l'encre, les feuilles quotidiennes sont inférieures et certains papiers à journaux sont tout à fait négatifs.

Les papiers à pâte de bois sont les plus défectueux ; les publications luxueuses, fines et glacées, donnent de bonnes empreintes.

La réussite plus ou moins bonne des empreintes sur le papier dépend de la composition des pâtes de papier.

On obtient de très bonnes empreintes sur les imprimés, reçus, formulaires, feuilles d'administration qui présentent une partie en blanc destinée à être remplie à l'encre ; la plupart de ces papiers sont minces.

Certains papiers sont tellement sensibles « qu'une feuille prise au milieu d'une « main » avec des pinces et passée à l'encre, révèle souvent sur les bords des empreintes de doigt provenant du papetier » (1).

Les papiers dits à tapisser, de couleur claire, qui recouvrent les murs des appartements, fournissent souvent des empreintes nettes et visibles directement. La qualité, la couleur et le genre de ce papier rendent les résultats assez variables.

Le procédé au *nitrate d'argent* est de beaucoup préférable.

La qualité de l'encre est encore à être prise en con-

(1) FORGEOT, *op. cit.*, p. 21.

sidération : pour l'état de la peau, la topographie
intérieure, la durée du contact et le temps écoulé avant
l'imprégnation, la durée de l'empreinte, etc.

La plupart des *encres* font apparaître les empreintes
latentes laissées sur un papier ; les plus fines, les plus
mauvaises, les plus vieilles ont cette propriété.

Cependant les encres de couleur, sauf les violettes
et bleues, doivent être éliminées ; elles ne donnent
aucun résultat. La teinte noire est seule supérieure.

Les encres rouges doivent être rejetées.

Les meilleures encres noires sont celles à teinte
franchement noire, comme l'encre dite Gardot, de
Dijon ; les nuances d'un noir rougeâtre valent moins.

Il est essentiel que l'encre soit fraîchement débou-
chée et qu'elle n'ait pu s'oxyder.

« Pourvu, dit M. FORGEOT, qu'il n'y ait pas de « lie »
ou de poussières, l'encre noire, la première venue, fait
apparaître une empreinte restée même depuis longtemps à l'état latent sur le papier. »

M. FORGEOT a obtenu des empreintes très variables
avec des encres préparées d'après les formules de
LEWIS, RIBAUCOURT, ROBINSON, RUNGE, LEMERY,
GEOFFROY.

D'après WURTZ : « La base colorante de l'encre
noire ordinaire n'est pas encore assez connue scientifiquement pour que l'on puisse donner une théorie
complète de ce qui se passe dans la préparation de ce
produit. La coloration n'est pas due exclusivement à
l'acide tannique... »

L'encre dédoublée ne donne presque rien, et si la
couche est trop épaisse, l'empreinte transparente perd
sa netteté.

Pour obtenir un bon résultat, on charge un pinceau d'encre et on couvre la partie supérieure de la feuille d'un coup de pinceau horizontal, « on passe au-dessous, en descendant lentement, d'autres coups de pinceaux contigus au premier », mais en soulevant à mesure le papier. « On obtient ainsi une teinte plate, uniforme, et un fond régulier sur lequel se détache l'empreinte.

Il ne faut pas employer le virage de la feuille sur un bain d'encre, l'encre sèche inégalement et toute netteté manque à l'épreuve.

Au point de vue de l'*état de la peau*, les mains sèches donnent peu ou pas d'empreintes ; un léger degré de moiteur est très favorable ; une sueur abondante ou riche en principes gras fournit des empreintes très foncées mais sans détails.

Une peau propre, avec un léger degré de moiteur, touchant rapidement le papier, donne l'image parfaite à grands détails des lignes papillaires.

Plus la main est en sueur, plus les contours obtenus sont tranchés, mais plus l'intérieur est noir.

Les deux extrêmes défavorables sont donc : la grande sueur et la main très sèche.

En hiver, les criminels présentent, au moment de l'attentat, une sueur nerveuse qui les met dans de bonnes conditions pour la recherche de leurs empreintes.

Le procédé à l'encre n'est pas applicable dans la recherche des empreintes de pieds.

Les empreintes à l'encre de la tête, présentent peu d'utilité pratique, quoique les empreintes soient nettes, fines, et que les cheveux, les poils de barbe, l'oreille s'accusent parfaitement par l'imprégnation.

Dans la *formation* des empreintes, le temps nécessaire au contact et l'intervalle de temps à s'écouler
avant l'imprégnation sont très importants.

M. le Dr AUBERT demande un contact d'une demi à
trois minutes.

Il ne serait guère possible que la main criminelle
restât une demi à trois minutes posée sur un papier
pour laisser une trace.

La durée du contact par le procédé à l'encre est plus
courte. Quelques secondes suffisent.

Plus la main est en sueur, plus le contact est
réduit ; une peau moite donnera une empreinte plus
détaillée si la main touche légèrement le papier, que si
elle s'y appuie ou s'y attarde. Une main sèche deman-
dera un contact prolongé.

Dans un contact sans pression, les détails sont fins,
bien séparés les uns des autres ; si la pression est
forte, les lignes s'écrasent, s'élargissent et se confon-
dent.

Moins il s'écoule de temps entre le contact et l'im-
prégation, plus l'image a de chance d'être nette.

La *durée* de l'empreinte à l'encre est indéfinie ; cette
stabilité parfaite est un très grand avantage, si l'on
compare cette méthode aux précédentes.

Avec *l'iode*, la durée de l'image varie de quelques
minutes à une journée ; *l'acide osmique* et *l'éosine*
ont la fixité, mais la conservation est secondaire
lorsqu'on a peu à conserver ; les empreintes données
par *le nitrate d'argent* s'effacent à la lumière lorsqu'elles ne sont pas fixées, et la fixation n'est obtenue
qu'en les atténuant par le bain d'hyposulfite.

L'empreinte sur les poignets, qui constitue l'objet

d'un chapitre spécial du travail du D' FORGEOT, concerne surtout l'étude des empreintes des pieds, qui
sort un peu de notre sujet. Rappelons toujours que
les empreintes des pieds n'offrent jamais des traces
aussi délicates que celles de la main, et cela tiendrait,
selon TROMMSDORF D'ERFURT, au fait que la composition chimique de la sueur des pieds ne serait pas
la même que celle des mains. Le docteur FORGEOT a
expérimenté bien des réactifs pour détacher visible-
ment l'empreinte des pieds, et le seul qui lui ait donné
des résultats excellents serait le nitrate d'argent au
titre de 8 p. 100, qui ferait paraître sur le parquet les
traces des pieds tout nus qui auraient pu y laisser
leurs empreintes. Les détails sont pauvres, car les
doigts de pieds n'ont pas les arabesques si variables
des doigts de la main, et dans leur constitution on
décèle presque toujours des lignes papillaires parallèles (La variété A de GALTON, R. A. C. R. P. C. de
FÉRÉ, selon FORGEOT) (1). Les chasseurs utilisent
admirablement la connaissance des empreintes des
animaux et ils dirigent leurs opérations selon la fraî-
cheur, la profondeur, la variabilité de ces tracés pratiques qui synthétisent les gestes de toute une activité
complexe, variable et délicate.

L'empreinte de la main sur le verre a facilité dans
bien des cas les recherches de l'enquête criminelle
scientifique, surtout quand on connaît la sécrétion

---

(1) Voir à ce sujet COUTAGNE et FLORENCE. *Les empreintes
dans les expertises médico-judiciaires* (*Arch. d'anthrop. crimin.*,
1889). — Voir aussi : D' CAUSSE, *Traité d'Hygiène militaire*, et
l'étude de DE VIRY sur le pied, dont les figures sont repro-
duites dans FORGEOT, p. 43.

abondante de la sueur au moment du crime; c'est
une réaction vaso-motrice connue. L'acide nitrique
(2 p. 100) peut servir, mais *grosso modo*, pour l'étude
de l'empreinte sur verre; mais c'est surtout à l'acide
fluorhydrique qu'il faut demander des résultats précis.

Au point de vue des résultats obtenus, voici en
résumé les conclusions de Ch. Féré :

« Mes recherches personnelles ont porté sur
182 épileptiques de mon service sur lesquels j'ai pris
des empreintes, non plus seulement des pouces
comme Galton, mais de tous les doigts et des gros
orteils. Mes observations ne pouvaient que confirmer
l'existence des formes principales décrites par Galton. Quant aux variétés, quelques-unes ont manqué
et quelques nouvelles se sont présentées.

« Les dix types admis par Galton sont représentés
dans ma statistique par une ou plusieurs variétés.
Mais ces variétés ne se présentent pas à tous les
doigts. Dans ma série, il n'y a que le pouce qui ait
présenté tous les types ; 1 manque à l'index, 4 manquent
au médius et à l'auriculaire, 3 à l'annulaire. Si on
considère les variétés, on voit que le pouce en présente 33, l'index 29, le médius 23, l'annulaire 26 et
l'auriculaire seulement 18. On voit qu'en somme, à
part l'annulaire qui fait une exception peu considérable d'ailleurs, la tendance à la variation morphologique de l'appareil tactile augmente du petit doigt
au pouce. Ce fait mérite d'être rapproché de la différenciation nettement plus marquée au point de vue fonc-

(1) Ch. Féré. *Les empreintes des doigts et des orteils.* (*Journ
de l'Anat. et de la Physiol.*, t. XXIX, pp. 229, 232.)

Tableau schématique des tourbillons formés par les lignes papillaires des phalangettes
Nomenclature de MM. Galton, Féré et Testut

F indique les figures de la classification de Ch. Féré ; le chiffre qui suit le numéro d'ordre de cette nomenclature.
G la classification de F. Galton, les lettres et les chiffres sont ceux de la nomenclature de cet auteur.
T Types de la classification de Testut.
RF Figures ajoutées aux nomenclatures précédentes par M. Forgeot.

PLANCHE XVII

tionnel du pouce et de l'index; non seulement ces deux organes sont les plus différenciés, mais ils paraissent encore conserver la plus grande tendance à la variation. Notons encore qu'en général l'énergie et la rapidité des mouvements décroît du pouce au petit doigt, comme la variété des dispositions des organes tactiles. Quant à la fréquence des variétés et même des types, elle est extrêmement différente, tandis que le type AR-PR se présente sur l'ensemble des doigts 67,15 fois p. 100, quatre autres types ne se rencontrent pas une fois sur 100.

Cette fréquence des différents types ou des différentes variétés est, du reste, variable avec les différents doigts. Tandis qu'au petit doigt, par exemple, la variété 17, la plus fréquente (K^2 de GALTON) se présente au petit doigt plus de 59 fois p. 100, elle ne se présente au pouce que dans la proportion de 28,57 p. 100, c'est-à-dire de moitié moins souvent. D'autres formes relativement rares aux autres doigts sont, au contraire, fréquentes au pouce et à l'index, qui paraissent chercher leur voie de perfectionnement. »

« M. GALTON, écrit M. Ch. FÉRÉ, me paraît s'être trop avancé en admettant, sans s'appuyer sur l'expérience, la similitude de la disposition des empreintes. Il faut remarquer toutefois que la dissimilitude que j'ai relevée peut tenir en grande partie à ce que les sujets que j'ai observés appartiennent à une classe particulière d'individus : ce sont des dégénérés chez lesquels on est exposé à trouver à la fois des formes régressives et progressives. » (Voir figures.)

GALTON avait remarqué la « constance presque de

règle de la symétrie des empreintes des deux pouces »,
ce qui ne concorde pas avec les recherches de Féré.

Voici quelques chiffres de Féré montrant « qu'il
y a un certain rapport entre la dissymétrie et la variabilité : les doigts dont l'empreinte est la moins variable
sont aussi ceux qui présentent le plus souvent la disposition symétrique. »

Symétrie

```
Pouce.....................    95 ou 52,19 p. 100
Index.....................    75 ou 41,09   —
Médius ...................   103 ou 56,59   —
Annulaire ................    96 ou 52,74   —
Auriculaire...............   137 ou 75,27   —
```

C'est très rarement que la même variété se rencontre symétriquement.

La symétrie homologue s'est présentée de la
manière suivante :

```
A 1 doigt ............................    69 fois
A 2    —    ...........................    52  —
A 3    —    ...........................    29  —
A 4    —    ...........................    15  —
A 5    —    ...........................     7  —
```

La symétrie s'est présentée à plusieurs doigts, mais
avec différentes variétés (symétrie hétérologue).

```
A 2 doigts............................    33 fois
A 3    —    ...........................    38  —
A 4    —    ...........................    16  —
A 5    —    ...........................    16  —
```

En somme, la symétrie absolue de dix doigts ne se
rencontre d'après Féré, que 1 fois sur 100.

Le nombre des variétés qui peuvent se rencontrer
chez un même individu varie comme la fréquence de
la symétrie :

1 variété chez	....	7 sujets
2	—	....	14 —
3	—	....	24 —
4	—	....	45 —
5	—	....	41 —
6	—	....	25 —
7	—	....	17 —
8	—	....	6 —
9	—	....	3 —

182 sujets

Si la symétrie est peu fréquente, la dissymétrie complète, d'après Féré, est encore plus rare.

« Si nous rapprochons les résultats obtenus par Galton sur les empreintes du pouce, et ces résultats peuvent être considérés comme l'expression de la vérité, puisque son examen a porté sur plus de 2.000 sujets, nous voyons que l'asymétrie se présente avec une fréquence très considérable chez les sujets que nous avons examinés, puisqu'elle existe dans près de la moitié des cas. C'est un fait intéressant à remarquer, car on sait que l'asymétrie est chez les dégénérés un des caractères physiques les plus fréquents et les plus importants ; ce caractère paraît devoir se retrouver même dans les détails les plus minuscules de l'organisation. »

« Le gros orteil n'a présenté chez mes 182 sujets que 7 types comprenant 18 variétés. Le type AR-PR et le type primaire qui ont été considérés par Purkinje, par Alix et par Galton comme les seuls qui existent à ces orteils, sont en effet les plus fréquents ; le premier est plus fréquent au gros orteil qu'à l'ensemble des doigts, dans la proportion de 79,36 p. 100 à 67,15 p. 100 ; le second est aussi plus fréquent à l'or-

teil dans la proportion de 8,51 p. 100 à 4,56 p. 100.
Les variétés sont moins nombreuses pour le gros
orteil, la symétrie est pourtant plus fréquente. On
la trouve d'après FÉRÉ, 135 fois sur 182 cas, soit
74,12 p. 100, tandis qu'au pouce elle n'existe que
52,19 p. 100.

Voici le résumé des nouvelles recherches de GAL-
TON (1) publiées dans les *Philosophical Transactions*,
et excellemment analysées par M. DE VARIGNY, dont
nous suivons le résumé, ayant sous les yeux le texte
de GALTON.

Au point de vue des moyens d'identification, les
recherches de GALTON portent sur l'examen de 2.500
personnes environ. A chacune, il a demandé l'empreinte de la face palmaire des deux pouces, avec
celle de quelques doigts. Pour avoir des observations
symétriques, il est préférable de prendre l'empreinte
de chaque pouce parce que le dessin est généralement
plus vaste et plus net.

Pour prendre ces empreintes, on peut appuyer le
pouce sur un papier couvert de noir de fumée qu'on
vernit à la gomme laque, ou au vernis, ou on passe
légèrement le doigt sur une plaque humectée d'encre

_____

(1) GALTON FR. *Fingerprint Directories*. London, Macmil-
lan, 1895, 1 vol. 127 p. — *Personal identification,* Journal
Royal Institution, 25 th. May, 1888, and *Nature*, 28 th. June,
1888, t. XXXVIII, p. 201. — *The patterns in Thumb and Finger
Marks. Philosoph. Trans. Royal Soc.*, vol., ch. XXXII, 1891,
pp. 1-23. — *Method of Indexing Finger Marks, Pro. Royal.
Soc.*, vol. XIX, 1891. — *Identification by Finger Tips.* —
Nineteenth Century, August., 1891. — *Finger Prints*, Mac-
millan and C°, 1892. — *Decipherment of Blured finger Prints,*
Macmillan and C°, 1893.

d'imprimerie et on l'appuie sur une feuille de papier
ordinaire ; on doit chercher à obtenir « l'empreinte la
plus étendue en longueur et en largeur » ; pour ce
faire, il faut imprimer « au doigt ou au pouce, un
petit mouvement de tangage et de roulis ».

Ces méthodes ont l'inconvénient d'être salissantes,
mais elles sont préférables au procédé d'empreinte
dans du plâtre, de la terre à modeler, de la cire à
cacheter, etc.

En considérant un doigt quelconque, on voit,
d'après GALTON, que le sens général des crêtes est
perpendiculaire à l'axe de ceux-ci ; partant d'une face
latérale, elles vont presque tout droit à l'autre. Il en
est de même à la base de la phalangette, mais à l'extrémité, près de l'ongle, les crêtes sont parallèles, à
peu de chose près, à l'axe du doigt, et elles longent
les bords de l'ongle pour passer d'une face latérale à
l'autre. C'est entre les crêtes perpendiculaires et les
obliques à l'axe du doigt que se trouvent les dessins
dont il va être question.

« Dans un cas sur trente environ, il n'y a pas de dessins : les crêtes perpendiculaires deviennent obliques
en cessant de garder à la face palmaire le parallélisme
qu'elles présentent sur les faces latérales : au lieu de
former des arches, elles font des anses ; souvent il y
a entre les deux systèmes un lacis de crêtes qui forme
un dessin net et facile à distinguer de ceux-ci. »

Dans beaucoup de cas, les deux systèmes divergent
symétriquement sur les deux faces latérales du doigt,
de façon à laisser à la face palmaire un espace dont

(1) H. DE VARIGNY, ouv. cit., p. 558.

les deux moitiés, à droite et à gauche de la ligne
médiane de la face palmaire du doigt, sont symétriques ;
dans d'autres, la symétrie manque et la divergence
n'est prononcée que d'un seul côté du doigt, d'où un
espace palmaire irrégulier et déjeté.

Pour faciliter l'étude des dessins formés dans
l'espace palmaire, M. GALTON a indiqué certains points
de repère : « ce sont deux petits triangles fort nets
qui se voient des deux côtés de la face palmaire, au
point où les systèmes perpendiculaire et oblique
divergent l'un de l'autre ».

On peut désigner ces triangles par des lettres : W le
triangle qui, sur l'index, est le plus proche du pouce
et V celui qui, sur le même doigt, est près du médius.

Étant donné un dessin, on trace une ligne parallèle
à l'axe du doigt, qui passe par le milieu de ce dessin,
et on appelle S et B les points où cette ligne vient
couper les systèmes oblique et perpendiculaire. Ces
points sont nécessairement sur une crête qui vient de
V ou de W, ou va de l'un à l'autre, d'où, pour le
point S, trois alternatives qu'on peut désigner ainsi :
SV, SW et VSW. Également pour le point B.

Chacune des trois alternatives de S pouvant se
combiner avec chacune des trois alternatives de B, il
y a neuf combinaisons possibles, ce qui fait dix cas,
en joignant le cas où la divergence du système oblique
et perpendiculaire se fait graduellement, sans laisser
d'espace libre pour un dessin.

Pour déterminer rapidement la catégorie à laquelle
appartient une empreinte donnée, il faut savoir analyser celle-ci et pouvoir schématiser vivement. On
peut y arriver en renforçant au crayon les lignes maî-

tresses, et prenant pour point de départ les points V
et W.

M. GALTON a examiné, après analyse et agrandissement photographique, plus de mille empreintes ; il a
vu que presque toutes se rangent dans les dix catégories citées, et il constate que la proportion où se
rencontre une catégorie déterminée varie de 1 à 65
p. 100. Il est des catégories très rares et de très fréquentes ; et dans la moitié des cas, on observe le dessin K^2, et dans près de 1/4, l'un des dessins C (1). Il
s'agit des adnotations du tableau des schémas de
GALTON et S¹ représente des dessins observés et
classés par catégories (I-IX, et a, qui forme la catégorie des empreintes primaires ou sans dessin) subdi-
visées en un certain nombre de variétés.

Dans ce tableau, W est à gauche et V à droite ; on
voit des empreintes du pouce gauche, ce qui porte à
regarder le pouce droit. Pour les comparer, il faut
les regarder renversées (par un miroir). Tous ces dessins variés ont pourtant une origine commune et
peuvent se rattacher plus ou moins à la forme caractérisée par l'absence de dessin.

Au point de vue de l'identification, il est démontré
que les crêtes et sillons varient selon les époques où
les empreintes ont été prises et si elles sont séparées
par des périodes où la croissance ou la décadence
ont été rapides et intenses. Dans ces cas, il peut se
produire des modifications appréciables, mais il est
toujours possible de constater l'identité des dessins.

Pour obvier à ces modifications, M. GALTON a trouvé

(1) H. DE VARIGNY, art. cité, p. 560.

une méthode « qui consiste à tracer par des points
déterminés des lignes auxquelles on trace ensuite, par
des points fixés d'avance, des perpendiculaires. On a,
de cette façon, quatre secteurs dans l'un quelconque
desquels il est plus aisé de se retrouver que dans l'ensemble du dessin ». Il est pourtant des cas où cette
méthode d'identification offre des difficultés en raison
de certaines différences, très faibles, mais appréciables
seulement pour l'œil exercé. Il faut songer encore que
ces différences peuvent être dues à l'imperfection
de l'une des empreintes.

Les figures *a*, *b*, *c* montrent de quelle façon, dans
la réalité, deux crêtes peuvent se convertir en trois
(ou réciproquement); par suite d'une petite défectuosité dans l'impression, on peut obtenir une empreinte
qui ne correspond pas à la réalité. En supposant que
du petit îlot de *d*, une partie seulement des bords
s'imprime : les figures *e* et *f* résultantes sont dissemblables de l'original, et un vice d'impression transforme *h* et *i* en *g* dont ils diffèrent grandement (1).

Malgré les causes d'erreur possibles, malgré les
variations qui peuvent se produire dans la réalité,
l'empreinte digitale reste identique à elle-même, au
cours de l'existence entière dans ses dispositions fondamentales. Sir WILLIAM HERSCHEL, cité par GALTON,
l'a démontré en prenant des empreintes digitales des
mêmes personnes et de lui-même, à plusieurs années
d'intervalle (de 28 à 31 ans).

Dans les empreintes d'enfants comparées aux
empreintes d'adolescents ou les empreintes d'adultes

(1) H. DE VARIGNY, art. cité, p. 560.

comparées aux empreintes des mêmes personnes ayant atteint au moins 55 ou 60 ans, il est facile de constater « que la similitude est nette, et que les années ne changent point l'empreinte ».

M. GALTON *squelettise* ses empreintes ; il note chaque bifurcation ou confluence, chaque cratère ou îlot, et dans chacun des cas précités, il trouve de 27 à 55 points de comparaison « sous la forme de débuts ou fins de crêtes, de bifurcations ou confluences ». 8 sujets examinés ont fourni 296 points de comparaison, pas un seul n'a manqué à l'appel ; dans aucun cas, il ne s'est présenté une « différence dans le nombre des crêtes entre 2 points donnés », et « il n'est né aucune crête nouvelle ; aucune crête ancienne n'a disparu ».

L'empreinte digitale demeure, selon les recherches de GALTON, constante et inusable dans son ensemble, l'immense majorité de ses moindres détails reste telle quelle.

M. GALTON n'a vu qu'un seul cas où une crête « qui se bifurquait en partie chez l'enfant ne se bifurquait plus chez l'adolescent ».

On peut donc considérer « que le dessin digital, qui existe à partir du sixième mois de la vie intra-utérine, puisqu'à cette époque les crêtes sont développées et forment un dessin, demeure immuable depuis la naissance jusqu'au moment où, par la putréfaction, la peau se désagrège et se décompose, immuable dans ses dispositions fondamentales, immuable dans les moindres détails, tandis que les dimensions générales du corps et de ses parties s'altèrent avec le temps, que la couleur de la peau et des cheveux, l'expression, les traits, les gestes, l'écriture et la coloration de l'œil changent avec l'âge (1) ».

On peut croire que les différences entre les catégories de dessins sont faciles à distinguer ; dans la plupart des cas, elles le sont, mais pas dans tous, parce que les empreintes peuvent ne pas reproduire certaines portions de crêtes et certains détails du dessin digital qui décident de la place du dessin dans la classification. Pourtant, on arrive à reconnaître la nature exacte des dessins, et M. GALTON montre « qu'en opérant la mensuration des éléments fournis par des empreintes de même espèce, squelettisées et pourvues des figures géométriques voulues, on arrive à donner le schéma moyen » de l'espèce par la dimension des différentes lignes et le nombre des crêtes compris entre tels et tels points.

Cette méthode proposée est appliquée par M. GALTON dans *Natural Inheritance* ; « elle consiste, en un mot, à recueillir les longueurs de différentes lignes géométriques idéales reliant différents points de repère réels et le nombre des crêtes compris dans une région donnée ; il est important de distinguer les mensurations faites sur le côté gauche de celles du côté droit : ce dernier offre un dessin plus ample ».

En ce qui concerne la variabilité des dessins d'un doigt à l'autre chez le même sujet, M. GALTON dit : « J'ai des raisons de croire à l'hérédité des dessins digitaux. Je ne possède point les données voulues pour soumettre ma croyance à l'épreuve de l'investigation directe, mais celle-ci repose en partie sur

(1) H. DE VARIGNY, art. cité, p. 561.

l'analogie et en particulier sur l'existence assurée
d'une tendance prononcée à la symétrie. Quand, par
exemple, il y a un dessin primaire (*a* de la classification) sur l'un des pouces, il y a bien près de dix
chances contre une pour qu'il se retrouve sur l'autre
pouce. De même si un pouce présente une anse (*m*
par exemple), il y a de fortes chances pour que l'autre
en possède une aussi. Il en est de même pour chaque
paire de doigts correspondants (1). »

II

Les crêtes et sillons qui sont marqués en un point
où les autres lignes font défaut, à l'extrémité des
doigts, sur la face palmaire de la dernière phalange,
ne sont pas le caractère exclusif de la phalange
unguénale; les crêtes se retrouvent plus ou moins
marquées sur toute la surface palmaire des doigts et
dans la paume de la main, sauf sur l'éminence thénar,
et, encore, cela peut être discuté; au-dessus du
poignet et à son niveau, les dessins disparaissent, de
même sur les faces latérales des doigts et de la main;
il n'en existe pas sur leur face dorsale, mais on en
voit à la face plantaire du pied.

Ces dessins sont nets, délicats et complexes à la
phalange unguénale, en l'un des points de la peau où
la sensibilité tactile est la plus délicate.

La peau des doigts présente une grande finesse de
sensibilité tactile, et cela est dû certainement à la

(1) GALTON, cité d'après art. VARIGNY, p. 562.

16

considérable quantité de papilles qu'on y trouve. Des recherches anatomo-histologiques nous ont montré qu'il y a une relation' étroite entre ces papilles et les arabesques des doigts.

Pour répondre à la question « à quoi correspondent les lignes papillaires », il faut analyser les travaux de PURKINJE, ALIX, KOLLMANN et surtout ceux de GALTON, FÉRÉ et FORGEOT.

PURKINJE, en 1823, a été le premier auteur qui ait cherché à grouper les divers dessins de la peau; on lui doit le dessin du pouce connu sous le nom de « vortex duplicatos ».

En 1883 KOLLMANN (1) a donné comme conclusion « que les sillons correspondent à l'intervalle entre les papilles, alors que les crêtes séparées par les sillons renferment les papilles et l'orifice des glandes sudoripares ». Chacune des papilles serait, d'après cet anatomiste, « bicéphale et se termine par deux pointes divergentes, à la façon des branches divergentes d'un Y ». Les canaux sudoripares passent entre les branches adjacentes des Y juxtaposés, et si l'on représente ces canaux par 1 on a, à la suite, YIYIYIYIY qui représentent des coupes de crêtes; la crête est « figurée par l'union d'un I avec les branches adjacentes des deux Y voisins, alors que les sillons correspondent à l'intervalle que laissent entre elles les branches divergentes de chaque Y (2) ».

D'après la classification de GALTON, les lignes

(1) A. KOLLMANN, *Der Tastapparat der Hand*, 1883.

(2) D'après H. DE VARIGNY, *Les empreintes digitales d'après Galton* (Revue scientifique, t. XLVII, n° 18, 2 mai 1891, pp. 557-563).

papillaires de la face palmaire ou plantaire des phalanges présentent une disposition générale constante : 1° « il existe à la base de la phalangette, parallèlement au pli articulaire, des lignes papillaires transversales » ; 2° « tout le pourtour de la phalangette est parcouru par des lignes elliptiques, dont les postérieures présentent graduellement une concavité moins prononcée, de sorte que dans quelques cas elles finissent par confondre leur direction avec les lignes parallèles de la base » (1).

GALTON nomme cette disposition forme *primaire*.

« Les lignes transversales et les lignes elliptiques laissent entre elles, le plus souvent, un intervalle qui se trouve rempli par des lignes papillaires de formes diverses. »

Ces dessins surajoutés dans l'interligne se sont formés, selon GALTON, « en raison de la présence de l'ongle », ils peuvent manquer « quand l'ongle existe sans déformation ni anomalie et on les retrouve entre les systèmes des lignes courbes et longitudinales de l'éminence hypothénar ».

Si l'espace est symétrique, il est limité latéralement par deux angles répondant aux points de rencontre des lignes elliptiques et des lignes transversales.

Les angles peuvent manquer et il faut alors « construire leur position symétriquement, relativement à une ligne passant par le centre de la figure qui remplit l'espace ».

(1) Ch. FÉRÉ, *Notes sur les empreintes des doigts* et *Comptes rendus de la Soc. biol.*, 1891, n° 23, 27 juin : « Du gros orteil. » — Il résume toutes les recherches de GALTON et nous utilisons son analyse.

« Nommons C l'angle, écrit Ch. Féré, dont le sommet est dirigé vers le bord cubital de la phalangette et R celui qui se dirige vers le bord radial ; appelons A la dernière crête elliptique qui limite l'espace en avant, et P la première ligne transversale qui le limite en arrière. Ces deux lignes peuvent présenter avec C et R des rapports différents. »

La classification de M. Galton s'accorde avec celle de M. Forgeot et ne diffère de celle de M. Féré que par un changement des lettres employées : A.P.R.C., au lieu de S.B.W.V. de Galton, ce qui d'ailleurs n'a aucune importance.

Dans les deux cas, écrit M. Forgeot, les figures sont schématisées en 41 types différents :

1° Les lignes A et P passent en R et C en circonscrivant un espace libre régulier. Ce dernier peut être rempli par des lignes antéro-postérieures, figure très rare chez l'homme, mais signalée par Alix chez les singes anthropoïdes. L'espace est rempli, le plus souvent, par des lignes concentriques en cercle ou en spirale plus ou moins allongée. C'est le type RAC-RPC de Féré qui correspond à WSB-WVB de Galton ;

2° Les deux lignes A et P passent chacune par un angle différent, d'où la formule AC-PR et AR-PC de Féré pour SW-WVB de Galton.

3° Les lignes A et P ont un point de commun, soit le seul point commun C ou R, d'où les deux formules : AR-PR de Féré correspondant à SV-BV de Galton et AC-PC analogue de SW-BW du même.

4° L'une des lignes A ou P passe par les deux points C et R et l'autre ligne par un seul de ces points, d'où :

RAC. PR de Féré   et WSV. BV de Galton.
RAC. PC   —   pour WSV. BW   —
RPC. AR   —   — WBV. WS   —
RPC. AC   —   — WSV. SW   —

M. le professeur Testut a dressé, de son côté, une nomenclature simplifiée (1) :

L'angle cubital ou *interne* = *i* = correspond au C de Féré et W. de Galton.

L'angle radial ou *externe* = *e* = correspond à R de Féré et V de Galton.

« Le système intermédiaire est limité en bas par la plus étroite des lignes courbes désignées par C; en haut par la plus inférieure des lignes transversales, nommée ligne T. »

Les relations des lignes C et T avec les points *e* et *i* sont très variables; c'est sur la variabilité de ces rapports que Galton a basé sa nomenclature.

Pour M. Testut, il existe neuf combinaisons des angles *e* et *i* avec les lignes C et T qui forment, avec le primaire, dix types différents :

1° Type primaire; — 2° C*ei* T*ei*; — 3° C*e* T*i*; — 4° C*i* T*é*; — 5° C*i* T*i*; — 6° C*ei* T*i*; — 7° C*ie* T*ei*; — 8° C*e* T*é*; — 9° C*e* T*ei*; — 10° C*ei* T*e*.

Cette nomenclature schématique est intéressante à retenir, car elle peut faire comprendre les grandes lignes des principales combinaisons des lignes des empreintes digitales.

Des recherches personnelles de Forgeot, il faut rele-

_____

(1) Testut, *Traité d'Anatomie*, 5e édit., 4 vol. in-4°, Doin, éditeur.

nir tout d'abord les observations sur *les variétés de dessins papillaires spéciales aux dégénérés et aux criminels*.

Si les criminels présentent des types spéciaux de lignes papillaires, on les regarde, pense l'auteur, comme des « prédisposés » et « la variété spéciale des dessins de phalangettes serait comme le sceau fatal dont ils seraient marqués », et la responsabilité devrait donc être atténuée par ce fatalisme.

ALIX a trouvé aux phalangettes des grands singes un assemblage spécial qu'on peut ainsi décrire : « De la base de la phalangette partent des mêmes points deux sortes de lignes, les unes parallèles au pli articulaire, d'autres elliptiques à point summum placé près de l'extrémité du doigt. Ce système de lignes circonscrit un espace triangulaire qui, chez le singe, est occupé par des lignes droites antero-postérieures parallèles à l'axe du doigt et disposées en éventail. »

Cette variété n'est pas signalée par GALTON, mais M. FÉRÉ dit l'avoir trouvée cinq fois dans son service d'épileptiques.

Ces dessins, communs chez les anthropoïdes, selon ALIX, et rares chez l'homme, « seraient le trait d'union de l'un à l'autre ». Certains auteurs incline-raient à croire que ce fait serait très accusé dans les types les plus voisins de celui des anthropoïdes, étant l'apanage des dégénérés. Mais le mot dégénéré demande, encore, des explications, et la doctrine si intéressante de M. MAGNAN demande à être un peu modernisée, malgré sa grande et intrinsèque valeur scientifique.

A ces variétés simples, « on doit leur donner le nom

de *primaires*. F. GALTON a employé cette dénomination pour désigner sa variété (*a*), mais que, d'après
l'auteur, il faut étendre avec M. FÉRÉ, aux cinq
variétés du type RAC RPC. »

A la colonie pénitentiaire de Bologne (Haute-Marne)
qui ne contient que de tout jeunes gens, Parisiens et
Vosgiens surtout, condamnés pour divers délits, « la
dégénérescence frappe tant par l'ensemble général,
le facies », que par « la très petite taille de ces détenus,
dont quelques-uns présentent un système osseux très
développé », et presque toutes les mains sont labou-
rées de cicatrices de toutes formes et de toutes grandeurs.

Analysant un tableau minutieux de ses recherches,
M. FORGEOT fait remarquer que « le n° 2 de FÉRÉ n'a
pas été rencontré tel qu'il l'indique » ; un dessin se
rapprochant a été trouvé et compté comme n° 2°.

La variété n° 16 comprend le 16 vrai indiqué sur le
schéma de FÉRÉ et aussi deux variétés très communes
qui servent de transition entre le 16 et le 17. Le 17
est le même que celui de FÉRÉ ; quant au 18, cette
variété n'est rangée que dans les dessins présentant
nettement la boucle.

Il ressort de cette statistique que sur 1800 doigts
il a été trouvé :

> 73 fois le n° 1 de FÉRÉ ou (*a*) de GALTON.
> 21 — la variété n° 2°.
> 115 — le n° 3 de FÉRÉ ou *b*¹ de GALTON.
> 132 — le n° 4 — ou *b*² —
> 75 — le n° 5.

Ce qui fait un total de 416 cas de formes primaires,
soit 23,11 p. 100,

Sur 182 épileptiques, nous avons vu que M. FÉRÉ trouve :

83 fois le n° 1.
6 — son n° 2.
65 — le n° 3.
135 — le n° 4.
6 — le n° 5.

C'est une fréquence de 16,18 p. 100.

« Le chiffre de M. FÉRÉ, écrit M. FORGEOT, donne une proportion plus grande des types primaires chez les épileptiques que chez les personnes saines; ma statistique sur les détenus de la colonie pénitentiaire accuse une proportion encore bien plus élevée. D'où la conclusion que les « dégénérés présentent une fréquence plus grande des formes dites primaires de leurs dessins papillaires (1). »

De même que la microcéphalie n'est pas, pense avec raison le docteur FORGEOT, exclusivement un signe d'intelligence amoindrie, atrophiée, de même pour les lignes papillaires ; certains dessins très fréquents chez les dégénérés ne leur sont pas absolument exclusifs; ce point de vue se rattache à l'hérédité des dessins.

Le pénitencier, qu'on me permette de le dire, ne renferme pas seulement les prédisposés au crime, mais bon nombre d'individus poussés au crime par la vie sociale, par des conditions psycho-sociales qui restent encore à être précisées.

A ce sujet, le docteur FORGEOT pense qu'au point de vue criminel, l'anthropométrie de M. BERTILLON n'est

(1) Dr FORGEOT, ouv. cité., p. 64.

pas suffisante ; on devrait la perfectionner en y ajoutant les empreintes des doigts, tout comme à l'institut anthropométrique de GALTON, où l'empreinte du pouce figure à côté d'autres caractères d'identité.

Retenons donc du travail de FORGEOT ses quelques *remarques sur les détails des lignes papillaires* et sur sa manière d'étudier l'empreinte.

Les plus longues interruptions des lignes papillaires dépassent rarement trois centimètres, on les trouve dans la main au niveau de la naissance de l'éminence thénar : ces lignes sont courtes avec de fréquentes interruptions.

Parfois les crêtes naissent « par prolongation bout à bout avec la précédente » (pl. nᵒˢ 1 et 2), le plus souvent « elles paraissent entre deux lignes voisines ». Dans ce cas, ou ces lignes forment un angle entre elles et la nouvelle a sa place toute faite (nᵒ 3), ou, au contraire, elles se coudent pour lui laisser de l'espace (fig. 4). Le coude peut être plus ou moins brusque (fig. 5). Quelquefois « plusieurs crêtes papillaires naissent parallèles entre elles le long d'une autre ligne ».

« Le coude d'une crête papillaire peut en circonscrire une autre suivant une des figures 7 ou 8. » Les ramifications les plus simples sont les plus communes, elles ont lieu « par dédoublement en fourche » (fig. 9), d'autres fois « c'est une sorte de pont jeté entre deux crêtes » (fig. 10) ou un bouquet ayant une ligne droite comme source commune (fig. 11), oblique (fig. 12) ou courbe (fig. 13), enfin le dédoublement triangulaire (fig. 14).

Ces combinaisons se trouvent surtout au centre de

convergence des lignes papillaires et forment « les clés *de voûte* de leurs figures ».

Les lignes papillaires peuvent se dédoubler momentanément « en anneaux simples » (fig. 15), « déjetés de côté » (fig. 16) ou « en pointe » (fig. 17); dans ce dernier cas, on trouve « plusieurs de ces dédoublements l'un sur l'autre » (fig. 18).

« Une dernière sorte de combinaison est formée par les points et pointillés. Ils dérivent de l'interruption des lignes (fig. 19) mais ils peuvent se rencontrer intercalés entre deux crêtes (fig. 20), ou servir de séparation entre deux lignes (fig. 21) »; ils se trouvent comme « remplissage » chaque fois que les crêtes laissent entre elles un espace inoccupé (fig. 22 et 23).

Rarement les points sont isolés, le plus souvent il y en a plusieurs disséminés dans la même région.

Pour ce qui concerne la *manière d'étudier l'empreinte,* voici un procédé plus pratique du docteur FORGEOT.

On a une empreinte sous les yeux pour l'analyser et la comparer avec celle d'un prévenu :

« Tracer sur l'empreinte des raies très fines au crayon, parallèles et espacées régulièrement d'un demi-centimètre au plus. Une fois l'empreinte couverte de ces barres régulières placées à la même distance l'une de l'autre, mener perpendiculairement à ces lignes d'autres lignes espacées pareillement d'un demi-centimètre. L'empreinte sera ainsi couverte d'un réseau de lignes formant par leur croisement de petits carrés d'un demi-centimètre de côté. »

On trace un réseau semblable sur une feuille de papier blanc, mais les mailles auront de trois à quatre centimètres de côté. « Il ne restera qu'à dessiner les crêtes de l'empreinte et les détails qu'elles présentent en copiant chaque petit carré de l'image dans le grand carré de papier. »

Le dessinateur est obligé de suivre ligne par ligne et forcé de remarquer le plus petit détail. « La planche ainsi obtenue est la pièce à conviction la plus explicite pour un jury. »

Le dessin par agrandissement est utile pour la démonstration et comme pièce à conviction, mais aussi pour la « confrontation » avec l'empreinte d'un prévenu.

Si la justice a sous la main l'auteur présumé d'un crime et qu'on ait pu recueillir « une empreinte latente d'une main » (la phalangette d'un doigt est suffisante pour établir une identité certaine), on dessinera en l'agrandissant l'empreinte ou le fragment que l'on comparera avec la main du prévenu ; s'il y a concordance dans les signes, ce sera *une preuve absolue et flagrante de culpabilité;* dans le cas contraire, « le prévenu ne serait pas celui dont on posséderait une trace ».

Pour obtenir une empreinte, il suffit « de faire toucher un papier à pâte régulière en plaçant dessus la main pendant une minute, sans appuyer, passer de suite une couche de solution de nitrate d'argent à 8 p. 100 ».

Voici, d'après M. BERTILLON, sa technique et le procédé employé à son laboratoire du Palais de Justice.

« On désigne sous ce nom la reproduction des dessins, de formes très variées, que présente l'extrémité antérieure des doigts. Ces dessins sont, quant à leur

forme, entièrement fixes chez le même individu et
extrêmement variables d'un individu à un autre. Ils
constituent donc une excellente caractéristique de
l'identité individuelle. De plus, ils ne sont pas susceptibles d'être dissimulés ni volontairement modifiés par le sujet.

« On relèvera successivement l'empreinte des quatre
premiers doigts de la main droite, savoir : le Pouce,
l'Index, le Médius et l'Annulaire droits. L'emplacement réservé à cette impression se trouve à la partie
inférieure droite de la nouvelle fiche anthropométrique. Il mesure 95 millimètres sur 45 et porte l'indication des doigts qui doivent y être imprimés.

« Ces impressions sont relevées au moyen d'encre
d'imprimerie spécialement préparée à cet usage. Le
mode opératoire est le suivant :

« Déposer sur la plaque à encrer (en bois) une
quantité d'encre approximativement égale à une len-
tille et l'étendre à l'aide du rouleau spécial. Quand
le rouleau est suffisamment imprégné d'encre, on le
promène en tous sens sur la plaque (de zinc) à imprimer, jusqu'à ce qu'on ait obtenu une couche parfaitement uniforme quoique très peu chargée d'encre.
L'opérateur, après avoir invité le sujet à s'essuyer les
doigts sur un linge sec dans le but d'enlever toute
trace d'humidité ou de sueur, saisit le doigt du sujet
de la manière suivante : le pouce et l'index gauches
enserrent l'extrémité du doigt du sujet en même temps
que le pouce et l'index droits sont appliqués à la
deuxième jointure. Le doigt ainsi immobilisé est appuyé par sa face antérieure sur la couche d'encre, en
commençant le contact sur le côté externe et en fai-

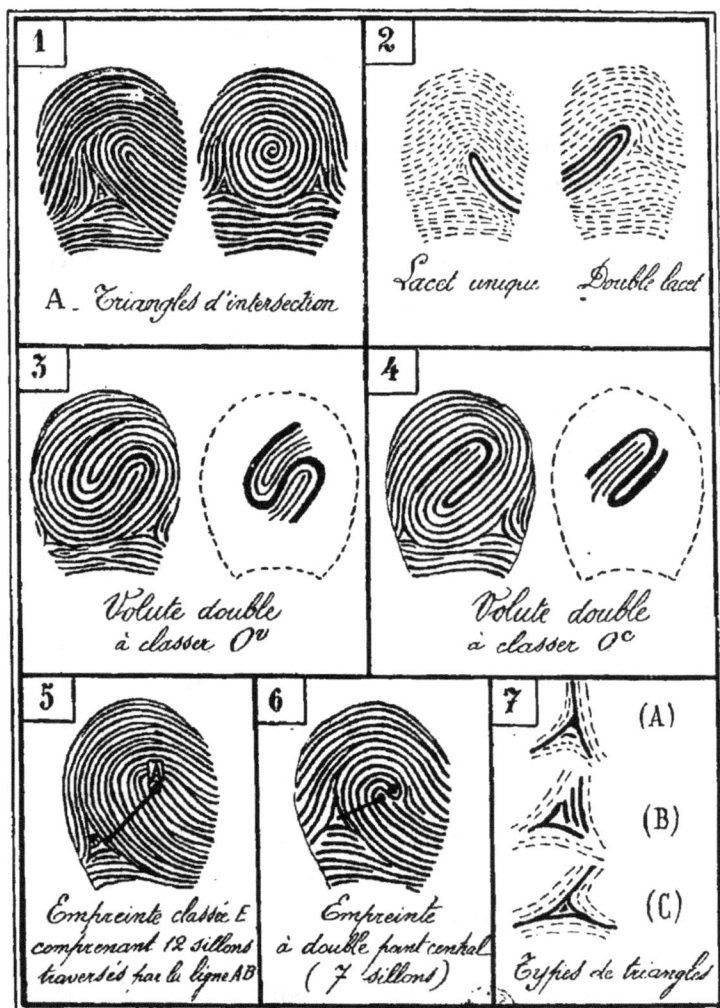

1 A. Triangles d'intersection

2 Lacet unique. Double lacet

3 Volute double à classer O^v

4 Volute double à classer O^c

5 Empreinte classée E comprenant 12 sillons traversés par la ligne AB

6 Empreinte à double point central (7 sillons)

7 (A) (B) (C) Types de triangles

Empreintes.

PLANCHE XVIII

sant rouler légèrement le doigt de façon à bien encrer la totalité de la face antérieure. L'opérateur transporte ensuite le doigt sur l'emplacement qui lui est réservé sur la fiche anthropométrique et l'y appuie très légèrement en exécutant le même roulement que pour l'encrage. On ne doit jamais revenir en arrière ni laisser le doigt glisser ou frotter sur le carton, sous peine de n'obtenir qu'une impression brouillée et confuse.

« A la fin de chaque séance, il faut nettoyer entièrement les deux plaques ainsi que le rouleau au moyen d'un chiffon imbibé d'essence de térébenthine ou de pétrole ordinaire, qui servira également à nettoyer la plaque à impression quand l'encre, au milieu d'une séance, paraîtra s'être quelque peu desséchée.

« Dans le cas d'amputation ou d'ankylose non rectiligne d'un ou plusieurs doigts, on inscrit la mention « amputé » ou « ankylosé » à la place qu'aurait dû occuper l'empreinte. »

Tous les systèmes dactylaires ont ainsi été modifiés, surtout en vue de la commodité pratique ; d'abord en Angleterre M. E.-K. HENRY, chef du service de Londres (1901), en Indo-Chine par M. POTTECHER, en Allemagne et Autriche par WINDT et KODICEK, à la Plata par VUCETICH (1903) et, au lieu de différencier, classer les dactylogravures du pouce en quarante-et-un types, comme le faisait GALTON, déjà réduit à dix par TESTUT, M. POTTECHER a réduit les empreintes à huit, J. VUCETICH à quatre et E. K. HENRY, WINDT et KODICEK à deux, quoique trop sommairement.

Voici le système de JUAN VUCETICH, d'après le rapport de M. DASTRE, système qui eut les faveurs de la

commission académique, quoique très analogue au
système de M. A. BERTILLON. « Il distingue, écrit
M. DASTRE, dans les lignes directrices, quatre catégories de formes : l'arc, la boucle interne, (tournée du
côté interne ou cubital de la main), la boucle externe
(tournée du côté externe), le *verticille* ou spirale,
désignée respectivement par les lettres A, I, E, V, lorsqu'il s'agit du pouce et par les chiffres 1, 2, 3, 4, lorsqu'il
s'agit des autres doigts. La formule A, 2431 exprime-
rait par exemple qu'il y a un arc au pouce, une boucle
interne à l'index, un verticille au médius, une boucle
externe à l'annulaire, un arc enfin à l'auriculaire.

« Avec les deux mains, cette notation comporte un
nombre considérable de combinaisons réalisables
(1.048.576). Ainsi, sans entrer dans l'étude détaillée de
chaque empreinte et en s'en tenant simplement à la
forme générale en arc, en boucle et en spirale pour
chaque doigt, forme très facile à reconnaître, on peut
créer un répertoire de plus d'un million (4^{10}) de fiches
différentes. » La diversité augmentera si l'on désire
analyser individuellement les empreintes ; mais ici
le procédé de VUCETICH emprunte les caractères classiques de tous les autres procédés : des dessins tracés
au milieu des lignes papillaires, l'examen du point
central, des points caractéristiques, de la naissance
des lignes et de leurs bifurcations, du dédoublement
de l'anneau, etc. (1).

Par une lettre du 6 novembre 1906, M. le Ministre
de la Justice invitait l'Académie des Sciences à « lui

_____

(1) DASTRE, *Des empreintes digitales comme procédé d'identification*, art. cité, pp. 35 et 36.

POUCE   INDEX   MÉDIUS   et   ANNULAIRE droits.

Fig. 1. — Empreintes.

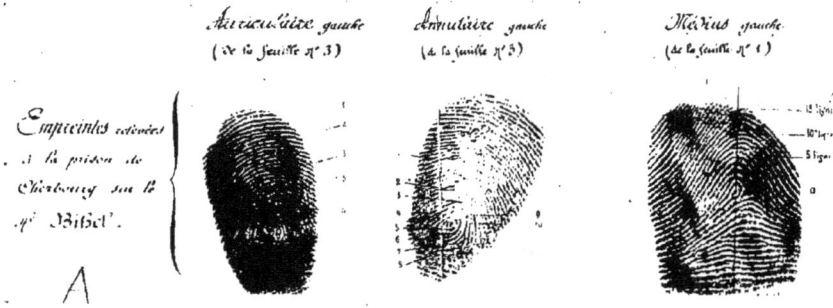

Auriculaire gauche (de la feuille n° 3)   Annulaire gauche (de la feuille n° 3)   Médius gauche (de la feuille n° 1)

Empreintes relevées à la prison de Cherbourg sur le n° Bibel.

A

Fig. 2. — Empreintes.

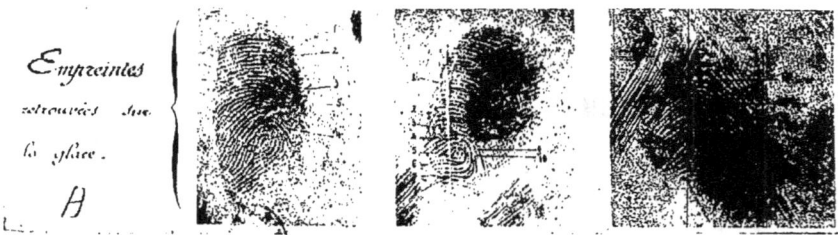

Empreintes retrouvées sur la glace.

A

Fig. 3. — Empreintes.

PLANCHE XIX

faire connaître son sentiment sur le crédit qu'il faut accorder aux méthodes anthropométriques relatives aux empreintes des doigts pour *fixer l'identité d'un individu*, et sur les moyens de contrôle à établir pour prévenir, dans leurs applications, les déductions inexactes (1) ». L'Académie a constitué, dans la séance du 12 novembre, une commission composée de MM. d'Arsonval, Chauveau, Darboux, Dastre et Troost et, après deux réunions, le 3 décembre 1906 et le 18 janvier 1907, M. Dastre a déposé un rapport détaillé dans la séance du 1er juillet 1907. A cette demande officielle, un peu anodine, car l'Académie, malgré sa haute portée scientifique, ne peut pas juger une question sur laquelle elle n'est guère compétente d'une manière toute particulière, M. Dastre a su répondre avec érudition et bon sens, en faisant remarquer avec justesse que M. le Ministre de la Justice aurait pu frapper avec plus de profit qu'en s'adressant à l'Académie des Sciences, s'il voulait une étude comparée sur la commodité, la sûreté, les avantages et les inconvénients des méthodes d'identification en usage. Et ces portes, toutes indiquées par M. Dastre, avec son bon sens habituel, auraient conduit aux titulaires des chaires de médecine légale dans les Facultés de Médecine et dans quelques Universités étrangères.

Voici les réflexions de M. Dastre (2) :

« La considération des empreintes digitales conduit

_____

(1) Dastre, *Des Empreintes digitales comme procédé d'identification*. Rapport présenté au nom d'une commission nommée par l'Académie *C. R. Acad. Sciences*, t. CXLV, n° 1, 1er juillet 1907, pp. 28-47.

(2) Dastre, art. cité, p. 45.

à des méthodes de classification qui n'ont point ces inconvénients. Le nombre de ces dessins (dix pour les deux mains) les variétés de leurs formes, la multiplicité des particularités qu'ils présentent, permettent des divisions et des subdivisions nombreuses. Toutefois la première méthode de classification, celle de GALTON, était d'un maniement délicat et compliqué. Elle comportait quarante-et-un types créés plutôt dans le but d'analyser les empreintes que de classer des fiches d'identification.

« Le nombre de ces formes de départ a été successivement réduit à dix, puis à six, puis à quatre. M. E.-K. HENRY, chef de la Commission de police métropolitaine à Londres, a proposé un système de notation et d'enregistrement qui permet de distribuer les fiches de chaque sujet. Ce système fonctionne à Londres et dans le Royaume-Uni. Il vient d'être introduit à Vienne. Toutefois, il est beaucoup plus compliqué et moins aisé à pratiquer que celui qui est en usage à Saïgon. Dans l'Indo-Chine, il ne fut pas possible d'appliquer la méthode de M. BERTILLON : les Chinois protestaient contre la mensuration anthropométrique ; ils acceptèrent la dactyloscopie. M. POTTECHER, en 1897, créa une méthode d'utilisation des empreintes digitales, fondée sur la considération de huit formes typiques ; nous n'avons pas à l'exposer ici : il est seulement permis de dire qu'au point de vue de la simplicité, elle constituait un progrès sensible sur celle de HENRY.

« Mais le progrès définitif semble avoir été réalisé par M. VUCETICH, chef du Service d'identification de la République Argentine. Cet observateur considérait

Empreinte digitale.

PLANCHE XX

seulement quatre formes très faciles à distinguer, et
dans chacun des dessins digitaux six espèces de particularités ou points caractéristiques. La division
primaire en série est formée par les dessins de la
main droite; les divisions secondaires ou sections
par ceux de la main gauche. La première subdivision
dans la série est déterminée par le pouce (les suivantes
par les autres doigts, dans leur ordre de succession,
de l'index à l'auriculaire).

« Les groupes secondaires se forment aussi facilement et, en fin de compte, le système présente une
simplicité, une commodité, une facilité d'emploi qui le
recommandent dès à présent à l'adoption de tous les
pays qui ont accueilli le principe dactyloscopique.
Une notation, un numérotage extrêmement ingénieux
permettent ici de faire servir les empreintes digitales
à l'identification judiciaire.

« En résumé, le système dactyloscopique comporte
une systématisation suffisamment claire pour être
parfaitement pratique. »

Et voici les conclusions de cette commission académique :

I. — « Les empreintes digitales considérées chez
un même individu sont immuables depuis le plus bas
âge jusqu'à la vieillesse la plus avancée.

« Elles diffèrent d'un doigt à l'autre, d'un individu
à l'autre. La concordance des empreintes digitales des
dix doigts, examinées dans leur forme générale et
dans les six espèces de particularités que l'on y distingue, constituerait une presque certitude d'identité.
La chance d'erreur serait au-dessous de 1 sur 64 mil-
liards.

17

« La concordance des empreintes de plusieurs
doigts ou même d'un seul constitue encore une
présomption d'identité extrêmement forte. La valeur
signalétique de l'empreinte digitale est au moins
égale à celle de tout autre ensemble de caractères
physiques.

II. — « La considération des empreintes digitales
(dactyloscopie) suffit à l'établissement d'un catalogue
méthodique d'identification. Les trois opérations qui
concourent à la fixation d'identité et qui consistent à
établir la fiche, à la classer et à la retrouver sont
particulièrement facilitées dans le procédé dactyloscopique de VUCETICH.

« Le système dactyloscopique a, sur tout autre,
l'avantage d'être applicable aux individus de tout
âge, aux enfants, aux jeunes gens, aux adultes, et,
par conséquent, aux délinquants juvéniles, à la
population des colonies pénitentiaires comme aux
récidivistes adultes. Il est le moins coûteux, son
fonctionnement n'exige point un personnel nombreux
et long à dresser.

« Il tend chaque jour davantage à se substituer à
la mensuration anthropométrique.

« Il peut être recommandé pour l'établissement
d'une fiche internationale, dont feraient usage les
polices de tous les états civilisés pour la recherche
commune des criminels. »

En résumé, les empreintes digitales sont comme
les stigmates presque immuables de l'individualité
humaine : c'est une signature toute faite, indéniable.
On connaît bien des cas dans les annales judiciaires
où les criminels furent trouvés grâce à ces traces

laissées soit sur le parquet, soit sur le verre, sur des
poteaux de bois, soit sur le mastic de vitrier.
M. A. BERTILLON, l'éminent directeur du service
anthropométrique du Palais de Justice compte à son
actif bien des exploits célèbres. Il avait fourni à la
justice plus d'une fois le nom, le portrait et le signale-
ment anthropométrique des criminels. M. BERTILLON
a bien voulu me confier quelques documents de son
service et me donner quelques conseils pour lesquels
je m'empresse à le remercier. M. NICEFORO, dans un
livre extrêmement intéressant qui vient de paraître (1),
cite plusieurs des cas connus, des célèbres découvertes
criminelles familières d'ailleurs à tous ceux qui se
sont intéressés de près à cette question.

La pratique des empreintes digitales paraît remonter à des époques bien lointaines. D'après certains auteurs, elles ont servi comme sceau chez certains peuples de l'Extrême-Orient. M. DASTRE cite le
cas « de la pratique de l'apposition du pouce sur un
contrat ou une charte écrite, sur un sceau de cire ou
de laque molle, qui a été signalée à Siam et au Cam-
bodge par M. J. HARMAND, autrefois consul à Bangkok
et ambassadeur honoraire ». Aux Indes, sir J.-W. HER-
SCHELL avait utilisé pendant plus de 40 ans l'empreinte
du pouce comme signature dans les contrats officiels.
GALTON doit d'ailleurs bien de ses remarques ingé-
nieuses aux constatations pratiques de sir J.-W. HER-
SCHELL.

Les lignes papillaires sont, en outre, nous l'avons vu,

(1) A. NICEFORO, *La police et l'enquête judiciaire scientifique*,
1907, p. 126.

liées intimement à la structure de la peau. Elles apparaissent dès les premiers mois de la vie intra-utérine et la mort même n'efface pas leur dessin. Dès la constitution du derme, les crêtes papillaires apparaissent pour ne disparaître qu'avec la désorganisation complète de la peau. Les *saillies* papillaires sont donc définitives ; anatomiquement, elles sont séparées par des sillons où suintent délicatement, imperceptiblement des gouttelettes de sueur ; les orifices des glandes sudoripares débouchent presque toujours vers le sommet des crêtes papillaires.

L'entrelacement des crêtes papillaires n'est donc pas confus ; la topographie est intelligible, tant au point de vue anatomique qu'au point de vue physiologique. Les cicatrices, les traumatismes, les brûlures détériorent le dessin et quoi qu'en disent les auteurs, — c'est d'ailleurs aussi l'avis du rapporteur de l'Académie des Sciences — il résulte des perturbations intenses dans la topographie papillaire. Tout un dessin peut être modifié, sa physionomie changée de manière à ne plus le reconnaître. M. A. BERTILLON me disait que les Romanichels pour dépister la justice s'écrasent avec des épingles les bouts des doigts, et que la constatation de l'identité dans ces conditions devient encore plus difficile. On cite pourtant des cas affirmatifs. A. YVERT aurait retrouvé dans le cas d'un récidiviste, l'empreinte dactyloscopique telle quelle, même après que le sujet eût trempé ses mains dans l'eau bouillante. Le docteur LOCARD affirme de son côté que s'étant brûlé avec un fer rouge, la pellicule qui recouvre la phlyctène conservait le dessin primitif ; le derme, après guérison, aurait reproduit l'em-

Empreinte digitale.

PLANCHE XXI

preinte (1). Dans quelques observations personnelles, sur 20 cas, je n'ai pu en constater un seul où les traumatismes, les brûlures auraient laissé intactes les arabesques digitales. Certainement, les parties par retraits et le derme sous-jacent gardent la physionomie antérieure intacte, mais les filigranes, les dessins perdent de leur physionomie personnelle et l'on ne retrouve qu'avec de grandes difficultés, et encore, le dessin primitif. Normalement, malgré la grande habitude de ceux qui s'occupent du classement des empreintes, il n'est pas toujours commode de suivre les dessins de la topographie papillaire. Un sillon détruit, une bifurcation disparue, une boucle seulement effacée, et le type de l'empreinte n'est pas aisément retrouvable. Moi-même, m'étant coupé légèrement au médius gauche, je n'ai pu reconnaître qu'avec de grandes difficultés mon empreinte dans une série d'autres ; et pourtant la destruction traumatique était extrêmement légère et la cicatrice occupait à peine une surface de 3 millimètres et demi.

Le procédé *dactylographique* est en usage dans tous les pays civilisés, et il sert exclusivement, et seul, pour l'identification judiciaire : en Égypte, où, en plus, les domestiques femmes et les prostituées ont sur leur carte d'identité l'empreinte digitale ; aux Indes anglaises, en Angleterre, en République Argentine, dans une partie de l'Italie, au Brésil, Uruguay, Chili, etc.

M. GALTON inclinait à croire à l'hérédité de ces dessins. Sans oser avoir une opinion à ce sujet, j'ai pu

(1) DASTRE, art. cité, p. 39.

constater le fait suivant : de mes recherches sur la main,
je possède une collection de près de 1.000 mains pho-
tographiées, dessinées, et j'ai une collection d'autant
d'empreintes. Le fait suivant m'a semblé pourtant
assez constant. Comme il y a une physionomie de la
main, qui tient en moyenne de famille, il y a aussi
des points communs, non dans l'empreinte individuelle
d'un doigt, mais dans la physionomie, dans la diversité des empreintes digitales des cinq doigts. Les
arabesques se contournent, diffèrent selon les mêmes
lignes dans une famille. Il y aurait, en somme, des
points communs.

Le jugement de l'*âge* d'après une empreinte est
assez aisé à être formulé, mais en faisant toutes les
réserves possibles. Le doigt d'un adulte a, selon Forgeot, une surface supérieure à celle du doigt d'un
jeune enfant ; les crêtes papillaires seront donc plus
espacées chez le premier.

Prenant comme unité de mesure 5 millimètres en
longueur ; portant cette longueur perpendiculairement
à des lignes papillaires de la phalangette d'un nouveau-
né et comptant le nombre de crêtes comprises dans
ces 5 millimètres, on trouvera, par exemple, dit Forgeot : dix-huit. « La mesure appliquée sur le même
doigt du même sujet âgé de 20 ans ne donnera plus
que 10 lignes papillaires. D'où une première évaluation
de l'âge. »

D'après des statistiques (1), Forgeot arrive aux
chiffres suivants comme moyenne, en prenant pour
unité de longueur 5 millimètres.

(1) Forgeot, ouv. cité, p. 86.

Trace laissée par la phalangette d'un doigt

Dessin agrandi par la méthode des réseaux
permettant d'étudier en particulier tous les détails et points de repère
présentés par les lignes papillaires

PLANCHE XXII

« La mensuration part du point A, summum de la figure formée par le tourbillon des phalangettes.

« On a :

Chez le jeune enfant. 15 à 18 lignes pour 5 millim.
A 8 ans............   13   —   —
A 12 ans............   12   —   —
A 20 ans............   9 à 10   —   —

« Au-dessus, ce chiffre peut descendre pour les grosses mains à 7 et même à 6. »

Les crêtes papillaires chez les femmes sont toujours plus serrées.

Plus on se rapproche de l'enfance, plus, selon Forgeot, les lignes papillaires sont fines et à contours nettement arrêtés ; c'est un indice macroscopique pour établir l'âge approximatif.

Une empreinte de personne âgée se reconnaît, selon Forgeot, du premier coup d'œil : « Les grosses lignes ou rides de la main sont très nombreuses ; les crêtes papillaires de toute la main sont comme usées, aplaties, à bords flous, les détails de l'empreinte sont nuageux, ce qui forme un ensemble caractéristique du grand âge.

La durée des empreintes latentes, justiciables du procédé à l'encre, dépend de l'état de moiteur de la peau au moment du contact, mais les traces peuvent apparaître après plusieurs années. M. Forgeot cite à ce sujet une observation intéressante.

M. Chantre, envoyé en mission, en mars 1890, dans l'Arménie russe, a rapporté un certain nombre de

_____

(1) Forgeot, ouv. cité, p. 87, et Comm. Soc. Anthrop. Lyon, 1891.

feuilles de notes anthropométriques sur lesquelles il
avait pris plus ou moins parfaitement les contours des
doigts et de la main droite.

Après deux années, vingt-trois de ces feuilles, frot-
tées et secouées pendant le voyage, furent passées à
l'encre et quelques contours de mains seulement res-
tèrent négatifs.

« Les détails des phalangettes des doigts étaient
visibles pour beaucoup et le tourbillon des lignes
affectait en grande partie les formes en ovales du
numéro 4 de Féré. »

Aux éminences thénar et hypothénar, la face palmaire avait une grande netteté de lignes papillaires.
Deux mains ressortaient avec un fini parfait.

Sur une de ces empreintes, Forgeot trouva des
traces d'une petite main d'enfant de 10 ans et d'un pied
droit du même âge ; elles provenaient d'un jeune Tatar
de la ville de Choucha. Le docteur Forgeot avait
donc deviné juste, M. Chantre n'ayant communiqué
qu'ensuite l'existence réelle de ce jeune tatar.

L'apparition de ces empreintes au bout de deux
années montre le point de vue pratique par le procédé
à l'encre ; on pourrait employer cette méthode en
médecine légale.

CHAPITRE IX

La peau, la nature des tissus subjacents et surtout la physionomie de la main peuvent aider le clinicien dans l'établissement de son diagnostic. S'il ne s'aventure pas dans le domaine de la chiromancienne, s'il ne songe pas à ses faciles prédictions, non seulement l'étude de la main peut lui révéler au premier coup d'œil les maladies de la peau, les rhumatismes chroniques, mais encore elle le fait se souvenir de toute une littérature médicale qui a classé méthodiquement les troubles et les modifications de la physionomie de la main.

L'astrologie du xvii° siècle décrivait ainsi la main d'un alcoolique invétéré : « Abondance de chair, main d'ivrogne. » Elle ajoutait que les mains grasses appartenaient à ceux qui étaient « lourds d'esprit » et « amoureux des dames ».

Ch. Féré (1) nous a montré d'ailleurs qu'il existe un rapport intime entre la forme et la disposition des crêtes papillaires des doigts d'une part avec la mobi-

(1) Ch. Féré, *Soc. Biol.*, 15 octobre 1895, pp. 657-660, id., 1891.

lité des doigts, et de l'autre part avec la sensibilité des
doigts. La sensibilité est liée surtout à la disposition
plus ou moins courbe des lignes papillaires ; elles sont
transversales quand la sensibilité est absolue. En
dehors du rapport entre la complication des crêtes
pulpaires des doigts, décrite et analysée par GALTON et
par Ch. FÉRÉ (1), ce dernier auteur a étudié les extrémités digitales dans l'étude des fonctions de la main.
L'étude des crêtes peut indiquer la position des
doigts dans les actes de la préhension, voire même
les plus délicats. Pour saisir leur rôle, FÉRÉ avait
enduit, selon la méthode de GALTON, comme nous
venons de le voir dans le précédent chapitre, les bouts
des doigts avec de l'encre d'imprimerie, et on saisissait
des balles en cuir blanc. L'extrémité digitale était
nette et facile à être examinée ; la direction des crêtes
papillaires indiquera certainement la position des
doigts. Selon FÉRÉ, plus on est adroit et intelligent,
plus on saisit l'objet avec toute la main ou plutôt avec
tous les doigts écartés. Habituellement, la maladresse
serait traitée par le rapprochement des quatre doigts
et par le fait de placer le pouce dans le voisinage de
l'index, à le coller même, en l'écartant du petit doigt.
Souvent on se rend compte de cette maladresse par
l'absence de contact d'un doigt ou par son application
maladroite touchant la balle blanche seulement par
une partie de la pulpe d'un doigt ou des doigts. Toucher avec toute la main serait signe d'adresse ;
d'ailleurs, c'est le geste de la caresse, de l'excitation
d'une plus grande surface tactile, du contact délicat

(1) *Soc. Biol.*, 1897, 1ᵉʳ janv. pp. 1114-1116.

Fig. 1. — Main bote cubito-palmaire (Atrophie cérébrale).

Fig. 2. — Poing fermé des hémiplégiques.

Fig. 3. — Grippe lépreuse (Duchenne de Boulogne).

Fig. 4. — Paralysie saturnine.

Fig. 5. — Grippe cubitale (Duret).

Fig. 6. — Antéropathie syringomyélique (d'après Meige).

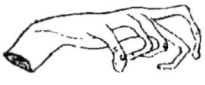

Fig. 7. — Dolichosténomélie (Marfan).

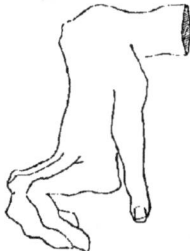

Fig. 8. — Atrophie d'une main bote d'hémiplégique.

Fig. 9. — Main dite du prédicateur.

Fig. 10. — Mains ostéomalaciques (P. Richer).

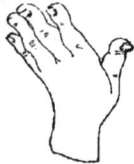

Fig. 11. — Rétraction de l'aponévrose palmaire.

PLANCHE XXIII

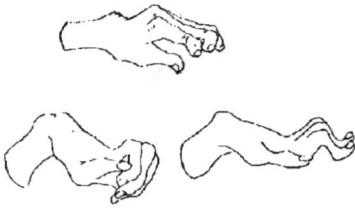

Fig. 1. — Rhumatisme chronique.

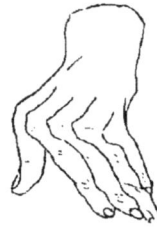

Fig. 2. — Rhumatisme chronique
(Déviation en coup de vent).

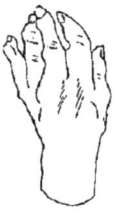

Fig. 3. — Nodosités d'Heberden
(P. Richer).

Fig. 4. — Goutte chronique.

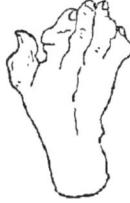

Fig. 5. — Goutte chronique
(Déviation en coup de vent).

Fig. 6. — Maladie de Parkinson.

Fig. 7. — Sclérodermie
(Badin).

Fig. 8. — Doigts
hippocratiques.

Fig. 9. — Cyanose
(Henri Roger).

Fig. 10.
Acromégalie.

Fig. 11. — Ostéopathie
hypertrophiante
pneumique.

Fig. 12. — Grippe interosseuse
(sclérose latérale).

Fig. 13. — Polynévrose
pneumique.

Fig. 14. — Main de singe
(P. Richer).

PLANCHE XXIV

d'une surface de peau plus considérable, propre à
l'irradiation de la sensibilité tactile, dont le mécanisme nous est encore tout aussi étrange que tout
ce qui concerne la dynamique du système nerveux.
Mais cela n'empêche pas la précision des faits de
conscience.

En effet, cet organe possède à lui seul toute une
séméiologie. N'a-t-on pas même, vers 1891, à la suite
des recherches de GALTON, comme nous venons de le
voir, constitué le plus ingénieux critérium de l'identité judiciaire par les empreintes digitales ?

I

Esquissons rapidement les principales données
médicales de la séméiologie de la main.

La coloration de la peau est un élément trop simple,
trop banal même pour que nous nous y arrêtions.
Elle fournira à un œil exercé des indications sur les
troubles hépatiques — l'ictère — les états d'anémie et
de chlorose, la maladie d'Addison (teinte bronzée), —
les affections des capsules surrénales, etc., etc. Selon
GUITTON, chez les idiots, la main serait peu sensible,
et à cause de l'abus ou de la pauvreté des corpuscules
de Paccini.

Les affections de l'appareil circulatoire sont intéressantes à considérer autant au point de vue psycho-
physiologique que clinique.

Depuis la teinte cyanosée — des stases sanguines —
bleu pâle et la teinte rouge cramoisie, jusqu'à la
teinte noirâtre des individus atteints d'affections der-

miques, des intoxiqués par l'arsenic, ou des addiso-
niens, la coloration des téguments constitue toute
une échelle dont les nuances peuvent nous renseigner,
souvent très vaguement, mais aussi parfois d'une
manière précise, sur la qualité comme sur la quantité
du sang contenu dans les tissus.

La peau est un admirable tracé graphique. Celle
qui recouvre la main, comme celle du corps tout
entier, conserve les traces de toutes les vicissitudes
de la vie. Un œil exercé y découvrira, de même que
les modifications de toute autre nature, les vestiges
des plus anciennes cicatrices. Et le dermatologue sera
certainement un des premiers à s'en apercevoir.

Au point de vue de la séméiologie médicale (1), on
distinguera les attitudes de la main des déformations
pathologiques. On rangera dans les premières la
grande majorité des *affections congénitales*, les mains
botes, par exemple, la déviation de la main sur l'avant-
bras, qui constituent, surtout si l'on tient compte des
malformations osseuses, un problème médical des
plus compliqués. La main bote paralytique, la main
bote spasmodique des hémiplégiques, appartiennent
aussi à ce type de déviations ; de même que les
contractures hystériques, les rhumatismes chroniques. CHARCOT et JOUFFROY ont décrit, quoique un
peu schématiquement, la main dite « du prédicateur

(1) Voir article LONDE, *Membre*, in *Manuel de diagnostic
médical* de DEBOVE ET ACHARD, t. I, pp. 137-176 ; pp. 160-176.
BOUVIER, « Main, bote », *Dict. encycl. des Sciences médicales*, t. IV, pp. 162-191.
POLAILLON, « Main, Pathologie », *Diction. encycl. des Sciences
médicales*, t. IV, pp. 119-161.

emphatique », caractérisée surtout par une flexion
forcée du poignet. Le docteur G. MARINESCO, le
savant roumain bien connu, a décrit dernièrement
cette déviation d'attitude dite du « Prédicateur »,
observée dans la syringomyélie, maladie de la moelle
caractérisée par des lésions notoires, des cavités de
la substance médullaire. Des affections musculaires
présentent souvent aussi de pareilles modifications.
SELLING vient de décrire cette déformation dans le
sclérose en plaques (1).

D'après CHARCOT, le rhumatisme chronique com-
mencerait par l'atrophie des extenseurs, d'où il s'en-
suivrait que, la contracture des fléchisseurs prédomi-
nant, l'attitude de la main évoluerait lentement vers la
main bote.

Une autre attitude pathologique de la main est la
griffe due à la paralysie d'un des trois nerfs qui
innervent la main ; il y a une *griffe cubitale,* comme
il y en a une *radiale* (paralysie saturnine) et une
médiane. Quand le médian et le cubital sont paralysés,
nous avons la griffe dite interosseuse. Dans le cas
de la section du *médian,* on remarque surtout le
creux palmaire plus accentué, la déformation du
pouce, forte saillie du premier métacarpien, l'index
et le pouce sont dans l'extension. Les mouvements
d'opposition du pouce sont supprimés. Les actes de
préhension sont gênés. Dans la section du *cubital,* on
remarque une dépression de la région hypothénar,
dépression dans la région thénar (atrophie de l'ad-

(1) SELLING, *De la déformation dite « main de prédicateur »
dans la sclérose en plaques.* (*Munchener Med. Wochenschrift,*
1906, n° 17.)

ducteur du pouce), creux intermétacarpien dans le
dos de la main (atrophie des interosseux), extension
permanente des premières phalanges, mobilité variable des autres phalanges à cause de leur innervation réglée par les autres nerfs, le médian en
partiticulier. Dans le cas de la section du *radial*,
on remarque surtout la chute du poignet et la paralysie de tous les extenseurs.

Citons encore : *la griffe de la polynévrite pneu-
monique* de J.-M. CHARCOT et DUTIL, *la main de
singe* de P. RICHER, etc. Les paralysies toxiques contribuent à la formation de nombreux types de cette
attitude. La paralysie arsénicale déforme la main tout
autant que la paralysie saturnine : *main lépreuse*
comme variation du type dit : « main de singe». On peut
également citer les amyotrophies spinales familiales
(amyotrophie Charcot-Marie) et la paralysie radi-
culaire, affections particulières d'un certain groupe
de muscles, affection souvent héréditaire. La nature
et la forme de cette attitude dite de « griffe » varient
selon son degré d'intensité et les muscles affectés et
selon les causes traumatiques des autres, qui en sont
les causes (1).

(1) MEILLET, Thèse de Paris, 1874. — RICHELOT, in *Arch.
Physiol*, 1875. — LONDE, Thèse de Paris, 1860. — MITCHELL,
MOREHOUSE et KEEN, *Gunshot wounds and other injuries of nerves*,
Philadelphie, 1864. — BEAUGRAND, Thèse de Strasbourg, 1864.—
CH. RICHET, Thèse de Paris, 1877. — TILLAUX, Thèse agrég.,
Paris, 1866. — MOUGEOT, Thèse de Paris, 1867. — LETIÉVANT,
Traité des sections nerveuses, 1872. — DUCHENNE DE BOULOGNE,
Physiologie des mouvements et *Traité de l'électrisation localisée*.
— AVEZOU, Thèse de Paris, 1879. — Bibl. COYBAS, Thèse,
1871. — V. BLUM, vol. cité, pp. 136-146.

C'est dans le *rhumatisme chronique* qu'on rencontre les variations les plus nombreuses. Charcot en a décrit les deux types classiques : de flexion et d'extension, cela par rapport à la phalangine. Brissaud a décrit la déviation en « coup de vent », caractérisée par la déviation en masse des phalanges sur le bord cubital de la main. Citons encore, comme appartenant à cette catégorie, la *griffe renversée* de Duchenne, le poignet fléchi en *forme de nageoire*, etc.

Dans la *goutte chronique*, on rencontre aussi des déviations typiques, surtout à cause des déformations de la physionomie des doigts et particulièrement des bourses séreuses, par la formation de dépôts, ou par l'infiltration uranique. On rencontre souvent des déviations angulaires des doigts. Les nodosités d'Heberden sont classiques ; elles sont constituées par des nodosités localisées aux articulations des dernières phalanges. Les nodosités de Bouchard et Legendre indiquent toujours, selon ces auteurs, une dilatation de l'estomac ; elles siègent au niveau des articulations des phalanges et sont le résultat d'une hypertrophie osseuse, et elles s'expliqueraient selon la doctrine du professeur Bouchard (*Revue de Médecine*, 1882, Oct.), par des phénomènes toxiques, identiques à ceux du rhumatisme.

Le professeur Bouchard (1), à la suite de l'analyse de 220 cas de dilatation de l'estomac, qu'il a pu personnellement observer, conclut : « Les nodosités

(1) Prof. Bouchard, *Du rôle pathogénique de la dilatation de l'estomac et des relations cliniques de cette maladie avec divers accidents morbides.* (*Bull. et Mémoires de Soc. Médicale des hôpit. de Paris*, 1889. Extr. 13 p.) — Pp. 6 et 8. — Voir aussi ses *Leçons sur l'antisepsie*.

des secondes articulations des doigts semblent appar-
tenir en propre à la dilatation de l'estomac ; elles
m'ont permis souvent, avant tout interrogatoire du
malade, de diagnostiquer une dilatation de l'estomac,
dont j'ai ensuite pu vérifier la réalité à l'aide des signes
physiques. Elles consistent parfois en saillies latérales proéminant à la face dorsale de la deuxième
articulation, soit en dedans, soit en dehors. Plus souvent, elles sont constituées par un élargissement
latéral de l'extrémité supérieure ou base, de la deuxième phalange. A ces nodosités s'ajoutent fréquemment des changements des direction des phalanges,
de telle sorte que l'axe du doigt en extension, au lieu
d'être rectiligne, est constitué par une ligne brisée. »
Sur 100 cas de dilatation, le professeur BOUCHARD
avait rencontré le rhumatisme articulaire aigu 5 fois,
le rhumatisme chronique partiel 3 fois, le rhumatisme
musculaire 2 fois, le rhumatisme vague 9 fois, les
nodosités d'HEBERDEN 4 fois, les nodosités des secondes
articulations des doigts 20 fois. Le docteur Adolphe
BLOCH a constaté, dans un travail intéressant, l'existence de ces nodosités et leurs relations avec les dilatations de l'estomac. Il pense qu'elles représentent
une forme particulière du doigt chez certains individus dont l'hérédité serait assez chargée (1).

Les rétractions des *aponévroses palmaires* sont la
cause d'une autre catégorie de déviations, caractérisées par des flexions plus ou moins généralisées des
doigts ou par leur déviation latérale ; c'est un chapitre

---

(1) ADOLPHE BLOCH, *La forme du doigt et les nodosités de
Bouchard. (Assoc. p. Avanc des Sciences*, ouv. cité, 1899.)

de difformités qui siège dans le tissu fibreux, des plus
intéressants à connaître.

La griffe lépreuse de DUCHENNE DE BOULOGNE
est la plus classique parmi ces affections aponévrotiques (1).

L'Ostéopathie hypertrophiante pneumique de PIERRE
MARIE déforme aussi les articulations digitales, mais
à leur extrémité supérieure.

Le *doigt hippocratique* est caractérisé par une déformation de la phalangette en « baguette de tambour »;
la pulpe du doigt est hypertrophiée. HIPPOCRATE avait
remarqué que toute forme spatulée des dernières
phalanges, et surtout de l'index, correspondait généralement à la phtisie.

Le syndrome clinique de l'*ostéo-arthropathie hypertrophiante pneumique* décrit par M. PIERRE MARIE
a été fait tout d'abord pour débarrasser le champ de
l'acromégalie des faits qui l'encombraient. L'affection est caractérisée en outre par l'élargissement et
par la courbure exagérée des ongles (doigts en baguettes de tambour, doigts hippocratiques). Les mains
sont énormes, elles font naître l'impression de quelque
chose d'inouï, de non vu; ce ne sont pas seulement
de grosses mains, ce sont des mains déformées. Pour
un peu on dirait que ce ne sont pas des mains; d'ailleurs le terme « pattes » revient dans toutes les
observations allemandes de FRIEDREISCH ERB. : Le ma-

---

(1) Dr J. BOUYGUES (d'Aurillac), *De la rétraction de l'aponévrose palmaire*. (*Arch. génér. de médecine*, n° 40, t. II, 83° année,
196 p., 2513-2527.)

(1) HEBERT, Thèse de Paris, 1898.

lade Gouraud-Marie était dénommé « grosse patte ».
Ce terme de « pattes » ne semble pourtant pas juste à
M. PIERRE MARIE. Voici la description des doigts selon
notre maître : Les doigts sont un peu allongés, mais
considérablement élargis, « c'est ainsi qu'on voit la
circonférence de la première phalange du médius, par
exemple, atteindre neuf centimètres et demi ou même
dix centimètres. Ces dimensions dépassent celles des
doigts de l'acromégalie de près d'un centimètre. La
forme des doigts dans l'ostéo-arthropathie hypertrophiante pneumique présente ceci de particulier que la
dernière phalange, la phalangette, se renfle considérablement et devient bulbeuse, à tel point que c'est
cette phalange qui, relativement, et parfois même
réellement, est la plus hypertrophiée des trois. Aussi
les doigts prennent-ils l'aspect de « baguette de tambour » ou « de battant de cloche » pour le pouce, ce
qui n'a jamais lieu dans l'acromégalie où les proportions de chacun des segments digitaux sont très bien
conservées. L'ongle qui coiffe l'extrémité du doigt
ainsi déformé participe à cette déformation, il est
considérablement élargi (deux centimètres et demi et
plus, pour celui du médius), il est en outre un peu
allongé et surtout *recourbé* (aspect hippocratique), de
telle façon que l'extrémité du pouce de notre malade,
par exemple, vue de profil, rappelle, à s'y méprendre,
« le contour d'une tête de perroquet avec son bec recourbé » (1). Les ongles sont striés longitudinale-

(1) PIERRE MARIE, *De l'ostéo-arthropathie hypertrophiante
pneumique*. In *Revue de Médecine*, 1890, t. X, janvier. Extr.
broch. 36 p., pp. 23, 24, 25. — V. aussi SOLLIER, *Sur une affection singulière du système nerveux caractérisée essentiellement*

ment, ils ont une tendance marquée à se fendre et
« à présenter des éclats dans le sens de leur longueur ».
« Leur extrémité périphérique présente assez souvent
une coloration d'un rose vif assez accentué. » La
main proprement dite, la paume de la main ne
s'éloigne que très sensiblement des dimensions et
de la forme d'une main normale, « sauf une hypertrophie des têtes des métacarpiens ». Les poignets sont
manifestement déformés. Ce syndrome clinique est
bien autonome et il n'a que des rapports très lointains, mais peu communs et cliniques, avec la maladie
de PIERRE MARIE (l'acromégalie). Dans toutes les
observations, dont M. PIERRE MARIE rend compte dans
son travail, on constate des affections chroniques
graves pleuro-pulmonaires et qui concordent d'une
manière indéniable avec l'ostéo-arthropathie hypertrophiante; des huit cas publiés, quatre cas sont affirmatifs au point de vue de la diathèse, trois douteux
et deux négatifs. Ce syndrome est donc toujours
« sous la dépendance d'une affection pulmonaire antérieure », le terme pneumique comprenant non seulement la dénomination des poumons, mais aussi des
bronches.

Le mécanisme de ce processus serait analogue, selon
M. PIERRE MARIE, à celui de ces *pseudo-rhumatismes* du
professeur BOUCHARD, donc un processus toxi-infec-
tieux et nullement un réflexe. Les substances toxiques
choisissent de préférence certaines parties des os et

---

*par de l'hypertrophie des extrémités des membres, des phéno-
mènes paralytiques, et des troubles variés de la sensibilité.
(France médicale, 1889, n°s 68, 69.)*

des articulations, ce qui déterminerait les tissus de l'ostéo-arthropathie hypertrophique.

Dernièrement MM. FERN. BEZANÇON et S. ISRAEL DE JONG (1), dans un travail d'ordre purement critique, arrivèrent aux conclusions suivantes : « 1° Le doigt hippocratique des tuberculeux ou des autres malades atteints d'affection broncho-pleuro-pulmonaire n'a aucun rapport avec l'ostéo-arthropathie hypertrophiante; 2° Les observations étiquetées à l'heure actuelle ostéo-arthropathie hypertrophiante pneumique se rangent en quatre catégories : A : Des observations rares d'une affection mal connue des extrémités, rentrant dans le syndrome primitif de M. PIERRE MARIE; B : Des observations de simples doigts hippocratiques; C : Des observations d'ostéites ou d'arthrites subaiguës d'origine infectieuse ou toxique; D : Des cas d'association d'hippocratisme et d'ostéo-arthrites, l'un n'étant nullement sous la dépendance de l'autre. » A lire attentivement, ce travail n'attaque en rien aucune des conclusions de M. PIERRE MARIE ; d'ailleurs les auteurs eux-mêmes constatent, parmi le nombre des observations, des cas d'une affection mal connue des extrémités, rentrant dans le syndrome primitif de M. PIERRE MARIE. Il est vrai, d'autre part, que certains auteurs sont allés trop loin, plus loin que le créateur du symptôme — le texte de M. PIERRE MARIE est clair et précis — et qu'ils se sont appuyés dans leur diagnostic des ostéo-arthropathies hypertro-

_____

(1) F. BEZANÇON et S. ISRAEL DE JONG, *Doigts hippocratiques et ostéo-arthropathie hypertrophiante pneumique.* (*Archives générales de médecine*, 1904, t. II, pp. 3100-3113. Bibliographie assez complète, 79 titres.)

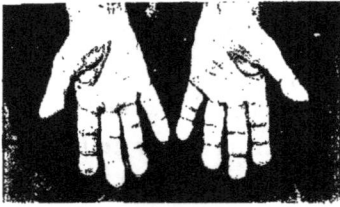

Fig. 1. — Astéoarthropathie.

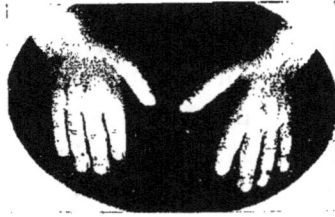

Fig. 2. — Ostéo-arthropathie
pneumique (Thoinot).

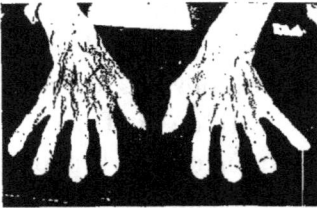

Fig. 3. — Ongles en verre
de montre.

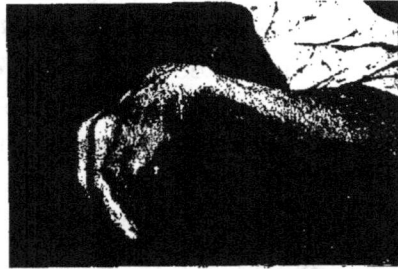

Fig. 4. — Hémiplégie.

Fig. 5. — Ostéo-arthropathie hypertrophiante non pneumique
(Th. de Lemercier).

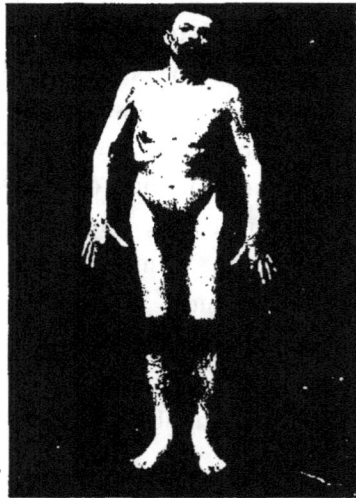

Fig. 6. — Ostéo-arthropathie
pneumique (Thoinot).

PLANCHE XXV

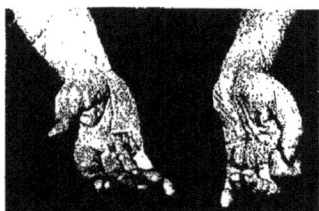

Fig. 1. — Syringomiélie.

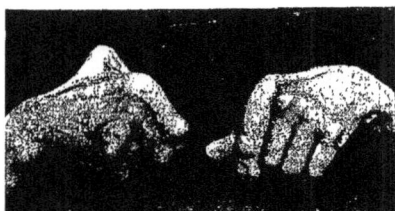

Fig. 2. — Syringomiélie.

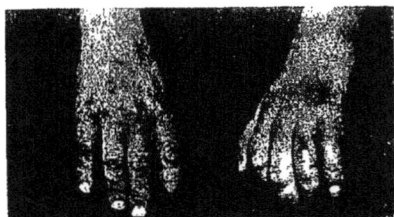

Fig. 3. — Syringomiélie.

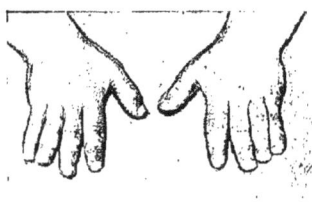

Fig. 4. — Deboudroplasie.

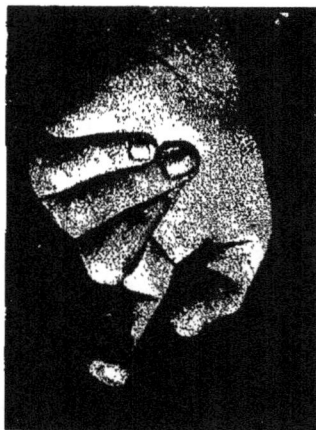

Fig. 5. — Syringomiélie.

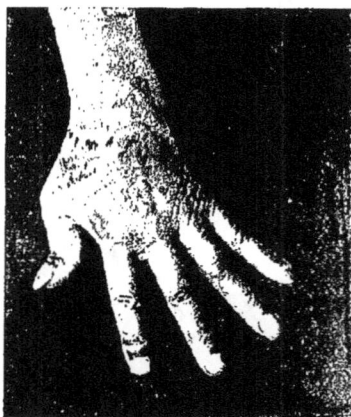

Fig. 6. — Tuberculose cutanée.

PLANCHE XXVI

phiantes sur de simples doigts hippocratiques. Les
cas de VODEL, VILLARD, GÉRAUD, RAYNAUD et AUDITET,
GRASSET et RAUZIER, COMBY, JANENAY, TELETY, etc.
pourraient être multipliés ; mais cela ne plaide nullement contre l'individualité du syndrome de M. PIERRE
MARIE.

L'ongle normal ne doit rien avoir de la griffe ; il
couvre la pointe supérieure et la dernière phalange
sans avoir une physionomie à lui, et s'applique sur
le doigt. Dans la tuberculose pulmonaire, c'est un
fait d'observation vulgaire que dans cette affection
les doigts subissent fréquemment la déformation en
« baguettes de tambour » (PIERRE MARIE). BAMBERGER,
cité par M. PIERRE MARIE, avait remarqué la présence
de doigts hippocratiques « chez les individus atteints
uniquement de la dilatation des bronches sans tuberculose (1) ».

L'ongle *hippocratique* est constitué par une courbure antéro-postérieure exagérée. Cet ongle en « verre
de montre » serait, d'après M. PIERRE MARIE, l'indice
d'affections pulmonaires et témoignerait de prédis-
positions à la tuberculose ; de nombreuses investigations sont venues confirmer la justesse de cette
observation. Il est d'ailleurs facile de se rendre compte,
sinon du mécanisme de cette ostéo-arthropathie, du
moins de ses rapports avec la phtisie. Dans le service
de M. PIERRE MARIE, à Bicêtre, j'ai eu plus d'une fois
l'occasion de rencontrer ce signe séméiologique : c'est
la meilleure confirmation de ce maître, dont on con-

___

(1) BAMBERGER, *Soc. des Médecins de Vienne*, 1889. Séance
du 8 mars, d'après M. PIERRE MARIE.

naît d'ailleurs la rigueur et la conscience intuitive profonde, scientifique (1).

Les doigts ronds en forme de boudin, selon le chevalier d'Arpentigny, seraient un signe que les filets nerveux terminaux n'arriveraient pas à remplir leurs fonctions normales, la forme étant quadrangulaire, d'où des modifications notoires de la sensibilité. Toute partie ridée des doigts serait le diagnostic d'un mauvais état des papilles qui président la sensibilité tactile. Toujours selon ce physionomiste de la main, l'absence des monticules interdigitaux de la paume de la main prouverait une pauvreté des corpuscules de Paccini; à cette région ils doivent être nombreux.

Parmi les *dactylites*, ou déformations des doigts, il faut signaler, en dehors des autres affections diathosiques infectieuses, la classique *spina ventosa*, affection presque toujours tuberculeuse, infantile, et qui atteint particulièrement la première phalange des doigts, surtout celle du médius et le premier métacarpien : l'os devient fusiforme à cause de la boursouflure du canal osseux. La syphilis et la tuberculose sont des sources abondantes de dactylites; les doigts s'allongent, se raccourcissent, deviennent des doigts « en lorgnette », comme on dit couramment. La première enfance semble toujours prédisposée à cette maladie; le sexe masculin plus que le sexe féminin (22 garçons pour 13 filles, d'après Goetz).

Il ne faut pas oublier les affections mutilantes dues à la lèpre, à la syringomyélie, à la sclérodermie, à la

_____

(1) Voir aussi Villebrun, *Des ongles, leur importance en médecine judiciaire.* (*Thèse Fac. Méd. Lyon*, 1883.)

maladie de Raynaud (asphyxie symétrique des extrémités), à l'acromégalie, etc...

Le Dʳ Souques vient de communiquer dernièrement
à la Soc. Méd. des Hôpitaux un moyen(1), dit le « signe
des doigts », qui n'est qu'un mouvement associé des
interosseux de la main du même côté de l'hémiplégie
organique. « Les deux dernières phalanges se plaçaient involontairement dans l'extension en même
temps que les doigts s'écartaient ». Il observa ce fait
17 fois sur 27 cas d'hémiplégie. (Le phénomène des
interosseux de la main dit « phénomène des doigts »
dans l'hémiplégie organique).

La *main succulente* de Pierre Marie et Marinesco
est une main atrophique potelée à la face dorsale ; la
main de prédicateur de Marinesco est pathognomique,
selon cet auteur, dans la syringomyélie et dans l'acromégalie. La lèpre, la maladie de Raynaud, la sclérodermie, sont des affections qui ont des attitudes muti-
latoires bien pathognomiques, qu'un clinicien habile
distingue et devine aisément et rapidement.

Il nous reste à parler des ongles et des stigmates
professionnels. L'inspection des ongles est extrêmement instructive à tous les points de vue. Toutes les
maladies de nutrition y laissent des traces profondes.
De la fièvre typhoïde à l'hémiplégie, au mal de mer,
elles y impriment leur marque. Il y a des arrêts
typiques dans la croissance de l'ongle, arrêts qui sont
presque toujours la conséquence d'un état pathologique. Ces arrêts sont marqués sur l'ongle par un sillon
transversal. On peut même évaluer le temps qui sépare

(1) 8 juin 1907.

ces sillons, par conséquent la durée de la maladie, le
laps de temps écoulé depuis, et cela en mesurant en
millimètres l'espace compris entre le bord postérieur
de l'ongle et le sillon. Le nombre de millimètres,
d'après les auteurs, équivaudrait à celui des semaines
écoulées depuis la maladie. La croissance des ongles
est plus rapide pour les mains que pour les pieds ; pour
ces derniers elle serait quatre ou cinq fois moindre.
Des névrites traumatiques provoquent l'incurvation
des ongles (W. MITCHELL) et leur épaississement ; la
scrofule, l'arthritisme, les dermatoses, la syphilis, etc.,
déforment les ongles et empêchent leur croissance. Et
je ne parlerai pas des affections des hystériques.

Le rachitisme modifie sensiblement la main et le
bras. VIERORDT nous donne des aperçus très documentés dans sa *Rachitis und Osteo-Maladie* (1896,
Hölder). On doit au rachitisme, dont les ravages sont
surtout considérables dans les classes peu fortunées,
à cause des mauvaises conditions d'hygiène, l'épaississement du poignet, surtout la région du petit doigt
à cause de l'apohyse styloïde. On cite aussi la déviation *en sabre* de l'avant-bras et en dehors. Cette modification est très banale, car plus de 30 pour 100
des hommes sont atteints de rachitisme, soit directement, soit par l'hérédité, selon SENATOR et RITCHIE.

La main étroite et maigre n'a-t-elle pas été citée
comme un signe de prédisposition à la phtisie, d'après
STRUMPELL. (1)? C'est un des nombreux signes de
l'*habitus phtisique* ou de la scrofule.

---

(1) STRÜMPELL, *Specialle Pathologie und Therapie der inneren
Krankheiten,* 1894, I, p. 363.

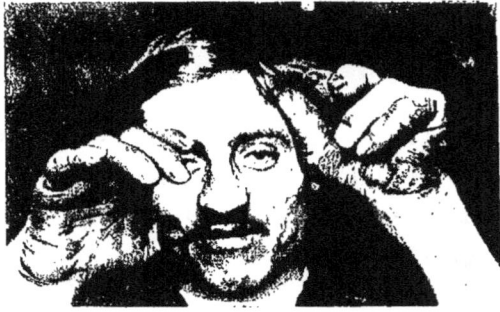

Fig. 1. — Maladie de Morvan.

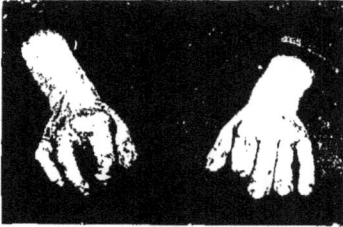

Fig. 2. — Maladie de Morvan.

Fig. 3. — Maladie de Parkinson.

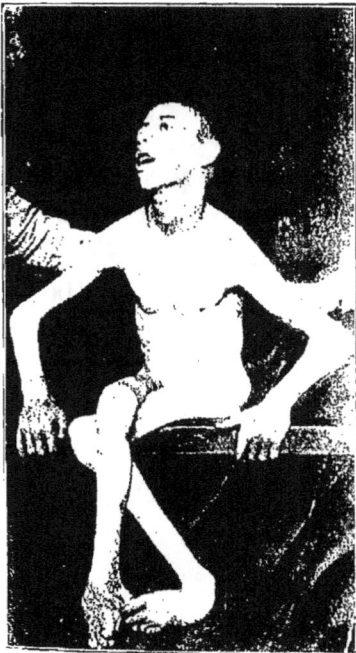

Fig. 4. — Maladie de Little.

Fig. 5. — Tuberculose des doigts.

PLANCHE XXVII

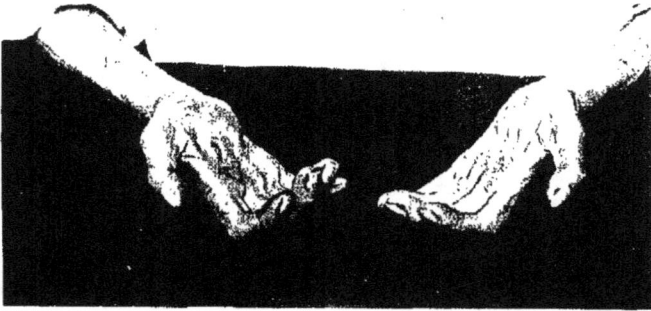

Fig. 1. — Amyothéraphie Charcot-Marie.

Fig. 2. — Neurofibromatose.

Fig. 3. — Camptodactylie

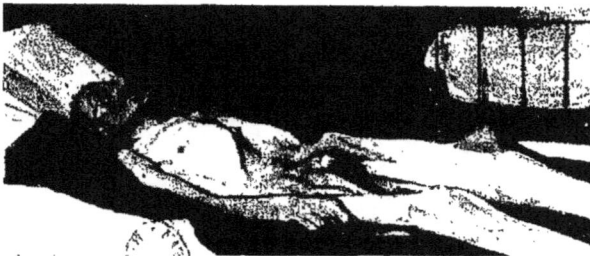

Fig. 4. — Maigreur.

PLANCHE XXVIII

Le poignet inélégant, lourd et épais, est également, dans une grande majorité des cas, dû à un épaississement rachitique, auquel on doit d'ailleurs un grand nombre des déformations des articulations des os de la main.

La graisse, l'inévitable graisse qu'on devine se former chez certaines belles mains est un signe de vieillesse; elle est plus visible dans les mains féminines dont la peau est plus mince et la couche de graisse normalement plus épaisse.

Je citerai, à titre documentaire et d'après TARDIEU : *Mémoire sur les modifications physiques et chimiques que détermine l'exercice des diverses professions, pour servir à la recherche médico-légale de l'identité. Annales d'Hygiène*, t. XLII, *Les stigmates professionnels* (1). Les tourneurs en bois ont les doigts serrés et des durillons au rebord de l'index, à la base du pouce et sur le bord interne; les fleuristes ont la dernière phalange du pouce et de l'index élargie; les raboteurs de parquets ont des bourses séreuses à la face interne des pouces; les pouces en spatule se trouvent chez les vitriers, les repasseurs et les cordonniers; ces derniers ont seulement le pouce gauche spatulé et des durillons à la base de la face antérieure de la première phalange du pouce droit. Les blanchisseuses en gros, les horlogers usent les ongles du pouce et de l'index (LONDE). L'ouvrière en dentelle aurait, selon DUPUYTREN, une contracture en flexion des dernières phalanges des quatre derniers

(1) Voir aussi le travail intéressant quoique ancien du Dr VERNON, *De la main des ouvriers*, Paris, 1862.

doigts. La main droite du découpeur de métaux présente des bourses séreuses du côté de l'index et du
pouce à la base de la dernière phalange ; le corroyeur
a des durillons palmaires à chaque main, du côté de
l'éminence hypothénar ; les tonneliers, des durillons
palmaires sur la ligne de l'annulaire ; les brunisseuses
ont la paume droite celluleuse et noire ; les cochers,
deux sillons calleux à la main gauche, entre le pouce
et l'index et entre le médius et l'annulaire. L'écrivain
et le copiste ont des empreintes, des dépressions à la
partie externe du rebord de la dernière phalange du
médius, de même qu'à tous les doigts qui contribuent
à la réalisation du geste d'écrire. Les doreurs en
métaux, les coiffeurs, les menuisiers, les ébénistes, etc.,
ont des traces correspondantes avec leur métier. Qui
ne reconnaît pas une main qui attaque souvent le clavier ? Les bouts des doigts, leur mobilité et leur physionomie sont des critérium difficiles à nous induire
en erreur.

N'omettons pas de parler des *tremblements de la
main et des doigts :* c'est un chapitre important de la
séméiologie de cet organe. Dans la paralysie agitante,
on a la main dans l'attitude de tenir la plume : c'est
une des rares attitudes constantes des tremblements,
car les autres tremblements sont transversaux ou
horizontaux, permanents ou passagers, fibrillaires ou
en masse, et ils ne cristallisent pas sous une forme
spéciale caractéristique. Les tremblements peuvent
être volontaires ou involontaires. Citons ceux de la
maladie de PARKINSON, maladie nerveuse bien caractéristique, qui rappellent le geste qu'on ferait pour
rouler une boulette de pain. Le tremblement sénile

des doigts peut difficilement être considéré comme un
critérium séméiologique des autres maladies toxiques
ou nerveuses. Dans la maladie de BASSEDOW, caractérisée entre autres par de l'exophtalmie, les yeux
sortent des orbites, les doigts ne tremblent pas isolément, mais ils suivent les mouvements de la main.
Les troubles intentionnels, c'est-à-dire qui se manifestent en s'exagérant quand le sujet veut exécuter
un acte, sont caractéristiques dans les scléroses en
plaque. Il faut signaler aussi les tremblements héré-
ditaires, qui se manifestent dès l'enfance, et tous les
troubles d'ordre émotif ou de nature nerveuse fonctionnelle comme ceux, par exemple, qu'on observe
avant, pendant et après les crises hystériques ou épileptiques, de même que les tremblements choréiques,
les tremblements paralytiques, les tremblements des
alcooliques, séniles, etc., etc.

Il y a aussi une pathologie toute particulière de la
main chez les névrosés, chez les aliénés. J'ai vu plusieurs cas de malades qui, comme l'empereur Cali-
gula « s'étant dégoûté de toutes les plus belles femmes »,
firent l'amour à la Lune, et les sensations de la main
jouaient un grand rôle. Nous verrons ailleurs, dans
l'analyse de l'imagination, le rôle sexuel de la main.
Il y a des mains neurasthéniques, des mains bêtes,
comme il y a des mains « vivantes, épuisées, fatiguées ».

Des études de perversion sexuelle signalent entre
autres comme des cas de fétichisme possible, les
amants de la main. On doit à M. ALFRED BINET, l'auteur qui pour la première fois a employé ce mot, banal
depuis, le *fétichisme dans l'amour*, des observations

bien curieuses et étranges sur cette obsession amou-
reuse (1). M. Binet croit que le fétichisme de la main
est très fréquent, et il cite à l'appui le cas d'un jeune
homme qui aurait préféré dans la femme surtout la
main. « La vue d'une jolie main détermine chez lui,
dit M. Binet, une curiosité dont la nature sexuelle
n'est pas douteuse, car en se prolongeant elle provoque l'érection. Toute main, indistinctement, n'est
pas capable de produire chez lui une érection sexuelle.
Il faut éliminer tout de suite les mains d'homme, les
mains d'enfant et les mains des personnes âgées.
Chose curieuse, les mains vieilles, ridées, flétries et
les mains rouges d'une fricoteuse, les mains jaunes et
maladives d'un cachectique lui inspirent un dégoût
insurmontable. » Ce jeune homme était, à mon avis,
aussi un homme de goût, car toute sa pathologie ne
repose sur rien de précis. Quelle raison pathologique
pourrait-on tirer du fait qu'il préférait la main et pourquoi cette manière banale de voir de la pathologie dans
toutes les impulsions possibles. Pourquoi aimer la
femme en bloc et obéir au réflexe spinal et ne pas
analyser les motifs de ses goûts ? Tout est sexuel dans
l'amour, et la main est certainement, tout comme le
pied, un point de repère sexuel précis, sans que cela
fasse partie du domaine de la pathologie. L'homme
moderne est un être plus raffiné, plus analytique, et
il a fait de la sexualité un instinct artistique. Il pensera
à l'amour quand un coucher du soleil s'assombrira
tendrement vers le lointain d'une mer calme, comme

_____

(1) A. Binet, _Le fétichisme dans l'amour._ (_Revue philoso-
phique_, 1887, pp. 143-168, 252-279, p. 189.)

Fig. 1. — OEdème cardiaque.

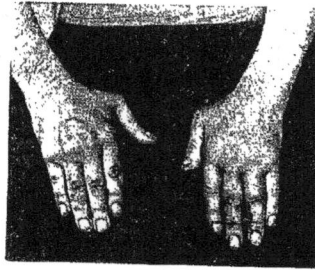

Fig. 2. — OEdème rhumatismal
(main droite).

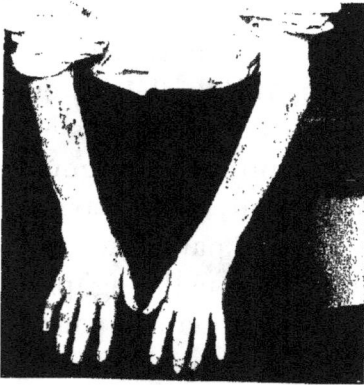

Fig. 3. — Psoriasis.

Fig. 4. — Goutte.

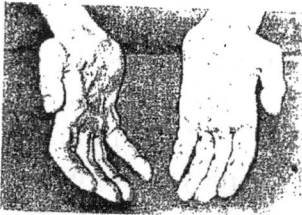

Fig. 5. — Amyotrophie
Charcot-Marie.

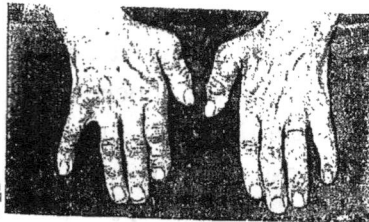

Fig. 6. — Amyotrophie
Charcot-Marie.

PLANCHE XXIX

Fig. 1. — Rhumatisme.

Fig. 2. — Rhumatisme.

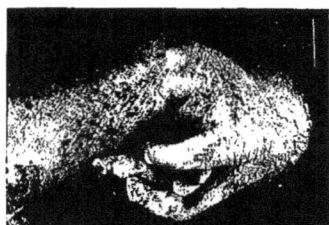
Fig. 3. — Rhumatisme
déformant.

Fig. 4. — Rhumatisme chronique
déformant.

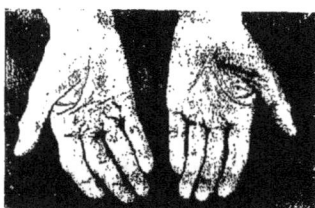
Fig. 5. — Rhumatisme chro-
nique. Déviation en coup de
vent.

Fig. 6. — Rhumatisme chronique.

Fig. 7. — Rhumatisme chronique.

PLANCHE XXX

il pensera à l'amour quand il pensera à la tendresse
d'une caresse, au geste divin d'une poignée de main.
On n'est pas malade, quand on s'enthousiasme, et
on sait aimer la vie sous ses formes vivantes et
réelles.

Le malade, ou considéré comme tel par M. BINET,
est désolé quand il voit une belle main gantée : « Quand
il s'adresse à une femme gantée, c'est comme s'il faisait la cour à une femme voilée. Quand le gant est tiré,
il n'a d'yeux que pour son objet de prédilection. La
prendre et l'embrasser sont ses plus grands plaisirs »...
Tout cela serait du pathologique. Mais où commence
l'amour normal ? Serait-ce l'excitation reflexe spinale,
sans objet et sans image précise ? Je me rangerais
nettement dans la catégorie des êtres pathologiques.
La vue d'une belle main, d'un geste gracieux, sont des
images chargées de vie, de sensibilité réelle, qui
glissent dans notre pensée non de la pathologie, mais
des sensations humaines, sensations analytiques qui
nous précisent le goût de la vie et qui nous obligent
à considérer la vie sous un aspect moins automatique et routinier que ne le considère la psychologie
de cabinet. Quel vent large souffle à ce point de
vue dans ce que l'automatisme intellectuel considère
comme pathologique ? Il y a de l'envergure, de la
sensibilité et un penchant empreint d'un mystère
tendre, que la vie normale refoule continuellement et systématiquement au fond du centre subconscient. Pourquoi M. BINET désire-t-il que l'amour
normal soit polythéiste ? Quelle symphonie gro-
tesque que cette excitation cénesthésique spinale !
Le détail est un fait de l'amour, et la pathologie

ne saurait commencer à l'analyse des détails.

Dans la même catégorie que les tremblements, on doit citer les spasmes et les convulsions choréiques et les tics ; la crampe des écrivains est le type de toutes ces crampes dites fonctionnelles.

Au point de vue de la localisation cérébrale, on sait qu'on rattache le centre du *langage écrit*, ou en termes plus explicites de l'écriture, au pied de la deuxième circonvolution frontale gauche, donc en avant de la zone motrice, tout comme le langage articulé, qui siégeait selon la doctrine classique, battue en brèche par M. le professeur PIERRE MARIE, au pied de la troisième circonvolution frontale gauche, le centre de Broca. La lésion de ce centre provoquerait la perte du langage écrit, donc l'agraphie. Il faut ajouter, pour être précis, que ces deux centres du langage articulé et du langage écrit ne sont pas considérés par les anatomistes comme des centres moteurs proprement dits, mais ce sont des centres d'activité intellectuelle, des centres de coordination et d'association des autres centres de la force motrice, qui tiennent mécaniquement, anatomiquement, directement, l'innervation des organes musculo-sensoriels qui contribuent à l'expression du langage. L'acte de l'écriture ne nous semble pas lié nécessairement à un centre fonctionnel malgré les toutes dernières et récentes recherches de MAAS (1) et de LIEPMANN (2) qui inclinent vers l'intégration du centre graphique

(1) MAAS, *Du rôle de l'hémisphère gauche et du corps calleux au point de vue des mouvements.* (*Soc. de Méd. Berlinoise.* Séance du 5 juin 1907. In *Semaine médicale*, p. 24, 12 juin 1907.)

(2) LIEPMANN, *Ibid.*

combattu jadis si éloquemment par WERVICKE. LIEP-
MANN avait remarqué que les hémiplégiques droits
sont souvent incapables de faire certains gestes avec
la main gauche, tandis que chez les hémiplégiques
gauches, on ne constaterait rien d'analogue. A la
suite du cas de MAAS, il pense que les centres moteurs
du cerveau gauches exercent une action spéciale sur
les mouvements des membres du côté gauche en
même temps que sur la motilité du côté droit, grâce à
un trajet spécial des fibres et à la participation des
corps calleux. M. PIERRE MARIE a combattu cette
manière de voir (1).

II

Il y a tout un chapitre de la pathologie de la main,
que je ne ferai que passer bien rapidement en revue,
la chirurgie de la main. Les traités de chirurgie et les
ouvrages spéciaux abondent en documents intéressants
pour le psychologue et pour le physiologue, car de la
manière dont une luxation est faite, dont une syno-
vite évolue, dont une plaie se cicatrise, l'anatomo-
physiologie de la main se précise davantage et aussi
sa physionomie psychologique. Le travail du docteur
A. BLUM est un excellent résumé à ce point de vue,
il n'a que le défaut d'être un peu vieux (2). Le premier

(1) P. MARIE, in *Semaine médicale*, 1906, p. 242, note de la
col. III.

(2) A. BLUM, *Chirurgie de la main*, Paris, Asselin et Cie. Ed.
1882, 1 vol., 207 p., p. 18.

traité tombé sous la main complétera rapidement les
données classiques qu'on recopie habituellement textuellement en médecine, sans ajouter des découvertes
ou des recherches nouvelles. De la question des fractures, il faut retenir le fait que certains os se fracture-
ront plus aisément que les autres. Voici deux statistiques déjà anciennes qui indiquent quand même la
vérité expérimentale :

DES OS FRACTURÉS	STATISTIQUE POLAILLON	STATISTIQUE HOLIN
1er métacarpien	8 fois	27 fois
2e —	16 —	16 —
3e —	34 —	9 -
4e —	35 —	12 —
5e —	9 —	14 —
	102 fois	78 fois

MALGAIGNE (1) admettait que le quatrième métacarpien se fracturerait le plus souvent ; DELPECH penche
pour le cinquième. La main droite est plus particulièrement atteinte et toutes les fractures s'observent
habituellement chez les hommes entre 20 et 25 ans, et
parmi les causes les plus fréquentes, il faut citer pour
le deuxième et le cinquième métacarpien, la chute d'un
corps pesant ou coup de pied de cheval, choc communiqué avec un coup de bâton, un coup de poing, etc.
Les autres métacarpiens sont fracturés surtout indirectement. Les luxations sont moins intéressantes ;
elles montrent seulement la variabilité des mouvements associés des divers éléments anatomiques de la

(1) MALGAIGNE, *Traité des fractures,* Paris, 1847. — POLAILLON,
in *Dict. Dechambre.* Art. « Main », 1871.

main ; les plaies montrent, d'autre part, la richesse de la vascularisation de la main, sa complication anato tomo-fonctionnelle. Des affections inflammatoires aiguës, signalons le *panaris*, intéressant surtout par ce fait qu'il indique souvent une genèse pathologique toute spéciale. Il est plus fréquent chez l'homme que chez la femme, et selon la statistique de VELPEAU (1), il aurait la proportion de 183 hommes pour 89 femmes (2). La main droite aurait été affectée 120 fois pour 82 fois de la gauche. Voici encore, d'après VELPEAU, la fréquence des panaris par rapport aux doigts :

Le pouce	85	fois le panaris
L'index	81	—
Le médius	58	—
L'annulaire	36	—
L'auriculaire	8	—

Le tempérament lymphatique est plus sujet aux panaris et selon POURIEU (3) la tuberculose jouerait un grand rôle ; sur 400 phtisiques il aurait trouvé 38 cas portant des traces de panaris. LIEUTAUD a observé en outre que c'est pendant l'automne qu'il y aurait plus de panaris.

Les synovites aiguës ou chroniques, sèches, rugueuses, hémorrhagiques, etc., nous montrent à quel point le volume de la main est élastique et

(1) VELPEAU, *Gazette des Hôpitaux*, 1838.

(2) Voir aussi GAUJOT et SPILLMANN, *Arsenal de la Chirurgie*, 2 vol., 1867, Paris, pp. 300-383. *Ankylose des doigts. Ankylose du poignet*; pp. 399, 400-409 ; pp. 598-622 ; pp. 622-635, chap. III. *Appareils employés pour les déviations du membre supérieur*.

(3) POURIEU, *Thèse Agrég. de Paris*, 1874.

19

combien les troubles inflammatoires les plus légers
modifient essentiellement sa forme et sa topographie ;
il en est de même pour les ostéites et les arthrites.
N'oublions pas l'affection connue sous le nom de
doigt à ressort si bien décrite par NOTTE en 1856 (1),
intéressante par la preuve qu'elle fournit d'une pathologie des tissus fibreux de la main ; il s'agit en espèce
d'une nodosité tendineuse (A. BLUM). Les cas de digito-
plastie ne peuvent guère nous intéresser. (Voir le volume
de NÉLATON et OMBREDANNE sur les autoplasties.) On
peut citer quelques cas de guérison qui prouvent la
vitalité des tissus (NICOLADON).

Nous avons parlé des déformations acquises de la
main, nous n'y reviendrons plus. Ces déformations
sont innombrables, surtout quand on sait qu'en dehors
des causes accidentelles professionnelles, il y a des
causes médicales aussi variées que difficiles à préciser, à partir des difformités d'origine musculo-tendineuse jusqu'aux brûlures et aux tumeurs, dont la
gamme pathologique serait vraiment inutile à être
continuée ici.

Les amputations chirurgicales nous intéressent par
la psychologie des membres fracturés, en d'autres termes, par les illusions des amputés, illusions bien connues mais dont la psychologie reste encore à faire.
AMBROISE PARÉ avait été un des premiers à signaler ces
illusions et c'est à WEIR MITCHELL qu'on doit le terme de

(1) NOTTE, *Recherches sur une affection particulière des
gaines tendineuses de la main, caractérisée par le développement d'une nodosité sur le trajet des tendons fléchisseurs des
doigts et par l'empêchement de leurs mouvements. (Archives
générales de médecine, 1850.)*

« membre fantôme ». C'est tout à fait normal de sentir encore son bras coupé, sa main absente. Nous devons à RISET une des premières statistiques ; elle fut faite sur les soldats du premier Empire et il constata que 14 seulement n'avaient pas cette illusion dans le nombre total de 455 amputés. PITRES (1), auquel nous devons un travail des plus documentés sur la question, avait constaté l'absence de cette illusion dans un cas seulement sur 30. Cette sensation apparaît en moyenne au bout d'un mois ; les auteurs signalent son apparition immédiatement après l'opération, mais c'est assez rare. Cette illusion peut se décrire de la sorte : le malade a la notion précise de la position de sa main dans l'espace, il la sent ; elle est mobile et il accuse toutes les sensations physio-psychologiques normales. La main absente est chaude et gourde, elle a froid ; elle a des crampes, etc. Parfois, on ne sent que les extrémités digitales et le reste de la main est flou. Un malade de PITRES avait l'illusion que sa main amputée était plus petite, comme une main de fillette. Les sensations sont complexes et nombreuses ; l'illusion est rarement précise ; elle est floue, instable, parfois elle est persistante et elle devient presque une idée fixe (WEIR-MITCHELL). Le membre fantôme est parfois vu en imagination ; les illusions varient. Bien qu'on l'ait dénié, l'habitude est encore une des causes principales de cette illusion. On essaye d'expliquer ces membres fantômes anatomiquement ; dans la cicatrice guérie, il existerait des

---

(1) PITRES, *Les sensations illusoires des amputés*. (*Arch. Médico Psych.*, 1889.)

causes d'irritation fonctionnelle qui provoqueraient
l'évocation de l'image et des sensations de l'extrémité
absente. La théorie des excitations périphériques a
certainement du vrai; mais, avec Pitres, nous accor-
dons à des phénomènes psychiques des perturbations
sensorielles. Les excitations périphériques du moignon, comme elles ont été pratiquées tout d'abord par
Weir-Mitchell et dernièrement par Souques, impli-
queraient le rôle prépondérant qu'elles jouent dans la
systématisation de cette illusion. Une excitation faradique éveillerait l'illusion du membre fantôme, comme
une injection de cocaïne abolirait pour un certain temps
l'illusion. Les docteurs A. Marie, de Villejuif, et
Pelletier ont examiné dernièrement les membres fantômes chez les amputés délirants (1). Le docteur
Papillon (2) avait consacré sa thèse inaugurale à
l'analyse du même sujet et il avait constaté que certains aliénés présentent des troubles secondaires surajoutés aux troubles normaux ; cela se rencontre surtout
chez des aliénés caractérisés par de l'affaiblissement
intellectuel notoire. Les docteurs Marie et Pelletier
publièrent trois cas de délirants actifs où les délires
se greffent sur des sensations douloureuses du membre
amputé ou avec des poussées de suppurations locales.
Le processus anatomo-physiologique serait facilement
explicable si l'on tient compte de recherches faites sur
la dégénérescence centripète et centrifuge des nerfs ;

(1) Dr Aug. Marie et M. Pelletier, *Les membres fantômes
chez les amputés délirants.* (*Bull. Inst. génér. Psychol.*, n° 3,
5 juin 1905. Extrait. 15 p.)

(2) Dr Papillon, *Des interprétations délirantes et des
hallucinations chez les amputés aliénés.* (Thèse de Lyon, 1905.)

mais, une fois de plus, il faut songer à la variabilité des ressources psychologiques cérébrales qui alimentent, raniment ou font revivre des processus dont l'automatisme était bien et définitivement établi. Exposant mes recherches sur l'image motrice, j'analyserai mes cinq observations personnelles où l'image n'était, en somme, que le résultat de l'isolement psycho-fonctionnel d'un processus organique compliqué et associé strictement à l'automatisme organique général.

Nous publions ici, à titre de document, l'image d'une main artificielle ; la prothèse a fait des progrès énormes et l'on arrive à suppléer bien des troubles fonctionnels et même tout un bras amputé. J'ai vu des amputés se servir admirablement de leur bras grâce à des appareils orthopédiques.

CHAPITRE X

I

La *crampe des écrivains*, improprement d'ailleurs nommée ainsi, paraît avoir été signalée pour la première fois par un auteur allemand Brück, vers 1831.

En effet, on ne retrouve aucune citation, aucune date bibliographique antérieure au travail de Brück. Les observations de Gierl, Albers et Heyfelder — considéré à tort par Gaujot (p. 622) comme le premier auteur qui ait écrit sur la crampe des écrivains — se suivent de tout près, mais elles sont postérieures : 1832, 1835 et 1838. Wilde R., cité pour la première

---

(1) *Crampe des écrivains*, Synonymes = *Chorea scriptorum* (les anciens), *Mogigraphie* (Hirsch), *Névrose coordinatrice des écrivains de profession* (Benedikt). *Dyskinésie des écrivains professionnels* (Jaccoud). *Paralysie anapeiratique* (Hammond). *Contracture par abus fonctionnel* (Wuillez). *Impotence fonctionnelle* (Gallard). *Spasme et impotence musculaire fonctionnelle* (Duchenne de Boulogne). *Spasme fonctionnel* (Zuber). *Schreiberkrampf* (des Allemands). *Tremblement oscillatoire* (Cazenave). *Bégayement des muscles de la main* (Debout).

Valleux : « Cette affection consiste dans l'impossibilité d'écrire, par suite de contraction particulière des muscles fléchisseurs, ou plus rarement des extenseurs des doigts, quoique, en général, la main exécute facilement tous les mouvements quand il s'agit d'un auto-acte.»

fois par Zuber, reproduit, en effet, un passage de Ch. Bell (*Recherches*, etc.) — qu'il n'a pas pu d'ailleurs retrouver — qui indiquerait que cette maladie ne lui était pas inconnue. « J'ai observé, dit-il, la perte de la combinaison des mouvements nécessaires pour l'écriture ou bien une telle irrégularité des mouvements de la main, que les lettres étaient tracées en zigzag, pendant que l'aptitude des bras à travailler vigoureusement, à faire des armes, restait entière. »

Heyfelder décrivit d'une manière plus précise cette affection en 1835. L'affection consisterait, selon cet auteur, « en un tremblement convulsif des trois premiers doigts de la main droite qui font divaguer la plume sur le papier et dans un égarement involontaire de ces mêmes doigts qui les font lâcher la plume. Hors de l'action d'écrire, ils jouissent de la même force, de la même adresse, de la même sûreté et de la même promptitude de mouvement. »

Zuber, dans son article *Spasmes fonctionnels* du *Dictionnaire encyclopédique*, critique avec raison la mauvaise traduction française de la dénomination allemande : *Schreiberkrampf* par *crampe des écrivains*, « erreur, dit-il, qui a eu pour résultat d'introduire dans la science française un mot bizarre contre lequel ont protesté depuis trente ans tous les auteurs qui se sont occupés de la question. Le mot restera précisément parce qu'il est bizarre ». Ce fut le docteur Cazenave de Bordeaux qui l'employa pour la première fois en France, en 1835. Des formes variées de crampes fonctionnelles furent citées après, ainsi celle concernant la traite des vaches par Basedow en 1851, celle des cordonniers par Clemens en 1856, celles des cou-

turières par LOCHER BALBER à la même époque, celle
des télégraphistes par ONIMUS, et quantité d'autres
spasmes fonctionnels par DUCHENNE DE BOULOGNE et
les auteurs postérieurs.

Pour mieux faciliter l'intelligence clinique de cette
affection, nous parlerons tout d'abord des travaux cliniques et des observations des auteurs, puis nous
essayerons de traiter de son mécanisme, et à la fin
nous examinerons la question de la thérapeutique (1).

(1) ALBERS. In *Med. Zeit. v. Verein f. Heilk.*, 1835; — In *Zeits.
f. rat. Méd.*, t. X, 31. — AXENFELD. *Névroses*, t. II de la
Pathologie de Requin, Paris, 1863.

BASEDOW V. Melkerkrampf, *Casper's Wochens.*, 1851. —
BEARD. Writer's Cramp; its symtoms and treatment, *Philad.
med. Times*, 1877, fév. 317; — In *New-York med. Record*, 1879.
— BELMONDO. Sopra una forma prevalentemente atonica di
mogigrafia con alcune considerazioni sulle patogenesi degli
spasmi fonzionali, *Rivista di patol. nervosa e mentale*, vol. I,
fasc. 8, août 1896. — BENEDIKT. Sur la crampe, *Club médical
viennois*, 23 janv. (d'après *Revue neurol.*, 1898, p. 333, — In
Nervenpathologie und Elektrotherapie, 1874, pp. 267-349. —
BIANCHI (L.). Il crampo degli scrittori, *Il Morgagni*, 1873,
fasc. I, p. 36. — BIGG. *Orthopraxy*, etc., London 1865, p. 34. —
BLUM. *Chirurgie de la main*. 1 vol. Paris, 1882, 207 p. — BONNIER
(Pierre). Sur un cas de crampe professionnelle symptomatique de la maladie de Bright, Soc. neurol., in *Revue neurol.*,
1896, p. 414. — BRÜCK. *Caspers's Krit Repertorium*, XXX, 1831,
liv. II, p. 2; — In *Hufeland's Journal*, 1835, p. 4. — BURCKHARDT.
Die physiol. Diagnostik d. Nervenh., 1875, p. 147.

CANSTATT. *Lehrbuch der speziellen Pathologie und Therapie*
(d'après Zuber). — CARRIEU. *De la fatigue et de son influence
pathogénique*, Th. pour l'agr. de Paris, 1878. — CARTER. In
Clinical Society's Transactions, vol. II. — CAZENAVE. De quelques infirmités de la main droite qui s'opposent à l'action
d'écrire, *Gazette méd.*, 1835; — *Sur quelques infirmités de la
main droite (crampe des écrivains) qui s'opposent à ce que les
malades puissent écrire et sur les moyens de remédier à ces
infirmités*, 1845, broch. avec pl.: — Observations de tremble-

II

Observations et documents cliniques

CAZENAVE s'est occupé à plusieurs reprises des crampes de la main ; il a étudié en 1846, et en 1852, un tremblement tout spécial de la main que, selon lui,

ments oscillatoires de la main droite guéris ou palliés avec ou sans le secours d'une machine orthopédique appelée porte-main, *Gaz. méd. de Paris*, 1852, pp. 212-215, 225-227, 326-327. — GEDERSCHJÖLD. In *Schmidt's Jahrbücher*, 180, p. 121 (d'après Zuber), 772. — CLEMENS. Schusterkrampft, *Zeits. f. rat. Med.*, 1856.

DEBOUT. Sur les appareils prothétiques destinés à prévenir la production des spasmes pendant l'exercice de la main et spécialement la crampe des écrivains, *Bull. gén. de thérap. méd. et chir.*, 1860, LVIII, 327, 332, 377 ; — Coup d'œil sur quelques appareils destinés aux malades affectés de paralysie partielle des membres, *Bull. gén. de thérap.*, 1860. — DECHAMBRE (*Dict.*). CRAMPE DES ÉCRIVAINS, v. *Spasmes fonctionnels*, t. XXI, 1re série, p. 378. — DUCHENNE (de Boulogne). *Mécanisme de la physionomie humaine*, Paris, 1876, 2e édit. ; — Spasme fonctionnel et paralysie musculaire fonctionnelle, *Bull. de Thérap.*, 1860 ; — *De l'électrisation localisée,* Paris, 1861, 2e édit., p. 849 et suiv. ; — *De l'électrisation localisée,* 3e édit., p. 1028. DZONDY. In *Aesculap*, nouv. série, t. I, pp. 2 et 5.

ERB. In *Ziemssen's Handbuch der specialen Pathologie und Therapie* (Zuber). — EULENBURG. *Lehrbuch der Nervenkrankheiten*, 1878, t. II, p. 194.

FRANK SMITH. Hephœstie Hemiplegie (Hammer Palsy), *The Lancet*, 1869, 27 mars. — FRITZ. Ueber Reflexions fingerkrampf. *OEsterr. Jahrbücher*, 1844, t. XLVI et XLVII. — FRORIEP. Heilwirkung der Electricität bei des Rheumat-Schwiele, p. 181 (Zuber).

GALLARD (T.). Crampe des écrivains. Impotence fonctionnelle, in *Clinique méd. de la Pitié*, 1877, pp. 485-493 ; — *Progrès méd.*, 1877, nos 25, 26, 28. — GAUJOT et SPILLMANN. *Arse-*

personne n'avait encore signalé, tremblement qu'il
appelle oscillatoire « parce qu'il consiste en un mouvement alternatif, en sens contraire de la main droite
quand elle est placée comme pour écrire. « C'est ainsi
que les doigts annulaire et auriculaire étant appuyés

nal de la chirurgie contemporaine, Paris, 1867, t. 1 (Appareils
pour la crampe des écrivains), pp. 622-634. — GEIGEL. Der
Schreibekrampf, Würzburger med. Zeits., 1864. — GIERL, In
Salzburg. med. Chir. Zeit., 1832. — GOLDSCHMIDT. In Casper's
Wochens., 1838, n° 2. — GUYON. Moyen de faire cesser immé-
diatement la crampe des écrivains, Gazette méd.de Paris, 1852.

HARTELIUS. Crampe des écrivains traitée par la méthode
des mouvements, Hygicia, XXXVIII, 1876. — HASSE. In Virchow's Pathologie, t. IV, 1re partie, p. 142. — HAUPT. Nemo-
graphie über die Schreibekrankheit, Wiesbaden, 1860. —
HERTZKA. Traitement de la crampe des pianistes par le gesel-
minum semper virews, Pest med. Chir. Presse, 1876, n° 12. —
HEYFELDER. Med. Zeitung von Verein f. Heilk. in Preussen,
1838 (cité par Zuber). — HIRSCH. Spinalneurosen, 1843, p. 430.

JACCOUD. Traité de pathologie interne, 1878, t. I, p. 524 ; —
écrit dans son Traité de pathologie interne : « L'acte d'écrire
n'est pas le seul qui puisse être troublé par ces anomalies ;
on les observe, mais plus rarement, dans certains mouvements
professionnels qui, comme ceux de l'écriture, sont le résultat
d'une coordination artificielle acquise par l'exercice. »

KOPP. Denkwürdigheiten, III, p. 406. — KRAVSSOLD. Ueber
eine moderne Erkrankung der unteren Extremitäten, Centralbl.
f. Chir., 1878, n° 33.

LANGER (H.). Contribution à la prophylaxie et au traitement
de la crampe des écrivains, Munch. med. Wochens. (d'après
Revue neurol., 1893, p. 402). — LANGENBECK. In Vereins-Zei-
tung, 1835, n° 19. — LARREY. Discussion, Soc. de chir.,
12 déc. 1866. — LOCHER-BALBER. In Schweiz. Zeits. f. Med.,
1836.

MEYER. Schmerzhafte Druckpunkte der Wirbelsacide, etc.,
in Berl. klin. Wochens., 1878, n° 51 ; — Zur Therapie der
Schreibekrankheit, Verh. d. Berlin. Ærzte Ges., 1867, I. —
MILLER (J.). Schusterkrampf, Deuts. Klinik, 1868, n° 28.

sur le papier, la plume étant tenue par les trois premiers doigts, la main se balance, oscille plus ou moins rapidement de droite à gauche, de façon que le malade qui écrit est obligé d'accomplir cet acte complexe par surprise, de l'escamoter en quelque sorte. » Les per-

Naecke. La crampe des liseurs, in *Neurol. Centralbl.*, 1906, nᵒ 19. — Napias (H.). Note sur un nouveau cas de crampe professionnelle, *Revue d'Hygiène*, 1879, I, 927.

Onimus. Crampe des employés au télégraphe, *Gazette méd. de Paris*, 1875, p. 175, et Soc. de biol., mars 1875; — Le mal télégraphique ou crampe télégraphique, *C. r. de la Soc. de biol.*, 1878, pp. 92-97.

Poore (V.). An analysis of seventy-five Cases of « Writer's Cramp » and impaired wirting Power, *Medico-chirurgical Transactions*, t. LXI, — Writer's cramp, its Pathology and Treatment, *The Practitioner*, 1873, juin-août. — Electricity in Spasmodie affections and Writer's cramp, *The Lancet*, 23 janv. 1875.

Raymond. Crampe des écrivains, *Journ. de méd. et de chir. prat.*, 10 janv. 1895. — Reuben Vence. Writer's cramp or Scrivener's Palsy. *Boston med. and surg. Journ.*, mars 1873. — Revillout. Spasme fonctionnel et tétanie chez un athlète, *Gaz. des hôpit.*, 1880, nᵒ 68. — Richter. Grundriss der inneren Klinik, *Schmidt's Jahrb.* 1838, t. II, p. 123. — Romberg. Schreibekrampf, in *Lehrbuch d. Nerver-Krankheit.*, Berlin, 1881, 2ᵉ édit., p. 354. — Runge. Zur Genese und Behand. d. Schreibekrankheit, *Berl. klln. Wochens.*, 1873, nᵒ 21.

Schultz. De la crampe des danseuses, *Wien. med. Wochens.*, 1876. — Seccamani. Crampe des écrivains guérie par l'électricité, *Gazette méd. de Paris*, 1859. — Seerigmüller. Zur Pathogenie der peripheren Krämpfe, *St-Petersburger Medicinich. Wochens.*, 1881, nᵒ 2. — Seiffew, Atlas und Grundriss des allgemeiner Diagn. u. Thes. des Nervenkrankh., 1902, Münich, p. 322. — Shearer. Diseases of Consideration in the Fonctions of Reading and Writner, *Journ. of med. Sc.*, janv. 1876. — Sieboedi. In *Med. Verein-Zeitung f. Preeussen*, 1835, nᵒ 19 (d'après Zuber). — Simon (F.). *Ein. Beitrag. z. Lehre von d. Tetanie*, Th. de Breslau, 1874. — Simon (J.). Art.

sonnes atteintes de cette infirmité si, par hasard, elles peuvent écrire, éprouvent une gêne difficile à vaincre, et elles mettent un temps incalculable par rapport au temps nécessaire quand la main écrit dans les conditions normales. La plupart des malades sont pourtant dans l'impossibilité absolue de conduire

CRAMPE, *Nouveau Dict. de méd. et de chir.* (Jaccoud), 1869, t. X, pp. 143-148; pp. 144-148. - - SIMON (A.-C.). *D'une nouvelle variété de spasmes musculaires fonctionnels*, Th. de Paris, 1878, n° 338. - SOLLY. Lectures ou Scrivener's Palsy, *The Lancet*, 1865 et 1867 (d'après Zuber). — STICH. Neuropathology und Therapie Mitheilungen, *Archiv f. klin. Med.*, fasc. 4 et 5. — STRAUSS (J.). *Des contractures*, Th. d'agr. de Paris, 1878.— STROMEYER. Ueber den Schreibekrampf, *Bayerisch med. Corresp. Blatt*, 1840, n° 8.

THIELMANN. Fall von Näkekrampf, *Med. Zeit. Russlander*, 1889, n° 44. — TROUSSEAU. Des diverses espèces de chorée, in *Clinique méd.*, 4e édit., 1875, t. II, p. 268.— TUPPERT. Zur Behandlung der Schreibekrankeit, *Bays. Ærlze Intelligenzblatt*, 1860, n° 24.

ULRIK. Et. apparat und Skrivekrampe, *Ugesk. f. Lager*, 15, p. 465 (d'après Zuber).

VALLEROUX et DELTHIL. In *Union méd.*, 1853. — VALLEIX. In *Guide du médecin praticien*, 3e édit., t. IV, p. 603; 5e édit revue par Lorain, Paris, 1866, t. I, fig. - VASCHIDE (N.). La crampe des écrivains, *Conférence à l'Ecole de graphologie de Mme Salberg*, juin 1907.

WEIR-MITCHELL. On Functional Spasmes, *Amer. Journ. of med. Sc.*, oct. 1876. — WILHELM. Ueber einege Fälle von Coordinations neurosen bei Küntlern, *Allg. Wein. med. Zeit.*, 1876, n° 16. — WILDE (R.). *Ueber Schreibkrampf und analoge Zustande*, Th. de Breslau, 1875. — In *Centralbl. f. Chir.*, 1875.

ZUBER (C.). Spasmes fonctionnels, *Dict. encyclop. des sc. méd.*, 1881, t. X, 2e édit., pp. 754-780; — Crampes, *Dict. encyclop. des sc. méd.*, t. XXI, 1re série, pp. 367-378.

ZURADELLI. Del crampo degli scrittori, *Gaz. med. ital. Lomb.*, 1857, n° 3642; et *Ann. Univ.*, 1864.

une plume « de former des lettres, d'écrire, en un
mot ».

Une longue expérience aurait décidé le docteur
CAZENAVE à faire construire chez un constructeur
d'instruments de chirurgie de Bordeaux, M. Bataille,
son appareil qu'il appelle *porte-main*. Toute autre
thérapeutique lui paraissait illusoire et tous les moyens
palliatifs conseillés en pareil cas, lui semblaient de
simples leurres. Son traitement, comme l'avoue l'auteur même avec une conscience qui lui fait honneur,
n'arrivait pas à guérir le tremblement oscillatoire de
la main et des doigts, mais simplement à pallier et à
soulager cette infirmité usuelle. Le traitement médical est douloureux comme il le constate lui-même,
difficile, complexe et souvent inutile.

CAZENAVE publie trois observations très documentées
guéries ou palliées par son traitement orthopédique.
Le premier cas est un chirurgien de Bordeaux, G...,
qui avait le tremblement oscillatoire des deux mains,
mais qui avait gardé quand même une grande habileté
opératoire. « En le voyant prendre des instruments pour opérer, on le taxait d'imprudence et de
témérité, tant le tremblement de la main droite surtout, était considérable. Néanmoins, en suivant les
phases de chacune de ses opérations, on était rassuré,
car dès qu'il avait pris sa détermination et qu'il voulait agir, le tremblement cessait, sa main était sûre,
d'une grande prestesse, complètement aux ordres de sa
volonté. » La *seconde observation* se rapportait également à un cas de tremblement oscillatoire des mains et
des doigts, mais « chez un monsieur de formes athlé-
tiques et âgé de 50 ans, sarcocèle opéré avec succès ;

guérison du tremblement oscillatoire ». La *troisième
observation* était le cas d'un jeune homme de 24 ans
ayant de la fatigue cérébrale. On changea sa vie, ses
habitudes ; il cessa ses études et le tremblement
oscillatoire de la main droite et des doigts cessa après
deux ans, à tel point qu'il put écrire assez facilement
à condition qu'il n'écrivît pas longtemps. La *quatrième
observation* concerne le tremblement oscillatoire
des deux mains, de la droite surtout, à la suite de
malheurs domestiques ; le sujet était un employé
supérieur de l'enregistrement âgé de 52 ans. Le
malade put continuer d'écrire grâce au traitement
Cazenave, malgré le tremblement oscillatoire de sa
main droite. La *cinquième observation* peut se résumer ainsi : tremblement oscillatoire de la main droite ;
alimentation choisie et précautions hygiéniques produisant un amendement ; heureuse influence de la
musique ; guérison. Le sujet, le Comte X., âgé de
48 ans, nerveux et très impressionnable, fut guéri surtout par l'influence musicale. La *sixième observation :*
goutte et tremblement oscillatoire de la main droite
chez un homme âgé de 67 ans, et atteint d'un véritable nervosisme ; guérison. Le sujet était un négo-
ciant ; il s'était servi avec avantage du porte-main,
il a écrit pendant plus de trois mois avec cette
machine orthopédique et le tremblement disparut
complètement.

Onimus décrivit en 1875 la *crampe des employés au
télégraphe*. L'affection serait identique à la crampe des
écrivains, et elle surviendrait chez certaines personnes
« à la suite de mouvements répétés » ; et, avant lui,
l'auteur ne croit pas qu'on ait signalé cette crampe,

constatée, non seulement chez les écrivains, mais aussi
chez les dessinateurs, chez les graveurs et chez les musiciens. Il eut l'occasion d'observer deux cas, dont l'un
très caractéristique et particulièremtnt intéressant. Ce
dernier malade était très intelligent et, employé au
télégraphe depuis dix-neuf ans, avait suivi la maladie depuis son apparition ; il constata les premiers
symptômes par le fait d'éprouver une certaine difficulté à faire les points et surtout une série de points.
Dans le télégraphe Morse, on sait que les lettres sont
représentées par une réunion de traits et de points,
et « les premières lettres pour lesquelles il éprouve
une certaine raideur de manipulation sont l's, qui est
formé de trois points, l'i qui est formé de deux points
et le v de deux points et un trait. Le d, qui commence
par un trait et deux points, se faisait mieux que le v,
parce que le premier mouvement terminant le trait
donnait une plus grande assurance à l'ensemble du
mouvement. Peu à peu, la formation de toute espèce
de traits et de points est devenue impossible avec la
main dans la position ordinaire ; le malade essaye
alors d'agir sur le manipulateur avec le pouce seul,
et, pendant près de deux ans, il peut ainsi transmettre
les dépêches. Après cette période, le pouce est pris
de crampes, et le malade se sert alors successivement de l'index et du médius. Chacun de ces doigts
peut lui permettre de manipuler pendant deux à trois
mois, mais tous deux sont à leur tour pris de
spasmes. Enfin il se sert du poignet, mais les mouvements coordonnés deviennent bientôt également
impossibles, et tandis que pour les doigts il éprouvait
une sorte de raideur, l'usage du poignet détermine

des mouvements rapides et convulsifs de l'avant-bras dès qu'il veut lancer une dépêche ».

Si le malade voulait surmonter toutes ces difficultés, des frémissements apparaissaient dans le bras et même dans la jambe du même côté ; il se plaignait de douleurs à la nuque et parfois d'un sentiment de vertige et d'insomnie.

Selon Onimus, cette affection ne serait pas rare parmi les employés des télégraphes, et surtout pour ceux qui utilisent l'appareil Morse. Les malades désigneraient entre eux cette affection par l'expression de *mal télégraphique*.

Comme thérapeutique, Onimus conseille de faire changer de temps en temps l'appareil de l'expéditeur, et cela dès qu'il se plaint, dès l'apparition des premiers symptômes, en le remplaçant par le système *Hughs*, qui se trouve également employé dans tous les bureaux télégraphiques.

Dans un second travail, Onimus insiste, ayant eu l'occasion d'observer de nouveaux faits, sur ce point que la crampe des écrivains n'est pas seulement « la répétition fréquente des mêmes mouvements qui amènent la crampe, mais bien le plus ou moins d'irritabilité ». Ce fait, constaté par Onimus chez les sujets atteints du mal télégraphique, serait identiquement le même dans le cas des crampes des écrivains. Il y aurait des caractères communs pour tous les spasmes fonctionnels. Les phénomènes seraient plus généraux chez les télégraphistes ; le télégraphe Morse exige une attention spéciale dans la transmission des traits et des lignes. Un employé intelligent lui avait communiqué que la transmission défectueuse

20

d'une seule lettre, E par exemple, « peut tronquer le mot référé de 447 manières différentes ». Un employé d'une habileté moyenne transmet et reçoit environ 7.000 signaux à l'heure, donc environ 49.000 par jour, en calculant la durée du service comme étant de sept heures. La tension d'esprit est un des facteurs intéressants dans la genèse des crampes fonctionnelles. La transmission des dépêches offre, comme tout acte d'habitude, des mouvements réflexes inconscients. « La main, écrit le docteur Onimus, n'obéit pas toujours aux déterminations de la volonté. Souvent même, un mot mal lu est transmis correctement. D'un autre côté, un employé dont la transmission est lente naturellement ne s'interrompt pas toujours lorsqu'il vient à sommeiller ; dans ce cas, il transmet à son correspondant les pensées qui accompagnent ce demi-rêve, car il continue à faire marcher le levier avec sa main et à expédier des dépêches ». La main va plus vite que la volonté, et les désordres arrivent quand la main est entraînée après une heure de manipulation, quand elle a atteint son maximum de vitesse.

« D'après les renseignements, écrit Onimus, que nous avons obtenus, les symptômes généraux seraient, en outre, bien plus fréquents et se produiraient bien plus rapidement chez la femme que chez l'homme. Ces symptômes se manifestent surtout par des palpitations, des vertiges, de l'insomnie et peut-être un affaiblissement de la vue ; les employés anciens et laborieux font, la plupart, usage de lunettes. Dans cette affection, comme dans la fatigue cérébrale amenée progressivement par une grande activité du cer-

veau, il existe à la nuque un sentiment de constric-
tion, qui semble maintenir, comme dans un étau, la
partie postérieure du crâne. Cette sensation est assez
fréquente chez les hommes d'affaires, et M. Brown-
Séquard nous a dit qu'elle existait presque constamment chez les Américains rendus malades ou surexcités à la suite de grandes préoccupations de
commerce ou d'industrie. Elle apparaît surtout
lorsqu'on veut forcer les fonctions intellectuelles
déjà fatiguées; nous l'avons observée chez plusieurs
personnes dans ces conditions.

« A la surexcitation succède l'abattement, la tristesse
et une complète atonie physique et morale. Le sujet
perd la mémoire, et on m'a assuré que la folie même
peut survenir au bout de quelques années de cet état
pathologique. »

Le docteur Onimus, pour faciliter l'intelligence des
troubles moteurs de ses malades atteints du mal télégraphique, cite cette page intéressante de Maxime du
Camp, *Paris, sa vie et ses organes :*

« La fatigue que cause le travail de manipulation
est excessive. L'appareil est desservi par deux agents :
l'un reçoit ou expédie la dépêche, l'autre la traduit si
elle est arrivée par l'appareil Morse ; on la coupe, on
la colle sur la feuille de route si elle est parvenue par
l'appareil Hughs. Cela n'a l'air de rien au premier
abord ; être assis sur une chaise en présence d'une
machine intelligente qui paraît fonctionner d'elle-
même, suivre du regard les traits qu'elle dessine;
dérouler lentement une bande de papier ; c'est là tout
le travail apparent ; mais pour être bien fait, il
nécessite une rapidité de main, une fixité de regard,

une tension d'esprit et souvent même un déploiement de force considérable. Tout l'être participe à la fonction ; un instant d'inadvertance peut amener une erreur, il faut savoir les éviter. Il n'y a pas une seconde de repos, tous les nerfs sont tendus et surexcités ; la diversité même des dépêches qui se succèdent sans relâche amène une lassitude de plus : affaires de famille, tripotages de bourse, opérations commerciales, nouvelles politiques, lettres chiffrées, langues anglaise, française, italienne, espagnole, hollandaise, allemande, arrivent l'une après l'autre, comme les battements d'une pendule, régulièrement et infatigablement dans l'espace du même quart-d'heure. A cela, il faut ajouter le bruit ininterrompu des appareils, bruit nerveux, saccadé, presque aigre tant il est sec, et qui, à force de se reproduire sans discontinuité, finit par ébranler les natures les plus vigoureuses.

« Si jamais on arrive à écrire l'histoire des maladies de chaque corps de métier, je suis persuadé que le télégraphe électrique fournira un contingent remarquable et tout à fait particulier .»

Duchenne de Boulogne appelait *spasme fonctionnel* et *paralysie musculaire* fonctionnelle « une affection caractérisée, soit par des contractions pathologiques continues, douloureuses ou indolentes, soit par des contractions cloniques ou des tremblements, soit enfin par une paralysie ; affection qui se manifeste seulement pendant l'exercice de certains mouvements volontaires ou instinctifs, et qui peut siéger dans toutes les régions ». Le *spasme fonctionnel* « peut établir son siège dans toutes les régions ou affecter un grand nombre de mouvements volontaires ou instinctifs ». L'abus d'une fonction musculaire provoquerait le spasme. Voici en résumé les observations de cet auteur. Obs. I. Un agent de change « chez lequel les deux dernières phalanges de l'index se fléchissaient pendant que la première s'étendait sur le premier métacarpien, dès qu'il avait écrit quelques mots ». Obs. II. Un employé du ministère de la guerre « dont les deux premiers doigts se plaçaient dans une attitude opposée, c'est-à-dire que la première phalange était fléchie, tandis que les deux dernières étaient dans l'extension ». Obs. III. Deux malades « dont la main exécutait un mouvement de supination sitôt qu'ils avaient tracé un mot; de sorte que le bec de leur plume regardait en l'air sans qu'ils puissent s'y opposer ».

DUCHENNE remarque que ce spasme fonctionnel n'affecte pas seulement la main et les écrivains, comme l'indique son nom et il cite plusieurs observations de malades atteints d'autres spasmes fonctionnels. Voici en résumé ses observations : Obs. I. Un tailleur tournait violemment le bras en dedans en contracturant son sous-scapulaire dès qu'il commençait à coudre. Tout autre exercice lui était possible. Obs. II. Chez un maître d'armes, l'humérus « du côté qui tenait l'épée, tournait en dedans sitôt qu'il se mettait en garde ». Obs. III. Un ouvrier ferblantier, « lorsqu'il voulait planer une plaque de métal, le deltoïde et le biceps du membre supérieur qui tient le marteau se contracturaient douloureusement ». Obs. IV. Chez un tourneur, « les fléchisseurs du pied sur la jambe se contracturaient dès qu'il l'appliquait sur la planche

pour faire mouvoir son tour ». Obs. V. L'observation
d'ANDRAL concernant un monsieur « dont la tête se
tourne à droite par la contraction des muscles rotateurs, lorsqu'il veut lire, jusqu'à ce qu'il ait rejeté son
livre (1855) ». Ce malade était également atteint de la
crampe des écrivains. Obs. VI. Un savetier « éprouvait les mêmes contractures dans les rotateurs droits de
la tête, et dans quelques muscles de l'épaule droite et
de la face dès qu'il se mettait au travail ». Obs. VII. Un
savant qui avait passé plusieurs années à traduire des
manuscrits, mais dont la vue était bonne, ne présentait aucun trouble de la vision quand il regardait dans le
vague, « mais quelques secondes après que ses yeux
s'étaient arrêtés sur un objet, il voyait double ». Ce phénomène morbide dépendait de la contracture spasmodique du droit interne de l'œil gauche. Obs. VIII. Un
étudiant de Strasbourg qui s'était adonné à un travail
intellectuel intense et continu, ne pouvait se livrer à la
lecture sans éprouver les phénomènes morbides suivants : « J'ai constaté, écrit DUCHENNE, qu'alors ses
sourcils étaient élevés par la contracture des frontaux,
et que ses paupières se fermaient par la contracture
des orbiculaires, que sa face s'injectait et que ses
veines temporelles étaient gonflées ». Le jeune homme,
ne pouvant se guérir, se tua de désespoir. Obs. IX. Chez
un paveur, les deux sterno-mastoïdiens « se contracturaient pendant la contraction instinctive des muscles
qui maintiennent la tête en équilibre entre la flexion
et l'extension. Cette contracture était telle que sa tête
se fléchissait avec une force extrême ». Dès que la
tête s'appuyait, la contracture cessait. Obs. X. Un
curé de campagne présentait les troubles suivants dans

le mécanisme de la respiration : « A chaque inspiration, tout le côté gauche de son abdomen se tend et
se déprime pendant que du côté gauche, l'épigastre
est soulevé normalement ». Ce trouble, le plus curieux
observé par DUCHENNE DE BOULOGNE, était dû uniquement à la contraction spasmodique et douloureuse
des muscles de l'abdomen du côté droit.

DUCHENNE DE BOULOGNE distingue, comme nous
l'avons vu, une autre catégorie de spasmes fonctionnels qui ne sont pas des crampes. Il cite plusieurs
exemples. La douleur n'accompagne pas nécessairement, selon DUCHENNE, les troubles fonctionnels ; la
douleur serait provoquée quelquefois par une névralgie
temporaire (obs. CCXXIX). Citons encore une dernière remarque de DUCHENNE : « L'exercice de certains
mouvements volontaires produit quelquefois la paralysie temporaire d'un ou de plusieurs muscles qui
concourent à ces mouvements. Cette paralysie fonctionnelle affecte les mêmes muscles que le spasme
fonctionnel (obs. CCXXX et CCXXI).

En dehors de la crampe on peut trouver : 1º des
paralysies plus ou moins complètes ; 2º des tremblements musculaires ; 3º des convulsions choréiformes ;
4º des troubles de la sensibilité musculaire et 5º des
troubles de la sensibilité cutanée.

GALLARD consacra une longue leçon clinique à la
Pitié sur la *crampe des écrivains* et présenta deux cas
atteints de cette affection. Le premier cas était un
jeune homme de 18 ans, qui dès l'âge de 10 ans, fut
employé dans une étude d'avoué à copier des rôles.
Il changea de profession à l'âge de 15 ans et demi et
devint commis mercier. Deux ans après avoir cessé

d'écrire, il commence à se plaindre de la fatigue en
écrivant. Après vingt minutes d'écriture, la main
devenait lourde « l'index et le médius se raidissaient,
s'étendaient de plus en plus, la flexion de ces doigts,
si nécessaire à l'acte d'écrire, devenait bientôt impossible et ce jeune homme se voyait obligé de suspendre
son travail ». Les accidents s'aggravèrent, l'anesthésie
apparut, et le désordre fut plus complet et se généra-
lisa. L'attitude des doigts n'était pénible que lorsqu'ils
se trouvaient en contact avec une plume ; « rien de
pareil ne se produisait toutes les fois que les muscles
des avant-bras entraient en contraction pour un autre
usage ». Au moment où il présenta le sujet, il faisait remarquer que le malade tout en écrivant lentement son nom ne présentait aucune trace de trému-
lation. Voici d'après le docteur GALLARD l'examen de
son écriture. « Les lignes sont loin d'être parallèles,
comme dans l'écriture courante d'une personne qui
est en pleine possession de la liberté de ses mouvements ; elles s'élèvent et s'abaissent avec une grande
irrégularité. Les lettres qui forment chaque mot
n'ont pas toutes des dimensions égales : certains jam-
bages de L ou de B montent très haut, empiètent
même sur la ligne supérieure ; d'autres, au contraire,
ne présentent que des dimensions très réduites. Les
pleins et les déliés se succèdent sans ordre ; ou plutôt
l'ordre habituel est souvent interverti, un plein se
trouve à la place d'un délié et réciproquement (p. 450). »
Ces désordres atteignent le maximum, quand le malade
se sert de la plume ; il préfère pour ces raisons se
servir du crayon. Les troubles fonctionnels, après
avoir été limités à l'acte d'écrire, se font sentir à la

longue « dans tous les actes qui exigent une certaine
coordination des mouvements des doigts ». Le docteur
GALLARD faisait remarquer à ses élèves que son
malade n'avait jamais eu de crampes à proprement
parler, mais « une simple contracture, non douloureuse, bientôt suivie d'un certain degré d'anesthésie
et de paralysie de la sensibilité tactile (p. 451) ».

Son second cas était un employé d'administration
âgé de 47 ans, auquel le docteur GALLARD avait donné
des soins depuis plusieurs années, mais malheureusement infructueux. Il était entré à l'âge de 25 ans
dans l'administration, et comme son écriture laissait
à désirer, il prit quelques leçons qui modifièrent sensiblement sa manière d'écrire. Il eut à lutter pendant
de longues années pour assurer à son écriture une
forme définitive. Plus tard, étant obligé d'écrire sur
des livres de caisse, donc rapidement et sans prendre
des aises, il commence à éprouver de la fatigue dans
l'avant-bras et dans la main. Atteint de rhumatisme
à l'épaule droite pendant la guerre, on trouve tout
d'abord une certaine gêne des mouvements de
l'épaule seulement, puis des contractures, de véritables
crampes douloureuses des doigts. « Ces crampes affec-
taient surtout l'indicateur, qui se contractait sur le
porte-plume de façon à le briser ou à le tordre, et qui
accentuaient parfois le mouvement de flexion de ce
doigt, à tel point que l'extrémité de l'ongle marquait
son empreinte dans la paume de la main ; le médius
ne tarda pas à être entraîné dans le même mouvement
de flexion convulsive, et l'écriture devint absolument
impossible (p. 453). » Pendant longtemps, cet homme
chercha à dissimuler son infirmité de crainte de

perdre sa place, cherchant les positions les plus
étranges pour pouvoir écrire. Changé de service — il
collait des timbres mobiles sur les quittances, — sa
main droite fonctionnait toujours irrégulièrement
« elle avait de la peine à bien saisir ces petits carrés
de papier, pour les passer sur l'éponge mouillée».
L'inhabileté réapparaissait toutes les fois qu'il s'agissait d'une contraction régulière et bien coordonnée des
muscles de la main et des doigts ; « il lui était impossible de saisir une épingle, pour la fixer sur une étoffe,
de faire le nœud de sa cravate, de tourner les feuillets
d'un livre, de jouer aux cartes ». Les troubles de la
motilité se produisaient surtout dans les mouvements
qui nécessitaient la flexion et l'extension alternative
des doigts. » Pour obtenir le résultat voulu, le malade
faisait comme tous ceux atteints de la crampe des
écrivains, il essayait de supprimer l'extension « et de
plier les quatre derniers doigts dans la main de façon
à opposer au pouce, non plus l'extrémité de l'un ou
de l'autre de ces doigts, mais bien la face externe des
deux premières phalanges de l'indicateur (p. 455) ».

Le docteur GALLARD cite encore un cas publié par
DUCHENNE (315, p. 1022) et il conclut que ces malades
ne sont pas atteints à proprement parler d'une crampe.
Une crampe est une contraction spasmodique, involontaire, et elle n'existait pas chez tous ses malades ;
dans un seul cas, il a pu constater nettement cette
crampe véritable. Chez les malades observés par le
docteur GALLARD à la Pitié, les désordres des mouvements peuvent se produire aussi pendant d'autres
actes que ceux de l'écriture. Ce serait une erreur de
croire, selon GALLARD, que ces muscles qui se

crampent pendant l'acte de l'écriture sont dociles à
l'exécution d'autres mouvements. La main ne demeure
pas « apte à accomplir tous les autres mouvements » ;
l'examen de ses malades fait foi de ses affirmations
cliniques. Il cite encore à l'appui les observations de
DUCHENNE, puis montre la variété des crampes fonctionnelles professionnelles, crampes qui attaquent
presque tous les groupes de muscles de la dynamique
organique, depuis le premier latéral jusqu'au sterno-
clido-mastoïdien. La maladie n'est pas spéciale aux
écrivains et il partage complètement l'avis de
DUCHENNE DE BOULOGNE pour qu'on appelle cette
crampe « spasme et impotence fonctionnelle », mais
il n'est pas d'avis de garder le mot spasme et il propose de la dénommer tout court *impotence fonctionnelle*. « Il y a dans tous les cas, non pas faiblesse ou exagération de la contractibilité musculaire;
non pas impuissance d'agir, mais seulement impossibilité d'obtenir une action régulière et bien coordonnée,
ce qui constitue à proprement parler une véritable
« impotence » bien plutôt qu'une gêne causée par une
lésion anatomique quelconque. »

BELMONDO, tout dernièrement (1896), a voulu joindre
aux formes de crampes fonctionnelles décrites, une
forme dont le symptôme unique serait l'ataxie ; les
contractions spasmodiques proprement dites, tant
cloniques que toniques de la main et de l'avant-bras
sont insuffisantes pour rendre compte du trouble
grave de l'écriture. Son cas l'oblige à penser à l'existence d'un choc traumatique ancien de la main droite,
au moment où il commençait à écrire.

J'ai eu l'occasion d'examiner et de suivre de près

trois cas de *crampe d'écrivains*. Voici en résumé
mes observations :

Observation I. Sujet bien portant. Aucune hérédité
névropathique. Des goutteux dans la famille, mais
qui n'en a pas ? Agé de 34 ans. Écrivain littérateur.
Il a remarqué depuis sept mois que sa main ne sup-
portait guère la plume pendant qu'il écrivait, qu'il
créait. Dans des travaux de copie, cette sensation dis-
paraissait, mais pour apparaître violemment dès
qu'il s'agissait de l'écriture spontanée, de la plus
simple phrase écrite sans dictée, sans modèle. Au
moment où nous avons pu l'examiner, il lui était impossible d'écrire spontanément, même une lettre d'une
certaine longueur, et pour faire sa correspondance,
il passait toute sa journée. Le pouce se contractait
spasmodiquement, l'index devenait raide et la main
s'ouvrait rythmiquement et cloniquement, de sorte
que la plume ne pouvait être gardée entre les doigts
longuement. Son infirmité l'ennuyait surtout parce
que vivant de sa plume, il lui était impossible de
gagner sa vie. On employa l'électricité, des plumes
de toutes formes, lourdes, légères ; la série des calmants fut vite épuisée et l'hydrothérapie ne faisait
que l'énerver davantage. J'eus l'idée d'employer
l'hypnotisme. Le sujet était suggestible, mais on n'a
pu l'endormir qu'au bout de quatre séances, car il
avait une certaine méfiance contre l'hypnotisme.

Au bout de quatre mois de traitement, pendant
lequel on suggéra au commencement deux fois par
semaine, et ensuite une fois, que sa main était
« engourdie » et qu'elle pouvait très bien s'adapter à
écrire et sans pour cela qu'il fasse d'autre exercice que

LA CRAMPE DES ÉCRIVAINS

celui de copie — chaque jour, il copiait soit des pages
de ses anciens écrits, soit des pages d'auteurs classiques. Il lui était défendu de faire le moindre essai
d'écriture spontanée. Au réveil, sa main était laissée
légèrement engourdie, il faut ajouter que le sujet ne
présentait aucun trouble sensoriel. Au bout de deux
mois, le sujet commença à écrire d'abord pendant le
sommeil hynoptique et quelque temps après, avant
même la fin du troisième mois, il commença à écrire
spontanément, mais il ne pouvait qu'écrire tout douce-
ment, lentement et éprouvant une certaine gêne dans
l'épaule et au coude. Le malade fut guéri et il recom-
mença sa vie, gardant de son infirmité une vague
appréhension toutes les fois qu'il s'agissait de commencer un travail, et une impossibilité d'écrire aussi
vite qu'auparavant. Rendu à ses propres forces, il eut
une rechute, mais assez légère, au bout de sept mois,
mais depuis, voici trois ans qu'il continue à travailler
sans se plaindre d'autre chose que de l'impossibilité
de saisir sa pensée, « d'écrire vite ».

Observation II. — Il s'agit d'un fonctionnaire comp-
table âgé de 27 ans. Hérédité un peu sujette à caution.
Mère nerveuse, sœur malade (crises?), grand'mère
épileptique. Il éprouva les spasmes connus de la
crampe des écrivains à la suite de chagrins moraux.
Il tomba amoureux d'une jeune fille, et pendant les
longues heures du bureau, sa pensée, automatiquement, le conduisait vers la personne qui, coquette, ne
faisait que vaguement attention à ses exploits. La
jeune fille se marie ; la main de mon sujet devient petit
à petit lourde et incapable de tenir la plume. Il asso-
cia subconsciemment le geste de colère à celui de

tenir sa plume. Il s'ingénia pendant plus de quatre
mois à changer de plume, à avoir recours à des arti-
fices aussi savants qu'inutiles, mais son mal ne faisait
qu'augmenter. Il avait en outre peur de perdre sa
place. Il obtint des congés à plusieurs reprises et
vint se soigner à Paris. Il suivit des conseils médicaux
nombreux ; l'électricité galvanique améliora un peu
son état de santé, mais seulement pendant une très
courte durée. L'hypnotisme le rendit à son travail, à
la suite d'une trentaine de séances, pendant lesquelles
on essaya de mettre au second plan ses préoccupations sentimentales. Aucune récidive depuis un an
et demi.

Observation III. — Journaliste, âgé de 40 ans.
Activité forcée et pris à toute heure par des articles
d'informations. Il a toujours écrit dans de mauvaises
conditions d'hygiène, écrivant dans le train, au coin
d'une table de café, sur un calepin, etc. Son écriture
devint à peine déchiffrable pour ses imprimeurs
habituels. Vers l'âge de 34 ans, il s'est aperçu qu'il
avait une certaine difficulté à faire ses articles, à les
écrire, la plume devenait lourde, ses doigts gesticu-
laient sur la plume ou se raidissaient capricieuse-
ment. Quand nous l'avons examiné, il suivait des
traitements de neurasthénie, il prenait des quantités
considérables de bromure, des douches, après avoir
pris de la belladone pendant des semaines. Son mal
ne faisait qu'empirer. Il mettait des heures à écrire un
article qui, habituellement, lui demandait une demi-
heure, et il était forcé de faire appel à toute son
énergie pour lutter contre la raideur de ses doigts.
Il pouvait donc encore écrire, la main n'étant pas

arrivée au maximum de contracture, mais le travail était pénible, angoissant, et son attention s'épuisait rapidement. Par quelques séances d'hypnose, aidées par le repos et une discipline de sa vie, on est arrivé à diminuer l'angoisse et les crampes spasmodiques des doigts, tout en ayant soin de laisser la main du sujet un peu engourdie après le réveil.

NAECKE (d'Hubertusburg) (1) vient tout dernièrement de publier quelques remarques cliniques très précises sur la crampe des liseurs : « crampe de la nuque ». Cette crampe, comme toutes les autres, d'ailleurs, se développait sur des terrains prédisposés et de préférence neurasthéniques ; son cas personnel en serait un exemple. Cette crampe est causée par l'inclinaison trop prolongée de la tête pendant de nombreuses heures consécutives. La tête se penche surtout du côté gauche, selon NAECKE, car la position du livre n'étant jamais droite, la tête suivrait cette position du livre, dictée parfois par la lumière, il faut le dire. On garderait même en dehors de toute crampe cette habitude de tenir la tête dans cette position stéréotypée, pendant la marche ou encore pendant la position debout. La myopie et les vices de réfraction accentueraient cette inclinaison de la tête ; NAECKE cite encore comme causes : l'usage des lunettes, l'effort mental pour mieux voir et l'éclairage insuffisant. Sur l'auteur même, ces causes n'agissent pas lorsqu'il écrit durant des heures entières ; il n'éprouve pas les mêmes troubles que lorsqu'il lit,

(1) NAECKE, *La crampe des liseurs.* (In *Neurol. Centralb.* N° 19, 1906.)

quoique les conditions seraient encore plus mauvaises et les vices de réfraction identiques. La tension
nerveuse épuiserait les muscles, tout comme dans la
crampe des écrivains les muscles finissent par se
fatiguer. Rappelons à titre de document que, en
dehors des écrivains et des liseurs, on a publié des
cas de *crampe des pianistes* (DUCHENNE, EULENBURG),
crampe des violonistes (ONIMUS, WILHEIM), *crampe
des cordonniers, des tailleurs, des couturières*
(CLEMENS, LOCHER-BALBER, MILLER, STICH, SIMON,
THIELMANN), la *crampe des forgerons* (DUCHENNE,
FRANCK SMITH, EULENBURG), *crampe de la traite*
(BASEDOW, WILDE), *crampe des télégraphistes* (ONI-
MUS), *crampe des cigarières* (WILDE), *crampe des
horlogers* (W. MITCHELL, WILDE), *crampe des danseuses* (SHULTZ, KRAUSSOLD, ONIMUS), *crampe des
photographes* (NAPIAS), etc., etc. ; en somme, toutes
les crampes fonctionnelles possibles. Je ne connais
pourtant aucun cas de crampe de dactylographes, et
l'explication est possible, car la main joue un rôle
automatique et ne modèle rien, ne subit aucune
modification subconsciente comme par exemple dans
l'art de l'écriture.

P. BONNIER signala un cas de crampe professionnelle symptomatique de la maladie de Bright :

« Il serait intéressant, conclut l'auteur, de recher-
cher dans quelle proportion les crampes professionnelles, si fréquentes et souvent si tenaces, comme
celle-ci, céderaient à un traitement symptomatique
justifié par la recherche, souvent négligée, de l'état
brightique, dont elles semblent pouvoir être le premier et pendant longtemps l'unique symptôme. »

III

Diagnostic et étiologie. — La crampe des écrivains, en dehors des vieilles recherches de ZURADELLI, HAUPT et BURCKHARDT sur l'écriture en elle-même, n'a été guère l'objet des études de ce genre, les seules pourtant capables de nous éclairer sur le mécanisme pathologique de cette affection. Car si cette maladie n'atteint pas exclusivement ceux qui écrivent, l'acte de l'écriture est le seul dont la psychologie nous soit plus connue et plus précise. L'acte d'écrire exige non seulement une certaine coordination motrice, mais une habileté toute particulière. La main tout entière se transforme dans un appareil unique et par l'action synergique des fléchisseurs, des lombricaux, des interosseux, il résulte une activité harmonieuse, souple et rigide à la fois, cet appareil dynamique se modelant sensiblement, automatiquement et rapidement aux exigences complexes du dessin des lettres et aux images adéquates élaborées par la pensée.

Selon BURCKHARDT, trois groupes musculaires jouent un rôle important dans l'acte d'écrire, indifféremment si l'acte est tonique (fixation de la main et de la plume), ou clonique (formation des caractères): 1° le groupe des interosseux ; 2° le groupe des longs extenseurs ; 3° celui des longs fléchisseurs. Les extenseurs viendraient surtout en aide quand les mouvements sont plus étendus et ils auraient une action plutôt tonique. Les fléchisseurs sont des véritables antagonistes des interosseux, qui sont à la fois toniques et cloniques. Mais comme le fait remar-

quer BURCKHARDT, et plus tard ZUBER, l'acte d'écrire
exige une individualité dynamique, une activité musculaire spéciale, individuelle. « Quand on songe à la
multiplicité des organes musculaires et nerveux, écrit
ZUBER, mis en jeu par l'acte que nous étudions, à la
régularité et à la longue durée de la distribution nerveuse nécessaire au consensus harmonique de toutes
sortes d'appareils peu destinés à agir simultanément,
on arrive à s'étonner que les altérations fonctionnelles de cet acte compliqué entre tous ne soient pas
plus fréquentes. »

La plupart des auteurs qui avaient songé à la
pathogénie de cette maladie ont accepté toutes les
hypothèses sans aucun contrôle critique. ERLENMEYER
entre autres, n'avait-il pas fait époque avec ses
paradoxes clinico-physiologiques ? ERLENMEYER fut
un des premiers auteurs qui songèrent à la nécessité
d'un centre cortical. Il pense même que les Juifs et
les peuples de l'antiquité, qui écrivaient de droite à
gauche, étaient droitiers du cerveau, et ils devaient
écrire avec la main gauche. La direction de l'écriture
la plus naturelle est de gauche à droite, dans le sens
de l'abduction de la main. L'écriture se fera de droite
à gauche, donc toujours dans le sens de l'abduction,
quand le centre de l'écriture étant détruit, il y a sup-
pléance d'un centre du côté droit. Les paralytiques
écriraient selon cette loi physiologique, donc de
droite à gauche, comme ces peuples orientaux. ERB
n'admet pas un centre propre de coordination, mais
il incline vers la possibilité d'une systématisation
des volitions, devenues réflexes par l'habitude. Mais
l'acte de l'écriture n'est pas le seul geste fonc-

tionnel atteint; donc il faut envisager autrement le problème.

DUCHENNE DE BOULOGNE s'est demandé parmi les premiers quelle serait la nature de cette maladie. Est-elle périphérique, donc limitée aux muscles qui concourent à l'accomplissement de la fonction musculaire définie, ou bien serait-elle d'origine centrale ? Le centre nerveux, en d'autres mots, serait surexcité, épuisé par la répétition continuelle fonctionnelle. DUCHENNE, sans avoir des preuves, incline vers la seconde hypothèse. « Comment, en effet, admettre qu'un muscle serait plus surexcitable et se contracterait ou s'agiterait convulsivement, ou qu'il aurait perdu son aptitude à réagir sous l'influence de l'excitant nerveux, quand il aurait à remplir certaines fonctions, tandis qu'il se contracterait normalement pour toutes les autres fonctions ? » « Existerait-il, écrit DUCHENNE, un point des centres nerveux qui, surexcité ou épuisé par l'exercice souvent répété de certaines fonctions musculaires, tantôt ferait une décharge nerveuse trop considérable et produirait la contracture de certains muscles, tantôt leur enverrait l'excitant nerveux irrégulièrement et occasionnerait des tremblements ou des mouvements cloniques, tantôt enfin cesserait de leur distribuer la force nerveuse, et tout cela seulement pendant l'accomplissement de ces mêmes fonctions musculaires ?... J'avoue que je ne suis pas actuellement en mesure de résoudre cet important problème, mais je penche beaucoup pour cette hypothèse. » (3ᵉ p. 1028.)

REYNOLD (*Encyclopédie classique*) classait la crampe des écrivains parmi les maladies nerveuses générales

caractérisées par un état d'incoordination musculaire.
(BÉNÉDIKT). V. POORE est un des défenseurs de *l'origine
périphérique* de cette affection. Le bon sens de
DUCHENNE DE BOULOGNE reste pourtant debout, malgré l'ingéniosité toute théorique de l'auteur anglais.
Cet auteur considère qu'il y a toujours des lésions
périphériques, mais hâtons-nous de dire qu'il entend
par lésions les parésies, les contractures musculaires,
les tremblements, les troubles sensoriels, etc. Il
admet en plus l'existence d'un vague centre graphique. La crampe serait en outre capable d'être
provoquée par l'excitation faradique Le fait n'est pas
vrai. Sur moi-même, j'ai essayé à plusieurs reprises; je
n'ai pas pu obtenir autre chose qu'une convulsion
musculaire plus ou moins banale ou brusque. Citons
encore parmi les arguments de POORE sa soi-disant
fatigue chronique musculaire, le seul à retenir. Ajoutons encore que pour cet auteur, cette affection fait
partie de la même famille que les névralgies.

Toutes les théories expliquent tout et aucune
n'avance le problème.

Dans la pathogénie de cette singulière affection, le
docteur GALLARD partage l'avis de DUCHENNE, qu'on
ne peut pas la localiser dans les muscles, ni dans les
lésions des nerfs, mais peut-être dans la moelle.
« Mais, ajoute-t-il, je cherche en vain la nature de
l'altération morbide qui correspond à ces symptômes,
et, ce qui est plus grave, le point précis de l'axe
médullaire sur lequel devrait se fixer cette altération
de nature inconnue (p. 475) ». Le docteur GALLARD
inclinerait plutôt à ne voir dans cette maladie « qu'un
simple trouble fonctionnel, sans lésion d'organes ou

de tissus », ce qui expliquerait la variété de ses symptômes. La fatigue n'est pas la principale cause, et parmi les éléments pathogènes signalés, il faut citer le froid, l'influence du rhumatisme et des affections diathésiques et surtout l'hérédité. Le docteur GALLARD a connu une famille dans laquelle la mère et deux enfants sont affectés de l'impotence fonctionnelle.

La névrose des écrivains, dit JACCOUD, présente en réalité quatre modalités pathogéniques : la faiblesse paralytique, le tremblement, les mouvements d'association, les contractions spasmodiques... Elle présente toutes les formes connues des désordres de la motilité, qu'elle semble résumer en elle : c'est une *akinésie,* c'est un trouble de stabilité (tremblement), c'est une ataxie (anomalie des irradiations spinales), c'est une *hyperkinésie* (crampes ou spasmes).

J. SIMON nous donne une définition presque analogue : « On donne le nom de crampe des écrivains à la raideur des muscles fléchisseurs, rarement des extenseurs des doigts, *au moment d'écrire.* Quelquefois pourtant, la crampe est produite par l'immobilisation simultanée des fléchisseurs et des extenseurs, et même des muscles propres de la main. Cet organe reste apte à tous les autres mouvements. »

La symptomatologie est ainsi extrêmement variable, mais ne correspond pas toujours à la réalité clinique. CANSTATT ne divisait-il pas les malades en deux catégories : ceux dont la contracture est caractérisée par la prédominance des fléchisseurs et ceux chez qui les extenseurs sont tout spécialement atteints. Rien de plus faux, quand on songe à la multiplicité des modulations de la main pour écrire la plus simple des propositions.

Zuber, dans son article, un des mieux faits sur les *spasmes fonctionnels*, se contente d'admettre la description symptomatique de Duchenne de Boulogne : la forme *spasmodique* et la forme *paralytique*. Les cas de Duchenne, quoique analysés avec sa pénétration scientifique connue, ne plaident pas pourtant pour cette classification symptomatique. S'il n'y a pas toujours spasme, comme le pense Gallard, il y a quand même des formes spasmodiques. Tout acte fonctionnel, à mon avis, a un peu de l'activité spasmodique et surtout, quand il s'agit d'atteindre un maximum et d'obtenir la limite ultima de son automatisme musculaire. Les formes paralytiques sont rarement vraiment paralytiques ; il y a des impotences fonctionnelles, des parésies musculaires tout au plus. Les contractures ne se produisent que sous l'influence de l'acte fonctionnel, de l'acte d'écrire surtout, le plus émotionnel des actes fonctionnels musculaires. Les traits de l'écriture ont des formes ondulées et les lettres n'ont presque pas de continuité. Certains hystériques auraient des graphismes identiques. Pour ce qui concerne la forme paralytique, on constate un vague commencement de dégénérescence, D'après Poore : trois fois sur trente-deux cas : deux fois l'interosseux dorsal, une fois les extenseurs et le court fléchisseur du pouce. Eulenburg a constaté, en outre, par l'exploration électrique (galvanique), une exagération de l'irritabilité dans des cas de contracture du pouce.

L'anatomie pathologique de cette affection n'existe pas ; de même qu'il reste à faire et à connaître son mécanisme physio-pathologique et sa psycho-pathologie.

En résumé, quoique les auteurs ne soient pas
d'accord, on pourrait penser qu'on a nommé à tort
cette maladie « crampe des écrivains », et que si, par
hasard, elle attaque plus ceux qui écrivent, cette
affection pathologique se retrouve dans tous les actes
fonctionnels de la main. Le mot de « spasme fonctionnel » semble donc plus indiqué, ou encore pour
employer le terme du docteur GALLARD : « impotence
fonctionnelle », car le spasme n'est pas toujours adéquat à cette affection.

Si l'on parcourt les auteurs classiques, on retrouve
une variété de significations pathologiques de cette
affection. Ainsi, elle est considérée par :

BRÜCKE, comme synonyme du *bégayement* ;

ALBERS	—	*vertige partiel* ;
HEYFELDER	—	*chorée locale* ;
DZONDY	—	*faiblesse* due à une paralysie des antagonistes ;
ROMBERG	—	*maladie d'origine réflexe* ;
DUCHENNE DE BOULOGNE	—	*maladie d'origine réflexe centrale* ;
GALLARD	—	*maladie d'origine réflexe plutôt médullaire* ;
JACCOUD	—	*névrose* : faiblesse paralytique, tremblement, troubles des mouvements d'association, contraction spasmodique.

Les symptômes de la maladie ne nous indiquent rien sur sa pathogénie ; on comprend plus facilement le mécanisme de sa pathologie. Il faut distinguer deux opinions contradictoires étayées toutes les deux par des observations à l'appui ; selon certains auteurs, la crampe serait limitée pour le spasme fonctionnel, en d'autres mots, le sujet pourrait utiliser les muscles de la main pour toute autre activité musculaire, sauf l'acte d'écrire, par exemple. Le fait ne serait pas exact pour d'autres auteurs, et pour la main tout entière, toute activité musculaire deviendrait spasmodique ou non, mais elle ne serait pas capable d'une activité fonctionnelle précise. Pourtant, si cette maladie n'est pas exclusivement liée à l'acte d'écrire, elle est plus intéressante à être étudiée à ce point de vue, car l'acte d'écrire est qualitativement plus compliqué, plus capable de nous donner quelques renseignements que l'acte de balayer, que le geste du cordonnier ou celui de la fille de ferme qui trait les vaches. A mon avis, il faut distinguer dans cette affection deux éléments : l'élément fonctionnel, automatique, physiologique, l'habitude de la coordination systématique, répétée indéfiniment d'un certain nombre de mouvements pour un geste fonctionnel et l'*acte psychique*, l'attention qui entre en jeu dans l'acte fonctionnel. Nos trois observations personnelles nous ont permis de nous faire une idée précise à ce sujet, et elle a été confirmée par la lecture des observations des auteurs.

Tout acte fonctionnel arrivé à un degré d'automatisme plus ou moins grand est sujet à des troubles pathologiques qui attaquent certainement la coordination systématique musculaire spécialisée. Les combi-

naisons des mouvements de la main sont infinies ;
qualitativement et quantitativement, les muscles de la
main peuvent ébaucher des centaines de mille de
combinaisons, ayant chacune sa physionomie dynamique, son activité propre, bien définie. Or, certains
de ces gestes, par exemple celui de rouler une ciga-
rette, de couper avec des ciseaux, etc., sont dénués
d'activité psychologique ; l'automatisme est parfait,
l'attention psychologique est nulle, et rarement
l'écorce cérébrale est effleurée par cette activité purement médullaire. Mais l'acte d'écrire, aussi automatique qu'il soit, demande une activité psychologique,
il réclame de l'attention et une orientation psychique
définie. Le mécanisme n'est donc guère le même ; ou
s'il y a des éléments communs, ils font partie des
synergies musculaires, des actes réflexes habituels.
C'est à cause de ce fait que je ne suis pas de l'avis
des auteurs de confondre la « crampe des écrivains »
avec toutes les crampes fonctionnelles, ou si clinique-
ment elles ont quelques éléments communs, il faut
faire une place à part aux crampes fonctionnelles psychiques comme la crampe des écrivains, caractérisée
surtout par des troubles psychologiques notoires. Lorsqu'on lit attentivement les observations sur la crampe
des écrivains, on remarquera, tout comme chez mes
sujets, que souvent l'idée d'écrire, l'évocation de l'acte
d'écrire suffit pour provoquer la crise musculaire, la
chorée typique spasmodique fonctionnelle. Chez le
malade de LARREY, la main tremblait dès qu'il se servait de la plume sous les yeux de quelqu'un. Dans les
autres cas, il paraît qu'il s'agit plutôt d'une fatigue,
d'un épuisement musculaire, d'une dissonance de

l'automatisme. Dans mes observations, la synergie musculaire était liée strictement et intimement au seul acte de l'écriture, et la main avait gardé toute sa souplesse merveilleuse pour les nombreux actes fonctionnels. Les idées récentes sur l'aphasie de M. Pierre Marie ont jeté une lumière nouvelle sur la fonction cérébrale, considérée trop automatiquement, trop dogmatiquement au point de vue des centres cérébraux. Admettre un centre de l'écriture, malgré les quelques faits cliniques, me semble anodin, peu scientifique. On aime les schémas, mais un esprit scientifique doit faire complète abstraction de leur usage. L'acte de l'écriture est une des multiples adaptations musculaires, empreint en plus d'une activité intellectuelle spéciale, d'un processus d'attention qui fait appel à toute l'activité cérébrale, depuis l'automatisme banal jusqu'à la création intellectuelle, la création littéraire et scientifique.

Haupt a publié sept cas de crampes fonctionnelles et il a constaté une certaine parésie des muscles isolés, que provoquerait l'entrée en jeu des muscles antagonistes. Pour lui, la maladie débuterait par de la paralysie ; les contractures suivraient de tout près, et toute la musculature intéressée dans l'acte d'écrire pourrait isolément ou en totalité être la cause de la maladie, mais parmi ces muscles de préférence atteints, seraient les interosseux et ceux de l'éminence thénar.

Burckhardt a constaté également que les interosseux sont le plus atteints. L'exploration myographique préciserait, et plus péremptoirement, l'irritation latente de la conductibilité périphérique.

« Dans la crampe des écrivains, écrit G. Vivian
Poore, c'est plutôt la puissance de ténacité que la
force brutale qui est altérée. La conclusion que le
malade peut tout faire, excepté écrire, est émise hâti-
vement. » Un rapide examen, selon cet auteur, prouverait que les actes qu'il exécute diffèrent sensiblement de celui d'écrire. « Un de ses malades avait
pourtant de la difficulté à mouvoir le régulateur de
sa montre avec la pointe d'un canif. Un autre avait
d'abord nié tout dérangement en dehors de l'écriture,
puis avait fini par admettre qu'en tenant une cuillère
à thé, il trouvait que son index glissait sur le manche,
et que dans ses affaires (il était banquier), il avait
une grande difficulté à épingler les billets de banque.
Un troisième malade, qui avait une irritabilité diminuée du court fléchisseur et de l'adducteur du pouce,
avait de la difficulté à tenir une pièce de monnaie
entre le pouce et la tête du cinquième métacarpien. »

Voici comment Poore explique le fait que certains
malades peuvent écrire assez bien avec le crayon,
tout en étant incapables de manier la plume.

« 1° La pointe du crayon peut supporter un certain
poids ; elle arrive par suite à rendre au malade le
même service que la béquille à l'estropié ; 2° La façon
de saisir le crayon, surtout s'il est court, n'est pas la
même que pour tenir la plume ; 3° La pointe du
crayon ne pénètre jamais dans le papier. Un de nos
malade qui avait une très grande irritabilité du long
fléchisseur du pouce trouvait que par suite de la contracture de ce muscle, la plume subissait une rotation
et le bec pénétrait dans le papier. Avec un crayon,
une pareille rotation eût été insignifiante ; 4° Avec un

crayon, on n'a pas à craindre de salir ou de détériorer le manuscrit, si l'écrivain est mieux à son aise. »

Gowers, J. Müller, Shever, Poore, Moritz Meyer, Erb, Goldschmitt, etc., ont rapporté des observations des crampes professionnelles et particulièrement des crampes des écrivains, avec des troubles sensoriels, soit des anesthésies étendues dans le domaine des nerfs cubital et médian (Gallard, Gowers), soit des abolitions de la sensibilité musculaire (Duchenne, Poore, J. Müller), soit des douleurs névralgiques. Zuber rapporte d'après Shever une observation intéressante. « Un homme de quarante-deux ans fut pris d'une faiblesse subite sans perte de connaissance, mais il dût s'appuyer quelques instants contre la muraille pour ne pas tomber. Le lendemain, il remarqua qu'il ne pouvait plus écrire à cause d'un sentiment inexplicable de frayeur qui le prenait dès que sa main traçait les caractères. Il se passait, disait-il, quelque chose de particulier dans sa tête. Cet état s'améliora au point de lui permettre d'écrire pendant quelque temps, puis la peur revenait et avec elle l'impossibilité d'écrire. Lorsqu'il fermait les yeux, tout allait bien, aucune trace de paralysie, de contracture, etc... »

Au point de vue de *l'Etiologie* de la crampe des écrivains, les opinions les plus anodines et les plus variées ont été formulées. La fameuse *prédisposition* a été certainement invoquée à côté des symptômes les plus divers, depuis le rhumatisme (Haupt) jusqu'aux palpitations (Cazenave) et aux spasmes du larynx et du pharynx (Roggen, Langenbeck, Brücke, Kopp, Albers, Goldschmitt, Trochel). En d'autres mots, toute affection pathologique peut être considérée comme la cause de la première des affections étudiées, comme jadis toute voie, conduisait dans la géographie antique, à Rome. Il faut retenir seulement ces quelques faits de toute la verbologie clinique. L'abus de l'écriture ou de tout acte manuel serait une des causes principales, quoiqu'on cite des cas où cette affection serait survenue sans qu'il y ait réellement surmenage, tel le cas d'EULENBURG qui écrivait à peine une lettre de temps à autre ou donnait rarement sa signature, ou encore ceux de GALLARD, SPRING. Mais ce ne sont que des cas isolés ; habituellement, tous les cas publiés en réfèrent à des surmenés, à des cerveaux fatigués, épuisés par un automatisme trop forcé. Les femmes ne paraissent pas souvent atteintes de cette affection. L'explication serait due surtout au fait que dans la comptabilité et dans les écritures, la femme n'avait qu'un emploi très secondaire ; elle commence à y être largement admise, et on verra sous peu, certainement, de pareilles affections chez les femmes. BERNHARDT admet comme prédisposition les terrains hystériques et épileptiques. BISWANGER pense que la crampe des écrivains est la seule maladie qui constitue une névrose certaine, mais qu'il ne faut jamais penser à la neurasthénie.

La position défectueuse et la nature de la plume employée ont été citées comme des causes efficaces. La plume d'acier rend plus pénible l'acte de l'écriture, de même que toute cause qui fatiguerait la main ; mais on a constaté pourtant des cas chez des sujets utilisant la plume d'oie. — Les cas de traumatisme invoqués par HUBERT-VALLEROUX, FRORIEP, RUNGE, REMAK et MEYER, comme cause des crampes des écri-

vains, me semblent bien problématiques, et je partage
l'avis de ZUBER pour douter du fait que les malades
de ces auteurs sont vraiment atteints de la crampe
des écrivains.

En résumé, la *crampe des écrivains* : 1° Est une
maladie dont l'étiologie est des plus obscures. On
lui a attribué les causes les plus complexes et les plus
variées ; 2° Certains auteurs veulent généraliser les
symptômes de cette affection à tous les spasmes fonctionnels, d'où la dénomination de *spasme* ou impotence fonctionnelle. Il nous semble pourtant que le
mécanisme psycho-pathologique n'est guère le même
et que si par hasard il existe des analogies dans
toutes les crampes fonctionnelles, il y a toute une
symptomatologie spéciale, particulière de la crampe
des écrivains ; 3° Son pronostic est assez grave, à
moins qu'un des nombreux moyens thérapeutiques
puisse guérir le malade ; 4° Il faut considérer que la
psychologie de ces malades, atteints surtout dans leur
attention, n'est pas encore connue ; certains d'entre
eux entrent dans la catégorie des phobiques de toute
sorte et des névropathes, surmenés par une activité
obligatoire et automate.

IV

Thérapeutique

L'étude des auteurs nous révèle qu'en fait de thérapeutique de la *crampe des écrivains* ou plutôt des
crampes fonctionnelles, tout reste à faire. Comme
l'étiologie est complexe, inconnue et comme les sup-

positions sont nombreuses, il résulte toute une thérapeutique vague et qui n'a que la qualité d'être extrêmement variée et compliquée parfois, donc capable d'intéresser le malade.

Citons en première ligne la médicamentation intérieure. On a administré des toniques, des ferrugineux, de la belladone, de la strychnine, de l'atropine, des narcotiques, etc. Le docteur DEBOUT a employé une solution de chlorhydrate de morphine et de sulfate d'atropine.

« Une fermière des environs de Saint-Quentin, écrit DEBOUT, était affectée depuis plusieurs années, d'une crampe de l'extension du gros orteil qui se produisait plusieurs fois chaque nuit et réveillait la malade. Pendant une année, les compressions de la partie supérieure de la jambe avaient suffi pour triompher de cet accident et rendre le sommeil à cette femme. L'action de ce moyen thérapeutique s'étant usée, nous eûmes l'idée de recourir aux injections d'une solution ainsi formulée :

Eau distillée	30 grammes
Chlorhydrate de morphine...	60 centigr.
Sulfate d'atropine	30 centigr.

Une injection de 20 gouttes de cette solution narcotique fut pratiquée tous les trois jours pendant le mois d'août 1885. Sous l'influence de ces injections, faites dans la partie charnue du muscle, la crampe disparut et la cure se maintient encore aujourd'hui (p. 383). »

Le docteur DEBOUT, citant le cas de STROMEYER, critique son intervention chirurgicale, il retient

l'usage du mélange d'*opium* et de *belladone* et il
plaide pour l'usage de la seringue de Pravaz. « Notre
but était de vérifier l'antagonisme des deux agents
médicamenteux, et de nous assurer si, par leur
mélange, il était permis d'augmenter la dose de chacun d'eux sans provoquer d'accidents toxiques. Les
résultats de notre expérimentation nous ont prouvé
une fois de plus que, grâce à cette association, on
pourra produire des médications locales plus puis-
santes. En effet, l'action topique de ces deux substances vient s'ajouter, tandis que leurs effets généraux, inutiles dans l'espèce, s'amoindrissent. »

Le docteur Debout conseille d'utiliser ces deux
substances, car en dehors de l'ignorance du mécanisme de la puissance antagoniste, il faut penser à la
question des idiosyncrasies.

Bianchi et Rosander recommandent des injections
de strychnine de 1 milligr. environ tous les deux
jours. Bianchi aurait obtenu une guérison après six
injections...

Reuben Vence conseille des injections de sulfate
d'atropine à dose de 9 milligr. à peu près tous les
deux jours.

Comme *traitement extérieur*, il faut citer le *massage*
sous toutes ses formes, combiné ou non avec des injections. Cederschjöld, un médecin suédois a conseillé
l'irritation mécanique des troncs nerveux. On cherche
le tronc par un massage méthodique écartant soigneusement les muscles et on exerce alors une pression
vigoureuse. Il obtint ainsi plusieurs guérisons radi-
cales des crampes des écrivains. Normalement, cette
opération provoquerait dans la région touchée des

douleurs et des fourmillements, ce qui n'arrive pas dans les cas de crampe des écrivains, et prouverait que la conductibilité nerveuse est diminuée.

L'électricité a été utilisée sous toutes ses formes. DUCHENNE, quoique un artiste dans le métier, échoua ; mais des cas de guérisons furent rapportés par la suite par différents auteurs. Ainsi MEYER eut deux cas de guérison avec le courant continu : le premier par faradisation des muscles extenseurs, le second par l'usage du pinceau électrique. EULENBURG et BERGER réussirent médiocrement dans l'emploi de l'électricité et considérèrent même le traitement comme nuisible. Le courant galvanique serait plus avantageux; il faut tenir compte dans ce cas du siège et de la nature du spasme. Le pôle positif conviendrait aux formes trémulentes ou paralytiques, appliqué sur la colonne vertébrale ; tandis que le pôle négatif convient à la périphérie, appliqué sur les muscles et les nerfs malades ou considérés comme tels. Le courant doit contenir de 15 à 30 éléments, et il faut qu'il soit appliqué 6 fois par mois sans dépasser, à chaque application un quart d'heure.

BERGER n'aurait obtenu aucun succès (4 cas).

Comme traitement, cette maladie exige, selon GALLARD, une thérapeutique des plus variées. S'il s'agit d'une vraie crampe, il faut songer aux narcotiques, aux calmants et aux anti-spasmodiques administrés intérieurement et extérieurement. GALLARD nous rapporte qu'il a très bien réussi chez un de ses malades par l'administration de préparations arsénicales.

Le malade de SECCAMANI était atteint de la crampe des écrivains, survenue à la suite d'une fatigue réelle

22

de la main ; il est à remarquer, dans son cas, que les muscles de la main et ceux des doigts étaient sensiblement paralysés. Son malade fut guéri par le traitement électrique.

On a pensé encore au traitement chirurgical. STROMEYER pratiqua par la ténotomie la section du long fléchisseur du pouce et son malade fut guéri ; depuis, toutes tentatives chirurgicales ont avorté (LANGENBECK, DIFFENBACH) et aujourd'hui on y a renoncé complètement.

Le cas STROMEYER communiqué à CAZENAVE (de Bordeaux). « M. M... avait perdu la faculté d'écrire avec la main droite depuis un an, et fut forcé de le faire avec la gauche. Je trouvai, dit-il, en le voyant s'exercer, que cette perte de la faculté d'écrire était due à un spasme des petits muscles du pouce, qui ne se faisait sentir qu'au moment où il voulait se mettre à l'œuvre. L'acuponcture des petits muscles le mettait en état de tenir la plume et de tracer quelques mots. Alors, je passai un séton de deux fils de soie à travers les petits muscles du pouce. Ce séton fut maintenu pendant cinq semaines ; on le mouillait chaque matin avec une solution d'opium et d'extrait de belladone. Après cela, le jeune homme a complètement recouvré le pouvoir de se servir de cette main pour écrire. Pendant que le séton traversait les petits muscles, leur action était anéantie et le pouce se trouvait dans une abduction complète. » Quatre mois plus tard, la crampe avait reparu, donc l'impossibilité d'écrire.

TUPPERT pratique 30 ténotomies sur un bras sans observer la moindre amélioration.

Une autre catégorie de moyens thérapeutiques est

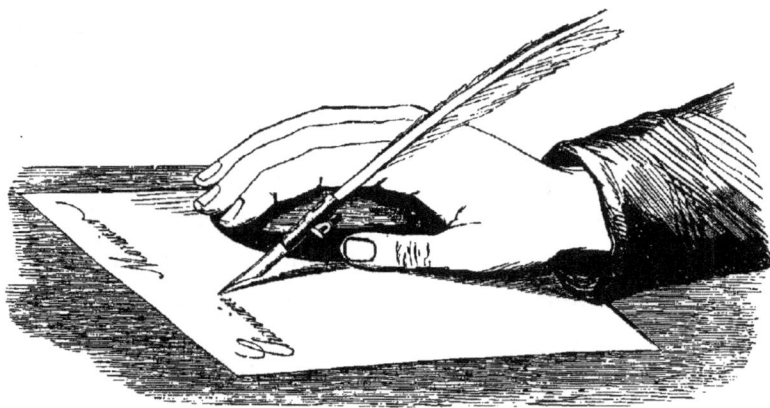

Fig. 1. — Appareil de Duchenne (de Boulogne).

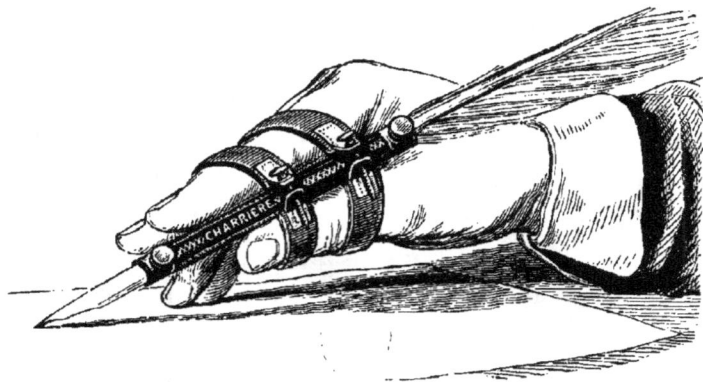

Fig. 2. — Premier modèle de Cazenave.

PLANCHE XXXI

celle des *moyens mécaniques*, des appareils qui semblaient à ZUBER une pure plaisanterie. Les plumes et les procédés mécaniques ne manquent pas. CAZENAVE (de Bordeaux) nous donne un premier spécimen, deux plus tard, et depuis nous connaissons quantité d'autres appareils, tous ayant pour principe de permettre à la main de conduire la plume sans que les doigts soient forcés de bouger.

GAUJOT divise les appareils en deux catégories : ceux qui maintiennent les doigts (CAZENAVE, F. MARTIN, MATHIEU) et ceux qui maintiennent l'attitude de la main (VELPEAU, CHARRIÈRE, MATHIEU, CAZENAVE, DUCHENNE).

CAZENAVE (de Bordeaux) a réussi à guérir un malade par l'application d'un bandage serré autour des muscles de l'avant-bras (1846).

L'appareil de CAZENAVE consiste « en une tablette d'acajou, au-dessous et aux quatre angles de laquelle jouent quatre boules en ivoire qui font l'office de roulettes. Sur les côtés de cette tablette, vue par sa face supérieure ou manuelle, sont deux montants matelassés qu'on éloigne ou qu'on rapproche à volonté à l'aide de deux mortaises horizontales et de deux vis de deux ou trois centimètres ; en avant est un support qu'on peut abaisser ou élever en faisant jouer une vis de pression. Ce support, qu'on peut supprimer pour le plus petit nombre des malades, est presque toujours un bon appui pour la paume de la main qu'il sert à fixer ». Pour se servir de cet appareil, « il faut placer la main droite armée d'une plume entre les montants, appuyer la paume de cette main sur le support et écrire sans s'occuper du déplacement du porte-main, qui s'effectue sans embarras et sans effort aucun, grâce au jeu des quatre roulettes en ivoire ».

CAZENAVE modifia à plusieurs reprises ce modèle, et puis d'autres auteurs à la suite. On le perfectionna surtout en utilisant des crochets à la place des anneaux, comme on voit, par exemple, dans le porte-plume à anneaux de MATHIEU.

L'appareil de FERDINAND MARTIN est un simple porte-plume en bois ou de préférence en bois de liège, dans lequel on creuse des sillons, des empreintes pour les doigts, préalablement fixées par les traces laissées par la main sur une couche de cire à modeler déposée sur l'appareil.

JULES SIMON nous dit avoir maintes fois vu son maître VELPEAU « se servir d'une sorte de boucle maintenue par la concavité de la main pour donner à ses doigts le point d'appui qui leur était indispensable ».

VELPEAU, écrit GALLARD « avait imaginé un appareil tout aussi simple, qui permet d'écrire en saisissant le porte-plume à pleine main et en faisant exécuter, non plus par les doigts ni même par la main ou le poignet, mais bien par l'avant-bras, les mouvements nécessités par l'écriture. Un de mes malades s'était confectionné lui-même un porte-plume assez semblable à celui de VELPEAU et voici en quels termes il nous le décrit, en nous indiquant la manière très simple de le préparer :

« Pour faire un porte-plume dont l'extrémité supérieure s'appuie dans le creux de la main, sa grosseur permettant aux doigts de s'allonger sur toute son étendue, on prend un porte-plume ordinaire, on le coupe à la longueur déterminée, on le couvre de bande-

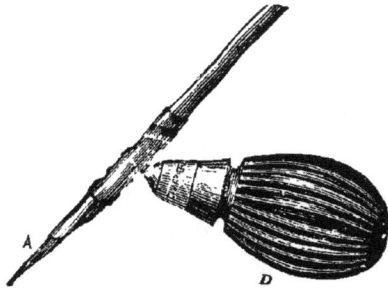

Fig. 1. — Appareil Velpeau.

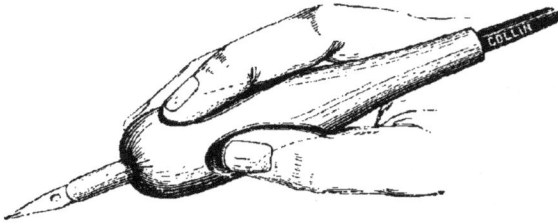

Fig. 2. — Appareil de Ferdinand Martin.

Fig. 3. — Appareil de Duchenne (de Boulogne) ; nouveau dispositif.

PLANCHE XXXII

lettes de linge, sur lesquelles on appliquera de la ouate
en donnant la forme nécessaire, puis on l'enveloppe
d'un taffetas posé en spirale et cousu à chaque pli. »

Duchenne de Boulogne a modifié l'appareil de
Cazenave en ne mettant qu'un palet et en le plaçant
sur un support plus élevé et moins glissant, au
moyen d'un galet roulant. « Mais on comprend que
l'usage en sera bien plus commode, écrit Gallard, si
comme l'a fait Aubry, on a soin de prendre au préalable l'empreinte de la main du sujet auquel il est destiné et de reproduire cette empreinte sur la partie
supérieure du galet, de façon à ce que la main s'y
adapte exactement. »

Ces divers appareils répondent, écrit Gallard, « à
toutes les indications exigées par chacune des
variétés de l'impotence fonctionnelle des écrivains, et
lorsqu'on les examine, ou même lorsqu'on les essaie,
comme vous venez de le faire, sans être affligé de
l'infirmité qui oblige à y avoir recours, on se prend
facilement à les admirer. Mais cette admiration est
loin d'être partagée par ceux qui se trouvent dans la
douloureuse obligation d'y avoir recours. — Ils les
prennent avec un certain enthousiasme ; mais, après
un très court usage, ils ne tardent pas à les abandon-
ner, préférant suppléer à leurs mouvements défectueux par des combinaisons plus ou moins compliquées, dans lesquelles ils mettent en jeu des muscles
très différents de ceux qui devraient être physiologiquement appelés à produire ces mouvements ».

H. Langer et son frère, sujets à la crampe des écrivains, sont arrivés à s'en guérir par le procédé suivant :

« Au lieu de tenir leur porte-plume selon l'usage, ils le placent entre l'index et le médius. Ce dernier doigt est recourbé en crochet et c'est sur sa face radiale que repose le porte-plume, qu'y appuie le pouce. L'annulaire et le petit doigt à demi fléchis servent de point d'appui. On arrive très rapidement à écrire par ce procédé; l'écriture même, revient plus rapide et la fatigue vient moins vite. »

L'appareil le plus connu, en Allemagne, « c'est le bracelet de NUSSBAUM, qui est maintenu et distendu par tous les doigts écartés; le bracelet porte en haut le porteplume; de cette manière, on se sert pour écrire des extenseurs de la main et des doigts, au lieu des fléxeurs malades.

Le principe du traitement des crampes de l'écriture est le remplacement d'un groupe de muscles malades par d'autres qui fonctionnent encore.

Toutes les autres méthodes de traitement, exception faite des mesures générales, telles que l'électricité, le massage, l'hydrothérapie, etc., reposent sur ce principe.

Parmi les autres appareils de ce genre, il y a le porte-plume indiqué par ZABLUDOWSKI, ainsi que le porte-plume de GURU; celui-ci consiste en un morceau de liège qui est traversé par le pouce et par le porte-plume, de sorte que la conduite du porte-plume est soustraite à certains muscles et confiée à la main entière. Le même principe, de dégager certains muscles, se trouve dans les manières d'écrire, en tenant le porte-plume entre l'index et le troisième doigt, ou entre le troisième et le quatrième, ou avec toute la main, ou bien en apprenant à écrire de la main

gauche. Quand toutes ces méthodes ne réussissent
pas, ou quand la main gauche devient aussi impropre
à écrire, il ne reste plus d'autre secours que
d'apprendre à écrire à la machine. »

Les appareils peuvent donc avoir leur utilité et ils
ne sont pas de pures plaisanteries, comme écrivait
un peu trop légèrement ZUBER. Ils peuvent rendre de
réels services, car presque tous répondent à ces deux
desiderata : 1° immobiliser les doigts et donner à la
main une nouvelle synergie musculaire, et 2° la nouvelle position de l'écriture, la tenue musculaire de la
main sont toutes autres.

Il nous reste à parler de la psycho-thérapie. Certains
auteurs conseillent le repos; d'autres conseillent d'apprendre à écrire avec l'autre main — ce qui n'est pas
avantageux, car presque toujours la crampe réapparaît.
L'hypnotisme, dans mes cas, a donné des résultats
excellents, mais je n'ose pas généraliser l'application,
car ce traitement est d'une délicatesse extrême. Je
conseillerai toujours d'endormir profondément le
malade et d'attaquer la genèse de ses préoccupations
sans s'inquiéter du spasme fonctionnel. A mon avis,
les malades atteints de cette affection ont tous des
troubles notoires d'attention. Secondairement, il faut
engourdir systématiquement le bras, simplement
l'engourdir. Je conseillerai encore de faire écrire les
sujets pendant le sommeil et les obliger à apprendre
à écrire avec la machine à écrire.

CAZENAVE conseille aussi la musique comme agent
thérapeutique.

En parlant d'un de ses cas, il nous dit :

« La musique, que le malade cultivait comme har-

moniste et comme violoncelliste remarquable, lui vint
heureusement en aide, mais sous la condition expresse
que la mélodie dominât et qu'il n'entendît que de
faibles, que de rares effets d'harmonie. On ne saurait
imaginer l'effet prodigieux et bienfaisant, que produisaient toujours sur le comte de X... quelques airs
tendres et mélodieux exécutés en ut mineur sur le cor
anglais par son beau-frère, qui est un instrumentiste
de première force (p. 326). »

CHAPITRE XI

Je détache d'un travail écrit en collaboration avec M. Vurpas sur les *Signes physiques de dégénérescence*, publié dans les *Annali di Nevrologia* (fasc. I, 1903, pp. 1-73 ; pp. 29-34), ces quelques renseignements sur la main chez les dégénérés, que j'ai complétés par quelques données nouvelles.

Les membres peuvent être, selon ces auteurs et selon la conception classique de la dégénérescence, le siège d'anomalies considérées comme stigmates de dégénérescence. Il peut y avoir des vices de conformation, hypertrophie congénitale, rétraction congénitale. Les chirurgiens ont depuis longtemps songé à remédier à certaines infirmités, et les travaux de Annandale, Billroth, Holmes, Lannelongue, Lancereaux, Dupuytren, Verneuil, Sédillot, Didot, Zeller, Lavallée, Huguier, Velpeau, Broca, Murray, Giraldès, etc., sont trop connus par tous les chirurgiens pour qu'on les cite, ainsi que leurs procédés opératoires. Nous nous contenterons de les rappeler au lecteur.

On a signalé leur développement considérable, leur

volume excessif aussi bien dans le sens de la longueur
que dans celui de la grosseur, les deux coexistant et
marchant de pair, ou l'un d'eux se manifestant exclusivement sans entraîner une modification correspondante tendant, par son exagération proportionnelle,
à rétablir l'équilibre détruit par une prédominence
d'accroissement dans un sens donné ; parfois même
on révélerait plutôt une exagération en sens opposé,
à savoir par exemple l'épaississement des membres
accompagnant leur raccourcissement ; ou bien leur
allongement coïncidant avec leur état exagéré de
ténuité, cette malformation est désignée sous le nom
de *mégalomélie* (1) ; ailleurs, on remarquera la gracilité
excessive des membres s'accompagnant ou non d'allongement plus ou moins proportionnel ; c'est l'*oligomélie* des auteurs.

La longueur ou le raccourcissement exagéré des
membres porte aussi bien sur le membre inférieur
que sur le membre supérieur.

Lorsque les membres supérieurs sont trop longs,
on note une envergure notablement plus grande que
la taille ; elle est sensiblement plus petite si les
membres sont trop courts.

La colonne vertébrale, elle aussi, peut acquérir un
développement excessif par rapport aux membres.
Cette disposition se manifeste à première vue à l'attention de l'observateur par l'apparence de vergetures
au niveau de la région lombo-sacrée, que cette malformation paraît déterminer.

(1) PORTEL Antoine, *Mains énormes.* (*Cours d'Anatomie médicale*, 1893, t. I, p. 14.)

On cite également, écrivent VASCHIDE et VURPAS, l'*ectromélie*, ou absence plus ou moins complète d'un membre réduit à un moignon plus ou moins développé; l'*hémimélie*, qui consiste dans la disparition plus ou moins complète du segment inférieur d'un membre comme la main ou le pied, réduits au point d'être méconnaissables; la *phocomélie*, dans laquelle la racine et la portion supérieure d'un membre manquent ou sont réduites à des dimensions tout à fait disproportionnées, les extrémités restant normales ou à peu près; la *symélie*, qui est la soudure plus ou moins complète des deux membres inférieurs portant sur des régions plus ou moins étendues et variables de leur parcours (1).

(1) Voir également sur les mains et les membres supérieurs des dégénérés et des congénitaux :

ALBRECHT, *Ueber den morphologischen Werth überzahligen Finger und Zehen.* (*Centrabl. für chirurgie*, 1886.)

ALW, *Recherches sur la disposition des lignes papillaires de la main et du pied.* (*Annales des Sciences naturelles,* 1867. Série VI, I.)

ANNANDALE, *The malformation diseases and injuries of the fingers and toes and their surgical treatment.* Edimbourg, 1885.

AMBIN G., *Ein Fall von hereditären Hexadactylie nebst 6 weiteren Fällen von Polydactylie.* Basel, 1903, 2 p.

AUDEBERT et LASSAIGNES, *Note sur un cas de polydactylie héréditaire.* (*Toulouse médicale*, 1904, 21, VI, p. 128.)

BEAUVAIS L., *Observation de polydactylie.* (*Gazette des Hôpitaux*, 1875, XL, VIII, pp. 379, 387.)

BECHET, *Un doigt surnuméraire.* (*Bull. Soc. Anat. de Paris*, 1851, XXXVI, p. 244.)

BERGONIÉ, *Radiographie. Cas curieux de polydactylie.* (*Arch. d'électricité médicale.* Bordeaux, 1900, VIII, p. 282, 1 pl.)

BILHAUT, *Pouce surnuméraire de la main gauche.* (*Annales de chir. et d'orthop.* Paris, 1902, XV, pp. 65, 68, 1 fig.)

BLOCH A., *La forme des doigts et les nodosités de Bouchard.* (*Assoc. Franç. pour l'Avancement des Sciences*, 1889.)

On a noté également la *polydactylie* (Copsey, Sédillot, Ghérini, Gaillard, Gruber, Murray, Richet, Mosenghiel, Voight), qui consiste dans l'aug-

Blomme G., *Considérations sur la polydactylie*. Paris, L. Boyer, 1905, 1 vol., 46 p.

A. Blum, *Chirurgie de la main*. Asselin et Cie, édit., 1882. 1 vol. 207 p., chap. Ier, avec fig., pp. 1-16.

Bourneville, *Exemples de malformations des membres chez les dégénérés*. (*XIe Congrès des Médecins aliénistes et neurologistes*. Limoges, 1901.)

Bouteiller, *Main présentant un pouce surnuméraire*. (*Bul. Soc. Anat. de Paris*, 1851, XXVI, p. 297.) — *Un pouce surnuméraire*. (*Ibid.*, 1881, XXVI, p. 231.)

Broca, *Pouce surnuméraire*. (*Bull. Soc. Chirurgie de Paris*, 1860, 1, 2, 5, I, p. 544.) — *Six orteils à chaque pied, six doigts à la main droite, cinq à la main gauche. Les 4e et 1er doigts de la main droite, à compter du pouce, sont palmés presque complètement*. (*Bull. Soc. Anat.* Paris, 1849, XXIV, pp. 236-342.)

Cazal, *Un cas de polydactylie héréditaire*. (*Toulouse médicale*, 1904, 21, VI, p. 186.)

Chuquet, *Cas de polydactylie*. (*Bull. Soc. Anat.* 1876, déc., p. 608 et *Progr. médical*, Paris, 1877, pp. 219, LII, p. 725.)

Damourette, *Vice de conformation de la main droite (2 index supplémentaires au lieu du pouce)*. (*Arch. génér. de méd.* Paris, 1890, II, pp. 660-675.)

Dupuytren, *Leçons orales*, t. II.

Féré Ch., *Les empreintes des doigts et des orteils*. (*Journ. d'Anat. et de Physiol.*, 1893, p. 232.)

Forli, *Contribution à l'étude des difformités familiales des extrémités*. Broch. 23 p. avec 5 fig., 1905.

Fort, *Difformités congénitales et acquises des doigts*. (*Thèse d'agrégation*, Paris, 1869.)

Gegenbauer, *Kritische Bemerkungen über Polydactylie als Atavismus*. (*Morphol. Jahrbuch*, 1880.)

Haelst A. von, *Contribution à l'étude de la polydactylie*. (*Belgique médicale*, 1902, IX, pp. 275-279.)

Lannois et Carrier, *Délire mélancolique chez un dégénéré à malformations multiples*. (*Lyon médical*, 1905.)

Levin, *Ueber die anatomischen Verhältnisse überzähligen*

mentation du nombre des doigts (1). VOIGHT (2) cite le cas d'un enfant qui avait treize doigts à chaque main et douze orteils à chaque pied (BLUM). L'hérédité joue un rôle considérable dans ces affections congénitales ; le cas de TH. COPSEY (3) est classique : il avait, ainsi que trois de ses sœurs, quatorze doigts et treize orteils. « La mère, le père et le frère de la mère étaient atteints de la même difformité ; cinq frères et quatre sœurs avaient un doigt supplémentaire et douze orteils (A. BLUM) (4). »

Kleines Finger und Zehen. (*Arch. f. Pathol. Anat. u Physiol.* Berlin, 1895, CXLII.)

MARION et BARON, *Anatomie d'une main et d'un pied hexadactyles.* (*Bull. Soc. Anat. de Paris.* 1898, LXXIV, p. 458.)

MIRABEL, *Des déformations des doigts et des orteils dans leurs rapports avec l'hérédité.* (*Thèse de Paris*, 1873.)

MORESTIN H., *Doigts et orteils surnuméraires.* (*Bull. mens. Soc. Anat. de Paris.* 1902, 60, IV, pp. 64-66.)

POIRIER P., in *Thèse d'agrégation*, Paris.

POLAILLON, Article *Doigt.* (In *Dict. Dechambre*)

RAYMOND F. et JANET P., *Malformations des mains en « pince de homard » et asymétrie du corps chez un épileptique.* (*Nouv. Iconographie de la Salp.*, X, 1897, p. 309, 5 fig. et 3 pl.)

RENARD, *Note sur deux cas de polydactylie.* (*Ann. d'Orthop. et de chirurgie pratique.* Paris, 1892, V. 273, 277 avec fig.)

SOUQUES et LECLERC, *Un cas de bidactylie de la main droite par amputation congénitale.* (*Iconographie de la Salpêtrière.* Paris, 1899, VII, pp. 242-245.)

TAPIE, *De la polydactylie.* Paris, 1885, 1 vol. 54 p. et pl.

J. VALOBRE, *Difformité congénitale des membres* (*Nouv. Iconographie de la Salpêtrière*, XVIII, nº 5, pp. 560-584, sept.-oct. 1905.)

(1) RAHON, *Sex-digitaire atteint de syndactylie partielle.* (*Soc. Anthr.*, 5 mai 1892 ; *Bull.* 1892, pp. 334-336.)

(2) VOIGHT, in *Dictionnaire de chirurgie*, t. I, p. 404.

(3) COPSEY, in *London medical Gazette*, 1839.

(4) A. BLUM, *op. cit.*, p. 4.

Wentzel Gruber conclue comme il suit à la suite
de 127 observations : « Dans un certain nombre
de familles, 14 sur 60, l'hérédité est démontrée, bien
qu'elle puisse laisser indemne une ou plusieurs générations. Sept fois sur 127, il existait d'autres vices de
conformation. Le doigt surnuméraire est le pouce
dans les 2/5 des cas, ou le petit doigt dans les 3/5. Le
petit doigt surnuméraire est exceptionnellement
implanté sur un cinquième métacarpien bifide ou sur
un métacarpien supplémentaire. Il possède trois,
deux, ou seulement une phalange, mais le plus ordinairement, il ne renferme qu'un rudiment d'os, ou
bien il se compose de peau et de tissu adipeux. Sur
42 observations de sexdigitaires, on a rencontré
30 fois des orteils supplémentaires (1). »

La polydactylie a préoccupé le plus, parmi les
déformations congénitales, les auteurs de tous les
temps. Au XVIIe siècle, Riolan paraît inspiré des idées
larges « en disant qu'il n'est pas indispensable de tuer
les sexdigitaires, les géants, les nains, et qu'on peut
se contenter de les soustraire à tous les regards (2) ».
Les polydactyles faisaient partie, comme on le sait, de
la catégorie des fléaux divins, que les lois anciennes
condamnaient à mort. Nous trouvons toute la discussion et toutes les théories concernant la genèse
et l'étiologie de la polydactylie dans la thèse du docteur Adrien Foa, inspiré par le regretté professeur

(1) Gruber, in *Bull. de l'Acad. des Sc. de St-Pétersbourg*,
t. XV, p. 460. — D'après Blum, *op. cit.*, p. 4.

Adrien Duffo, *Contribution à l'étude de la Polydactylie.*
(*Thèse de médecine de Paris*, 1905. 1 vol. ; éd. Jules Rousset,
67 p. ; p. 11. Très bonne bibliographie.

Squelette de stigmates dégénératifs.

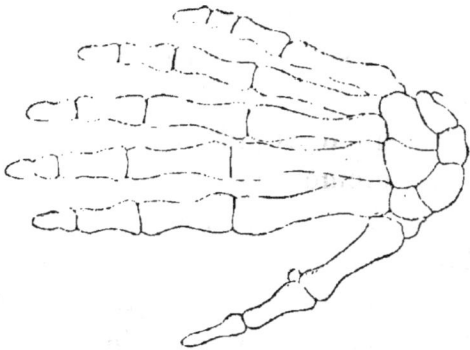

Fig. 1. — Doigt supplémentaire.

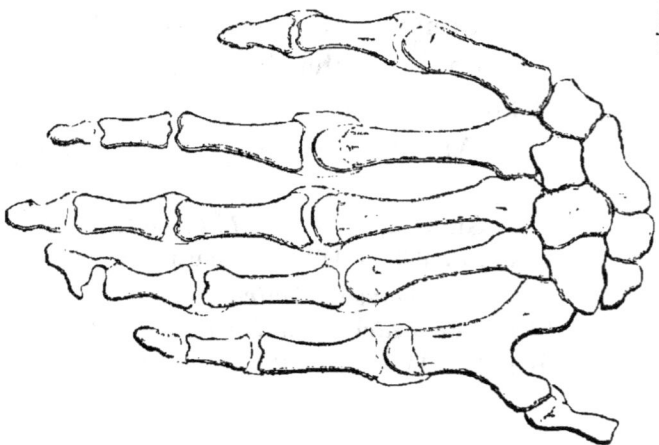

Fig. 2. — Formation de doigt supplémentaire.

PLANCHE XXXIII

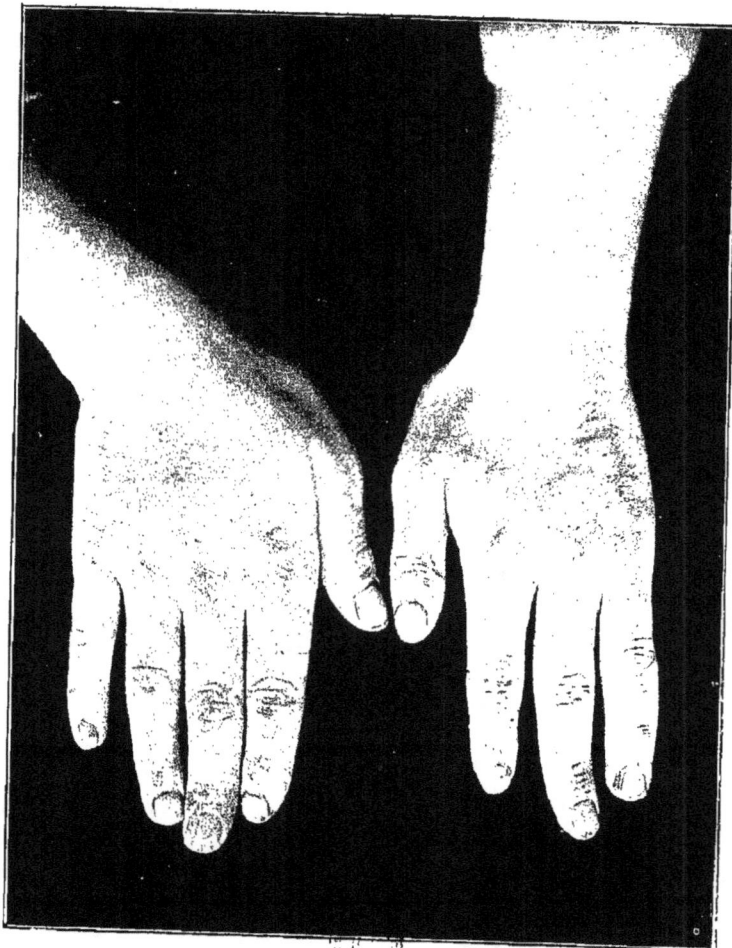

Doigt manquant.

PLANCHE XXXIV

POIRIER. Les anciens comme WINSLOW, HALLES et GEOFFROY-SAINT-HILAIRE ont discuté à perte de vue sur les causes de cette monstruosité, en l'attribuant soit à des arrêts de développement, soit à des anomalies du système vasculaire, soit à des troubles provoqués pendant l'incubation des œufs, tout en discutant si le germe avait été anormal à l'origine, s'il y avait fusion de deux germes, ou quelles étaient les causes occasionnelles. Les données embryologiques modernes, précisées par les recherches tératologiques de DARESTE, admettent comme cause de cette pathologie de la main la théorie simplement pathologique. A la théorie atavique, invoquée par DARWIN et critiquée, on a opposé la théorie franchement pathologique, malgré les recherches et les opinions d'ALBRECHT et de POIRIER. Des facteurs multiples peuvent intervenir pour provoquer ou déterminer certaines formes de cette malformation, à côté des influences embryologiques, comme les brides et les adhérences amniotiques, qui expliquent des quantités de faits, mais qui sont quand même insuffisantes. Nous avons vu que l'hérédité joue un grand rôle ; les faits de WINSLOW, FOLTZ, ALBRECHT, GIARD, GHERINI, LOUIS BOLK, FÉRÉ, VAN HALLST, etc., l'expliquent suffisamment.

Au point de vue anatomo-pathologique, le docteur DUFFO distingue quatre groupes : 1° doigts surnuméraires placés dans le prolongement de la série normale; 2° pouces surnuméraires ; 3° doigts surnuméraires situés sur le bord cubital, et 4° bifurcation de la main. D'après les recherches bibliographiques du docteur DUFFO, le nombre des doigts dépasse rare-

ment 24 ; SAVIARD aurait vu 40, et RUEFF, chirurgien
de Zurich, cite un cas de 48 doigts. Anatomiquement,
les doigts ne possèdent pas leurs tendons propres ;
LEVIN (1895) a démontré la dépendance anatomo-physiologique des doigts surnuméraires des autres. La
fréquence de la polydactylie a été le sujet de nombreuses discussions. Voici en résumé, d'après les auteurs, quelques chiffres : MAUPERTUIS aurait trouvé
3 cas sur 100.000 habitants de Berlin au XVIIIᵉ siècle,
DANYAU observait 10 cas pendant une période de 24 ans ;
BÉCHET, aux Enfants-Trouvés, signala en 1851, en
7 mois, 1 cas sur 2.500 entrées ; GIRALDÈS rencontra
1 cas sur 10.000 enfants examinés à l'hôpital ;
LEFORT, d'après les statistiques du *Guy's Hospital* de
Londres et du *Gebär und Findelhaus* de Vienne,
n'aurait trouvé aucun cas. POLAILLON signale en 1873
4 cas sur 3.726 enfants nouveaux-nés à Cochin (1).
A la Maternité de Paris, en 1884, on trouve 5 cas
sur 2.200 naissances. La Bible cite aussi le cas d'un
Philistin sexdigitaire, qui aurait été tué par les Juifs
(Livre des Rois). PLINE parlerait aussi d'un cas semblable, et ce serait le poète VOLLATIUS ; et il « signa-
lait la même anomalie chez les deux filles du patricien
CAIUS HORATIUS. » Un des apôtres aurait été sex-
digitaire, et le docteur DUFFO, à qui j'emprunte
cette remarque, « constate que LEONARDO DA VINCI
aurait consigné cette particularité dans son chef-
d'œuvre de Milan (2) ». Je n'ai pas pu trouver sur des
reproductions lequel des apôtres est sexdigitaire, le

(1) DUFFO, *op. cit.*, p. 15.
(2) DUFFO, *op. cit.*, p. 15.

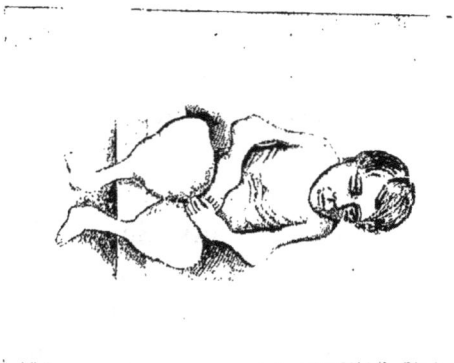

Fig. 1. — Gould et Pyle, p. 247.

Fig. 2. — Brièveté des annulaires et des petits doigts.
Le défaut de proportions d'un ou plusieurs doigts est assez caractéristique aux dégénérés. (d'après Ch. Féré.)

Fig. 3. — Brièveté du médius, des annulaires et des petits doigts courbés en crochets.
La forme en crochet que revêt le petit doigt, et qui rappelle la conformation du petit orteil, est due à l'extension de la première phalange et à la flexion de la seconde. Même dans l'extension forcée, le petit doigt n'arrive jamais à dépasser la demi-flexion. (D'après Ch. Féré. La famille névropathique, p. 284.)

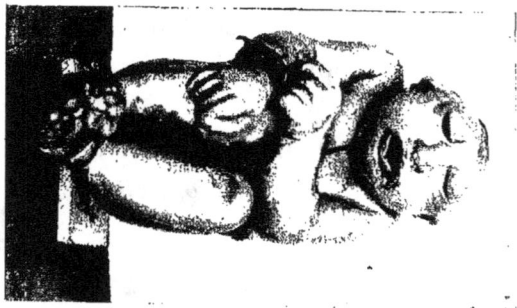

Fig. 4. — Anencéphale (Vaschide-Vurpas).

PLANCHE XXXV

docteur Duffo ne nous le dit pas, et mes souvenirs de
la merveilleuse fresque de *Santa Maria delle Grazie*
ne me précisent aucune image certaine. Le docteur
Duffo nous cite encore comme polydactylique
Anne de Boleyn, femme de Henri VIII, qui aurait
eu en plus une mamelle supplémentaire (1).

On a encore noté la *mégalodactylie*, qui est le développement considérable d'un ou de plusieurs doigts
— dans certains cas, le poignet prend l'aspect et la
configuration de l'orteil similaire; — l'*ectrodactylie* (2), dans laquelle il manque un ou plusieurs doigts
aux deux mains ou à l'une des deux seulement ; la
macrodactylie, dans laquelle le nombre de phalanges
est augmenté; la *brachydactylie,* dans laquelle il
manque une ou plusieurs phalanges à un ou plusieurs
doigts, l'atrophie congénitale d'un ou de plusieurs
doigts ; l'*oligodactylie*, dans laquelle le doigt est
non seulement très court, mais aussi très grêle ; la
syndactylie (Dupuytren, Morel-Lavallée, Verneuil,
Gaillard, Didot, Sibut, Blum, etc.), dans laquelle
un ou plusieurs doigts sont soudés ensemble, parfois
tous les doigts, — le pouce y compris, ou à l'exception

(1) Voir aussi Murray-Jardine, *Observation d'une femme qui
possédait trois mains.* (*Med. Times*, 1862. Vol. II, p. 670.)

(2) Le Dr Marcus Poulalion publie dans une fort intéressante
note un « cas d'ectrodactylie congénitale avec absence totale
du métacarpien correspondant. Ectromélie de l'auriculaire et
du cinquième métacarpien du côté gauche ».

M. Poulalion, in *Archives de médecine*, nᵒˢ nov. et déc. 1891.

Dr Bédart, *Ectrodactylie quadruple des pieds et des mains
se transmettant pendant trois générations.* (*Soc. Anth.*, 5 mai
1892. *Bull. de la Soc. d'Anthrop.*, 1892, t. III, IVᵉ série,
pp. 336-343.)

du pouce, — sont soudés en une pièce unique, constituant dans le dernier cas la disposition désignée sous le nom de « pince de homard ». Parfois, il y a fusion des os et des parties molles, ou encore une connexion de la peau et des parties molles des doigts. La syndactylie congénitale ne serait pas due à un vice de conformation organo-génésique, mais au simple arrêt de développement « dû à la persistance d'un état anormal » (A. BLUM).

On a relevé comme un signe fréquent de dégénérescence, des anomalies des proportions des doigts et des orteils. « Les doigts sont trop longs ou trop courts, il y a défaut de proportion d'un ou plusieurs doigts ; au dire de FÉRÉ, la brièveté de tous les doigts est plus commune dans les dégénérescences graves (1).» On a insisté tout spécialement sur une disposition qui n'aurait de valeur que chez l'homme et qui n'aurait pas de signification chez la femme. Normalement, la main étant dans le prolongement direct de l'avant-bras, l'index serait plus court que l'annulaire ; l'égalité de leur longueur ou la supériorité au profit de l'index serait un signe de dégénérescence.

Il est également une autre anomalie sur laquelle les auteurs ont, semble-t-il, peu insisté ; FÉRÉ l'a décrite et en a donné des photographies dans « la Famille névropatique » : c'est la disposition *en crochet du petit doigt*. Habituellement, l'extension du petit doigt est complète comme celle des autres

---

(1) Ch. FÉRÉ, *La famille névropathique. — Théorie tératologique de l'hérédité et de la prédisposition morbide et de la dégénérescence.* 1894, 1 vol. ; Alcan, 332 p., ch. xvii, xviii, pp. 286-303.

doigts, en dehors de toute lésion pathologique ; chez
certains sujets, l'extension ne peut être obtenue
complètement, le petit doigt reste toujours en état de
demi-flexion revêtant plus ou moins une forme en
crochet, disposition que l'on trouve normalement au
niveau du petit orteil, et qui serait un stigmate de
dégénérescence lorsqu'elle siège au niveau du petit
doigt.

Il faut encore signaler la malformation congénitale
décrite sous le nom de *pied bot* ou de *main bote*,
dans laquelle l'extrémité du membre est déformée,
atrophiée et privée de la plupart de ses fonctions
physiologiques habituelles.

Les anomalies peuvent se porter au niveau des articulations et déterminer des troubles fonctionnels
variables. Les surfaces articulaires et les ligaments
peuvent être atteints, soit simultanément, soit séparé-
ment. Touchant les surfaces articulaires, on a relevé
l'absence d'une extrémité articulaire amenant des
troubles fonctionnels consécutifs et l'impotence du
membre, ou bien une ankylose congénitale rendant
impossibles certains mouvements déterminés.

Une trop grande laxité des ligaments ou diastasis
congénitale peut amener à la suite une facilité plus
grande, même extrême, à la production de luxations.
On a noté des déviations congénitales provoquant des
troubles fonctionnels plus ou moins accusés.

On a regardé comme un stigmate de dégénérescence l'épaississement, l'empatement s'accompagnant
de raccourcissement et de rabougrissement des
extrémités. C'est principalement chez les crétins, les
myxœdémateux, que l'on a signalé cette disposition.

Mais d'une façon générale, on la rencontrerait à des degrés de déformation divers et diversement exagérés dans les diverses catégories de dégénérés.

« Du côté de la peau et des appendices cutanés, Vaschide et Vurpas écrivent, qu'on a relevé certaines dispositions, que l'on a classées dans les stigmates de la dégénérescence. Ainsi, certaines taches pigmentaires de coloration variée allant du rose au rouge foncé ou au violet, ou au brun chocolat. Tels sont les divers *noevi* dus à des dilatations des vaisseaux capillaires superficiels ; ainsi en est-il du vitiligo, dû à des troubles pigmentaires. On a également rangé dans ces stigmates des troubles trophiques plus ou moins généralisés, et sous la dépendance de lésions, de certains organes importants pour la nutrition générale, comme la glande thyroïde, dont l'absence ou la dégénérescence provoquent ces troubles connus sous le nom de myxœdème caractérisée par un épaississement de la peau, du tissu sous-cutané, d'épaississement des lèvres, de la langue, des troubles du côté des pieds et des mains qui sont gros et courts, etc. On a fait rentrer également dans les troubles dégénératifs la polysarcie, la stéatopygie, le mélanisme, le dermatolysis, les lésions du côté de la peau comme l'ichtyose. On y a également classé la sénilité précoce, ou certaines taches érectiles très étendues coincidant avec l'asphyxie locale des extrémités. »

Du côté du système pileux, qui sert à nous renseigner sur le tempérament biologique de la personne, Vaschide et Vurpas ont relevé la *polytrichie*, soit polytrichie généralisée, soit les hypertrichoses localisées.

L'absence complète des poils ne présente-t-elle pas
une tendance vers le féminisme, de même que chez
la femme la présence de la barbe, la voix fortement
timbrée, le bras poilu, n'évoquent-ils pas des cas de
« masculinisme » ? Chez les androgynes, la conformation anatomique de la main est admirablement révélatrice.

Du côté des ongles, VASCHIDE et VURPAS signalent
« leur absence plus ou moins généralisée, leur atrophie, leur hypertrophie ; d'autres fois, leur minceur
excessive rappelant l'état fœtal des ongles ».

« Lorsque l'on prend l'empreinte des dispositions
papillaires de la pulpe des doigts et des orteils, on
relève tout un système de sillons, de plis et de replis
plus ou moins compliqués et enchevêtrés. Parfois, on
observe que les sillons sont plus régulièrement
dirigés, moins embrouillés et enchevêtrés. Cette
disposition plus simple que la disposition normale a
été considérée par certains auteurs comme un signe
de dégénérescence ». MM. FÉRÉ et GIUFFRIDA-RUGGERI
ont consacré à ce sujet des articles particulièrement
intéressants ; nous nous contentons seulement de citer
ces conclusions.

Nous emprunterons au travail bien connu de
MM. MAGNAN et GALIPPE la description d'un cas
classique de soi-disant dégénéré physique (1). Il
s'agissait d'un sujet de trente-cinq ans ayant une

---

(1) MAGNAN et GALIPPE, *Communicat. Soc. Biol.,* 30 juillet
1892. — Voir aussi MAGNAN, in *Recherches sur les centres nerveux*. 2ᵉ série, 1893 ; G. Masson, pp. 229-242. — VASCHIDE
et VURPAS : art. cité in *Annali di Nevrologia*, 1903, t. pp.
45-52.

hérédité, ligne maternelle, très lourde (alcoolisme,
accidents nerveux et cérébraux). « Les membres
supérieurs mesurent 62 centimètres, ils ne peuvent
pas être entièrement étendus ; les mouvements du
bras sur l'épaule sont limités »… « Le bord externe
du membre, au lieu d'être sensiblement rectiligne,
forme un angle rentrant au niveau de l'articulation du
coude… le coude est en dedans, la main est écartée
en dehors ; la supination est incomplète et la face
antérieure ne peut pas être portée entièrement en
avant, l'extension de l'avant-bras sur le bras est
incomplète et l'avant-bras reste légèrement fléchi. »

« Les deux mains offrent le même vice de conformation ; sur les deux, les doigts sont entièrement
réunis (syndactylie), sauf la dernière phalange du
petit doigt, restée indépendante ; dans son ensemble,
la main a la forme d'une cuiller un peu profonde.

« Sur la main droite, les trois premiers métacarpiens
sont apparents, le quatrième et le cinquième paraissent
soudés en arrière, mais en avant, les deux têtes se
distinguent nettement. Le métacarpien du pouce s'ar-
ticule en avant avec la première phalange qui suit
une direction rectiligne, mais la deuxième phalange,
luxée sur le bord externe, s'incurve en avant pour
s'appliquer au bord externe de l'indicateur qui est
fléchi et légèrement incliné en dedans ; un ongle de
dimension à peu près normale recouvre la deuxième
phalange du pouce. Le deuxième métacarpien s'arti-
cule avec la première phalange qui suit la direction
rectiligne ; la deuxième phalange est fléchie à angle
droit et appliquée sur le pouce ; la troisième phalange
suit la direction de la deuxième sans ligne de démar-

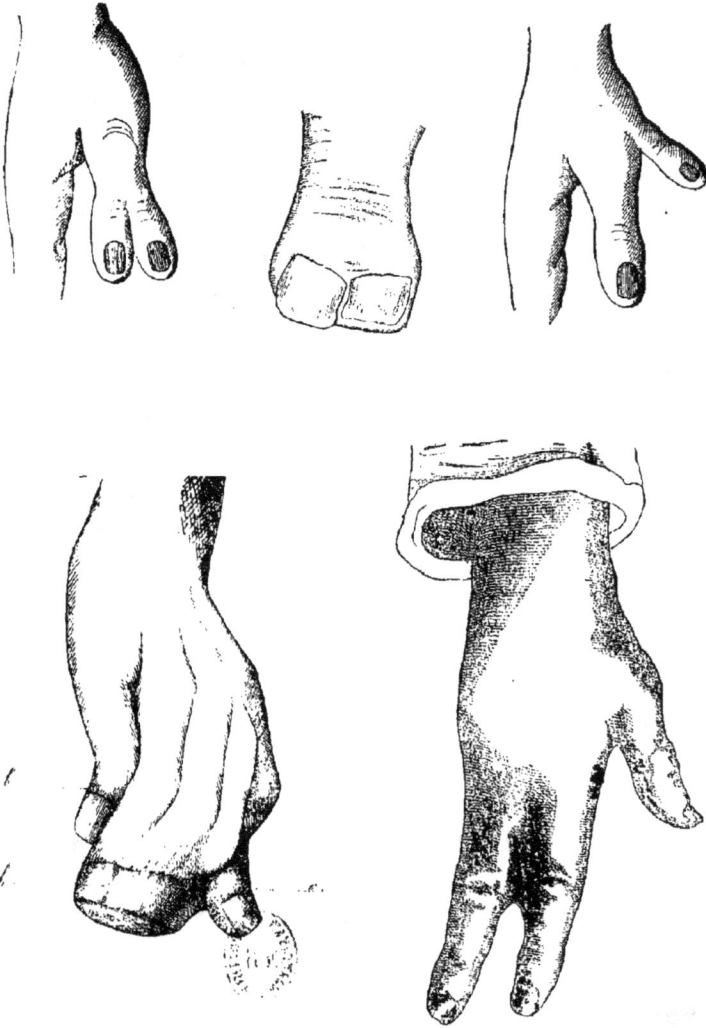

PLANCHE XXXVI

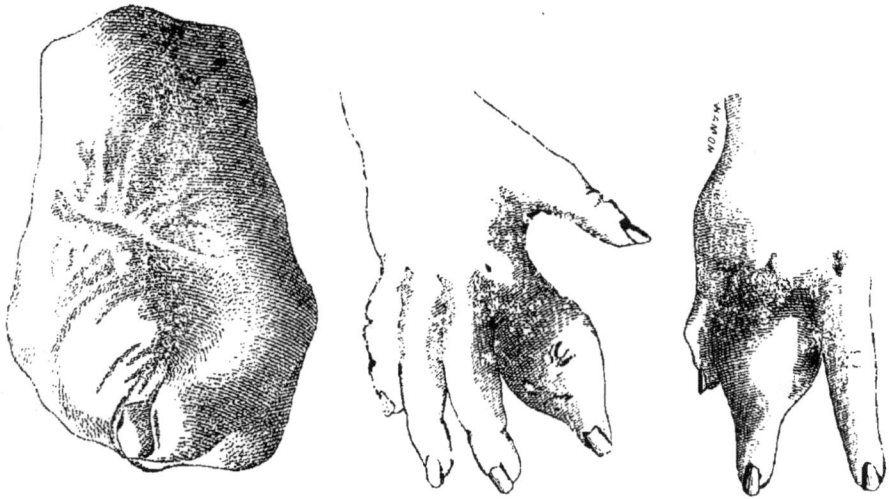

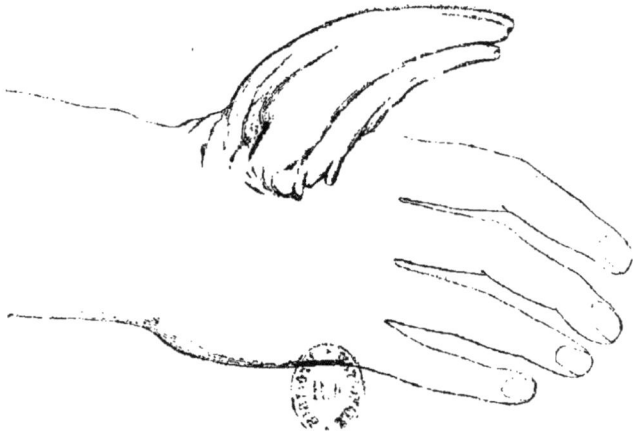

PLANCHE XXXVII

cation tranchée ; cette dernière, distincte de la
deuxième phalange du pouce, est juxtaposée à celle
du médius, les deux ongles de ces deux doigts sont unis
par leur bord et semblent ne former qu'un seul ongle
à forme angulaire, recouvrant par chaque côté de cet
angle l'extrémité de la phalangette correspondante.
La première phalange du troisième doigt est très
allongée, oblique en bas et en dehors, la deuxième et
la troisième phalanges sont incurvées en dedans et
se juxtaposent aux deux dernières phalanges du
deuxième doigt ; pour le quatrième doigt, on distingue
bien la première phalange, mais la deuxième et la
troisième sont atrophiées, dirigées en dedans à côté
des phalanges du médius ; l'extrémité n'a qu'un ongle
rudimentaire. Le petit doigt a sa première phalange
rectiligne, la deuxième et la troisième, assez larges,
paraissent soudées ; l'ongle est large comme la phalangette. Ce doigt est très mobile, et, quoique adhé-
rent, se prête aux usages les plus variés ; le malade
peut même écrire, il retient d'une façon assez adroite
le porte-plume entre l'angle formé par la première et
deuxième phalange du petit doigt.

« Sur la main gauche, les cinq métacarpiens sont
sentis facilement sous la peau, mais les doigts réunis
ont une disposition analogue à celle du côté droit ;
toutefois, ils sont un peu moins ramassés, et le creux
de la main est moins profond. La deuxième phalange
du pouce est, comme de l'autre côté, luxée sur le bord
externe et incurvée en avant, elle a un ongle distinct ;
les trois autres doigts ont les ongles soudés ; mais la
lame cornée qu'elle porte recouvre les phalangettes ;
le petit doigt a un ongle indépendant. »

N. Vaschide et Cl.. Vurpas résument ainsi, dans leur tableau des troubles morphologiques, les signes physiques de la dégénérescence de la main d'un dégénéré typique (p. 56) :

Ectromélie (absence complète d'un membre).

Hémimélie (absence complète du segment inf. d'un membre).

Phocomélie (absence complète d'un membre avec extrémités).

Polydactylie.

Mégalodactylie (Friederich et Busch, Chassaignac, Broca, Trelat et Monod).

Macrodactylie (nombre plus grand des phalanges du pouce).

Ectrodactylie (diminution spontanée en nombre des doigts).

Oligodactylie (doigts non seulement très courts, mais très grêles).

Brachydactylie (diminution du nombre des phalanges).

Atrophie congénitale d'un ou de plusieurs doigts.

Syndactylie.

Absence d'une extrémité articulaire.

Déviations congénitales : clinodactylies.

Membres supérieurs trop courts ou trop longs ; dans ce cas envergure notablement plus grande que la taille.

Anomalies de proportions des doigts et des orteils très fréquentes chez les dégénérés (doigts trop longs ou trop courts). La brièveté de tous les doigts est plus commune dans les dégénérescences graves. Défaut de proportions d'un ou de plusieurs doigts.

Déformation en crochet du petit doigt, qui rappelle celle du petit orteil.

Chez les dégénérés inférieurs, souvent les extrémités sont épaisses, empatées.

Mégalomélie (volume excessif des membres).

Oligomélie (gracilité des membres).

Anomalie des articulations affectant soit les surfaces articulaires, soit les ligaments.

Ankylose congénitale.

Les membres supérieurs des dégénérés.

Peau et appendices cutanés.

- Taches pigmentaires (Noevi, Vitiligo).
- Dermatolysis.
- Myxœdème.
- Polysarcie.
- Steatopygie.
- Sénilité précoce.
- Mélanisme.
- Coïncidence des taches érectiles très étendues avec asphyxie locale des extrémités.
- Ichtyose.

Ongles.

- Absence, atrophie, anomalies de nombre.
- Hypertrophie.
- Minceur excessive ou état fœtal des ongles.
- Fréquence de la symétrie de la disposition des lignes papillaires de la pulpe des doigts et des orteils, et la fréquence relative des dispositions les plus simples.

CHAPITRE XII

LA MAIN AU POINT DE VUE ANTHROPOLOGIQUE

I

Nous entendons exposer dans ce chapitre les données anthropologiques concernant l'extrémité du membre supérieur, ce qui veut dire, en d'autres mots, la technique anthropométrique et les faits d'anatomie comparée classiques. Les traités d'anthropologie sont très pauvres et les recherches restent encore à faire (1). Au laboratoire de M. Manouvrier, où j'ai eu la bonne occasion d'apprendre la technique anthropologique, voilà bientôt neuf ans que je l'entends parler de la main, et je regrette que ses recherches ne soient pas encore publiées. On doit pourtant à ce savant intègre un très succinct article sur la *main* (2), inspiré des recherches de Broca, et on trouvera quelques renseignements dans son mémoire sur les principales proportions du corps humain (3). Il faut

(1) On peut toujours consulter avec profit pour la géométrie des formes les remarquables analyses de notre Maître et ami, M. Ch. Richet, dont nous venons de parler, à propos du canon artistique de la main (voir plus haut p. 127).

(2) L. Manouvrier, *Main*. (*Dictionnaire des sciences anthropologiques*, pp. 692-698.)

(3) L. Manouvrier, *Étude sur les rapports anthropomé-*

citer les mémoires capitaux de Broca et l'article de
Dally, du *Dictionnaire encyclopédique des sciences
médicales*, assez documenté et auquel nous ferons de
larges emprunts.

Une première question qui intéresserait l'anthropologie, c'est la *définition* de la main, question qui a
soulevé bon nombre de discussions, qui n'auraient
aucune raison d'être, d'après Broca et Manouvrier,
« si l'on se plaçait au point de vue de l'anatomie
pure ». « On a préféré, dit Broca cité par Manouvrier, le point de vue physiologique, et on ne l'a fait
que parce que l'anatomie manquait d'élasticité et de
complaisance, parce qu'elle ne se prêtait pas aux illusions dont on avait besoin pour établir l'ordre des
quadrumanes. Vicq d'Azyr dépeint la main « l'extrémité terminale du membre thoracique des vertébrés
supérieurs ». D'après Cuvier, la main aurait la « faculté
d'opposer le pouce aux autres doigts pour saisir les
plus petites choses ». Broca et d'autres anthropologistes ont montré que ni l'opposabilité ni la préhensi-
bilité ne peuvent venir des caractères spécifiques de
la main. Isidore Geoffroy la dépeint d'autre part
comme il suit: « La main, dit-il, est une extrémité
pourvue de doigts allongés, profondément divisés,
très mobiles, très flexibles, et par suite susceptibles
de saisir (1). » Broca a montré d'autre part que cette
définition ne concerne pas exclusivement la main

triques en général et sur les principales proportions du corps.
(*Bull. et Mém. de la Soc. d'Anthropol. de Paris*, t. 11, 3e série,
1902, 204 p.)

(1) Isidore Geoffroy, *Histoire Naturelle des règnes organiques*, t. II, n° 209.

humaine, mais qu'elle peut bien s'appliquer aux pieds
des perroquets et des caméléons (1). BROCA, à qui on
doit les plus belles pages d'érudition anatomique sur
la main, la dépeint ainsi : « La main est un pied
modifié et devenu ainsi apte à de nouvelles fonctions ». M. MANOUVRIER est d'avis qu'il faut appeler
la main le « segment terminal du membre thoracique
sans autre distinction ». « La définition purement
anatomique de la main, écrit cet auteur, est nécessairement exacte autant que générale. Elle ne suppose
nullement une similitude absolue dans les fonctions,
de même que la définition du cerveau s'applique à
toutes les espèces pourvues d'un crâne, depuis le
bas jusqu'au sommet de la série des vertébrés, bien
qu'il y ait, pour le moins, autant de différence entre
le cerveau d'un batracien et celui de l'homme qu'entre
leurs mains (2). » BLAINVILLE appelait la main « un
compas à cinq branches ».

Une toute première question à discuter est celle
de voir anatomiquement en quoi la main de l'homme
diffère ou s'approche de la main des autres animaux
plus rapprochés de lui dans l'échelle zoologique.
BROCA l'a examinée dans des mémoires devenus
classiques. Les points principaux seraient, d'après
Broca entre autres, la direction de l'axe de la main,
la pronation et la supination, la direction de l'axe de

---

(1) P. BROCA, L'ordre des primates. — Parallèle anatomique
de l'homme et des singes. (Soc. d'Anthropologie, 1er avril 1869.
Bull. Soc. d'Anthropologie de Paris, 1869, pp. 228-401, surtout
pp. 258-323. — Bull. Soc. d'Anthropologie, 1869, p. 295.)
BROCA, Bull. Soc. Anatomique, t. XXVII, pp. 275-299.
(2) L. MANOUVRIER, Main. (Dict. Soc. Anthr., p. 693.)

la tête humérale, la musculature de la main, les
lignes papillaires et les plis de la main, et enfin les
proportions de la main.

1er Caractère. — Au point de vue de la direction de
l'axe de la main, les anthropoïdes se distinguent des
singes « par le fait que la main, lorsqu'elle sert soit
à la locomotion, soit à la station, ne s'appuie pas
sur sa face palmaire, mais « seulement par la face
dorsale de ses doigts plus ou moins fléchis ». En
d'autres termes, ces animaux, comme le résume
Broca, « s'appuient plus ou moins sur leurs mains »,
mais ne marchent pas sur leurs mains, « tandis qu'ils
marchent sur leurs pieds ».

2e Caractère. — Au point de vue de la *supination*
et de la *pronation* seulement, les singes anthropoïdes
peuvent atteindre l'étendue de 180°, chiffre qui
représente l'amplitude humaine ; les singes inférieurs ne dépassent guère l'amplitude de 90°. Chez
le chimpanzé, il n'y aurait qu'un angle de 140° ;
chez la mone (*cercopithecus mona*) de 100°. « En
résumé, dit Broca, la supination, qui n'est que d'un
angle droit environ chez les singes inférieurs, s'élève
à deux angles droits chez les anthropoïdes. Sous ce
rapport, par conséquent, il n'y a pas de différence
notable entre l'homme et les anthropoïdes, tandis qu'il
y en a une très grande entre ceux-ci et les autres
singes (1). »

3e Caractère. — *Direction de l'axe de la tête de
l'humérus.* « La torsion intrinsèque de l'humérus
chez les singes ordinaires n'est pas d'un seul angle

(1) Broca, art. cité p. 301.

droit comme chez les quadrupèdes ; chez les anthropoïdes, elle approche de deux angles droits comme
chez l'homme. Par conséquent, par tous les caractères essentiels de leurs membres thoraciques, les
anthropoïdes sont très voisins de l'homme, beaucoup
plus voisins de lui qu'ils ne le sont non seulement
des singes inférieurs, mais encore des pithéciens
eux-mêmes (1) ». DALLY, qui fut le traducteur de
l'ouvrage de HUXLEY, *La place de l'homme dans la
nature*, et dont le nom est intimement lié à la position
de la question de l'étude anatomique des primates, et à
qui on doit un remarquable mémoire sur *L'ordre des
Primates et le Transformisme*, antérieur d'une année
au mémoire de BROCA, s'exprime ainsi dans son article
du *Dictionnaire des sciences médicales* (2). « Citons
aussi pour mémoire les recherches fondamentales de
GEGENBAUER, qui a déterminé à l'aide de l'appareil de
LUCAS le caractère de torsion de l'humérus » (3).

« Pour ce qui est de la torsion de l'humérus, il faut
se rappeler que, d'après la belle découverte de
CHARLES MARTIN (4), cet os n'est qu'un fémur
retourné ; en d'autres termes, pour comparer l'humérus au fémur, il faut placer l'épitrochlée en dehors,
l'épicondyle en dedans, et alors on retrouve toutes les
homologies, alors le radius, qui devient l'analogue du

(1) BROCA, art. cité p. 309.

(2) A. DALLY, *Anatomie comparée et anthropologie*. — *Dictionnaire Dechambre*. (Main), pp. 34-49, 134.

(3) GEGENBAUER, *Bull. de la Soc. d'Anthrop.*, 21 mai 1868,
t. III, pp. 320-327.

(4) Charles MARTIN, *Bull. Soc. d'Anthrop.*, 1861, t. II,
p. 630.

tibia se trouvera en dedans, et le cubitus, analogue
du péroné, muni de son olécrâne (rotule) se trouvera
en dehors ; le pouce sera, comme le gros orteil, en
dedans, etc. Or, cette détorsion de l'humérus donne,
pour le membre antérieur, la mesure de la modification qui s'est opérée chez les vertébrés supérieurs ;
et cette mesure est approximativement représentée
chez l'homme par une demi-circonférence, soit 168°.
Ce chiffre décroît régulièrement des races supérieures
du genre humain aux anthropoïdes jusqu'aux quadrupèdes où l'angle de torsion ne dépasse guère 95°.
Cet angle se mesure en projetant sur un plan horizontal l'axe de la tête huméral et l'axe transversal du
coude. Il est évident que les conséquences de cette
torsion se font sentir sur les mouvements de la main
qui, pour se produire à leur façon, exigent la rotation
de la tête du radius sur le condyle (1).

Broca a recherché les caractères fixes auxquels on
peut reconnaître chez l'homme les membres thoraciques du membre abdominal, il a déterminé trois
points qui peuvent se résumer ainsi: la main des
primates sera d'autant plus semblable à celle de
l'homme que les angles de torsion décrits par l'humérus sur la cavité glénoïde et par le radius sur l'épicondyle seront plus grands, et que l'axe de la main
sera plus sensiblement la prolongation de l'axe de
l'avant-bras.

4° *Caractère.* — Au point de vue du *squelette*, il y a
une loi quasi *géométrique* de symétrie entre le *pied* et

(1) Voy. *Bull. de la Soc. d'Anthr.*, 1868, p. 321 et sq., et
p. 695, 1869, p. 228 et sq.

la *main*, comme l'a démontré excellement Foltz. Cette
étude d'anatomie comparée ne nous intéresse d'ailleurs qu'indirectement, et nous renvoyons le lecteur au
travail documenté de Foltz (1). Contentons-nous de
dire que sur le vivant, cette configuration géométrique
est plus frappante, quoique au point de vue du
transformisme et de la question qui nous occupe,
elle nous procure une forte dissociation fonctionnelle
et de tout premier ordre. « Si les épiphyses, écrit
Dally, d'un os long sont volumineuses, relativement à la diaphyse, on est à peu près assuré de
trouver toutes les articulations très grosses et les
extrémités très larges et très courtes ; les traits du
visage semblent même participer à cette tendance, la
face s'élargit souvent et le crâne est brachycéphale.
Par contre, les épiphyses délicates s'associent généralement à un type élevé et à la dolichocéphalie (2). »

Selon Cuvier, le carpe compte 9 os au lieu de
8 chez tous les singes, sauf chez le chimpanzé ; l'os
supplémentaire ne serait qu'un dédoublement du
grand os, d'après Alix et Blainville, du scaphoïde.

5° Au point de vue des *différences du système musculaire*, Broca, dans son mémoire, résume ainsi
l'étude des muscles de la main dans l'ordre des primates : « Parmi les muscles courts de la main, les
interosseux, les lombricaux sont les mêmes chez
l'homme et chez les singes ; les muscles de l'éminence thénar et de l'éminence hypothénar du gorille

(1) Foltz, *Sur l'homologie des membres pelviens et thoraciques*. (*Journal de Physiol. de Brown-Séquard*, t. VI, 1863.)
(2) Dally, art. cité p. 42.

et du chimpanzé sont bien distincts comme chez
l'homme ; mais chez l'orang, ils tendent déjà à se
fusionner un peu, et cette fusion se manifeste de plus
chez les singes proprement dits ; quelquefois même,
la démarcation des muscles se trouve presque entièrement effacée. Ce sont les muscles longs des doigts
qui présentent seuls des différences notables. Le
fléchisseur propre du pouce, muscle si puissant chez
l'homme, paraît, au premier abord, faire entièrement défaut chez les anthropoïdes ; mais, en réalité,
il n'est qu'atrophié et fusionné avec le fléchisseur
profond des doigts qui se rend à l'index.

« Chez le gorille, un tendon grêle se détache du bord
externe du tendon volumineux, que le commun fléchisseur profond envoie à ce dernier doigt, et va se rendre
au pouce où il remplace pour l'anatomiste, mais non
pour le physiologiste, le fléchisseur propre de ce doigt.
Chez le chimpanzé, ce tendon est plus grêle encore.
Chez l'orang et les gibbons, il fait tout à fait défaut ;
ce n'est plus le fléchisseur commun, mais un des
muscles thénar, l'adducteur du pouce, qui fournit le
petit tendon fléchisseur. Au point de vue de la fonction, cette disposition est plus efficace que celle qui
existe chez le gorille et le chimpanzé ; mais au point
de vue de la constitution anatomique, le fléchisseur du
pouce de ces deux derniers singes diffère moins de celui
de l'homme que de celui de l'orang et des gibbons.

« Du côté des extenseurs, aucune différence entre
la main de l'homme, celle du gorille et celle du
chimpanzé. On a dit que le chimpanzé noir n'avait
pas d'extenseur propre de l'index, et on en a conclu que
cet animal était privé de l'un des caractères les plus

nobles de la main de l'homme, celui qui fait de l'indicateur un doigt indépendant, et qui lui a valu son
nom. Il faut croire que si l'extenseur propre de l'index
manquait sur le chimpanzé disséqué par FROELICK,
c'était un fait anormal et purement individuel, car ce
muscle existe et est parfaitement développé, à droite
comme à gauche, sur les deux chimpanzés que je
conserve dans mon laboratoire. Mais chez l'orang, les
pithéciens, et probablement chez tous les primates,
comme d'ailleurs chez les carnassiers, nous trouvons
une disposition qui diffère entièrement du type
observé chez l'homme, le gorille et les chimpanzés.

« Au lieu d'un extenseur propre de l'index et d'un
extenseur propre du 5e doigt, l'orang et les singes
ordinaires ont un seul muscle de ces 4 tendons, qui
étend les 4 derniers doigts en sus de l'extenseur commun que nous possédons comme eux. Il en résulte
pour eux l'avantage d'avoir à chacun de ces doigts
2 tendons extenseurs, tandis que chez nous le 3e et
le 4e doigts n'ont qu'un seul tendon extenseur ; mais
cet avantage n'est qu'apparent ; l'index et l'auriculaire
y perdent la facilité de se détacher des autres doigts
parce qu'ils sont associés au 3e et au 4e doigt par la
communauté de leurs muscles. La main est privée
des mouvements partiels et délicats qui en font à la
fois un merveilleux outil et un organe d'expression.
C'est là, de l'homme aux singes ordinaires, une différence considérable ; mais le chimpanzé et le gorille
se séparent ici des autres primates pour se rattacher
exactement au type humain (1). »

(1) BROCA, art. cité pp. 320-322.

Il serait intéressant de parcourir à ce propos les pages si lumineuses de HUXLEY sur la main et sur la différence anthropologique de la main des anthropoïdes et celle de l'homme, sur l'opposition du gros orteil, etc. (1).

Dans un travail *sur la disposition des lignes papillaires de la main et du pied* (2), ALIX a signalé d'autres différences caractérisques. Chez les anthropoïdes, le pouce n'est pas aussi long que chez l'homme, et les phalanges sont arquées; elles forment à la face palmaire des gouttières où se logent les tendons. Les ongles sont plus courbés et les dernières phalanges sont sensiblement plus courtes que chez l'homme (2). Voici ses conclusions : « Si nous résumons l'ensemble des observations que nous avons faites sur la disposition des lignes papillaires, nous voyons que, pour ce qui concerne la phalange terminale, nous trouvons chez le maki une sorte de type moyen, auquel nous pouvons rapporter les autres, et qui en rend la conception beaucoup plus facile. Le faisceau de lignes longitudinales du maki est remplacé chez les singes par un faisceau de lignes longitudinales entouré d'ellipses complètes ou incomplètes, et chez l'homme par le sinus oblique. Les variétés que l'on voit chez l'homme n'ont pas été constatées chez les singes de l'ancien continent, tandis qu'on peut en partie les retrouver dans les singes du nouveau continent et surtout dans d'autres ordres ; ainsi les lignes

---

(1) HUXLEY, TH. H. *De la place de l'homme dans la nature*. Trad. DALLY. Baillière, 1868; 1 vol. 368 p., VII, pp. 211-225.

(2) *Ann. des Sc. nat.*, t. VIII, 1868. — ALIX, *op. cit.*, p. 39.

transversales existent parmi les carnassiers et les rongeurs, et le cercle parmi les didelphes.

« Les lignes des deux autres phalanges, quoique moins variables, sont cependant plus difficiles à ramener à un type commun.

« Quant au sinus de la paume, il y a un type qui rappelle celui de l'homme, sans pourtant le réaliser, et qui est commun à l'orang, aux semnopithèques et aux atèles, et un autre commun aux gorilles, aux macaques, aux cynocéphales et aux makis, type que l'on ne trouve que chez les carnassiers et les rongeurs. »

ALIX a dressé un tableau qui résume les particularités sur lesquelles on peut faire porter la comparaison.

Radius et cubitus. — Saillie, forme et longueur des apophyses styloïdes. Forme des facettes articulaires. Étendue de la pronation et de la supination. Ligament triangulaire ; ses proportions, son absence.

Carpe. — Nombre, volume, forme des os. — *Pisiforme :* la direction et l'étendue de sa saillie en forme de talon ; sa position par rapport au pyramidal ; ses rapports avec d'autres os, avec le cubitus, avec l'os crochu, avec le 5ᵉ métacarpien. — Apophyses du scaphoïde, du pyramidal, du trapèze et de l'os crochu. Soudure de certains os et du carpe. Os surnuméraire : intermédiaire, trapèze hors de rang, etc.

Métacarpe. — Longueur, grosseur et courbure des os. Mode d'articulation avec les os du carpe. Sésamoïdes.

Doigts. — Longueur des phalanges considérées en elles-mêmes, considérées relativement aux autres et à celles des autres doigts. Courbure des phalanges, gouttières de leur face palmaire. Forme de l'extrémité de la dernière phalange ; proportion relative de ses diverses parties.

Muscles et tendons. — Principalement des muscles fléchisseurs.

Vaisseaux. — La position de l'artère radiale.

Peau de la face dorsale. — Son aspect, suivant qu'elle est nue ou velue. Les callosités. Les plis. — Palmure des doigts.

Ongles. — Leur courbure, leur enroulement, leur carénure. Intermédiaires gradués depuis l'ongle jusqu'à la griffe.

Paume. — Son étendue. La quantité dont elle s'avance, soit sur les premières phalanges, soit sur le talon de la main. Ses éminences plus ou moins saillantes, plus ou moins confondues, plus ou moins séparées ; leur forme, leur étendue. Ses plis ou sillons transversaux ou longitudinaux. Ses lignes papillaires.

Face palmaire des doigts. — Plis. Pelotes. Forme du torus tactile des phalanges terminales ; position de son sommet. Lignes papillaires.

D'après BROCA, la présence ou l'absence du pli palmaire unique dépendrait, chez le chimpanzé comme chez l'homme, « de la conformation du squelette et surtout de la longueur relative du second métacarpien, plutôt que du degré de perfection du mouvement d'opposition du pouce » (1).

G. NEPVEU a décrit et étudié au laboratoire de BROCA

(1) BROCA, *op. cit.*, p. 327.

les corpuscules de Pacini chez les primates. GUITTON les avait remarqués sur les nègres et sur un singe macaque, ces corpuscules étaient à peu près semblables à ceux du nègre, moins gros, mais presque aussi nombreux (1).

NEPVEU observa le blanc, le charrua, le chimpanzé (*Trogl. Niger*), le mone (*Cercopith. mona*), le papion (*Cynoc. sphinx*), le sajou (*Cebus*), et au point de vue du volume, il trouva une dégradation régulière entre les trois premiers sujets (2).

D'après ALIX, les plis de la main simienne vont directement d'un côté de la main à l'autre ; aucun pli ne correspond à la flexion des trois derniers doigts pendant que l'index reste étendu.

BROCA a relevé sur deux chimpanzés l'existence du double pli palmaire ; ALIX l'a reconnu lui-même ; un troisième n'offrait que le pli unique des singes.

« Les plis de la paume de la main ont été trop incomplètement étudiés pour que l'on puisse indiquer les différences qu'ils présentent suivant les races... Leurs variations individuelles sont considérables ; c'est une raison de plus pour que leur étude mérite d'être poursuivie, mais elle n'a pas été faite jusqu'à présent avec un véritable esprit scientifique (3). »

BROCA connaissait une dame *fort distinguée* chez laquelle le pli de flexion de la main était unique et continu, quoique l'opposition du pouce fût parfaite.

(1) Thèse de Paris, 1893.
(2) *Obs. sur les corps de Pacini chez le singe.* In Biblioth. de l'École des Hautes Études, t. I, 1870.
(3) L. MANOUVRIER, art. *Main.* (*Dictionn. des Sciences anthropol.*, p. 694.)

M. Hamy a retrouvé ce fait chez un étudiant en médecine. D'autre part, le chimpanzé, pour Broca, aurait quelquefois le double pli palmaire de l'homme, caractère exclusivement humain, selon Alix, d'après qui, comme nous avons vu, la ligne transversale, ligne de flexion, est unique et se tend directement du bord externe au bord interne de la main.

M. Manouvrier a présenté le moulage d'une main qu'il a fait exécuter au laboratoire d'anthropologie par M. Félix Flandinette, d'un cas de pli palmaire unique (1).

« Cette main, dit-il, appartenant à un homme adulte, membre de la société, offre cette particularité que, sur sa face palmaire, un seul pli de la peau est bien marqué. C'est un pli transversal résultant de la fusion complète des deux plis normaux correspondant aux articulations métacarpo-phalangiennes. » M. Manouvrier fait remarquer que cette disposition rappelle celle que l'on constate chez certains singes anthropoïdes. Il ajoute que le père du sujet dont il s'agit, présente une disposition du même genre.

A la suite de cette présentation, un autre membre de la société, M. C. R..., montre sur ses propres mains une disposition semblable.

Au point de vue de cette distinction de la main humaine et de la main des anthropoïdes, il serait curieux de citer la si intéressante note de Mme Clémence Royer sur *La force musculaire chez les nouveaux-nés.* »

(1) L. Manouvrier, *Pli palmaire unique.* (*Soc. d'Anthropologie*, séance du 4 février 1892, p. 62.)

Mme CLÉMENCE ROYER (1) lit un article du journal *Le Radical*, relatif à des observations faites par le docteur ROBINSON sur la force musculaire des nouveaux-nés.

« M. ROBINSON a suspendu des enfants par les mains à une barre transversale, tout en prenant les précautions nécessaires, afin que nul accident ne pût se produire.

« Et ces enfants se tenaient cramponnés, sans émotion, sans effroi, à la dite barre. Des bébés, nés depuis quelques heures à peine, ont pu rester ainsi suspendus durant 2 minutes 1/2, et, détail très digne d'être noté, ce n'est que durant la quinzaine qui suit la naissance que cette poigne subsiste. Elle tend notablement à disparaître dès que le corps prend du poids, c'est-à-dire après la seconde semaine.

« Le plus remarquable, sans contredit, des petits sujets qui ont servi à M. ROBINSON pour ses expériences est certainement celui qui, d'une seule main, resta suspendu durant 5 secondes, et qui, vaincu par la fatigue, au moment de lâcher prise, se raccrocha brusquement de l'autre main.

« M. ROBINSON fut conduit à faire ces expériences par la lecture d'un épisode de chasse du voyageur anglais WALLACE.

« Cet explorateur, au mépris de notre proche parenté avec les grands singes anthropoïdes, tua une femelle d'orang-outang. Cette femelle était mère et, quand elle tomba, elle portait son petit qui, épouvanté par

(1) Mme CLÉMENCE ROYER, *Force musculaire chez les nouveaux-nés*. (*Soc. Anthropol.*, 4 fév. 1892, p. 63.)

la détonation de l'arme et par la chute de sa mère, se cramponnait aux poils qui couvraient sa poitrine velue.

« Ce jeune orang était âgé de quelques jours à peine. Entre le chasseur vigoureux et le pauvre orphelin, une lutte acharnée s'engagea. Pas moyen de décrocher le singe dont les mignonnes mains s'agrippaient avec une vigueur invincible aux poils maternels ; quand celui-ci aperçut la barbe de Wallace, il se retourna vivement et, sans hésiter, poil pour poil, il se suspendit à la barbe du meurtrier.

« Wallace ne se souciait pas de jouer avec sa barbe soyeuse, mais endolorie, le rôle de mère-singe.

« Heureusement, un de ses compagnons eut l'idée de présenter à l'orang une peau de lièvre à longs poils, et il n'en fallut pas davantage pour délivrer cette barbe humaine.

« L'exemple de la poigne développée par ce singe-enfant séduisit le docteur Robinson. Il pense que si la poigne des enfants de l'homme ne persiste pas, c'est par suite d'un manque d'exercice ; mais il n'en conclut pas moins qu'il faut voir dans les résultats de ses recherches un phénomène d'atavisme très marqué. »

Alix, dans un travail de pure critique à la *Société d'Anthropologie* (1), résume d'une manière précise, par ces quelques propositions, la position de la main au point de vue du transformisme : « Il est évident que ce que nous avons tous, et à première vue caractérise une main, c'est la longueur, l'indépendance et la

(1) Alix, *Discussion sur la transformation*. (*Bull. de la Soc. d'Anthropol. de Paris*, 1869 ; séance du 20 mai : pp.424-439 ; p. 436.)

forme des doigts, et, à ce point de vue, tous les singes
ont des mains ; seulement ces mains diffèrent de celles
de l'homme sous divers rapports.

« Les Grecs distinguaient dans la main deux parties :
la main proprement dite, χείρ, puis ce qui est opposé
à la main αντιχείρ, le pouce. La main humaine est
remarquable par le développement de l'αντιχείρ, celle
du singe anthropoïde, par l'excessive réduction de
cette partie. Le pouce étant moins développé que chez
un macaque ou un cynocéphale, il en résulte que sous
ce rapport, le macaque ou le cynocéphale est plus
voisin de l'homme qu'un singe anthropoïde.

« La main de l'homme est, en outre, caractérisée par
ses proportions : la paume est à peu près carrée, la
longueur du doigt médius est à peu près égale à celle
de la paume, le pouce atteint la moitié de la première
phalange de l'index. Chez les singes anthropoïdes, la
paume est plus longue que large, ce qui donne à la
main une forme beaucoup plus allongée. La paume
est plus large chez le gorille, mais cela tient au
volume des articulations métacarpo-phalangiennes ;
le carpe ne participe pas à cet excès de largeur.

« L'étude de la face palmaire de la main nous fournit d'autres considérations. La plupart des singes
marchent sur la paume de la main ; ils appuient principalement sur la partie antérieure, où se trouvent
des bourrelets qui recouvrent les articulations métacarpo-phalangiennes. Les singes anthropoïdes, chez
qui ces bourrelets sont moins développés, se servent
de leurs mains pour marcher, mais ils s'appuient sur
la face dorsale des doigts : chez eux, la paume est
affranchie. Chez l'homme, la main tout entière est

affranchie et ne sert plus à la marche. Sous ce rapport, il y a une série ascendante incontestable que je
ne cherche pas à dissimuler.

« La paume de la main présente des plis dont
quelques-uns méritent une attention spéciale. Ainsi,
chez l'homme, il y a trois plis principaux : l'un qui
contourne la base de l'éminence thénar et qui correspond à la flexion du pouce ; un autre qui part de
l'extrémité antérieure de ce pli et qui traverse la
paume d'un côté à l'autre (il indique la flexion simultanée des quatre doigts proprement dits) ; et un troisième, placé en avant du second, qui part du bord
libre de l'éminence hypothénar, marche d'abord en
ligne droite et se courbe pour aller se terminer entre
le médius et l'indicateur. Ce dernier correspond à la
flexion des trois derniers doigts, lorsque l'index reste
étendu. Jusqu'ici je ne l'ai pas observé sur les singes
anthropoïdes, qui, au contraire, m'ont montré deux
plis parallèles traversant complètement la paume et
indiquant tous les deux la flexion simultanée des
quatre doigts.

« La face palmaire de la main est remarquable, en
outre, par la présence de lignes ou stries formées
par des séries régulières de papilles. Ne pouvant en
donner ici une description complète, je me bornerai
à dire que les figures décrites par les lignes papillaires
établissent des différences remarquables entre l'homme
et les singes anthropoïdes. »

Le perfectionnement fonctionnel peut donc causer
des distinctions profondes nombreuses et diverses.
C'est pourquoi, conclut Broca « dans le parallèle des
hommes et des anthropoïdes, la comparaison des

organes ne montre que des différences légères, tandis
que la comparaison des fonctions en révèle de beaucoup plus grandes... L'anatomie morte n'autoriserait
pas cette conclusion, mais l'anatomie vivante nous
permet de dire sans vain orgueil, que la famille
humaine s'élève, par son organisation, à une grande
distance au-dessus de celle qui en approche le plus (1) ».

II

Une seconde question qui intéresse de tout près
l'anthropologie est la *proportion de la main*.

GADDI, dans un mémoire (que je n'ai pas pu trouver
et que DALLY cite vaguement) sur la supériorité de la
main humaine (Modène, 1866), a dit : « qu'à la main,
le pouce de l'homme s'écarte beaucoup plus que le
pouce simien, tandis que le contraire est vrai pour
le pied. Chez l'homme, l'axe de la main offre une
longueur d'environ 0 m. 20 ; la proportion chez les
singes par rapport à une hauteur de 1 m. 70 est
comme 1 : 8. L'ouverture de la main est, à la hauteur supposée, de 1 m. 01, comme 1 : 23 ». L'ouverture n'est que de 0 m. 07. En général, la largeur
de la main humaine est supérieure d'un dixième de
la moitié de sa longueur ; chez les singes, elle serait
inférieure d'un dixième, ce qui donne deux dixièmes
de différence.

Voici la technique courante du dessin du contour
de la main en anthropométrie :

« La longueur maximum de la main, écrit TOPI-

_____

(1) BROCA, mém. cité p. 400.

NARD (I), en prenant soin qu'elle soit dans le même
axe que l'avant-bras, et la longueur du pied ne présentent aucune difficulté. Mais il faut insister sur les
points de repère intérieurs de ces deux organes. Les
premiers, peu difficiles à fixer, sont les deux extrémités
de la ligne oblique noduleuse qui sépare le métacarpe
ou le métatarse des phalanges et des orteils. A la
main, on fait fermer fortement le poing, et les deux
extrémités saillantes de cette ligne se dessinent ; il
n'y a plus qu'à les marquer, en vérifiant si la marque
est bien placée, lorsqu'on a redressé les doigts. Au
pied, on agit de même en faisant plier les orteils le
plus possible. A la rigueur, on pourrait mesurer directement la longueur de ces deux lignes ; à la main, il
n'y aurait qu'à faire empoigner à pleine main le compas entre les deux glissières. Mais ces deux mesures
se rattachent à un système particulier que je recommande, celui des contours. Soit la main. Un crayon
ordinaire est fendu dans les deux tiers de sa longueur,
de façon à obtenir d'un côté une surface longitudinale
plate. La main est placée sur une feuille de papier,
son axe passant par le médius et le dos du poignet,
se continuant avec l'axe de l'avant-bras. Le crayon,
perpendiculaire au papier et tenu ainsi d'une façon
rigoureuse et aveugle, trace alors tout le contour et,
en passant, par une secousse en dehors, marque successivement les sommets des deux apophyses styloïdes
de l'avant-bras, le fond du premier espace interdigital
et les deux extrémités de la ligne métacarpo-phalan-

---

(1) TOPINARD, *Éléments d'Anthropologie*. Paris, 1888. —
Adrien Delahaye, p. 1134.

gienne. En réunissant ces lignes, on obtient comme
ci-contre une série d'éléments que l'on compare
ensuite entre eux par le système des indices, la longueur de la main étant = 100. »

M. MANOUVRIER, dans son article « Main », conseille
de calculer *l'indice de la main*, « c'est-à-dire le rapport
de sa largeur à sa longueur = 100 ». Pour avoir le
contour de la main, M. MANOUVRIER suit le contour
de la main posée à plat, « les doigts étant rapprochés
les uns des autres et le pouce dans sa position naturelle ». Le crayon doit être fendu longitudinalement
et tenu verticalement. « La base de la main correspond sur ces dessins au premier pli articulaire du
poignet à partir de la paume de la main. Une ligne
tirée du milieu de ce pli à l'extrémité du médius
mesure la longueur de la main ; la largeur est mesurée
sur une ligne tracée au niveau de la tête des métacarpiens (largeur maxima). » Voici ses chiffres :

		Long.	Larg.	Indice
Singalais............	9 hommes	181,2	88,1	48,6
—	5 femmes	159,6	75,5	47,3
—	2 enfants	112,0	57,2	51,1
	(5 ans)			
Noir de Bombay....	16 ans	185,0	81,5	44,0
Araucans............	5 hommes	182,0	85,9	47,2
—	2 femmes	169,0	79,5	47,0
—	3 enfants	»	»	50,6
Indiens Omahas ...	9 hommes	189,7	88,3	46,5
—	4 femmes	180,3	87,5	48,5
—	2 enfants	158,0	79,2	50,1
Galibis	4 hommes	168,2	80,2	47,6
—	4 femmes	153,2	69,1	45,1
—	4 enfants	103,3	48,7	47,1
Fuégiens	1 homme	184,0	80,0	47,1
—	4 femmes	170,1	76,6	45,0

La longueur de la main augmente certainement si l'on prend la mesure à partir de l'apophyse styloïde du radius.

Voici quelques mesures données par les anthropologistes belges, les docteurs QUÉTELET, TOPINARD, RICHER, mais ne reposant que sur un petit nombre de cas.

Le docteur TOPINARD mesure la longueur du torse chez l'homme assis ; cette méthode est excellente sur le vivant, mais inapplicable sur le squelette.

	Richer	Topinard	Quételet
Olécrâne à naissance de la main.	14,4	»	14,4
Main	11,3	11,5	11,3

BROCA a établi par des chiffres les rapports proportionnels des membres et de leurs segments. D'après cet auteur, la longueur de l'humérus étant représentée par 100, celle du radius est chez les nègres 79,40, chez les blancs 73,93. La longueur de l'avant-bras est donc plus longue chez le nègre que chez l'Européen (1).

La main de squelette la plus longue qui ait été mesurée d'après DALLY (1871), est celle du géant du laboratoire de BROCA qui, en réalité, était une petite main, vu sa taille osseuse s'élevant à 2 mètres ; une main de nègre du Muséum qui mesure 19 centimètres est longue pour une taille de 1 m. 65.

Les mesures suivantes ont été prises sur le vivant : GILLEBERT DIERCOURT a pris les mesures sur 76 indigènes de l'Algérie (17 Berbères-Kabyles, 6 Mozabites,

(1) BROCA, *Bull. de la Soc. d'Anthrop.*, 1862, p. 162 ; 1867, p. 641.

8 Arabes des villes ou Maures, 23 Arabes des tribus,
4 Kourouglis, 12 nègres, 6 Israélites) ; il a trouvé,
pour la main, les longueurs moyennes suivantes en
millimètres :

Kabyles : hommes, 175 ; femmes, 171. — Mozabites, 170. — Arabes des villes : hommes, 185 ;
femmes, 174. — Arabes des tribus : hommes, 185 ;
femmes, 176. — Kourouglis, 189. — Nègres : hommes,
194 ; femmes, 179. — Israélites : hommes, 182 ;
femmes, 191.

En prenant deux des types algériens, le Kabyle et
le nègre, abstraction des femmes et prenant comme
taille moyenne les chiffres de GILLEBERT qui sont de
1703 pour les Kabyles et de 1645 pour les nègres, on
trouve que la taille, ramenée à 100, donne : longueur
de main aux Kabyles, 10,2 ; aux nègres, près de 11,8.
Pour une taille de 2 mètres, la longueur de la main
serait de 23,6 pour le nègre et 20,4 pour le Kabyle.

Ces faits concorderaient avec les chiffres obtenus sur
les 42 squelettes de la galerie d'anthropologie du
Muséum par DALLY.

BOURGAREL (1) a trouvé sur 12 Calédoniens adultes,
une taille moyenne de 167,4 et une longueur moyenne
de main de 19,3. La taille étant représentée par 100,
la longueur de la main est de 11,5.

Dans un fascicule, le docteur WEISBACH (2) a consigné les résultats numériques communiqués par
SCHERZER et SCHWARTZ, lors d'un voyage entrepris par
la frégate *Novara* en 1857, 1858 et 1859 : « Sur

(1) BOURGAREL, *Mémoires Soc. d'Anthrop.*
(2) WEISBACH, *Reise der fregatte Novara... Korpermessun-
gen bearbeitet Weisbach*, Vienne, 1867.

26 Chinois, la longueur moyenne de la main a été de 216 (taille moyenne, 1632) ; sur 36 indigènes de Nicobar, 213 (taille moyenne, 1757) ; 7 Haïtiens, 203 (taille moyenne, 1650) ; 4 Australiens, 209 (taille moyenne, 1617). »

Les mêmes auteurs, BOURGAREL, DIIERCOURT, ROUBAUD, WEISBACH, DALLY, etc., donnent pour taille moyenne aux Allemands 1680 millimètres et pour longueur de main, 202 ; aux Slaves, 1678 de taille moyenne et 213 de longueur de main. Les mains les plus longues sont, selon DALLY, celles d'un insulaire de l'île Stewart qui mesuraient 265 millimètres; puis celles des Néo-Zélandais, 241 ; insulaires des îles de la Sonde, 226 ; Javanais, 220; indigènes de Nicobar, 214 ; Australiens, 208 ; etc.

Dans un mémoire couronné en 1869 par la Société d'anthropologie, E. ROUBAUD (1) a donné 18 observations sur les peuples de l'Inde méridionale : 3 Toulkou à peau jaunâtre, 9 Dravidas à peau chocolat, 6 Moundas à peau noire, considérés comme autochthones.

La longueur de la main a été : Toulkou, 183 ; Dravidas, 189 ; Moundas, 183 ; la largeur de 74, 83, 82. Par rapport à la taille, pour 1 mètre de hauteur, la longueur est de 113 millimètres, la largeur est de 46, 49, 51 millimètres.

Comme conclusion, la stature étant représentée par 1 mètre, la longueur de la main sera pour les races observées jusqu'à présent, savoir : Néo-Stewardiens, 148 millimètres ; Néo-Zélandais, 137 ; Sondaniens,

---

(1) ROUBAUD, *Mém. Soc. d'Anthrop.*, 1869.

136 ; Icobardiens, 131 ; Chinois, 128 ; Australiens, 124 ; nègres d'Algérie, 118 ; Néo-Calédoniens, 115 ; Kabyles, 102 ; Allemands, 120 ; Slaves, 127 ; Indous du Sud, 113.

La longueur relative de la main est un caractère ethnique différentiel très important, qui permet de constater dans les races humaines ou anthropoïdes à l'homme, une gradation régulière des types inférieurs aux supérieurs.

Voici quelques chiffres sur la croissance de la main d'après l'anthropologie de TOPINARD (1).

	Membre supér. moins la main	Main
Naissances mesure absolue, en mill...	206	61
2 ans	331	93
5 —	422	112
10 —	556	143
15 —	675	171
20 —	758	188
Rapports : 30 ans à naissance (=) 100	328	311
Age où l'accroissement a cessé......	30	30
Naissance, mes. relat. Taille = 100..	29,0	12,2
15 ans — ..	33,3	11,3
25 — — ..	34,2	11,3
Accroissement (+) ou diminution (—) progressive par rapport à la taille.	+	—
Age où le rapport à la taille devient fixe	25	8
Accroissement à 15 ans par rapport à 10 ans = 100	21,2	13,1
Accroissement à 20 ans par rapport à 15 ans = 100	12,3	7,0
Accroissement total de 10 à 20 ans..	33,5	20,1

(1) TOPINARD, op. cit., p. 1030. Voir aussi surtout les travaux de HUMPHRY, A treatise on the Human Skeleton. Cambridge, 1858 et les recherches classiques de QUETELET. —

Rapport de la main et du pied à la taille = 100.

TOPINARD, ANTHROPOLOGIE (1)

7 Tziganes	11,5	15,4
100 Parisiens	11,6	14,8
24 Slaves du Nord	11,7	15,5
26 Roumains	11,6	15,2
20 Magyars	11,7	15,4
20 Juifs	11,8	15,6
184 Kabyles	11,9	14,8
17 Nubiens	11,6	....
10 Siamois	11,5	15,5
20 Chinois du Nord	12,3	15,1
12 Japonais	12,8	14,9
12 Javanais	13,0	16,3
9 Polynésiens	12,6	15,2
9 Galibis	10,5	13,7
3 Patagons	12,7	....
10 Negus d'Algérie	11,7	15,3
5 — du Congo	12,5	14,6
3 Cafres	12,1	15,2
3 Hottentots	11,8	15,0
3 Australiens	11,9	....
50 Australiens	....	15,1

Il résulte de ce tableau, dressé par TOPINARD, que les plus petites mains s'observent chez les Européens et encore plus chez les Tziganes ; les mains les plus grandes se trouvent dans les races jaunes, et les nègres tiennent le milieu.

DALLY a dressé un tableau, reproduit en partie par MANOUVRIER, sur les proportions de la longueur absolue

Voir aussi Dr GODIN, *Recherches anthropol. sur la croissance des diverses parties du corps entre 13 et 18 ans.* Paris, Maloine, 1902.

(1) TOPINARD, *op. cit.*, p. 1089.

de la main et de la longueur relative par rapport à la colonne vertébrale.

Chiffres de Dally :

INDIVIDUS Squelettes du Muséum	LONGUEUR ABSOLUE		LONGUEUR RELATIVE de la main pour 100
	de la colonne vertébrale cent.	de la main cent.	de col. vertébrale cent.
4 Gibbons (moyenne)	28,2	16	57
Orang adulte	60	27	45
Troglodyte tsego	68	25	37
Gorille femelle	60	21	35
Troglodyte Niger (chimpanzé)	58	22	33
Gorille mâle	78	25	33,3
8 nègres (moyenne)	58	18	32,4
6 négresses (moyenne)	56,8	17,9	30
Malabar	60	18	30
8 Taïtiens	71	21	29,8
Néo-Guinéen	65	19	29
Néo-Calédonien	68	20	28
Indien de Bombay (squelette naturel)	57	16	28
2 Français (moyenne)	92	20	27,5
Turc de Smyrne	69	19	29,6
Arabe	65	17	26,1
Océanien	72	19,5	27
Nègre du laboratoire de Broca	70	21	30
Géant —	»	»	»
O'Brian (géant)	?	26	?
Freemann	?	22	»
Laponne (géante)	»	20	»
8 squelettes divers (supposés français)	67	18,5	27

Manouvrier, dans son article *Main*, a réuni dans le tableau suivant quelques moyennes calculées selon

les observations anthropométriques faites conformé-
ment aux instructions de Broca (projection).

		Long. de la main millim.	Taille mètres	Rapport
G. Dhercourt.	10 Arabes	185	1 606	11,1
—	10 Nègres d'Algérie	194	1 645	11,8
Deniker	6 Kalmouks	180	1 613	11,1
—	5 femmes id	164,8	1 272	11,1
Roubaud	18 Hindous	»	»	11,3
Mondière	Annamites	»	»	10,19
—	Minh-Huongs	»	»	11,65
—	Chinoises	»	»	11,70
—	Cambodgiennes	»	»	11,95
Manouvrier	3 Galibis	166,3	1 396	11,91
—	4 hommes	186	1 555	11,96
—	4 Fuégiens	182,5	1 612	11,3
—	4 femmes	180	1 516	11,8
—	4 Araucans	183,2	1 612	11,36
Bourgarel	12 Néo-Calédoniens	193	1 674	11,5

Des voyageurs nous ont légué un grand nombre
d'erreurs et de croyances sur les proportions de la
main, sur lesquelles nous vivons encore faute de travaux scientifiques.

Les mains suisses, genevoises en particulier, seraient
proverbiales par leur volume, selon Dally, ce qui
contraste fort avec la petitesse des poignées d'épée
dont se servaient les anciens à l'époque de l'âge du
bronze, selon les remarques de Desor et Vogt. Dally
cite H. Martin (1), d'après lequel, les Irlandais, à
l'époque du bronze et les Indiens de la caste première
devaient avoir des extrémités supérieures fort exi-
guës, etc.

(1) H. Martin, in Congrès intern. d'Anthropol. préhistorique. 1868, p. 304.

III

On trouvera dans les instructions anthropologiques de Broca (1) la description classique de la manière dont il faut prendre les mesures de la main. Nous donnerons également celle utilisée au laboratoire de M. Manouvrier, le successeur de Broca, et telles qu'elles ont été utilisées par MM. Manouvrier (2) et Papillaut, dans leurs mémoires anthropologiques sur les proportions du corps humain et sur l'homme moyen.

Il faut analyser ces deux mémoires pour exposer les dernières données anthropologiques sur les proportions du corps humain, donc aussi sur la main. Ces deux mémoires ont paru presque en même temps, et il semble y avoir un même esprit scientifique, la même idée directrice.

Le mémoire de M. Manouvrier (3) concerne des mesures sur le vivant, soit prises directement par lui, soit triées dans les dossiers de M. Bertillon ; le mémoire de M. Papillaut concerne généralement des mesures prises sur les cadavres de l'École pratique de Médecine. Il faut lire attentivement ces deux mémoires, et surtout celui du professeur Manouvrier pour extraire

(1) Broca, *Instructions générales anthropologiques*. Masson, 2ᵉ éd.

(2) L. Manouvrier, *Généralités sur l'anthropométrie*. (*Revue de l'Ecole d'Anthropologie de Paris*, 1900.) — Papillaut, *L'homme moyen à Paris*.

(3) L. Manouvrier, *Études sur les rapports anthropométriques en général et sur les principales proportions du corps humain. (Bulletin et Mémoires de la Soc. d'Anthropol. de Paris*, Mémoire, t. 11, 3ᵉ série, 3 fasc., 1-203 p.)

quelques documents ; la question qui nous concerne
est éparpillée un peu partout, elle se trouve discutée à
propos de questions tout autres et bien différentes.

Examinant la systématisation du choix des rapports
anthropométriques, M. MANOUVRIER considère entre
autres possibilités, celle d'admettre les dimensions
d'une phalangette comme terme universel de comparaison, et il est d'avis que toute cette systématisation,
qui consisterait en des comparaisons nombreuses et
multiples, et de plus en plus générales, à partir de la
comparaison d'une phalangette avec les phalangettes
des autres doigts jusqu'à la comparaison des segments
du pied avec ceux de la main, est bien complexe et
inutile, car elle est intimement liée à une foule de
questions biologiques, à solutions variées et multiples, ou pas encore formulées.

Dans une série de 3.071 hommes, âgés de 21 à
44 ans, parisiens, ordonnée suivant la taille, il
résulte d'après les calculs de M. MANOUVRIER, que, à
mesure que la taille s'élève, « la main (si on la représente par le médius) diminue un peu relativement à
l'avant-bras, mais s'allonge un peu relativement au
buste. La main (médius) diminue, mais très peu,
relativement au pied (1) ». Au point de vue du sexe,
les membres supérieurs et inférieurs étant plus courts
relativement à la taille et au buste dans le sexe féminin, la différence sexuelle serait pourtant plus prononcée, d'après ROLLET (2), pour le membre supé-

(1) L. MANOUVRIER, mém. cité p. 74.

(2) Dr E. ROLLET, De la mensuration des os longs des
membres dans ses rapports avec l'anthropolggie, la clinique
et la médecine judiciaire. Lyon, A. Stock, 1889, 1 vol. 128 p.

rieur. Le membre supérieur serait plus court dans le
sexe féminin. Le sexe introduit, comme dans toutes
les mesures anthropométriques une influence indépendante de la taille seulement dans une certaine
mesure, selon MANOUVRIER. D'après un tableau de
moyennes générales suivant le sexe, dressé par
M. MANOUVRIER, d'après 2.695 hommes âgés de 26 à
44 ans et 130 femmes françaises de 20 à 45 ans, il
résulterait que « ce qui est le plus développé chez
les femmes, c'est le crâne. Puis vient l'oreille, dont
la largeur semble liée à celle du crâne. Ensuite vient
le buste, puis le membre inférieur (pied non compris),
puis la main et le pied, et, au dernier rang, le membre
supérieur (sans la main) (1) ».

La main, considérée comme proportionnelle au
doigt médius — point de critérium anthropologique —
est plus courte chez la femme, « relativement au tronc »,
mais elle est « un peu plus longue relativement à
l'avant-bras », qui est toutefois plus court par rapport
au bras. La main serait en outre un peu plus longue
que le pied, mais sans que cela puisse constituer une
différence notoire. Dans des moyennes concernant
des hommes et des femmes de même taille (30 hommes
et 40 femmes), le doigt auriculaire est, selon MANOU-
VRIER, chez les femmes, sensiblement plus court par
rapport au médius, sans qu'il puisse pourtant trouver
des variations identiques, suivant la taille, parmi les
hommes. « Peut-être s'agit-il simplement d'une insuf-
fisance de la série féminine, ajoute-t-il, ou de quelque
attitude plus fléchie du doigt auriculaire chez les

(1) L. MANOUVRIER, mém. cité p. 80.

femmes. Autrement, il semblerait que la réduction du
membre supérieur féminin affecte davantage le doigt
auriculaire que le doigt central (1) ». Ajoutons encore
ce fait que parmi les mesures qui varient en fonction
de la taille, le rapport de la main au pied est le plus
stable, le moins sujet aux variations.

Du chapitre sur les variations suivant l'indice
céphalique, la couleur des cheveux, l'habitat et la
profession, retenons les faits suivants : 1° les femmes
brunes auraient, par rapport aux femmes blondes,
ayant la même taille et la même longueur du membre
inférieur relativement au buste, le membre supérieur
un peu plus court ; 2° l'influence urbaine tend à
raccourcir le membre supérieur et le pied.

Toutes ces variétés dans les segments du membre
s'expliquent, selon M. Manouvrier : 1° par l'influence
de la presssion verticale ; 2° par l'activité fonctionnelle
« tendant, pour les os des membres, à augmenter
l'accroissement périostique ou transversal au détriment de l'accroissement enchondral » ; 3° par la
suractivité et l'inaction musculaire tendant, la première à favoriser, la deuxième à diminuer ces deux
influences qui tendent l'une et l'autre à l'euryplastie
pour le membre inférieur (2) ». Chez les anthropoïdes,
écrit plus loin Manouvrier, « le travail exigé du
membre supérieur par la locomotion suspendue est
énorme et toujours accompagné d'une traction puissante exercée par le poids du corps, traction qui
représente, pour les cartilages de la conjugaison,

(1) L. Manouvrier, mém. cité p. 81.
(2) L. Manouvrier, mém. cité p. 136.

diminution de pression, donc tendance à l'allongement, coïncidant ici avec l'accroissement en grosseur. Le membre s'allonge donc en même temps qu'il grossit. L'avant-bras, qui est le plus violemment tiré, s'allonge relativement davantage, et la main, qui saisit les branches, est plus allongée encore (1) ». Les travaux durs tendent à rapprocher sous ce rapport l'homme des anthropoïdes ; l'évolution humaine a rendu moins nécessaire l'application de tout être à la nécessité des travaux fatigants. La suractivité musculaire humaine n'entraîne pas pourtant la traction radicale, comme chez les anthropoïdes. Le mode de locomotion des anthropoïdes implique une tendance à l'allongement de la main, car son rôle est de toute première importance ; les anthropoïdes s'accrochent en effet aux branches des arbres, d'où il résulte une traction sur les os et indirectement, selon Manouvrier, « une diminution de pression consécutive favorisant la croissance en longueur (2) ». Chez l'homme, les travaux manuels rudes agissent presque de la même manière ; plus le travail musculaire est intense, plus il exige des instruments lourds et difficiles à manier, plus la main deviendra grande. Les différents segments qui la composent s'espacent, se séparent petit à petit les uns des autres, et comme la main supporte toutes les réactions, et comme elle est « le point d'application du travail de tout le membre supérieur », cette augmentation de la main est intelligible. Les travaux de la main sont toutefois fort minimes comparativement

(1) L. Manouvrier, mém. cité p. 137.
(2) L. Manouvrier, mém. cité p. 141.

au travail du pied. Ces faits concordent donc avec la
théorie de MANOUVRIER sur l'influence du travail éner-
gétique sur les proportions de chaque segment du
corps. Il va de soi que, selon la longueur du bras et la
grandeur de la main, il y aurait une activité motrice
appropriée, et si des hommes aux bras si longs, qui,
comme le docteur G. DELAUNAY le pense, peuvent se
gratter les genoux sans se baisser, d'autres, ayant les
membres supérieurs courts, auraient un cercle d'amplitude motrice plus restreint et qui influencerait certainement sa mimique expressive, ses gestes, en un
mot, qualités plus importantes et plus dignes d'être
prises en considération dans les multiples métiers où
les proportions du corps font partie pour ainsi dire
du métier.

Il résulte en somme, d'après les chiffres et les
considérations de M. MANOUVRIER tout d'abord (1),
que lorsque la taille s'élève, toutes les proportions du
corps accroissent en moyenne. Le membre supérieur
s'allonge moins que le membre inférieur. Chez
l'homme grand, « la main diminue un peu relativement au pied, et s'allonge un peu au contraire chez
la femme grande (2) ». Les femmes, contrairement aux
hommes de petite taille, ont le membre supérieur
plus court relativement au membre inférieur. « Un
grand pied coïncide, selon cet auteur, en moyenne
avec un allongement de la main, relativement au
membre supérieur, de celui-ci relativement au buste
et au membre inférieur, même sans allongement de

(1) L. MANOUVRIER, mém. cité p. 193.
(2) Il s'agit des Français nés à Paris et des Françaises.

ce dernier. L'indice céphalique tend un peu vers la brachycéphalie (1) ». La sollicitation fonctionnelle dans la sélection sociale explique pourquoi l'influence des villes se traduit par le raccourcissement des membres, et surtout du membre supérieur. Citons encore le fait que les segments distaux des mains et surtout des pieds « s'allongent moins que les segments proximaux (2) ».

Ces faits coïncident avec les déterminations anthropométriques de GODIN et de PAPILLAUT, quoique l'étude de ces auteurs ait porté sur d'autres aspects du sujet et leurs recherches aient été faites à un autre point de vue.

(1) L. MANOUVRIER, mém. cité p. 195. Ce n'est du reste qu'une coïncidence.

(2) L. MANOUVRIER, mém. cité p. 196.

CHAPITRE XIII

Combien de renseignements précis ne nous révèle-
t-il pas, le banal et le quotidien « bonjour », la simple
poignée de main ! Les anciens avaient au moins
l'avantage sur nous de ne pas se mettre en contact
si intime les uns avec les autres et peut-être la confiance plus grande de jadis tenait-elle aussi en partie
à cette absence de souvenirs musculaires subconscients, qui nous glissent aujourd'hui des doutes, de
la méfiance, de l'irritabilité envers l'être dont nous
venons de toucher la peau et serrer la main, en apparence, affectueusement.

Il y a toute une psychologie de première importance dans ce contact musculo-tactile que j'appellerais
même « mental ». On se trompe rarement quand on
se souvient de la manière dont on se dit « bonjour »
ou souhaite le « bonsoir »... On arrive à distinguer
soi-même, sans aucune arrière-pensée, des types
d'individus. Qui ne connaît pas dans sa vie la poignée
de main franche, loyale, sincère, qui concorde avec le
regard limpide, affectueux et honnête, poignée de
main très rare et que la lutte sociale, la vie avec toutes

ses exigences rend de plus en plus difficile et introu-
vable. On se rappelle encore la poignée de main mon-
daine, froide, correcte, intéressante pourtant à analyser, car extrêmement peu de gens arrivent à dominer
tous leurs penchants, le cortège si perfide des penchants
humains, et à maîtriser vraiment leur mentalité et
les tourments de leur sensibilité. Très souvent, pourvu
qu'on ait un peu l'habitude d'examiner les hommes
et leurs masques, on arrive à déchiffrer l'expansif,
l'impulsif et l'intuitif, et même la banale poignée que
j'appellerais des « doigts ». La « poignée des doigts »
classe rapidement un homme ; on sent la peur, l'absence de franchise, on saisit une sensibilité intérieure
inquiète, jalouse, bouleversée par la vie qui ne se
plie pas à ses caprices, prétentieux et haineux, ou
une sensibilité devenue tourmentée par la vision des
visages qui peuvent le « dévisager » aisément. Sa
conscience lourde, pleine de combinaisons sociales,
aux antipodes des mots onctueux, des expressions
choisies qu'il répétera à votre adresse avec tact,
courtoisie et savoir-faire, est troublée par ce contact
musculaire. On n'oubliera jamais que la main est,
comme disaient les anciens Kabalistes, « le résumé
de tous les résumés ». Une poignée de main peut être
révélatrice au plus haut degré, car par la chaleur de
la peau, par la sensibilité cutanée, par les corpuscules de Pacini, qui emmagasinent les plus délicates
et imperceptibles des décharges nerveuses cérébrales,
par la circulation active de sang artériel ou veineux
qui arrosent cette région anatomique, par les soubre-
sauts des tendons, des aponévroses et des muscles
tendus ou lâches qui subissent les innervations ou

les décharges nerveuses, médulaires, bulbaires ou
corticales, toute la vie psychique s'immobilise, peut
se cristalliser, peut s'écouler dans un instant, au contact d'un autre appareil nerveux.

Le subtil poëte que fut RODENBACH (1), avait écrit
un poème sur « la main », d'une rare finesse psychologique. Nous détachons quelques vers :

Douceur des mains où sont cachés des viatiques,
Les mains qui sont un peu notre âme faite chair !
Mains modestes, mains calmantes, mains magnétiques,
Pâles d'avoir semé des fluides dans l'air.

Mains complices de tous les actes, de tous les
Elans de l'âme ! Mains qui sont comme des clés
Pour ouvrir tous les cœurs et toutes les serrures.
O si subtiles mains, expertes aux luxures,
Qui dosent le péché, qui graduent la langueur ;
O si subtiles mains, expertes aux prières,
Jointes comme les mains des Saints dans les verrières ;
Mains — des outils pour se façonner son bonheur !
Toutes ces mains : d'amants, de héros, de fileuses ;
Les mains ont des reflets comme le fil d'une eau,
Les mains ont des échos sans fin, ô recéleuses
Des secrets de l'alcôve et de ceux du tombeau !

Souvent on voit des mains qui sont faibles et lasses
D'avoir voulu cueillir trop de roses ou d'âmes ;
Elles pendent le long du corps comme des rames,
Et ce n'est que du silence qu'elles déplacent
En remuant, de temps en temps, dans l'air à peine !
Mains qui voudraient un peu s'amarrer à la rive,
Mais que la vie, au fil de son courant, entraîne,
Mains sans espoirs et sans désirs, à la dérive...

(1) G. RODENBACH, *Les vies encloses*. 1896, 1 vol., p. 70.

26

Il y a des milliers de façons de donner la main ;
les doigts à peine frottent les autres, la main
dépose la paume entre vos doigts, ou encore la forte
et ennuyeuse poignée de main caractérisée par une
puissante dépense énergique, douloureuse, non seulement par la pression musculaire démesurée, mais
par la froideur psychique, par l'absence sentimentale,
par l'indifférence qui l'accompagne. C'est la poignée de
main « d'étranger », de « paysan » ou de civilisé peu
raffiné, qui cache son jeu maladroitement ou qui désire
le cacher crânement. On serait pourtant porté à croire
que la poignée de main, américaine ou une autre de
ce genre, empêche l'observation analytique de la psychologie de la main. Nullement, et on saisit quand
même, malgré la poignée de main « mode », la sensibilité qui s'en dégage.

La main est évocatrice de toute une sensibilité
cachée. Quelle poésie, quelle tendresse ne glisse dans
la pensée, le contact d'une main aimée ! Il y a dans
ce frêle contact un poème que les poètes feront toujours bien de chanter. La poignée de main d' « adieu »
ou d' « au revoir » des êtres qui s'aiment est une des
plus franches et belles cristallisations de la pensée
humaine. Les muscles s'adaptent harmoniquement
aux mouvements câlins des autres muscles, la peau
alimente continuellement avec des sensations fraîches
et intenses, la poignée de plus en plus serrée et les
doigts entrelacés précisent éloquemment une des plus
adorables et grandioses étapes de l'humanité vivant
et surtout se sentant vivre. On garde le souvenir de
ces poignées de mains ; on ne les confond jamais avec
les autres, et dans le langage affectif de certains

peuples, le roumain par exemple, on évoque comme
le summum des joies d'avoir auprès de soi, au moment
de la mort, la personne aimée pour vous serrer la
main et pour vous fermer les paupières. La mort
serait douce et belle ! Les êtres qui vivent sentimenta-
lement dans la même communion d'idées, combien
de choses ne se disent-ils pas dans une furtive poignée
de main, devant les yeux de tous, devant la conven-
tion sociale la plus emplie de traditions et de préjugés.
Un de mes amis, un littérateur, me disait avoir gardé
toute sa vie le souvenir d'une poignée de main donnée
par la petite main gantée de noir d'une de ses amies,
qu'il n'avait pas vue depuis quelque temps et qui était
sous le poids d'un grand chagrin. Et des exemples
analogues, nous pourrions tous en évoquer à volonté,
si nous avons vécu et si nous avons saisi un peu la
sensibilité troublante du fait de vivre.

La poignée de main pourrait nous tromper certainement, car la civilisation nous apprend, entre autres
choses, à savoir nous mentir adroitement même à
nous-mêmes. Cela ne nous empêcherait pas pourtant de sentir la tendresse d'une caresse et de considérer la caresse de la main comme l'hommage le
plus désiré, le plus humain. Quelle vie il y a dans la
petite caresse d'une main d'enfant qui, de ses menottes
maladroites, touche câlinement le visage d'une mère.
Sur sa main, la vie n'a pas laissé les inscriptions
tristes de sa dure expérience, et la peau est rose
et les mouvements spontanés, nerveux. Les doigt
s'agitent nerveusement d'une manière réflexe, tandis
qu'il contemple lui-même ses mains, grâce auxquelles
il saisira plus tard les objets, il prendra contact

avec la vie, il se sentira intimement vivre ou mourir.

RODENBACH esquisse ses sensations d'une manière
précise et belle dans sa langue poétique un peu précieuse :

Dans les portraits anciens où le temps collabore,
Les mains ont mûri, Mains comme des fruits ambrés !
Combien de souvenirs tout à coup remembrés !
Car dans ces mains, c'est toute une âme qu'on explore ;
Dans ces veines, c'est tout un sang qui transparaît.
Les mains ne sont-ce pas les échos du visage
Qui divulguent ce qu'il taisait comme un secret ?
Comment élucider le sens d'un paysage ?
Mais voici l'aide et la logique des chemins ;
Or elles ont aussi leurs longs chemins, les mains,
Qui se croisent et se quittent, comme en des feintes,
Lignes où s'éclaircit l'énigme des mains peintes !
Que de signes encore aux mains des vieux portraits :
Un pli, comme d'avoir trop feuilleté la Bible ;
Des bagues prolongeant sur les doigts leurs ors frais
Où quelque opale ou quelque améthyste, sensible
Comme un œil, éternise un ancien amour mort ;
Ou bien encore un spectre, une rose tenue,

Mains probantes, encor qu'elles se soient fanées.
Mains qui conservent des reflets comme un miroir,
Mains des anciens portraits où tout peut se revoir,
Dont les lignes sont des indices et des preuves
Recomposant l'homme ou la femme du portrait,
Comme un royaume, mort, encor se connaîtrait
Par le cours survécu des ruisseaux et des fleuves.

Toutes ces mains : les mains des morts enfin inertes
Qui tiennent droit un vieux crucifix comme une arme,
Ou bien parfois quelques violettes de Parme ;
Et d'autres mains, les mains d'amants qui sont expertes

A manier la chevelure d'une amante,
A la bien partager en deux sur chaque épaule,
A l'agiter comme le feuillage d'un saule
Qui, dans le vent changeant, s'étrécit ou s'augmente.

Toutes les mains s'évertuant vers des bonheurs,
Mains mystiques, mains guerrières, si variées :
Les mains, couleur de la lune, des mariées ;
Les mains, couleur de grand soleil, des moissonneurs :

Toutes : celles semant du grain ou des idées ;
Accouchant le bloc de marbre, de la statue,
Ou la mère, de l'enfant qui la perpétue,
Toutes les mains, jeunes, vieilles, lisses, ridées,

Toutes ont pour tourment caché ces lignes fines,
Ces méandres de plis, cet enchevêtrement ;
Or, on dirait des cicatrices de racines,
Nos racines que nous portons, secrètement.
C'est là, nous le sentons, que gît l'essentiel ;
Ces lignes sont vraiment les racines de l'être ;
Et c'est par là, quand nous commençâmes de naître,
Que nous avons été déracinés du ciel.

La main en a gardé la preuve indélébile ;
Et c'est pourquoi, malgré bonheurs, bijoux, baisers,
Elle souffre de tous ces fils entrecroisés
Qui font pleurer en elle une plaie immobile.

J'ai examiné dans l'asile d'aliénés de Villejuif la psychologie de la poignée de main, et je suis arrivé à la conclusion qu'elle peut nous renseigner sur la mentalité des sujets, tout comme la pression de nos doigts par une main étrangère indique au clinicien sa force musculaire et sa puissance dynamométrique. Les maniaques ne vous donneront jamais la main avec la même sincérité que les délirants, dont on accueille sympathiquement les évocations délirantes. Avec quelle fourberie hypocrite les persécutés touchent votre main ; je n'ai jamais pu m'empêcher de songer aux humains soi-disant normaux, à ceux en dehors de l'asile, toutes les fois qu'un persécuté touchait ma main. Dans son œil, dans sa physionomie, dans la pression musculaire du persécuté, je sentais toute l'inquiétude qu'un être humain évoque dans l'autre toutes les fois qu'il arrive à ce contact direct, intime : la poignée de main. N'est-elle pas digne d'angoisse, en effet, cette jalousie, disons plutôt cette lutte haineuse des hommes qui se tourmentent pour quelques vagues honneurs, pour de l'argent, pour des situations, pour le désir qu'on a d'une femme ? Le persécuté ébauche toute cette physionomie sociale. Devant le persécuté, un nouveau venu dans son milieu est un ennemi, c'est l'inconnu ; dans la vie sociale, en dehors de l'asile, on a souvent cette étrange impression, on le sentira par la poignée de main si l'on est psychologue, tout comme les vieux amis sentent parfois et saisissent avec tristesse la monotonie d'une vie passée, usée, et sans aucune nouvelle émotion à l'horizon. Les mégalomanes, les délirants éloquents ne daignaient pas vous donner parfois la main quand vous ne reconnaissiez pas la grandeur omnipotente de leurs Majestés Pathologiques ; ils vous accordaient tout au plus l'honneur de vous donner les bouts des doigts, ou même la main quand vous acceptiez leur comédie et toutes ses exigences sociales pathologiques, guère différentes des exigences sociales normales, banales. Les mélancoliques vous donnent, comme les mys-

tiques hallucinés, le bras et nullement la main ; les
doigts n'ont aucune mobilité, la main est comme anémiée, les muscles lâches ; sa volonté absente se traduit par l'inertie de sa main. Les hallucinés ou ceux
en proie à leurs illusions vous serrent la main ou ils
vous la donnent d'une manière harmonique et en rapport direct avec leurs visions mentales. Les déments
n'ont pas de poignée de main, ils vous *tiennent* tout
comme les idiots, les imbéciles, les arriérés ; ces
malades ne paraissent pas savoir faire usage de leurs
mains, je veux parler d'un usage psychologique normal. Ils sont désorientés devant eux-mêmes, devant la
vie, et la main a perdu toute sa délicieuse et riche
sensibilité psychique.

Chez les paralytiques généraux, on peut suivre les
nombreuses phases de la marche fatale de la terrible
maladie ; mégalomane ou inquiet, le paralytique général vous donne des poignées de main exagérées ; il se
cramponne, s'il ne vous méprise pas de son regard
immuable et sans éclat. Puis il devient dément, il
perd, comme les idiots, l'usage de la main, et quand
il vous la donne tremblante et maigre, elle s'accroche
à vous, elle ne sait même pas donner le bras ou tenir
la main comme certains arriérés. Les épileptiques
trahissent rapidement, de la première poignée de main,
toute leur pensée fourbe, inconstante, incohérente et
mêlée d'impulsions pathologiques et saines. On se rend
compte s'ils sont après la crise, non seulement d'après
l'absence de force musculaire, mais d'après l'incoordination des doigts, d'après la manière indécise dont
ils vous donnent la main.

Il serait intéressant d'étudier de près ces poignées

de main des épileptiques, nombreuses dans la vie
normale si peuplée d'épileptiques, où les sujets ont,
au lieu des crises, des équivalents psychiques curieux
et bien définissables, à mon avis les éléments psychiques les plus empreints de conflits psycho-sociaux
qui fleurissent à la frontière de la folie. Pour ceux-là,
comme pour les hystériques, le diagnostic est facile
et leur mentalité nous est révélée, comme celle des
malades circulaires ou des névropathes. Je n'insiste
pas sur la poignée de main des érotiques ; la main
se tend comme une pieuvre et elle vous serre, qu'on
me pardonne cette comparaison brutale, comme dans
un spasme vaginal. Les impulsions sexuelles seraient
facilement décelables chez les épileptiques, chez les
névropathes ou dans les cas des autres impulsions
érotiques, par la manière de mettre la main dans
la nôtre ; ces sujets ne donnent pas la main, ils la
mettent dans la vôtre et ils l'attendent volontiers.
Une sensibilité fine distinguera aussi une sorte de
qualité spéciale de la peau, à cause des glandes sudoripares, une peau humide et mate ; la paume de la
main est plus active, plus agitée, plus nerveuse que
les doigts, et on sent des pressions saccadées spasmodiques, plutôt qu'une seule pression.

Interrogez longuement et intimement des morphi-
nomanes, des cocaïnomanes, ou plutôt des alcooliques
à impulsions, tâchez de les trouver dans une de ces
crises de jalousie morbide, qui peint si souvent toute
leur mentalité, essayez de leur faire un peu de morale,
de leur parler d'alcool, vous sentirez bientôt, ayant
sa main dans la vôtre, comme elle se crispe par
moment ou comme elle devient, pour ainsi dire,

méfiante, surtout quand on les regarde dans le blanc
des yeux, et on doit s'attendre à une promesse
formelle.

Je pourrais multiplier les exemples et surtout ceux
des femmes aliénées ; pour mieux les connaître, j'avais
vécu intimement leur vie, cherchant non seulement à
analyser leurs cas pour les cataloguer médicalement,
mais en psychologue désirant pénétrer intimement
leur émotivité, leur idéal et leur inquiétude. Il m'est
arrivé rarement de me tromper dans mes pronostics
et je crois que le vieux docteur Falret, de la Salpé-
trière, avait raison, lorsqu'il prétendait reconnaître la
mentalité de ses internées par l'examen de la main.

Au laboratoire de Psychologie expérimentale de
l'Ecole des Hautes Études de l'asile de Villejuif, pendant des années, j'avais pris l'habitude d'étudier, en
dehors des mourantes, l'ensemble des phénomènes qui
précèdent et qui peuvent nous faciliter la divination, le
diagnostic, disons-le médicalement, d'un changement
d'état mental. L'inspection de la main, de la poignée
de main en particulier, me rendait souvent de grands
services. Le fait de presser la main d'autrui, surtout
d'une personne que le malade connaissait intimement,
glissait toujours une certaine hésitation dans la spontanéité des impulsions, dans la manifestation des
phobies, avant même que les bouffées de délire
aient déjà fait leur apparition tactile, comme en
sourdine, dans la mentalité de mes sujets. J'ai pu
ainsi facilement découvrir une malade kleptomane-
hystérique qui avait dérobé un objet, d'ailleurs sans
valeur ; la pression musculaire était hésitante, trem-
blotante, et si on tenait la main plus longuement, on

remarquait de légères secousses musculaires des
muscles de la région du pouce. La main voulait
comme s'échapper du contact révélateur ; on sait que
l'inquiétude systématisée chez de pareilles mentalités
est une des manifestations qui précèdent non seulement une crise, un état d'agitation, mais qui facilite
les quelques révélations saisissables par un examen
attentif et rapide.

Lorsqu'on suggestionne ou qu'on endort complètement un malade, la psychologie de la « poignée de
main » vous est d'une grande utilité. Je laisse de côté
l'examen du pouls radial, source précieuse d'ailleurs,
mais la poignée de main seule est capable, en l'examinant pour avoir quelques points de repère sur la mentalité subconsciente du sujet, par l'état de contraction
globale des muscles, par l'écartement des doigts, par
l'état de flexion de la position de la main, par l'aspect
du pouls capillaire saisissable sur les ongles et
saisissable aussi au contact musculaire. Voici tant
d'indices précieux qui, à un œil habitué, peuvent
rendre de réels services. Le pouce, l'agitation de sa
musculature doit attirer particulièrement l'attention
de l'opérateur, surtout lorsque le malade simule, ce
qui n'est pas rare dans certains cas de suggestion.
On n'arrive pas, — pour ma part, je n'ai pu jamais
arriver, malgré une grande habitude hypnotique — à
provoquer par suggestion une paralysie du long fléchisseur du pouce ou une paralysie — momentanée
certainement — des muscles extenseurs des doigts
isolés. On arrive à obtenir le « semblant » d'une
pareille suggestion agissant seulement indirectement
sur des états de conscience, sur des « actes », comme

par exemple, en suggérant ou en répétant les propositions classiques : « Vous ne pourrez pas serrer la
main », ou encore : « vous n'arriverez pas à étendre
vos doigts », ce qui donne des résultats excellents ;
tandis qu'on obtient à peine quelques vagues paralysies en suggérant au malade que les doigts sont
paralysés, que la main ne pourra pas changer de
position, etc... Par des moyens indirects on peut
encore arriver, surtout lorsqu'on commence systématiquement par engourdir les doigts ou par demander
ou conseiller au sujet des actes adroitement déguisés.
La dissociation des mouvements musculaires de la
main dans les états d'hypnose et d'hypnotisme étant
rarement possible, on pourrait utiliser l'étude psycho-
graphique de la « poignée de main » dans le sommeil
hypnotique pour préciser certains diagnostics douteux des soi-disant paralysies hystériques, toutes
différentes de celles organiques, qui peuvent attaquer
isolément certains groupes musculaires.

Au point de vue de la mentalité, la poignée de
main vous guide sur la profondeur, sur l'état de
calme, sur l'état d'engourdissement des sujets endormis. Non seulement la force musculaire diminue ou
augmente, mais la main peut prendre des attitudes
différentes et variées, soit sur l'ordre du médecin,
soit subconsciemment sous l'influence d'une phobie,
d'une crise avortée. Le geste de la main, « la poignée de main », est significatif. J'ai vu des malades
profondément endormis, dont les bras et les mains
étaient sérieusement engourdis, et qui devenaient
humides et tremblotants, le corps étant sous l'influence d'une émotion, d'un rêve qui traversait avec

violence le calme apparent de la mentalité du sujet.

La « poignée de main » des mourants, et j'ai malheureusement une longue expérience sur cette étape étrange de notre sensibilité, est bien curieuse à examiner à ce point de vue. Avant même que la sueur, cette sueur abondante des mourants, trempe la paume de la main, avant que les phénomènes d'asphyxie arrivent à colorer d'un bleu de Prusse spécial les extrémités, la main s'agite d'une manière incohérente, elle esquisse le geste de quelqu'un qui cherche un appui, ou de vouloir ramener tout à soi. La poignée de main est impossible. Il y a dans tous ces tourments musculaires une psychologie particulière, éclairée parfois par les paroles ou par les fragments des phrases des bouffées délirantes, et il n'est pas rare de voir des mourants serrer les mains, sans pouvoir donner la main, se cramponner à leurs draps, comme pour prendre plus connaissance d'eux-mêmes, pour se ressaisir dans l'affectivité nébuleuse de la pensée qui vacille, avant le spasme final, le réflexe extenseur qui accompagne la dernière activité nerveuse bulbaire, traduite par la cessation brusque des mouvements rythmiques du cœur et par la respiration profonde et intense bien connue des mourants. La physionomie de la main, sa gesticulation, sa nervosité, l'analyse de la « poignée de main », de la dissociation de la synergie musculaire, son agitation, facilitent bien des pronostics des agonisants, et un jour, quand on connaîtra plus intimement le mécanisme du rapport des différentes maladies avec cette « folie musculaire » et leur terminaison finale, on pourra préciser avec de nombreux faits cliniques à l'appui, la profonde et grave psychologie des états d'âme liés à ce geste, « la poignée de main », geste en apparence banal, mais révélateur de toute notre vie mentale subconsciente.

Aussi, étant initié à ces recherches, combien de renseignements tristes, amusants parfois, ne découvre-t-on pas dans la vie, la vie sociale dans les salons et dans la rue où la poignée de main gantée, parfois, esquisse toute une psychologie, toute une sensibilité cachée, dont la découverte vous fait plus de mal que de bien, car on se rend une fois de plus compte de tout ce qu'il y a de brutal, de laid, d'instinctif et de touchant dans ce mot « humain », qui évoque tout le cortège de luttes déguisées de la si artificielle vie sociale, aux aspects si pratiques et si étouffants pour l'individualité !

La secte hérétique des Barbarites, des premières époques de l'Église chrétienne, prétendait que la main est la synthèse de toute la vie humaine. L'homme serait « homme » grâce à ses mains. A l'origine, les hommes, prétend-on (!), avaient des pattes comme les chiens, et ils vécurent dans la plus grande félicité grâce à de pareilles extrémités supérieures. C'était le paradis. On doit les mains à un vilain génie qui prit les hommes en affection, vilain, car la présence des mains mit fin à la concorde. La main développa l'esprit humain, donc haineux. Grâce aux mains, l'homme sut faire l'usage des armes et dominer la nature. Toute la civilisation n'est que l'œuvre des mains, car ôtez les mains, et ni architecture, ni peinture, ni sculpture, ni guerre ne sont possibles. L'ignorance, cette délicieuse étape du vrai bonheur, serait l'équivalent de

l'humanité sans mains, et c'est vers elles, diraient
certains partisans des sciences pratiques occultes, que
converge l'usure des époques contemporaines, les
nôtres, car l'homme dégénère et ses bras s'atrophie-
ront un jour. C'est de l'histoire légendaire ; mais on
brode quand même, autour du vrai. Les « manchots »,
donc, incapables de coordonner des mouvements si
compliqués et si révélateurs de nos inquiétudes mentales, sont les seuls mortels frôlés par l'intangible
bonheur. Oh ! les admirables échantillons de l'humanité future. On oublie pourtant, dirait-on l'étrange
miroir qu'est le regard humain. Non, car l'œil
n'évoque rien de précis ; c'est un nid à illusions,
trompeuses et menteuses, comme tout ce qui est flou
indéfinissable et pas concret. Le regard est une abstraction, tandis que la « poignée de main » est une
cristallisation d'une somme de sensations et de perceptions tangibles et formulées déjà par l'esprit.

On trouvera dans les chapitres sur la « dynamomé-
trie » (1), sur « l'ergographie » et sur « la sensibilité
musculaire et les sensations soi-disant internes », des
renseignements et des données sur l'analyse des

(1) La force musculaire de la main, d'après les recherches
ergographiques et dynamométriques, devait être étudiée ici.
La maladie a surpris N. Vaschide au moment où il allait écrire
ce chapitre de psychologie physiologique. Les lecteurs qui
désireraient trouver ses documents sur cette question, peuvent se rapporter aux *Année psychologique* de 1897 et 1898 où
se trouvent l'exposition et les applications de la technique de
l'auteur, ainsi que ses travaux sur l'influence de l'excitation
sexuelle sur l'effort musculaire et la psychologie physiologique de l'impulsion sexuelle. — Voir aussi : *Archivio de Psi-
chatria, Sciente Penalia edanthropologia criminale*, 1903 et 1906.

V. N. V.

quelques éléments capitaux : *force musculaire, fatigue musculaire* et *fatigue nerveuse, mouvements subconscients, intuition motrice*, qui rentrent en jeu lorsqu'on ébauche le moindre geste de la « poignée de main »... Dans ce chapitre, nous avons voulu traiter seulement de la signification psychologique révélatrice de ce geste de la main, le geste le plus synthétique, le plus cristallisé, et un de ceux grâce auxquels les individus prennent contact, le premier contact tangible de la vie psycho-sociale. La « poignée de main » révèle facilement, subconsciemment, nos troubles psychiques. L'enfant qui vient au monde avec la main fermée l'ouvre de suite d'une manière réflexe, et les doigts s'agitent, se tournent toujours d'une manière réflexe, tournant les muscles et les frêles tendons.

Pour fermer sa main, il a besoin de vivre, de coordonner ses mouvements réflexes ; un geste s'apprend, et le plus difficile est celui de donner la main. On a comme une peur instinctive de toucher une autre main, et ceux qui étudient la psychologie des enfants doivent savoir avec quelle aisance et avec quelle curiosité ils touchent presque tout, même plus tard quand ils grandissent, sauf la main. Apprendre à serrer la main à un enfant est une besogne difficile, pénible et longue.

CHAPITRE XIV

LA MAIN AU POINT DE VUE PSYCHO-SOCIAL

Dans sa *Nouvelle classification zoologique* (1854), L. GUITTON a dit que « l'intelligence apparaît, se développe et croît graduellement, suivant une proportion mathématique, à mesure que la main, d'abord à l'état d'ébauche, prend une forme mieux définie, se dessine, se moule, pour atteindre enfin ce haut degré de perfection qu'elle présente chez l'homme ».

La psychologie de la main a intéressé indirectement plus d'un penseur, et la richesse des expressions linguistiques dénote, d'autre part, le rôle considérable que la main joue dans toute manifestation pratique de la psychologie humaine. Il n'existe pas de langue qui ne possède des termes qui résument toute une vie expérimentale, et des usages qui révèlent la conscience capitale que la main précise non seulement dans la vie psychique individuelle, mais aussi dans la vie psycho-sociale.

ANAXAGORAS disait avec une certaine raison que l'homme doit sa sagesse et sa supériorité à l'usage de la main, et GALIEN (*De usu partib*. Lib. II, cap. III)

27

pensait que l'homme n'est dans la création le plus
raisonnable parce qu'il a des mains, mais parce qu'il
a le plus de raison de ses mains; la main serait en
somme l'origine de la raison (1). RODENBACH a bien
exprimé cette supériorité des mains dans les vers
suivants :

La main règne, d'un air impérieux, car tout
Ne s'accomplit que par elle, tout dépend d'elle ;
Pour le nid du bonheur, elle est une hirondelle ;
Et, pour le vin de joie, elle est le raisin d'août.

Or, pendant que la main s'enorgueillit ainsi
D'être belle, et de se convaincre qu'elle embaume,
Les plis mystérieux s'aggravent dans la paume
Et vont commencer d'être un écheveau transi.

Vain orgueil, jeu coquet de la main pavanée
Qui rit de ses bijoux, des ongles fins, des fards ;
Cependant qu'en dessous, avec des fils épars,
La Mort tisse déjà sa toile d'araignée.

Mains de ma destinée où tout se présagea !
Et le premier émoi de mes mains dans ces mains !
Attouchements définitifs qu'on croit bénins,
Endroit minime où l'on se possède déjà.

Les Égyptiens ne faisaient-ils pas de la main le
symbole de la force et les Romains de la foi ? NUMA
— l'histoire nous le raconte — consacra ce symbole
avec une grande solennité, et on sait le rôle qu'il
a joué dans la vie romaine. Deux droites unies
étaient le message le plus touchant, le plus franc

(1) Voir aussi *Dictionnaire raisonné des sciences*, art. « Main »,
I. IX, p. 874, MDCCLXV.

pour la paix, pour la concorde et pour l'amitié, et la
« main votive » rappelait cette tendresse reconnais-
sante, touchante. TACITE nous raconte qu'Otto et
Vitellius avaient envoyé le centurion Sisena à Rome
avec cette classique « main droite », symbole de la
paix et de leurs bonnes intentions.

Les anciens Perses tenaient les mains constamment
cachées dans les manches de leurs robes en présence
du roi, (Xénophon, d'après d'ARPENTIGNY) comme
signe de soumission.

La main n'est pas seulement la partie du corps
humain qui termine le bras et qui sert à la préhension
des corps et au toucher, comme la définissent LITTRÉ
et ROBIN, elle est l'organe de nos contacts concrets
avec la vie réelle. On a voulu définir l'homme comme
l'unique animal qui aurait deux extrémités supérieures,
deux mains, mais les théories darwinistes et néo-
darwinistes nous ont précisé, depuis, l'erreur de cette
définition ; l'étude anatomique et embryologique des
extrémités supérieures des quadrumanes comparée à
celle des hommes, a montré que chez les singes supérieurs, l'orteil des extrémités supérieures a une mobilité particulière : ce n'est pas un pied, c'est une
extrémité « préhensible ».

La civilisation et l'usage psychologique des mains
ont accentué la différence plus grande, plus radicale entre les extrémités inférieures et celles supérieures. C'est à ce contact de la main, timide tout
d'abord, de nos ancêtres, avec la vie réelle, plus
hardie et plus raffinée plus tard, que nous devons
notre connaissance précise du monde, que nous
avons pu objectiver d'une manière expérimentale et

sûre, nos sensations et nos intuitions spatiales. Huxley nous cite le cas d'une femme blanche que Trémaux avait vu retombée à l'état sauvage en Afrique, qui avait les petits orteils plus allongés, comme ceux des sauvages ou des hommes qui marchent sur des terrains pleins d'obstacles ou qui grimpent dans les arbres ; le gros orteil était plus écarté et le plus opposable (Bary de Saint-Vincent).

Entre le pied et la main, il n'y a anatomiquement que la disposition toute différente des osselets du tarse, analogue au carpe de la main, et puis la présence de certains muscles, dont la dynamique est tout autrement utilisée, par exemple le long péroné, qui assure la mobilité et la solidité du gros orteil, est absent à la main. En outre, on peut signaler aussi, mais sans ajouter une grande importance, les muscles : court fléchisseur et court extenseur des doigts du pied qui sont longs à la main. Cela facilite une mobilité plus grande, plus variée, des mouvements des doigts de la main, un peu limités et réduits aux doigts des pieds. Lorsque les muscles de l'éminence thénar sont atrophiés, la main de l'homme prend non seulement l'aspect simiesque, comme on se le dit en clinique, mais elle est réellement, anatomiquement, une main de singe (Duchenne de Boulogne). Des muscles de la main, le plus « psychique », si ce terme m'est permis, le muscle qui sert le plus aux fonctions psychiques est le long fléchisseur du pouce et ensuite tous les autres muscles fléchisseurs des doigts. Dans la crampe des écrivains, dans la crampe nerveuse, dans les paralysies infectieuses ou autres, il est à remarquer que les fléchisseurs sont particulièrement

atteints ; il est probable que cela tient, en dehors des
considérations psychologiques et de la marche des
processus toxiques, à une disposition toute particulière des neurones d'origine, d'innervation. Chez le
singe, le pouce n'est pas fléchi par un muscle indépendant. Les extenseurs sont presque identiques chez
l'homme et chez le singe ; le long extenseur du pouce
est rarement atteint dans les atrophies ; il en est de
même des muscles interosseux et des lombricaux.

La main n'est donc pas seulement l'apanage de
l'homme en tant que conformation anatomique, mais
elle l'est au point de vue psychologique, au point de
vue de sa grande mobilité, de l'usage que nous en
faisons et du grand rôle qu'elle joue dans la psychologie sociale.

Il serait puéril de reprendre la discussion sur la
supériorité de l'homme due à la main et d'analyser
les affirmations de HELVETIUS, qui s'amusait à nier la
possibilité du progrès humain, si l'homme avait eu
des sabots à la place de mains. Une pareille dissertation serait sinon oiseuse, mais plaisante et facile à
mener à bon port, car qui nierait le contraire? SWIFT,
dans son amusant et pittoresque *Voyage au pays des
chevaux*, lui seul, aurait pu encore formuler des rai-
sonnements paradoxaux semblables et agréables à lire.

Il y a eu des chiromanciennes qui ont examiné le
pouce et la main des singes ; moi-même, en compagnie de quelques-uns du métier, nous nous sommes
longuement arrêtés à l'analyse des rides et surtout à
la physionomie des extrémités supérieures de quelques
orang-outangs vivants ou d'après les moulages. Rarement le pouce est long, il porte la trace indéniable

« de la domination des instincts, et les plis de la base
du pouce indiquent pour tout observateur la marque
d'une absence d'idéalisme, de sentimentalité, et la
domination des poussées sexuelles basses ». C'est
facile, dira-t-on, de formuler de pareils horoscopes
quand on sent que la main appartient à un singe,
mais le problème n'est pas là, il se trouve posé dans
la confirmation des données chiromantiques par
l'examen de la physionomie de la main d'un soi-
disant quadrumane.

F. REGNAULT, dans une note communiquée à la
Société de Biologie (9 nov. 1894, p. 215), sur « la
courbure des doigts de la main et mouvements d'opposition », nous a montré que dans la main humaine, le
deuxième et le troisième doigts sont courbés vers le
quatrième doigt, le quatrième et le cinquième ont une
courbe concave regardant le troisième. Les doigts
sont courbés, même chez un fœtus de neuf mois. Le
singe aurait, au contraire, les doigts droits, sans
aucune courbure concave. Cela tient, selon REGNAULT,
aux mouvements d'opposition du pouce, mouvements
extrêmement rudimentaires chez les anthropoïdes.
L'enfant, même de deux ans, aurait des mouvements
d'opposition du pouce. « Pour opposer le pouce au
quatrième ou au cinquième doigt, l'enfant, en effet,
incline ses doigts vers le troisième ; pour opposer le
deuxième et le troisième doigts au pouce, il faut les
incliner vers le quatrième. » L'acte de la préhension
chez le singe consiste dans la flexion des quatre derniers doigts ou encore en mouvant l'index pour saisir
l'objet et en le poussant vers la pulpe du pouce, placé
vers le bord radial de l'index.

HANCOCK, dans ses études préliminaires sur l'habileté motrice (*Pedagogical Seminary*, III, n° 1, oct. 1894, pp. 9-29), ayant expérimenté sur des enfants de cinq à sept ans avec les appareils de DANA et de JASTROW pour la mesure de l'habileté motrice, arrive à cette conclusion, à retenir par les pédagogues, que le contrôle volontaire des mouvements est plus développé chez les enfants, tout d'abord pour ce qui concerne les mouvements du corps entier, secondairement pour ceux du bras et seulement en dernière ligne pour ceux du doigt. Il faut donc, selon HANCOCK, développer tout d'abord chez l'enfant l'habileté des mouvements du corps, ensuite celle des bras et, en troisième lieu, celle des doigts.

L'usage psycho-social de la main explique son rôle considérable dans notre dynamique psycho-physique. En dehors de la poignée de main du salut, qui met les hommes en rapport avec leurs semblables, il y a à considérer aussi l'usage. Comme il y a des mains bêtes ou intelligentes, des mains agréables à regarder, ou « antipathiques », il y a des conceptions psycho-sociales qui suggèrent toute cette révélation possible de la main. Depuis l'enfance jusqu'à notre âge adulte, l'éducation, en enrichissant notre intelligence, développe, augmente l'agilité de la main. Les psychologues des enfants nous renseignent amplement à ce sujet. Il ne faut que lire PREYER, SULLY, BALDWIN, BINET, HANCOCK, etc. La supériorité de l'homme tient à sa main et la supériorité de la main tient à l'homme, disait justement DALLY.

Nous avons vu que la sensibilité tactile s'affine avec l'âge et avec l'expérience ; il en est de même pour les

mouvements musculaires. Les doigts ne font que
suivre l'évolution expérimentale de l'être humain, et
l'inspection de la main d'un adulte vous laisse parfois
la possibilité de juger de son expérience, de l'adresse
de ses mains, de son doigt artistique, de sa délicatesse
sentimentale. On voit rapidement la main qui touche
un clavier ou celle qui sait ranger les fleurs dans des
vases, ou encore la main aristocratique qui a une tenue
musculaire pleine de distinction, main aux attitudes
agréables à voir. On saisit que le bibelot une fois dans
sa main, entre ses doigts, sera mis en vue avec goût,
ou qu'elle saura tenir sa main à l'état de repos,
besogne extrêmement difficile et dont peu d'êtres sont
capables de nous donner un coup d'œil reposant et
agréable à la vue. Sans doute qu'à moins d'être du
métier, et encore, on ne saura distinguer individuellement la main d'une repasseuse d'une main de con-
tralto, mais une main qui a passé de longues années
de sa vie à caresser la soie, à vivre de longues heures
de paresse et à soigner sa toilette, esquissant tout au
plus de temps à autre quelques accords au piano, ne
peut pas avoir la même tenue, la même grâce que la
main d'une ménagère, que celle d'une blanchisseuse
ou d'une paysanne. Mais tout de même, dans une
classe sociale bien définie, dans un milieu social, une
habitude intelligente du métier arrive aisément à distinguer les individus : on remarque dans le geste de
prendre son mouchoir ou de se boutonner, la main
d'un exécutant instrumental, comme la main pares-
seuse ou la main impulsive, nerveuse. On classe aisément psychiquement les individus.

On ne saura comprendre la psychologie de la main

que lorsqu'on essayera d'analyser le moindre acte de
la vie courante : l'acte d'écrire. Quelle supériorité,
quelle adorable sensibilité acquiert la main qui sait
tenir une plume. J'ai fait l'expérience suivante dernièrement : j'ai pris cinq personnes qui savaient lire
et écrire et cinq autres qui ne le savaient pas : c'étaient
des individus de la même race et du même groupe
social, et je voulais savoir si elle était exacte, l'affirmation d'un chirognomiste adroit, à savoir qu'on pouvait
facilement distinguer les personnes qui savent écrire
des autres qui ne le savent pas. Je me suis trompé
seulement une fois sur les cinq cas. Le critérium est
le suivant : on recommande aux sujets de prendre
avec leur main droite une position transversale, verticale, la main ouverte en dedans et les doigts légèrement tendus. Ceux qui savent écrire approchent automatiquement le pouce de l'index, tandis que les autres
doigts fléchissent au bout d'une vingtaine de secondes.
Dans le cas négatif, le sujet savait à peine écrire, et
il avait appris au régiment.

Ce diagnostic est certainement plus facile pour les
personnes qui écrivent souvent ou pour les copistes ;
et encore un œil observateur diagnostique facilement
le métier de calligraphe de l'écrivain qui, en travaillant, oublie les dessins des lettres et fait appel à
l'activité cérébrale. Le fait de toucher une plume ne
dit presque rien à l'individu peu habitué à écrire ;
au contraire, il réveille l'intelligence sensible, on
prend souvent contact plus intime avec soi-même ;
les images s'évoquent merveilleusement, la main va
plus vite, plus lestement, elle se crispe ou elle glisse
vertigineusement, les doigts se cramponnent sur la

plume pour mieux saisir cette fugitive inspiration,
mise en marche, évoquée, alimentée par le geste de
vouloir écrire, ou par l'irritabilité psychique provoquée par l'attention de l'écrivain.

Des deux mains, la droite est la plus habile, la plus
intelligente, la plus active. Dans le *Dictionnaire raisonné des sciences*, dans les encyclopédies classiques
et anciennes, et même dans celles du XIX° siècle, on
explique cette supériorité de la main par l'usage, la
symétrie étant une loi de la nature. Les deux mains
sont égales anatomiquement et physiologiquement ;
l'usage creuse cette différence, il fortifie la droite en
laissant stationnaire la main gauche. L'habitude ancestrale nous a, sans doute, laissé le legs du privilège de
la main droite. Les recherches modernes ont précisé
cette asymétrie sensorielle, et je renvoie le lecteur
aux belles recherches du psychologue belge VAN
BIERVLIET, pour plus de détails. Il est difficile de
savoir la genèse de notre conformation organique,
mais l'asymétrie ne paraît pas, en tout cas, un fait
acquis. Il y a des auteurs qui sont allés plus loin, tel
MYERS qui voyait dans l'existence des deux hémis-
phères cérébraux, l'explication de la double personnalité du conscient et du subconscient. ARISTOTE ne
citait-il pas l'écrevisse « comme un être privilégié,
parce qu'il a la patte droite beaucoup plus grosse
que la gauche » ?

C'est avec la main droite que nous nous nourrissons,
que nous accomplissons les actes les plus difficiles et
les plus compliqués de la vie, tandis que la main
gauche, sauf dans les cas de gauchers, n'est qu'un
auxiliaire. Les ambidextres sont rares ; la femme

paraît plus ambidextre que l'homme. Les recherches
expérimentales psychologiques nous ont fait voir que
la fatigue égalise les forces des deux mains et que
chez la femme, elle se laisse plus vite apercevoir. Il
y a une grande synergie entre les deux mains. Malgré
cette différence, la gauche esquisse, prend part indirectement à l'activité de la main droite. Dans des
recherches faites avec M. ALFRED BINET, dans les
écoles communales de jeunes gens et de jeunes filles
de Paris et du département de la Seine (voir les vingt
mémoires publiés dans l'*Année Psychologique*, 1898,
IV, pp. 1-303), nous avons constaté que la fatigue d'une
main se fait sentir rapidement sur l'autre; grâce à des
tracés ergographiques, cette influence est mesurable,
la main qui ne travaille pas se fatigue quand même.

Les faibles, dans nos recherches avec M. BINET,
étaient souvent plus ambidextres que les forts, ou
encore « les faibles sont comme les individus qui
auraient deux mains gauches » (BINET et VASCHIDE.
Année Psychologique, IV, p. 194). Il y a des types
musculaires intimement liés non seulement à la force
musculaire du bras et à celle du poignet, mais à
des coefficients psycho-physiologiques dont nous
avons précisé la grande valeur dans nos recherches
avec M. BINET et dans l'étude de la corrélation des
tests employés. Des éléments psychiques interviennent sans cesse, comme l'émulation, l'ambition, l'orgueil, qui activent ou redoublent l'activité
musculaire réelle. La fatigue augmente, modèle,
accentue les différences individuelles, non seulement
en tant que sensibilité tactile, mais au point de vue
musculaire et de l'habileté motrice en particulier.

L'élément volonté peut activer l'agilité et l'éducation de la main gauche, et il n'est pas rare de voir des
sujets soit hémiplégiques, soit qui ont le bras droit
ou la main coupée, s'habituer à se servir de la main
gauche tout aussi habilement que de la main droite.
Les mains étant absentes, on arrive parfois à donner
même aux pieds cette agilité qui manque aux extrémités inférieures, lesquelles ont perdu par l'absence
d'usage, la vieille et classique agilité normale qu'on
retrouve encore chez certains paysans habitués à
marcher pieds nus, ou chez les sauvages. Le peintre
Ducornet arrive à dessiner avec les pieds, c'est de
l'agilité, pas de l'art en tout cas.

La main droite a toujours eu un grand prestige,
voire même chez les sauvages ; elle servait à l'alimentation, elle tenait l'épée, et de nos jours, elle tient la
plume. Elle devint, dans la croyance religieuse ou
sociale, le symbole de la loyauté, de la force, du res-
pect, tandis que la main gauche passa et passe de
nos jours comme le symbole des insuccès, des
superstitions qui apportent le mauvais sort, en somme,
des idées négatives et opposées à celles de la main
droite. Chez les Perses et chez les Mèdes, on faisait
serment avec la main droite.

Cette opposition donna de la noblesse à la main
droite et, chez les Romains, on cachait presque sous
le manteau la main gauche, comme indigne de la
faire voir, comme impure. Chez les sauvages nègres
de la côte de Guinée, il existerait, selon LANOYE, la
même distinction fondamentale entre la main droite
et la main gauche, la première est soigneusement
entretenue tandis que la main gauche est destinée à

servir à des usages de toute sorte. La main droite
est seule digne à porter l'aliment à la bouche. Un
habitant de Malabar ne mangerait pas des aliments
touchés de la main gauche (DE PLANCY).

Je n'ai pas pu préciser ce détail, d'ailleurs extrêmement curieux s'il était vrai ; je le cite de seconde
main et on le trouve cité un peu partout. On sait que
les Romains se couchaient à table sur la main gauche.

Le même fait de prédominance d'un membre sur
l'autre se présente dans le pied droit et dans le gauche,
et pourtant le pied droit n'est pas plus fréquemment
utilisé que le pied gauche.

Dans aucune race humaine, l'usage de la main
gauche n'est aussi fréquent que celui de la droite.

D'après HECQUART, dans le grand Bassam, la main
droite seule sert à manger ; la gauche, dont les ongles
croissent librement, n'est employée qu'aux occupa-
tions malpropres.

RAFFENEL remarque le même fait pour les indigènes
de l'isthme de Darien.

Chez les Hottentots et les Bushmen, d'après
WAITZ (1), l'usage d'une seule main est si prépondérant qu'ils semblent être manchots.

GRATIOLET a expliqué le fait des *droitiers* par la
précocité du développement des circonvolutions de
l'hémisphère gauche par rapport aux droites ; par
conséquent, cet ordre de développement serait interverti chez les gauchers. Mais c'était à l'époque où
l'on croyait tout expliquer par l'examen des circonvolutions cérébrales.

(1) WAITZ, *Anthr. der Naturvölker*, I, sect. 2.

La linguistique est une source de documentation
unique pour nous fixer sur le rite de la main dans la
psychologie de l'activité psycho-sociale. Les mots
vivent, naissent, meurent, évoluent tout comme les
êtres vivants, ils ont parfois des expressions qui
cristallisent toute une expérience séculaire. Ouvrez
n'importe quel dictionnaire et de n'importe quelle
langue et vous trouverez une riche terminologie linguistique à ce sujet. Contentons-nous de quelques
exemples tirés de la langue française. Soit qu'il
s'agisse d'une facilité d'exécution, d'une direction à
prendre, d'un effet, d'une part active, de l'intégrité,
etc., on utilisera par analogie le mot « main » dans
une foule d'expressions facilement évoquables par
n'importe quelle mémoire.

VOLNEY disait « la main du temps, et plus encore
celle des hommes... » VOLTAIRE écrivait qu'il « faut
instruire les mains ». BOSSUET a écrit plus d'une fois
l'expression : « La main de Dieu », et on retrouve
dans les auteurs classiques utilisés d'une manière
courante, des expressions comme : « la main de la
mort », « la main de la liberté », « main sûre »,
« main morte », « nu comme la main », « acheter à
la main », « mettre la main à l'œuvre », « mettre la
main à la charrue », « coups de main », « forcer la
main », « avoir la main crochue », « faire argent de
toute main », « lever la main », « être en bonnes
mains », « lâcher la main », « lier les mains à quelqu'un », « tenir la main haute », « faire sa main »,
« avoir la main malheureuse », « souiller ses mains »,
« mettre la main au feu », « avoir les mains nettes »,
« avoir le cœur sur la main », « se donner la main »,

« demander la main de quelqu'un », « mariage de la main gauche », « s'en laver les mains », « aller bride en main », « mettre la main à la pâte », « sous main », « haut la main », « main de roi », etc..., et tant d'autres expressions courantes dans la jurisprudence, comme « avoir la main », « de la main à la main », etc. Tous ces termes qu'on pourrait multiplier à volonté précisent toute une vie sociale, dans laquelle la main, par son usage, par son rôle prépondérant dans l'activité intellectuelle ou psycho-sociale, a toute une histoire vécue qui s'étend de la jurisprudence jusqu'aux menus faits de la vie. Ils prouvent ce que nous ne cessons pas de redire, que grâce à la main et seulement à la main, les hommes prennent contact avec la vie, grâce à elle, à sa mobilité, à son activité, tous ses conflits psycho-sensoriels et psycho-sociaux sont modelés, formulés, voire même codifiés. C'est pourquoi la main droite est en si grand honneur.

Il y a une erreur : on donne la main gauche aux femmes et la linguistique ne s'explique pas sur ce sujet. Mais comme le moyen âge était l'époque de la galanterie, codifiée socialement, et qu'on faisait largement usage de la droite, on pourrait conclure que c'était pour mieux défendre la femme qu'on lui offrait le bras gauche. La superstition a brodé largement sur la symbolique conception de la main et l'histoire écrite ou légendaire nous donne des détails curieux à lire sur « la main de gloire », « main de fer », et l'astronomie même a donné à une des constellations le nom de « main de justice », dénommée autrement, si je suis bien documenté, « le Sceptre ».

La main a été le symbole de la force, de la suprématie. « Les êtres immobiles, dit MANOU, sont la proie de ceux qui se meuvent ; les êtres privés de dents, de ceux qui en ont ; les êtres sans mains, de ceux qui en sont pourvus. — Que la partie de la main située à la racine du pouce est consacrée aux Védas, la partie du créateur est la racine du petit doigt (le doigt du cœur est pointu parce que le cœur est toujours plus ou moins poète et, par conséquent, croyant), celle des dieux (probablement regardée comme symbole de l'action s'exerçant dans les arts, les sciences, les métiers, etc.), au bout des doigts (1). »

Les croyances populaires sont empreintes du prestige que la main joue dans leur idéologie. Au Tripoli, dans l'Italie du Sud et dans un grand pays de l'Europe du Sud, on suspend des mains ou on les porte sur soi comme défense contre le mauvais œil.

Dans le questionnaire envoyé aux élèves femmes du collège de Wellesley, par Caroline Miles, et dont les résultats ont été publiés dans le *American Journal of Psychology* (*A Study A Individual Psychology*, 1895, VI, 4, pp. 534-558), on trouve que sur 100 femmes, 33 reconnaissent leur main droite de leur main gauche par l'habitude, invoquant des associations automatiques, l'acte d'écrire, de manger ; 27 répondent parce qu'elles se rendent compte que dans les deux mains, il y a une différence de force et d'habileté ; 37 invoquent l'instinct et, à la question, si elles hésitent parfois à prendre une main pour l'autre, sur 100, 57 seulement répondent négativement.

(1) D'ARPENTIGNY, *op. cit.*, p. 92.

CHAPITRE XV

Après avoir pris connaissance des travaux anciens et récents sur la matière, après la froide technique des livres, j'ai commencé de fréquenter les charmantes diseuses de bonne aventure : tireuses de cartes, devineresses par le marc de café, prophétesses du tarot, chiromanciennes, graphologues, physiognomistes, j'ai frappé à toutes les portes ! A différentes époques et sous des noms différents, accompagné de plusieurs de mes amis, je les ai consultées sur mes peines imaginaires ou réelles et sur mon avenir. Je n'ai visité aucun pays, aucune ville sans courir à l'augure, à la somnambule du lieu. J'ai noté judicieusement tous les avis et toutes les prophéties et, depuis dix ans, j'ai réuni une collection de tout premier ordre. J'ai poussé l'expérience plus loin. Pour me renseigner sur les méthodes de mes devins, et plus spécialement sur la valeur de leurs méthodes, je leur ai conduit des malades, des personnes que je connaissais intimement ; je répétais l'expérience indéfiniment, me déguisant souvent pour éprouver la perspicacité de mes devineresses : le costume change si facilement la psychologie des êtres !

25

Je suis devenu l'ami de certaines d'entre elles ;
elles m'ont entretenu sincèrement de leur métier, de
leurs procédés, de la psychologie de leur clientèle ;
et mon goût pour l'expérience a épuisé sur elles
toutes les formes possibles de la critique sûre et précise. Cette méthode, générale à toutes mes recherches,
était corroborée par des expériences personnelles et
méthodiques, des vraies recherches de laboratoire.

J'ai eu la bonne fortune de rencontrer entre autres,
en ce qui concerne la chiromancie, une devineresse
tout aussi intelligente que sympathique : je veux parler de Mᵐᵉ Fraya, la chiromancienne bien connue.
Qu'elle me permette de lui exprimer ici mes plus sin-
cères remerciements pour sa touchante sincérité,
pour sa collaboration scientifique, si amicale et pleine
de désintéressement. Elle a bien voulu, entre tant
d'autres, examiner tous mes sujets et m'expliquer ses
processus mentaux, me donnant ainsi la clef de sa
mentalité... De mon côté, m'inspirant du procédé de
GALTON pour la recherche des empreintes digitales,
j'ai pris plus de mille empreintes de mains d'enfants,
de femmes, d'hommes ; de peu civilisés, pour ne pas
dire de sauvages, et de civilisés ; de malades et
d'individus bien portants... Je les ai examinées, tantôt
seul, tantôt avec le concours de Mᵐᵉ Fraya, que je
priais de me donner son avis sur ces graphiques de
mains. J'avais choisi les cas les plus difficiles et
mêlé des mains de cadavres à celles de sauvages et
d'individus sains ; plusieurs empreintes de la même
personne, prises à des époques et pendant des états
psychiques différents, lui furent également soumises,
et j'attendis, pour mon compte, de longues années

pour suivre la formation des soi-disant lignes le la
main depuis le jour de la naissance jusqu'aux époques
les plus lointaines, où il me fut possible de suivre mes
recherches.

Mme Fraya, avec une pénétration hors ligne, se
trompa rarement, si rarement que j'en fus stimulé à
poursuivre mes recherches et à essayer de saisir le
mécanisme de son travail mental. J'espère pouvoir
publier sous peu le résultat de mes recherches sur
l' « intuition », où je tenterai d'exposer une conception nouvelle de cette admirable sensibilité humaine
subconsciente. Non seulement la compétence chiromancienne de certains sujets est à l'abri de toute
critique, mais ils sont doués de cette faculté (si ce
terme philosophique peut être encore utilisé en psychologie), de cette possibilité mystérieuse à plus d'un
titre.

Si les chiromanciennes possèdent une science
pratique assez sûre, le problème peut se résoudre par
la connaissance de sa technique et de ses données
fondamentales. J'ai exposé, d'après les plus remarquables chiromanciennes et chirognomoniennes, et
particulièrement d'après Mme Fraya, dont j'ai loué plus
haut l'admirable perspicacité, et d'après les auteurs
classiques de l'antiquité et des temps modernes, les
quelques données sur lesquelles toute leur science
repose. Je parlerai ensuite de mes recherches et de
l'hypothèse que je forme pour l'intelligence de cette
science, occulte en apparence, mais en réalité fort
claire.

J'oublie de dire à quel point les œuvres d'art m'ont
aidé dans ma tâche expérimentale : le dessin d'une

main, un pied modelé par un artiste de grande valeur
me précisent toute une psychologie... Il faut ajouter encore des nombreuses recherches de laboratoire
sur la motilité de la main, sur des sujets normaux ou
anormaux et sur « l'image motrice » que j'essayerai
de préciser plus loin.

J'ai exposé ici quelques-uns de mes résultats les
plus précis, soit sur la physionomie de la main, soit
sur les empreintes digitales, soit sur la psycho-physiologie de la main ; dans le chapitre suivant,
j'examine la question de l'image motrice.

CHAPITRE XVI

I

Il n est pas dans mon intention de faire ici l'historique du sens musculaire ; il sera fait ailleurs et dans un autre travail.

Grâce aux recherches physiologiques, cliniques et psychologiques, on sait aujourd'hui que la sensibilité à la douleur, la sensibilité thermogène et la sensibilité musculaire sont des sensations distinctes, bien définies et indépendantes fonctionnellement des sensations tactiles. Les idées et les doctrines varient, et elles sont malheureusement nombreuses ; les faits, pourtant, plaident pour l'existence d'une sensibilité musculaire toute particulière. La notion est certainement récente, et les dernières recherches histologiques sont sur le point de nous préciser même les voies du trajet sensitivo-sensoriel musculaire. DARWIN fut un des premiers auteurs qui parla d'une sensibilité dite « d'extension », distincte de la sensibilité tactile ; mais la remarque de cet auteur est confuse, et, à tort, on a voulu retrouver dans sa dénomination les traces

de la « sensation d'activité musculaire ». Comme
nous l'avons dit, c'est à CHARLES BELL que nous
devons, quoique habituellement on oublie ce fait, la
distinction psycho-physiologique nette d'une sensibilité musculaire propre et bien définie. WEBER fit plus
tard un sens spécial, et le subtil GERDY, qui paraissait ignorer les travaux de CH. BELL, la dénomme
« sentiment d'activité musculaire ». Les travaux de
DUCHENNE DE BOULOGNE, LANDRY, WEBER, WUNDT,
SCHIFF et BASTIAN précisèrent les hésitations initiales
et la variabilité des impressions diverses développées
par les auteurs.

II

DUCHENNE DE BOULOGNE (1) fut un des premiers après
CH. BELL qui mit en lumière l'existence de la sensibilité électro-musculaire et son identité avec le sens
musculaire de CH. BELL, ou plutôt l'existence de la
sensibilité musculaire. On contestait avant DUCHENNE
la sensibilité électro-musculaire ; il la démontra expérimentalement, et il revint à la charge à plusieurs
reprises dans son œuvre. On trouvera dans la seconde
édition de son *Électrisation localisée* (2) la critique
assez sévère et juste adressée au physiologiste allemand REMAK, qui était partisan de la doctrine de

---

(1) DUCHENNE DE BOULOGNE, *De l'électrisation localisée et de
son application à la physiologie, à la pathologie et à la thérapeutique*. Paris, Baillière, 1 vol., 1855, 926 p.

(2) DUCHENNE DE BOULOGNE, *De l'électrisation localisée ;* et
2 éd. 1861, 1046 p. ; p. 389, ch. XII.

l'insensibilité musculaire, et il avait interprété les sensations accusées par les sujets faradisés selon la méthode de DUCHENNE « uniquement à l'excitation des nerfs cutanés ». Les muscles posséderaient, selon DUCHENNE aussi, une sensation toute particulière de pression ; il avait vu des malades, ayant perdu la sensibilité du contact, conserver celle de la pression.

La sensibilité électro-musculaire de DUCHENNE DE BOULOGNE, le sens musculaire de CH. BELL et l'acte vital musculaire de GERDY seraient des symptômes d'une même irritabilité musculaire. Les troubles pathologiques préciseraient davantage cette sensibilité musculaire. Les sujets atteints de cette affection pathologique éprouveraient des troubles fonctionnels dans le domaine de la locomotion, sans que les mouvements volontaires soient atteints. CH. BELL avait constaté cette sensibilité musculaire en dehors des expériences de vivisection par l'examen d'un cas pathologique : « Une mère, nourrissant son enfant, atteinte de paralysie, perd la puissance musculaire d'un côté du corps et en même temps la sensibilité de l'autre. Circonstance extraordinaire et fâcheuse ! Aussi longtemps qu'elle regardait son enfant, elle pouvait le présenter à son sein, du bras qui avait conservé la puissance musculaire ; mais si des objets environnants venaient à distraire son attention de la position de son bras, les muscles fléchisseurs de ce dernier se relâchaient peu à peu et l'enfant courait le risque de tomber. Nous voyons d'abord dans ce cas, ajoute-t-il, que les nerfs du bras jouissent de deux propriétés distinctes, qui disparaissent ou sont conservées selon la perte des uns ou l'intégrité des autres ; ensuite, que ces

deux propriétés doivent l'existence à un ordre spécial
de nerfs, et enfin que la puissance musculaire est
insuffisante pour régler les mouvements des membres,
si la sensibilité musculaire n'est là pour l'accompa-
gner (1) ». Ch. Bell pensait que nous percevons
l'action des muscles. Les muscles, pour lui, étaient
pourvus de deux ordres de nerfs, dont une catégorie
excitée, quoique n'ayant « pas d'action directe sur le
muscle, est destinée à produire la sensation ». Il y a
des nerfs de *sensibilité* et des nerfs de mouvement.
« Je me suis attaché à prouver que pour l'exercice du
sens du toucher, le mouvement de la main et des doigts
et le sentiment de l'action des muscles, en produisant
ce mouvement, doivent être combinés avec la sensation de contact de l'objet. A cette conscience de
l'effort, je donne le nom de sens musculaire, l'appelant
un sixième sens. » On connaît les travaux de Gerdy et
les critiques des physiologistes qui n'envisagent dans
les expériences de Ch. Bell que des phénomènes de
sensibilité générale. Duchenne de Boulogne, admirateur de Ch. Bell, s'explique l'indifférence et l'ignorance des physiologistes à son égard parce que son
chapitre « admirable » est perdu dans un livre peu
connu et où l'on ne devait guère penser le chercher.
Pourtant, ce livre eut un grand succès et fut un des
plus lus des livres de physiologie de l'époque. « Un
lord, écrit Duchenne, qui avait perdu l'usage de la
main, avait promis un prix de 50.000 francs à celui

---

(1) Ch. Bell, *The hand, its mechanism and vital endowments,
accevincing design.*, 5e édition, 1852, chap. ix, *Muscular sense*,
p. 244.

qui publierait le meilleur traité sur la main. Cᴴ. Bᴇʟʟ,
dont le nom était déjà illustre dans la science, envoya
à ce concours son livre sur la mécanique de la main.
Ce livre, dans lequel on trouve beaucoup d'anatomie
et de physiologie comparée, n'ajoute vraiment rien à
ce que l'on savait alors sur l'usage de la main, mais
on y découvre un tout petit chapitre (la perle de ce
livre), qui traite du *sens musculaire*. Ce livre, illustré
par un grand nombre de figures (dessinées par l'auteur, qui était aussi un grand artiste), n'a pas été
traduit en français, ce qui explique pourquoi il est si
peu connu parmi nous. Si je n'avais dû le consulter
avant de publier mes recherches sur la main, j'igno-
rerais encore l'existence du curieux chapitre dont j'ai
traduit précédemment un extrait. » J'ai cité cette page
de Dᴜᴄʜᴇɴɴᴇ à cause de l'appréciation si juste de ce
livre de Bᴇʟʟ, intéressant à tous les points de vue.
Dᴜᴄʜᴇɴɴᴇ s'explique par ce fait que les recherches postérieures de Lᴀɴᴅʀʏ (1) sur la sensibilité musculaire ne
mentionnent guère Cᴴ. Bᴇʟʟ, mais seulement Gᴇʀᴅʏ.
On sait comme Dᴜᴄʜᴇɴɴᴇ protesta même à l'Académie
des sciences contre l'ignorance des recherches de
Cᴴ. Bᴇʟʟ. Le cas de Dᴜᴄʜᴇɴɴᴇ (obs. ʟxxx) est
démonstratif à tous les points de vue. L'abolition de
la sensibilité musculaire n'empêche pas l'exécution

---

(1) Lᴀɴᴅʀʏ, *Recherches physiologiques et pathologiques
sur les sensations tactiles.* (*Arch. gén. de Méd.* 1853, t. IX,
pp. 268-275). Lᴀɴᴅʀʏ passa sous silence de nouveau et quand
même l'œuvre de Cᴴ. Bᴇʟʟ, en 1858, lors de la publication
des nouveaux faits. (*Moniteur des Hôpitaux*, 1858, p. 1174.) Il
se contente de dire que l'activité musculaire fut « entrevue
par Dᴀʀᴡɪɴ » et « nettement indiquée par Gᴇʀᴅʏ ».

parfaitement normale de tous les mouvements de la
main et des doigts, quand « on n'empêche pas son
malade de voir (1) ».

WUNDT dénomme plus tard le sens musculaire
« sens d'innervation ». SCHIFF attribue à la peau la
genèse des sensibilités musculaires; et citons les
recherches de BASTIAN, qui préféra au sens du mouvement le terme de « sens kinesthétique ». Parmi les
nombreux auteurs postérieurs, citons surtout GOLD-
SCHEIDER (2), ANTON (3), OPPENHEIM (4), REDLICH (5)
et BERNHARDT. On trouvera une exposition complète,
quoique souvent de seconde main, dans la revue géné-
rale de V. HENRI, de l'*Année psychologique* (IIIe année).

---

(1) DUCHENNE, *op. cit.*, p. 398. Voir aussi § III du même
chapitre, pp. 396-403. — Voir aussi DUCHENNE DE BOULOGNE,
De l'électrisation localisée, op. cit., 2e édit. *Prothèse musculaire de la main*, pp. 841-855, avec des dissertations et des
documents très complets. — DUCHENNE, *Orthopédie physiologique de la main (notes sur l')*. (*Académie de médecine de Paris*,
1856.)

(2) GOLDSCHEIDER, *Untersuchungen über den muskelsinn.*
(*Du Bois Reymond's, Arch. 1889.)* — GOLDSCHEIDER und
BLECHER, *Versuche über Empfindung des Widerstandes*, 1894.

(3) G. ANTON, *Beiträge zur klinischen beurtheilung und zur
Localisation der Muskelsinn störungen ins Grosshirn. (Zeitschrift für Heilkunde, 1893).* — *Zeitschrift für Heilkunde*, XIV,
1894.

(4) OPPENHEIM, *Ueber eine durch eine Klinisch bisher nicht
verwerthete Untersuchungen methode, ermittelte forme der
Sensibilitäts störung bei einseitigen Erkrankungen der Gros-
shirns. (Neurol. Centralbl.,* 1885, p. 529.)

(5) REDLICH, *Ueber störungen des muskelsinns und des
stereognostischen Sinnes bei der cerebralen Hemiplegie.*
(*Wiener klinisch Wocheschrift,* 1893, pp. 429, 456, 477, 493,
513, 532, 552.)

Mettre un ordre dans toutes ces divergences d'opinion, malgré la difficulté de la tâche, la chose est possible, car la plupart des auteurs parlent des sensations tout autres, plutôt des sensations d'ordre général et confuses, que des vraies sensations musculaires. On pourrait résumer en quelques propositions les opinions dignes d'être retenues : 1° la sensation musculaire ne serait autre chose que la connaissance, l'appréciation de la contraction musculaire ; 2° la sensation musculaire serait la sensation de poids et de résistance, d'effort ; 3° la sensation musculaire serait la notion de la position des membres, et enfin, 4° la sensation musculaire serait l'ensemble de toutes les impressions aponévrotiques, tendineuses, musculaires. Le clinicien anglais BASTIAN trouvait même le terme de « sens musculaire » vague et confus, et à la dénomination de « sens kinesthélique » et à son opinion se rattachèrent D. FERRIER et CHARCOT. BASTIAN attira en outre l'attention sur l'existence réelle des nombreuses sensations motrices subconscientes, qui résulteraient de la synthèse coordinatrice musculaire des différents organes.

Rappelons rapidement les quelques opinions plus précises, laissant de côté la localisation de cette sensibilité, considérée par certains auteurs comme d'origine centrale, par d'autres d'origine périphérique. Les travaux ergographiques des derniers temps et surtout ceux de notre savant collègue Mlle JOTEYKO sont à lire. On trouvera à ce sujet dans le livre de notre excellent ami le professeur WOODWORTH sur *Le Mouvement*, de la Bibliothèque de Psychologie expérimentale internationale, une exposition claire et judicieuse de ces problèmes. CH. BASTIAN, qui donne

un grand rôle aux sensations kinesthésiques, considère la sensibilité musculaire comme d'ordre essentiellement sensitif. La sensation dérive, dans certains
de ses éléments, de l'activité musculaire, et elle peut
nous renseigner sur la contractibilité musculaire, de
même que sur l'effort qui « produit » le mouvement.
Des idées de BASTIAN furent reprises par GOLDSCHEI-
DER, BLECHER et par ANTON. Ces auteurs, surtout
GOLDSCHEIDER, considèrent la sensation musculaire
comme une résultante, comme une sensation synthétique, et parmi les principales sensations qui la constituent, il faut en distinguer surtout trois : 1° sensation
des mouvements qui peut être passive ou active ;
2° sensation de position des membres, et 3° sensation
du poids. Il y a donc une relation interne fonctionnelle
entre la sensation musculaire et les sensations qui
émanent des articulations, des aponévroses, des
muscles, de la peau (BASTIAN), et si par hasard
elle peut être indépendante, comme on l'a prouvé
expérimentalement ou dans des affections cliniques,
elle peut aussi être sensiblement atteinte indirectement par les troubles des autres ordres de sensibilité
qui l'alimentent. La qualité du mouvement serait due,
selon ces auteurs, selon BASTIAN tout particulière-
rement, à ces sensations kinesthésiques inconscientes.
Elles furent conscientes à la genèse de l'acte volontaire, mais avec l'activité continuelle, elles devinrent
automatiques. Les recherches de HOCHEISEN sur les
aveugles confirment cette opinion (1).

(1) HOCHEISEN, *Ueber den muskelsinn bei Blinden.* (Extr.
Deutsche medicin. Zeitung, 1894, p. 885.)

CHARCOT et PITRES (1) inclinent vers des opinions analogues, tout en ne voulant parler qu'en tant que cliniciens. Les représentations motrices sont, d'après ces auteurs, des élaborations des centres moteurs corticaux dans les cellules nerveuses motrices cérébrales, donc centrales ; ce serait comme une décharge nerveuse. Au contraire, les impressions kinesthésiques ou musculaires viennent des organes périphériques, des tendons, des capsules articulaires, des aponévroses, de la peau, des muscles, etc., et elles « s'emmagasineraient dans les centres sensitifs corticaux ». La sensibilité des hystériques leur sert de point de vue, dans cette conception toute schématique, et ex cathedra conduisent ces auteurs à distinguer cette partie périphérique sensitive sensorielle d'une part, et d'autre part les paralysies psychiques, l'abolition des représentations motrices des mouvements volontaires.

Dans un autre ordre d'idées, il faut rappeler le problème de la reconnaissance et de la distinction des poids, indifféremment ou concurremment avec le sens tactile. WEBER fut un des premiers auteurs qui l'étudia expérimentalement avec toute sa classique et intuitive précision, et que tous les auteurs postérieurs confirmèrent sous plusieurs points de vue. Il y a une différence à l'avantage de l'appréciation musculaire, lorsqu'on essaye d'apprécier comparativement et parallèlement les poids par pression cutanée ou par contact musculaire. Cette appréciation serait,

(1) CHARCOT et PITRES, *Sur quelques controverses de la doctrine des localisations cérébrales.* (*Arch. cliniques de Bordeaux,* sept. 1894.)

d'après WEBER, d'un tiers du poids lorsqu'on juge la
différence par pression totale, et de 1/17 du poids quand
nous mettons en jeu nos muscles. Dans les troubles
hémiplégiques et dans certaines maladies nerveuses
organiques, les cliniciens ont constaté depuis longtemps l'abolition de cette conscience anesthésique musculaire et les troubles qu'elle provoque ; ces troubles
se traduisent chez ces sujets par des mouvements
désordonnés et par la perte de l'image de la position
de leurs membres dans l'espace.

Le physiologiste J. MÜLLER affirme après WEBER, à
la suite de recherches personnelles, qu'il faut distinguer dans la sensation de résistance et d'appréciation
des poids, deux faits physiologiques : une espèce
d'activité, de faculté locomotrice, et secondairement,
un fait purement psychique, « notre énergie mentale
motrice ». La première donnée nous renseigne,
prend note, mesure la différence des poids, mais
quant à l'appréciation, c'est un fait mental. MÜLLER,
selon sa bonne habitude, complique toujours les problèmes s'il n'arrive pas à les formuler autrement et à
changer de point de vue.

BERNHARDT admet aussi la double alimentation centrale et périphérique dans l'appréciation des poids et
dans la sensation de résistance. Il démontre, en outre,
ce fait de toute importance, que les muscles contractés
même électriquement sont capables d'apprécier la
différence des poids. Les sensations cutanées de pression ne sont pas aussi sensibles dans l'estimation des

(1) BERNHARDT, *Troubles sensitifs d'origine cérébrale.* (*Arch.
für Psychalrie*, XII, 1872.)

poids que les muscles, surtout quand il s'agit d'un
mouvement d'élévation, d'effort soutenu. La sensibilité musculaire, tout en étant sous la dépendance centrale, est une forme de sensibilité indépendante, précise et délimitable.

Arrivons à Wundt et à Bain. Les sensations des
mouvements sont d'ordre central; elles siègent dans
les cellules nerveuses motrices, et les sensations qui
naissent ou qui accompagnent la contraction musculaire tiennent leur genèse dans les fibres nerveuses,
qui sont, en somme, le canal centrifuge de l'excita-
bilité musculaire. La conscience de l'effort, selon
Wundt, serait une sensation à part et n'aurait que de
vagues et confus rapports avec la contraction musculaire. Bain se sépare en ceci de Wundt : pour lui, les
nerfs moteurs sont la source de nos impressions musculaires. Comme bien d'autres auteurs, il admet que
la conscience de la contraction musculaire est un fait
à part et qui n'a aucun rapport avec les sensations
centripètes. Cette conscience serait la résultante de la
contraction musculaire. Tout cela est bien vague et
bien théorique.

III

Esquissant rapidement les données les plus capi-
tales de la sensibilité musculaire, nous n'avons, à
dessein, pas parlé de la main et aucun auteur n'a songé,
en dehors de Ch. Bell, à la main, à son rôle prépondérant et unique jusque dans l'activité musculaire. Si
la peau apprécie ailleurs que sur la main des formes

de corps et des poids différents, elle réagit dans ces conditions grossièrement, d'une manière rudimentaire. La main seule possède cette puissance de nous renseigner sur la nature des corps qui sont autour de nous, sur notre propre sensibilité musculaire. Les amputés sont des gens mutilés même mentalement à ce point de vue. J'ai pu étudier une dizaine de cas. Aucun n'avait gardé cette conscience, cette notion précise des objets qu'il touchait. Leurs rêves seuls avaient gardé par la conservation de l'élément hallucinatoire quelques vagues traces de la mobilité, de la richesse prodigieuse d'informations, que la main seule synthétise, formule, communique tout comme un sens.

Nos recherches personnelles nous permettent d'affirmer, d'une part, l'existence d'une sensibilité musculaire indépendante de toute autre sensation et qu'on peut facilement déceler expérimentalement, soit sur la périphérie organique, les mains surtout, soit psychiquement. Nous avons donné un résumé au *Congrès de Psychologie* de Paris (1).

Mais avant de passer à l'exposition et à l'analyse de cette sensibilité musculaire, il faut dire quelques mots sur la physiologie des muscles, surtout dans la contraction musculaire. Cela complétera notre exposition et nous permettra de préciser davantage nos idées sur l'image motrice et sur la structure psychique et physiologique de la sensibilité musculaire, soit active ou passive.

Le jeu des muscles antagonistes est intéressant à

(1) N. VASCHIDE, *Recherches expérimentales sur la sensibilité musculaire.* (C. R. *Congrès de Psychologie expérimentale* de Paris.)

être étudié au point de vue de l'activité et de l'expression dynamique de la main. On doit, en particulier, à M. Beaunis, des connaissances précises sur le rôle physiologique de ces muscles. Jadis on croyait que les muscles inactifs n'opposaient aucune résistance que celle de leur « tonicité ». Beaunis nous a montré que le plus souvent les muscles antagonistes agissent simultanément, ils se contractent en même temps. D'autres cas peuvent certainement se présenter, c'est-à-dire un seul muscle se contracte et l'autre est immobile — exception, selon Beaunis, — ou encore tandis que le muscle se contracte, son antagoniste se relâche et s'allonge, mais ce sont des formes qui s'éloignent du type normal. Paul Richer (1) a confirmé sur l'homme les expériences faites sur les animaux par Beaunis. Les muscles antagonistes se contractent, selon cet auteur, énergiquement « à tour de rôle pour entraîner le membre alternativement chacun de son côté, et, en même temps, nous constatons que chacun des muscles cesse son action subitement avant que le membre ait achevé son mouvement qui se continue en vertu de la seule inertie des parties ».

La physiologie musculaire, malgré le colossal nombre de travaux y consacrés, est encore à l'étude. Il est difficile de tirer des conclusions précises et admises par tous les chercheurs. Aussi nous évoquons rapidement cette partie du problème, à titre de document, sans vouloir nous attarder longuement. Nous renvoyons les lecteurs à l'excellent travail de

---

(1) Dr Paul Richer, *De la forme du corps en mouvement.* (*Nouvelle Iconog. de la Salpêtrière*, mars-avril 1895, pp. 122-136.)

CH. RICHET (1), où les questions sont amplement discutées ; il manque certainement les travaux ultérieurs, d'il y a une dizaine d'années. BEAUNIS (2) nous a donné une exposition claire et complète du problème, exposant en même temps ses recherches expérimentales devenues depuis classiques. Voici les conclusions les plus importantes et qui puissent nous intéresser directement. Nous laissons de côté les faits purement physiologiques concernant la contraction musculaire et toutes ses manières d'être et les phénomènes d'arrêt purement réflexes. « 1° Les phénomènes d'arrêt — au point de vue psychique — se montrent dans les actes psychiques comme dans toutes les autres manifestations de l'activité nerveuse. 2° Tout processus psychique est la résultante de deux actions contraires, une action impulsive, une action d'arrêt. 3° Cette dualité se trouve au fond de toute manifestation psychique, mouvement volontaire, passion, détermination, pensée. 4° La prédominance relative de l'impulsion ou de l'arrêt détermine chez l'homme le caractère. » Or, ce qui nous intéresse surtout c'est de savoir que la contraction musculaire volontaire subit toutes les lois de la simple contraction réflexe, avec en plus une activité propre, particulière, modelant, régissant et déterminant les réflexes nerveux propres qui déterminent physiologiquement les réflexes musculaires. Ces faits nous

(1) CH. RICHET, *Physiologie des muscles et des nerfs.*

(2) A. BEAUNIS, *Recherches sur les formes de la contraction musculaire et sur les phénomènes d'arrêt.* — In *Recherches sur l'activité cérébrale*, III, pp. 81-166.

semblent intéressants car ils précisent la possibilité d'une image propre physio-musculaire, qui est la résultante des contractions musculaires, se conduisant et réagissant comme toutes les autres images, avec des différences propres sur lesquelles nous insisterons (1).

(I) Ici manquent une dizaine de pages que je n'ai pu retrouver. — V. N. V.

CHAPITRE XVII

Les prévisions chiromantiques

Pour mieux dégager les données expérimentales du
problème et pour faciliter l'intelligence des quelques
conclusions possibles, je tâcherai de donner quelques
tableaux et des chiffres. Au fur et à mesure que j'avais
l'occasion de faire une expérience ou une observation,
je la marquais scrupuleusement dans mes notes pour
pouvoir dégager plus tard, si possible, quelques
moyennes. Les chiffres représentent pour la plupart
des expériences faites sur le vif, dans la vie ; je veux
dire par ces affirmations que les faits n'ont pas été
arrangés en vue d'une expérience, et que toujours
j'essayais de saisir le fait tel qu'il se produisait dans
la vie réelle. Je ne crois pas que mes sujets aient pu
se rendre compte que je poursuivais des recherches,
et, en fait, ils avaient parfaitement raison, car je ne
désirais que surprendre des faits psychologiques dans
leur cadre et dans les conditions réelles.

Dans une série de recherches, nous avons essayé

de savoir expérimentalement si les chiromanciennes
peuvent reconnaître facilement une main d'homme
d'une main de femme ; les sujets étaient des adultes
et autant que possible appartenant aux mêmes conditions sociales. On a tenu compte de la toilette de la
main, élément difficilement réglable, et qui certainement indiquera toujours la voie à la divinatrice.

Sur une quarantaine de chiromanciennes que j'ai
pu voir, j'aurais pu compter le nombre de fois où elles
se sont trompées ; il ne dépasse guère 9 ou 10 p. 100.
Le maximum du nombre d'erreurs a eu lieu sur des
mains de paysan, des mains qui travaillent, ou encore
lorsqu'on cherche volontairement des mains d'homme
et de femme vraiment similaires. Les mains étaient
toujours présentées à l'examinatrice de manière à ce
qu'elle ne puisse voir les personnes, ni avoir aucun
indice. Dans des recherches méthodiques, la main
passait par une sorte de judas et le poignet était
toujours couvert de dentelles.

Toutes affirmaient que le poignet facilitait le plus
souvent la divination, en somme facile ; mais la difficulté s'agrandit quand il s'agit des adolescents. Des
mains de fillettes de 12 ou 13 ans ont été confondues
assez souvent avec des mains de jeunes gens, et cela
dans une proportion de 25 p. 100. La main de fillette
est souvent indéfinissable, surtout deux ou trois ans
avant la puberté ; il y a comme un parallélisme biologique entre les deux sexes autour de dix ans, et
duquel le sexe féminin se dégage par une brusque et
rapide évolution, que l'homme n'arrive à égaliser que
plus tard, à vingt ans, et après son adolescence. Pour
les mains de jeune fille, je pourrais citer comme une

des plus belles mains celle de la fille du duc de Nassau, dont la momie se trouve conservée dans un parfait état dans la cathédrale de Strasbourg. La momification a gardé aux dessins de la ligne une pureté de reliefs très agréables à regarder, l'articulation des doigts et des phalangettes, très bien attachées, d'ailleurs, apparaissent dans toute leur harmonie primitive, aux plis de la peau bien dessinés et continuant presque insensiblement avec la surface de la peau voisine, tendue et lisse. Je n'ai vu qu'une seule main vivante aussi artistiquement modelée.

Le second problème, peu facile à résoudre, d'ailleurs, a été de savoir si les chiromanciennes arrivent à distinguer l'âge. Presque toutes les chiromanciennes, au premier abord, paraissent capables de déceler l'âge de la main d'un sujet. Par suite de la trop grande préoccupation de deviner, ce qu'elles ne savent pas, d'ailleurs, *l'avenir*, et ce que leur clientèle leur demande toujours beaucoup, les professionnelles arrivent à négliger l'examen chirognomonique de la main, et d'où la difficulté de s'attacher à des problèmes aussi précis, mais très dénués d'intérêt réel dans la vie pratique. Voici un tableau qui résume ces quelques recherches expérimentales indépendamment du sexe. Nous avons toujours demandé à l'expérimentateur de nous donner approximativement l'âge. Nous donnons (voir tableau, page 456) le nombre d'erreurs par rapport au nombre de déterminations faites.

Le premier chiffre, dans ce tableau, indique le nombre de fois où l'expérimentateur a donné l'âge presque exactement en lui accordant comme cause minime d'erreur une année en plus ou en moins ; le second terme de la fraction indique le nombre des expériences faites sur des sujets du même âge, âge

AGE DES SUJETS	DÉSIGNATION DES EXPÉRIMENTATIONS							TOTAL
	A	B	C	D	E	F	G	
I. — 6 ans...	2/20	4/9	0/4	2/15	6/9	1/11	3/15	18/93
II. — 10 ans...	10/30	2/7	9/16	1/6	0/4	2/7	11/21	35/91
III. — 14 ans...	2/8	—	7/20	—	1/4	—	12/20	22/52
IV. — 20 ans...	—	17/39	—	20/40	—	—	15/30	52/109
V. — 25 ans...	6/12	1/5	2/5	1/6	—	—	—	10/28
VI. — 30 ans...	16/20	9/11	6/15	2/9	1/3	5/10	21/30	60/98
VII. — 35 ans...	9/29	5/17	—	—	0/9	0/6	2/7	16/68
VIII. — 40 ans...	21/30	12/29	—	4/15	7/18	—	1/9	45/101
IX. — 50 ans...	3/6	2/9	2/10	1/7	0/4	1/9	2/10	11/55
X. — 60 ans...	21/30	4/4	—	2/9	2/10	3/9	14/27	46/95

qu'il devait deviner. Nous avons considéré comme non divination une appréciation qui dépassait de trois ans en plus ou en moins l'âge du sujet. Nous n'avons

tenu guère compte des fractions en mois de l'âge,
dont nous cherchons toujours à avoir des chiffres à
peu près exacts. Nous donnons ces explications pour
l'intelligence exacte de ces chiffres, l'expérimentation
était, comme on le voit, toujours avantagée et de la
même manière, pour que nous puissions considérer
comme cause d'erreur une appréciation qui dépassait
de trois ans l'âge réel.

Le total nous indique que c'est à trente ans tout
d'abord (60/98), qu'on distingue plus facilement l'âge
des mains, puis à vingt ans, à quarante ans et à
soixante ans ; ensuite vers l'âge de dix ans. L'erreur
augmente et la détermination devient donc plus difficile surtout à six ans (18/93), ensuite vers cinquante-
cinq ans et vers trente-cinq ans. N'oublions pas que
ces déterminations ont été faites par différents expérimentateurs en dehors de toute entente et sans
aucune entente préalable en vue d'une expérience
quelconque. Les expérimentateurs sont d'accord à
reconnaître l'extrême difficulté qu'on a à distinguer
la main du jeune âge. Aussi les traités de chiromancie
éliminent-ils systématiquement, sous prétexte que les
lignes ne sont pas encore très marquées, l'âge des
enfants avant six ans. L'âge de dix, vingt, trente,
quarante, cinquante et soixante ans sont, de l'avis de
tous les expérimentateurs, des étapes de notre évaluation organique ; on a la main d'une de ces étapes,
et aux yeux de tous, l'expérience prouve continuellement, qu'il s'agit d'époques psycho-biologiques bien définies. Entre ces étapes, il y a des
évolutions et des involutions difficiles à saisir, surtout vers l'adolescence et la fin de la vie. La vieillesse

égalise la physionomie des mains. Les mains de
vieillards des deux sexes se ressemblent souvent.
Comme la physionomie des visages, celle des mains
chez les vieillards tend vers un type uniforme : la
forme osseuse, la peau ridée, tachetée, aux articulations raides, aux aponévroses tendues, à l'intérieur de
la main traversé par des lignes accidentelles dont on
ne peut pas saisir la trace, ni le genre, les ongles
perdent de leur éclat et ils s'anémient presque; le
pouls capillaire est d'ailleurs difficilement enregis-
trable chez les vieillards. Voici le total de ces rapports selon leur coefficient d'exactitude expérimentale :

Détermination faite pour l'âge de 30 ans	: 60/98	cas
— — — 20 —	: 52/109	—
— — — 60 —	: 46/95	—
— — — 40 —	: 45/101	—
— — — 10 —	: 35/91	—
— — — 14 —	: 22/52	—
— — — 35 —	: 16/68	—
— — — 25 —	: 10/28	—
— — — 55 —	: 11/55	—
— — — 6 —	: 18/93	—

Je n'ai pas voulu apprécier mes résultats, réduisant
le tout à des coefficients pour cent, ne possédant
pas le nombre d'expériences suffisantes. Les phénomènes subjectifs qui entrent en jeu dans la constitution de ces moyennes, critiquables, d'ailleurs, à
ce point de vue, sont plutôt schématiques comme
toutes les moyennes, et les moyennes seraient
vraiment artificielles. Je n'ai calculé les résultats,
en réduisant les données à des coefficients pour cent
que lorsque je possédais un nombre suffisant d'expé-

riences. Autrement, il serait bien facile de faire dix expériences et d'induire que, du moment qu'on a obtenu trois cas de vrai sur dix, on doit avoir trente cas sur cent, ce que l'expérience vérifie d'ailleurs rarement.

Un troisième problème intéressant à résoudre était de savoir dans quelle mesure l'examen de la main pourrait faciliter la divination d'une part du *caractère de la personne* et secondairement de sa *mentalité présente*.

Avant d'organiser une pareille recherche, il fallait à notre avis connaître et éliminer si possible les causes d'erreur de la technique chiromantique et d'écarter, en d'autres mots, les coefficients qui aident l'expérimentateur à remplacer la soi-disant divination exclusive selon les caractères de la main.

Nous avons toujours dit, on se souvient, que la physionomie aide l'examinateur, et c'est vrai. Nos recherches le prouvent. Dans le tableau suivant, où chaque nature de recherches a au moins cent déterminations, nous avons remarqué que le visage du sujet, l'examen de sa physionomie sans parole aide considérablement l'expérimentateur.

Ainsi, le chiffre indique la supériorité et l'auxiliaire de l'examen physiognomonique :

Pour l'âge la physionomie a facilité la détermination
  exacte de. . . . .   75 0/0 des cas
— le caractère. . . . .   31 0/0   —
— le tempérament. . . . . . .   13 0/0   —
— la nuance du caractère et des
  préoccupations mentales . .   56 0/0   —
— la synthèse de la personnalité
  du sujet . . . .   89 0/0   —

Le caractère et le tempérament seraient plus indiqués par l'examen de la main.

Dans mes recherches, l'examen des tracés de la main, des empreintes digitales ou celui des moulages diminuent toujours le coefficient de la précision du caractère du sujet. Il faut tâter les muscles de la main, il faut toucher la peau et il faut aussi connaître le visage de la personne, et souvent il faut l'entendre parler pour faire un diagnostic plus proche de la vérité selon l'inspection de la main. Les sensations tactiles et visuelles sont donc nécessaires à un travail chiromantique, et même de toute première nécessité. Le langage est d'un grand secours pour la chiromancienne, non seulement par son coefficient psychologique personnel, par éléments psycho-physiologiques de la parole, mais surtout par son contenu, par le sens des paroles prononcées. La première révélation indique une finesse psychologique rare, une puissance de discernation assez difficile à trouver, tandis que le contenu de la parole oriente facilement la pythonisse qui, maître de son métier, conduit le sujet en expérience à donner lui-même son caractère, à se laisser analyser facilement. C'est un travail d'enfant, l'analyse de certains individus qui demandent à l'inconnu des prophéties : ils se décrivent d'eux-mêmes dans les toutes premières phrases prononcées.

La qualité et la finesse de l'expérimentateur entrent en jeu surtout chez des femmes comme Mme de Thèbes, comme ma chère collaboratrice Fraya, et comme tant d'autres professionnelles qui sont des artistes, de véritables juges d'instruction, ne manquant ni de finesse, ni d'érudition. La main présentée à l'état de

« muet », si j'osais m'exprimer ainsi, désoriente les Pythonisses les plus expérimentées et les erreurs dépassent tout calcul mathématique, aussi simple soit-il ; il rentre dans le domaine de l'appréciation simple, intuitive et précise.

Dans une série d'élèves d'une école de la Ville de Paris, accidentellement, pendant que je m'occupais d'une série de recherches sur la psychologie individuelle, j'essayais de faire préciser leur psychologie selon les données classiques de la chiromancie et de la chirognomonie, parallèlement à mes investigations psychologiques. Les enfants étaient âgés de 10 à 12 ans et on avait en vue les formes classiques de la classification chirognomonique ; l'intelligence des élèves, leur capacité psychologique était plus ou moins connue par nos recherches antérieures, soit à l'aide des *mental tests* soit suivant l'appréciation du professeur et les notes du travail. Les dix premiers d'une classe appartenaient à des types de main *utile* ou *carrée*, des mains de besogne, de travail, avec des erreurs qui ne dépassaient guère l'erreur de deux sur dix appréciations. Les derniers de la classe m'ont paru, chose étrange, les plus variés comme types : le type *artistique* est fréquent, on trouve rarement des mains *psychiques* ou des mains *philosophiques*, des types qui appartiennent plutôt à des mains dont l'évolution est finie. Dans des groupes moyens prédomine le type *mixte* et le type de main *élémentaire*, de main *nécessaire*.

Dans un groupe d'ouvriers, une chiromancienne a pu me définir non seulement des cas pathologiques, mais des tempéraments morbides, des alcooliques,

avec des coefficients d'erreur peu nombreux. Dans
les recherches faites par les Pythonisses sur des personnes que je connaissais, j'ai pu obtenir les coefficients suivants, que je donne sous toute la réserve
d'une classification et d'une appréciation personnelle.
Toute classification des caractères me semble bien
schématique ; le seul critérium qui pourrait distinguer des catégories plus ou moins distinctes d'individus serait, à mon avis, pour des considérations trop
longues à être développées ici, la manière de réagir
des individus et surtout la vitesse de leur réaction.
Aussi n'ai-je voulu savoir que si la chiromancienne
pourrait distinguer un sujet à réaction lente d'un
autre à réaction rapide. La mesure des recherches
m'était indiquée, d'une part, par la mesure des temps
de réaction et, de l'autre, par la mesure de la vitesse
des principaux processus psychiques et de réaction
dynamiques.

On aura beau considérer comme critérium scientifique du caractère tous les processus de la pensée, voire
même parmi les plus naïfs, l'association des idées et
la réaction sociale, on n'aura jamais trouvé plus de
justification de la qualité psychologique individuelle
que dans la vitesse de la réaction.

Réaction veut dire vitesse, et vitesse indique toute
une idéation, lien du processus le plus capital de la
quantité des phénomènes psychiques, celui qui donna
le coloris de l'idéation : l'attention. Les temps de
réaction analysés judicieusement et psychologique-
ment, nous renseigneront, à mon avis, malgré les
affirmations certaines d'un grand nombre de psychologues, sur la qualité et sur la nature de notre syn-

thèse psychique et particulièrement sur la forme de notre réaction psycho-sociale.

Examinés dans les conditions ordinaires de la chiromancie, on a pu distinguer plus facilement les individus à réaction rapide que ceux à réaction lente. Aussi, sur 100 individus de chaque catégorie, le nombre des justifications presque exactes fut-il de 59 p. 100 pour les individus à réaction rapide et seulement de 38 p. 100 pour ceux de la seconde catégorie.

Dans la première catégorie, on pouvait distinguer et analyser des sous-types à cause de la variété et de la multiplicité des images qui peuplent la pensée du sujet, tandis que dans la seconde catégorie, soit la pauvreté, soit l'inertie, soit rarement l'intensité de certaines images, rendait toute analyse difficile.

La divination des *grosses préoccupations* mentales immédiates est une chose facile pour les gens du métier, elle est, j'oserais le dire, même banale. Voici quelques chiffres de trois expérimentations qui nous précisent ces affirmations :

	A	B	C	TOTAL
Etat de scrupule caché........	7/21	2/10	3/15	12/46
— d'anxiété cachée..........	3/27	—	6/31	9/58
Ennuis d'argent..............	6/11	2/4	1/3	9/18
— moraux..............	15/17	7/9	3/3	25/29
Impulsions.................	7/11	8/12	9/11	24/33
Etat de mélancolie	3/17	3/15	1/9	7/41
— d'abattement............	1/4	2/2	6/7	9/13
— passionnel	9/10	2/3	3/4	14/17

Les états d'ennuis moraux (25/29), d'impulsions (24/33) et les états passionnels sont les plus facilement décelés de nos états d'âme ; nos expériences sont assez nombreuses et variées pour nous permettre d'avancer une pareille conclusion. Chaque état a été considéré sous ses vrais angles, dominant pour ainsi dire la mentalité du présent.

Dans un autre ordre d'idées, le problème qui devait se poser nécessairement a été celui du *diagnostic* du passé clinique du sujet, de son état présent et de son avenir biologique et moral. Elucidons tout d'abord le casier pathologique du sujet et la possibilité de l'expérimentateur de le saisir.

Le tableau suivant résume quelques expériences sur le passé pathologique du sujet bien portant au moment où il vient consulter la chiromancienne et pour des préoccupations tout autres que son passé.

NATURE DE LA MALADIE DEVINÉE	DÉSIGNATION DES COEFFICIENTS ET JUSTESSE DE PLUSIEURS EXPÉRIMENTATEURS.			
	A	B	C	TOTAL
Maladies de la peau	3/7	3/9	1/5	7/21
— mentales	3/21	3/9	4/16	10/46
— du tube digestif	6/11	8/21	6/10	20/42
— infectieuses (croup, typhoïde, etc.)	2/20	1/5	2/9	5/34
L'arthritisme	19/21	7/15	5/7	31/43
Maladies de la gorge	2/17	1/15	3/16	6/48
— du foie	2/20	2/10	7/16	11/46
— des poumons (tuberculose)	9/11	9/13	8/9	26/33

Tous ces sujets accusent avoir eu dans leur passé des maladies graves, franchement diagnostiquées, des maladies qui comptaient dans leur vie passée ; pour les états pneumoniques, j'ai mis dans un même groupe toutes les affections pulmonaires. Il va de soi que, dans notre tableau, nous n'avons fait aucune distinction de sexe ou d'âge. Il résulte que parmi les maladies dont les prophétesses devinent plus facilement les traces, se trouvent les états arthritiques et rhumatisants, les affections pulmonaires et, en troisième lieu, les troubles de l'appareil digestif. Pour les affections arthritiques, l'état des articulations, leur souplesse, la nature et la forme des rides et des plis de la peau, mettaient la chiromancienne facilement sur des pistes sûres, les ongles et la forme des doigts pour les états pneumoniques et la coloration des lignes pour les troubles digestifs. Elles ne précisent pas de maladies *more medico*, mais elles indiquent les maladies par des termes comme : « vous avez les poumons très malades », « votre foie a toujours été très délicat », « votre cerveau a eu des effervescences ». L'expression est pittoresque, mais exacte : « vous avez été malade de la tête », « vous avez eu des migraines à vous rendre fou », votre gorge a été, même de votre toute première jeunesse, très délicate », etc...

Les plus expérimentées précisent même la date de cette affection prédominante, caractéristique : elles se trompent souvent et le nombre des accusations précises est extrêmement réduit. Il y a eu des cas où quelques chiromanciennes ont pu localiser exactement ces maladies. Dans le métier, on a l'intuition vague que telle maladie est plus courante dans la

30

première jeunesse, une autre vers l'âge adulte, vers l'adolescence, etc..., et on case les individus quasi arithmétiquement dans ces grands cadres dictés par l'expérience quotidienne et classique.

Pour les maladies présentant des affections cliniques, accidentelles, mais qui existaient et dont l'individu a souffert au moment de l'expérience, le nombre des déterminations précises augmente : les troubles pharingiens sont facilement décelables, la goutte, les affections de la gorge et aussi les préoccupations mentales morbides avec toute leur riche variété si difficile à saisir, même en clinique. Voici un résumé classique :

MALADIES DONT LE SUJET ÉTAIT ATTEINT	DÉSIGNATION DES COEFFICIENTS DE PRÉCISION DES RÉVÉLATIONS PAR DIFFÉRENTS EXPÉRIMENTATEURS.			
	A	B	C	TOTAL
Troubles hystériques..........	8/10	2/5	—	10/15
État mental après une crise relativement récente........	3/4	3/5	2/2	8/11
Epilepsie	5/10	5/6	3/5	13/21
Après une crise récente d'épilepsie....................	5/3	2/5	1/2	6/10
Crise de goutte	6/9	5/12	4/7	15/28
État de tuberculose pulmonaire	12/14	15/15	9/11	36/40
État de phobie...............	2/6	3/10	1/5	6/21
Bouffées délirantes...........	1/5	4/9	0/2	5/16
Des idées fixes...............	0/3	12/15	3/7	15/25
Tuberculose du larynx........	1/3	0/2	1/5	2/10
Calculs du foie et crise hépatique	1/9	1/7	0/4	2/20

Les troubles intellectuels ne sont pas toujours aussi difficiles à deviner qu'on serait incliné à le croire ; une idée se révèle par un état spasmodique caractéristique des muscles et des tendons, les crises d'épilepsie par une asphyxie relative des extrémités et par une douleur sourde des articulations révélée par l'empreinte de l'opposant encore dans l'extension, ou dans l'hystérie par une secousse délicate et rythmique des muscles extenseurs. L'examen du poignet est aussi une source riche de renseignements psycho-physiologiques. La parole, les détails fournis par les sujets sont certainement d'un grand auxiliaire.

J'arrive aux *présages*. Si les chiromanciennes peuvent, dans une mesure quelconque, deviner le passé en dehors de tout aide du hasard, si elles peuvent deviner aussi notre mentalité présente, ses préoccupations, ses peines, ses phobies, comment et dans quelle mesure pourraient-elles nous prédire l'avenir, comment et dans quelle mesure précise peuvent-elles répondre aux questions qui préoccupent toute leur clientèle et nous autres sur l'avenir ?

Précisons par quelques chiffres nos données avant de discuter la conclusion. Examinons les tableaux concernant les sujets que j'ai pu suivre à distance, et dont je pouvais contrôler la réalisation. Un grand nombre de mes sujets ont été laissés en dehors de mes calculs, soit qu'ils fussent perdus de vue, soit qu'il ait été impossible de contrôler les résultats. Tous ces accidents réalisés ne tiennent pas seulement à la fatalité prévue par la pythonisse, et ils rentrent dans la possibilité du hasard, coefficient qui accompagne toute évolution organique et toute activité

intellectuelle physique, et son cadre d'évolution et
son genre de vie. Le tableau qui suit résume toutes
nos recherches pendant six ans, des présages annon-
cés comme devant se réaliser nécessairement pendant
ce laps de temps. Nous aurions pu suivre quelques-
uns de nos sujets encore pendant quelque temps,
mais le fait n'aurait, à notre avis, qu'une valeur bien
secondaire, même dans le cas d'une réelle réalisation,
car il y a tant de facteurs qui entrent en jeu et qui
changent, qui modifient même la manière d'agir la
plus stéréotypée. Toutes ces réalisations rentrent en
outre dans le cadre de la probabilité due au hasard,
probabilité devinée, présage à la portée de toute divination banale, de tout jugement en dehors de la
qualité, sans faire nullement recours à des sciences
divinatoires (Voir tableau, page 469).

Pour mieux comparer les résultats, nous avons
fait la somme totale des coefficients et ajouté, en
plus des coefficients, cent la somme des cas isolés, et
moins que cent de toutes nos déterminations. C'est une

	NOMBRE DES CAS PRÉVUS ET NON RÉALISÉS
Présage réalisé à une distance de quelques jours..........................	96/146..... 0/124
Présage réalisé à une distance d'un mois.	75/114..... 0/300
— — — de trois mois.	54/159.....
— — — de six mois..	25/139..... 0/410
- - — d'un an......	16/114..... 0/402
— — — de trois ans..	10/103..... 0/602
— — — de trois à six ans.	10/114..... 0/413

Tableau des Présages prophétiques des Chiromanciens

NOM des EXPÉRIMENTATEURS	NOMBRE de sujets des deux sexes soumis à l'expérience à des différentes époques.	NOMBRE GLOBAL DES PRÉVISIONS PROPHÉTIQUES RÉALISÉES PAR RAPPORT A 100 PRÉVISIONS						
		A une distance de 15 jours.	A une distance de 1 mois.	A une distance de 3 mois.	A une distance de 6 mois.	A une distance de 1 an.	A une distance de 3 ans.	A une distance de 3 à 6 ans.
Mme A......	37	21 p.100	23 p.100	15 p.100	3 p.100	7 p.100	1 p.100	3 p.100
— B......	14	37 —	12 —	2 —	0 —	6 —	6 —	3 —
— C......	31	9 —	7 —	8 —	6 —	1 —	0 —	0 —
— D......	2	11 —	0 —	1 —	9 —	2 —	1 —	0 —
— E......	19	6 —	4 —	3 —	0 —	0 —	1 —	2 —
— F......	6	3 —	15 —	10 —	2 —	0 —	0 —	1 —
— G......	1	0;5 —	1,6 —	2;15 —	0;4 —	0 2 —	—	0;1 —
— H......	1	1/4 —	0 —	3;21 —	2;10 —	0 —	0 —	1/4 —
— I.......	2	0,9 —	0,6 —	1;10 —	2;4 —	1;1 —	0 —	0 —
— J......	1	0 —	1/1 —	1;3 —	0;6 —	0;10 —	0 —	0 —
— K......	24	7 —	11 —	3 —	0 —	4 —	0;2 —	0;5 —
— L......	1	0;24 —	0 —	4.8 —	0 —	1/1 —	0;1 —	0;1 —
— M......	1	1/4 —	1;1 —	1,2 —	1;15 —	0;1 —	0 —	0;3 —
	140	96/114	75/114	54/139	25 139	16/114	10/103	10/114

simple méthode de comparaison et à laquelle il faut ajouter les cas non suivis de réalisation, dont le nombre est d'autant plus grand que la distance s'éloigne. Voici les résultats de toutes les recherches faites pendant les six ans, sur 140 sujets des deux sexes et de tout âge (Voir tableau, page 468).

Tous ces présages prophétiques concernent tous les événements arrivés : accidents, maladies, changements de situation, et dont le sujet en expérience renseignait malgré lui l'expérimentateur. La preuve est visible dans cette diminution notoire et brusque dès que le temps à prévoir n'est pas à la portée des prévisions possibles indiquées par la connaissance du présent. Une maladie pouvait être avancée facilement quand le malade est cachectique, quand on assure avoir des crises hépatiques, quand on parle longuement de ses crises répétées ; quand la peau se jaunit, qui ne prédirait pas la jaunisse ? quand on documente la pythonisse sur des amis malades et des parents, car on est bavard sur les événements qui arrivent aux siens, sur des ennuis à prévoir, et rien n'échappe à la femme sage et prévoyante, car elle sait écouter.

Mais plus on s'éloigne de la possibilité banale, courante, plus il est difficile de limiter l'époque à laquelle on se promet d'entreprendre des voyages ! Le bon sens pressent rarement des événements à une époque lointaine, et les lignes de la chiromancienne ne disent pas non plus grand'chose, au moins dans la faible mesure de mon expérimentation, rien de plus que les données concordantes par le hasard, ce grand et étrange facteur cosmique, qui glisse imprudemment dans l'enchaînement fortuit des événements futurs, des données étranges et troublantes.

Analysant de plus près les détails des chiffres de mon tableau, on reconnaît la difficulté de prévoir d'une manière rigoureuse l'avenir. Un détail nous éclairera plus. Sur le nombre colossal des maladies de toutes sortes, prévues par les chiromanciennes, seulement 4 p. 100 des prévisions se réalisent en dehors de toute considération pathognomonique préalablement formulée. Je veux dire par cela que pour un tuberculeux qui a des cavernes pulmonaires, qui tousse et qui crache devant la chiromancienne et dont le facies est facilement décelable, la prévision de sa mort prochaine est nulle, car le premier venu dirait presque autant et avec une proximité tout aussi grande. Des cas de mort brusque, inattendue, survenue comme par surprise, et prévue par la chiromancienne, sont les seuls qui me paraissent de nature à infirmer le présage, et ces cas sont extrêmement rares. Dans mes observations sur plus de 500 morts annoncées dans un laps de temps court, morts dues à des accidents ou morts spontanées, inattendues, ou des présages d'accidents graves, seulement trois cas se sont réalisés ; un sujet fut gravement blessé dans un accident de chemin de fer — un express, — un second, un obèse, fut trouvé mort le matin dans son lit, quatre jours après la prédiction de la chiromancienne, et un troisième trouva sa mort dans un accident de voiture, deux ans après la prévision. C'est du simple hasard. Il faut ajouter encore que l'annonce du présage a souvent une influence débilitante, anxieuse sur les malades un peu minés par des affections chroniques ou avec des mentalités sensibles. Dans chacun des cas, la mort est survenue à la suite d'une annonce prémonitoire, d'un présage chiromancien (1).

Ici se terminent nos recherches sur les prévisions chiromantiques. Il résulte que :

1° La technique chiromantique et chirognomonique utilise non seulement les données de la main, mais aussi celles de la physionomie, et secondairement, elle utilise tous les renseignements fournis par le langage et surtout par les renseignements verbaux et par les gestes qui ébauchent, qui soulignent et qui facilitent la divination d'un caractère, d'une physionomie intellectuelle, ou la possibilité de formules ou présages ;

2° La main peut nous renseigner par elle-même, si l'on connaît sa psychologie, son langage musculaire, surtout sur notre mentalité passée et présente et peu sur celle de l'avenir. Le métier des chiromanciens, l'art de comprendre des tracés dictés par l'expérience, facilitent la tâche de leurs expériences. Les doigts, la peau, les articulations et surtout les mouvements nous renseignent sur notre mentalité. Il ne faut pen-

(1) Je citerai, comme simple coïncidence, le fait que Mᵐᵉ Fraya avait prédit à l'auteur de cet ouvrage, pendant l'hiver 1904, qu'il mourrait à 33 ans d'une pneumonie. Mᵐᵉ la comtesse M. de Noailles qui assistait à l'entretien, Mᵐᵉ Fraya et N. Vaschide lui-même m'ont confirmé cette prédiction, qui malheureusement s'est trouvée réalisée le 13 octobre 1907, de point en point. — Un an avant la mort de N. Vaschide, en 1906, une bohémienne de Roumanie lui avait renouvelé le présage, en lui annonçant sa mort pour l'année qui suivrait. — V. N. V.

ser qu'aux mouvements inconscients qui accompagnent nécessairement toute pensée, de même que le dessin des médiums, pour comprendre le langage musculaire si riche de la main ;

3° L'avenir et le présage des événements sont sujets à caution. Ils demandent en tout cas l'institution de nouvelles expériences plus fouillées, plus délicates ;

4° Le caractère du sujet, sa psychologie est extrêmement facile à analyser par la chiromancie. Après les yeux et le langage, la main qualifie facilement l'être humain. Le caractère est un problème psychologique non seulement délicat, mais difficile à classifier. Or, toute classification nous paraît précaire.

La chiromancienne, tout comme le psychologue, évoque cette conscience qu'on a de soi-même, cette illusion subjective, mais vague et flou, dont la réaction varie selon les contacts mentaux et sociaux si différents. On croit agir et penser d'une manière quelconque, et comme on documente soi-même la chiromancienne, on se trouve réellement plus près de l'individu que dans un examen psychologique objectif. C'est pour cela que le diagnostic d'une pythonisse plaît plus, car il évoque tout ce monde de mensonge et de création inappréciables, des illusions de nous-mêmes, pensées de fabrication facile, légère et frêle, et dont nous projetons, souvent, orgueilleusement la portée. Le caractère n'est pas le critérium de notre synthèse personnelle; il est souvent la modalité selon laquelle nous ramassons nos mensonges, les produits fragmentaires de notre cérébration, pour broder de

nouveau, pour agir, pour nous mettre en des rapports
tangibles avec la vie réelle. Toutes ces sensations
vraies, qui n'ont rien à faire avec le raisonnement,
produit artificiel de la civilisation et de la lutte pour
l'existence, sont devinées, classées, réalisées et
modelées par une chiromancienne d'élite, souvent
mieux que par des psychologues de métier.

CHAPITRE XVIII

ESSAI D'UNE THÉORIE A L'APPUI DE LA POSSIBILITÉ D'UNE RÉVÉLATION PSYCHIQUE PAR LA MAIN

La terminologie des chiromanciennes, tout en n'ayant pas la précision de la séméiologie médicale de la main, ne manque pas de sûreté. A la réflexion, tous ces termes mythologiques, toutes ces épithètes enrichies souvent par le verbe de la prophétesse, reposent sur des observations, sur des remarques que le bon sens le plus élémentaire trouvera justes, et que nous trouvons confirmées et précisées non seulement par Paracelse, Macrobe et les vieux auteurs, mais par des modernes, comme l'anthropologiste Dally, Lucas et toute la séméiologie médicale moderne.

Analysant le contenu de chaque terme et de chaque symbole, on remarquera tout d'abord qu'on a transporté dans le domaine des sciences divinatoires, — c'est d'ailleurs le procédé employé dans toutes les autres sciences, — les quelques données élémentaires fournies par l'expérience courante, par la vie : d'accord avec le symbolisme primordial, un point noir signifiera forcément des ennemis, des ennuis ; les saillies, de l'exubérance, ce qui est pâle, de la non

activité, de la mélancolie ; ce qui est tortueux, de la
nonchalance, des malheurs, des obstacles, etc.

On trouve dans cette interprétation tout ce que
nous pouvons penser et croire dans les limites de la
conception la plus simpliste des faits et des gestes
humains. Nous avons précisé dans les autres chapitres comment la physionomie de la main peut être
capable de nous révéler le caractère, la nature de
l'individu, et de nous donner vaguement quelques
indications sur l'avenir. Il y a beaucoup d'observations
remarquables dans la littérature des sciences occultes,
on y rencontre un grand nombre d'observations judicieuses et précises, malgré le pédantisme et l'obscu-
rantisme qui voile le jugement de tous ces auteurs !
Les lignes et leur topographie n'ont pas été déterminées au hasard ; il y a dans ces graphiques de l'intelligence, de l'intuition à profusion, une interprétation lumineuse, souvent des données très justes. Sans
doute, le boniment des chiromanciennes doit-il être
réduit à une petite part de la vérité, mais cette part
de vérité existe, elle est incontestable.

Les lignes de la main évoluent ; elles changent de
physionomie ; la peau, et les saillies, et les plis que
présente sa surface, se sensibilisent parfois plus que
de coutume ; les mains s'individualisent ou s'adaptent
aux exigences des besoins psycho-corporels. Il est
remarquable que ces grands plis, considérés comme
les plus importants par les chiromanciennes, aient des
rapports intimes avec des saillies musculaires, avec
des articulations métacarpiennes, avec des insertions
musculaires, aponévrotiques ou tendineuses.

Nous avons vu que les maladies, les troubles phy-

siques modifient essentiellement la physionomie de la
main, et que ces modifications n'échappent pas à un
œil exercé, à un clinicien même maladroit et novice.
Pourquoi ne pas admettre alors que les coefficients
psychiques laissent des traces et personnalisent tout
cet organe essentiellement sensible?

Dans sa forme rudimentaire consciente, toute mentalité humaine a comme base fondamentale des impulsions, des tendances, des éléments moteurs. Il y a du
« mouvement » dans toute élaboration mentale.

Nous nous répétons tous à nous-mêmes, en l'élabo-
rant, le rôle plein d'énergie intellectuelle et émotive
de notre activité mentale. Le langage intérieur est la
forme expressive, psychologique, intime de cette
motilité psychique. Il n'est que juste d'admettre des
images motrices, comme il y a d'autres images sensorielles ; le muscle est un organe tout aussi capital que
l'œil et l'oreille ; le sens musculaire est un sens indis-
cutable ; et on le considérera comme tel, quand nous
nous habituerons à trouver bien vieillie notre ancienne
classification des sens. Ce n'est pas ici que j'exposе-
rais mes idées et mes recherches sur l'image motrice ;
j'y ai consacré tout un chapitre. Je veux seulement
évoquer rapidement quelques brèves données, pour
rendre plus claire mon explication psychologique du
critérium de la main et de sa physionomie psycho-
physiologique.

Toute forme de pensée, consciente ou subconsciente, se traduirait donc, ou, pour mieux dire, pourrait se traduire sous une forme motrice ; l'élément
moteur interviendrait d'une manière réflexe, et agiterait indirectement non seulement les muscles, mais

aussi les sources cérébro-médullaires qui innervent et qui abreuvent de sensibilité les téguments et les tissus sous-jacents. Nous avons vu à quel point la main, par son architecture, est un organe où les secousses psychiques, les images motrices peuvent laisser des empreintes durables. La nature humaine intime est toute esquissée par des gestes : la rage, la jalousie, la tristesse, la crainte et la sentimentalité, toute la gamme des sentiments n'est-elle pas exprimée par des contractions, par des secousses musculaires? Les fléchisseurs et les extenseurs des membres supérieurs sont les plus agités ; à vrai dire, ils le sont toujours. Le psychologue H. MÜNSTERBERG et plus tard G.-W. STÖRRING, n'ont-ils pas démontré que « les sentiments agréables augmentent les mouvements de flexion, tandis que ceux désagréables diminuent ceux de flexion et augmentent les mouvements d'extension » (1). La main, en outre, réagit plus vite que le bras, et le bras plus vite que l'épaule (MC KEEN CATELL et CH.-S. DOLLEY ; FÉRÉ).

Combien de fois par jour les pauvres doigts humains ne se tournent-ils pas inutilement? Combien de fois ne s'agitent-ils pas pour mieux dévider ou cristalliser les pensées même les plus confuses, les images à peine ébauchées? Sans fin, la main se contorsionne, elle change de physionomie; sans fin, les muscles de la main ou ceux dont les tendons prennent insertion sur la main se contractent ensemble ou isolément, et, avec eux, tous les tissus sous-jacents : aponévro-

(1) STÖRRING, In *Philosophische Studien*, XII, pp. 475-525 : *Zur Lehre vom Einfluss der Gefühle auf die Vorstellungen und ihren Verlauf.*

tiques, tendineux, séreux. etc., etc. Un caractère fort, une nature grave ne réagissent pas de la même façon qu'un être fatigué, neurasthénique. Le cadre mécanique musculaire n'est pas le même, en tant que forme sensible, chez l'homme et chez la femme. Les articulations n'ont pas, chez tous les individus, une égale souplesse, la même agilité, ni la même fermeté. Il y a toujours un rapport entre l'énergie innervatrice, entre le tonus central, cérébral, donc psychique, et la vitalité de tous ces mécanismes. Et la preuve indubitable de cela, nous la trouvons dans le fait que, dès que notre organisation psychique change, notre organisme physique s'en ressent. Les neurasthéniques, les hystériques, les épileptiques, les aliénés et beaucoup d'autres malades n'ont pas la même physionomie dynamique de la main au cours de leur maladie qu'avant ou après elle, ou encore pendant, avant ou après leurs crises.

Les expériences de TUCKER sur « les mouvements volontaires chez les enfants et les adultes » (1) sont intéressantes à connaître à ce sujet. Il y a constamment dans la main une tendance impulsive à exécuter des mouvements inconscients, à trahir les préoccupations de la pensée, à les ébaucher subconsciemment. Les enfants ont cette tendance moins marquée que les adultes. JASTROW (2) avait remarqué, comme d'ailleurs tant d'autres expérimentateurs, cette motilité involontaire de la main. Dans des états d'attention, on aperçoit un mouvement des mains vers l'objet.

(1) *American Journ. of. Psychologie*, VIII, 3, pp. 394-404.
(2) *American Journ. of. Psychologie*, IV, p. 338 et V, p. 223.

BINET et FÉRÉ ont expérimenté sur des hystériques et
ils ont mis en relief cette impulsivité musculaire des
mains. Les muscles se contractent et se relâchent suivant l'idéation des sujets. Quand la chiromancie
a-t-elle dit autre chose ?

La graphologie n'est-elle pas autre chose qu'une
démonstration expérimentale de la psychologie révélatrice de la main ? L'analyse des mouvements de
l'écriture est pourtant encore un travail expérimental
à faire. Le graphographe d'OBICI est à ce sujet un
admirable instrument d'analyse (1). Citons encore le
psychographe du professeur SOMMER, qui analyse
des mouvements dans les trois dimensions de
l'espace (2). La soi-disant transmission de la pensée
pourrait trouver, en dehors des procédés classiques
connus, toute une psychologie possible dans l'expérimentation des phénomènes subconscients de l'esprit,
par l'analyse des mouvements musculaires subconscients, involontaires et peu contrôlables par la raison
et par l'attention.

Il est donc évident que la main peut évoluer ; elle
porte la trace de nos défaites et de nos victoires psychiques ; n'est-ce pas grâce à elle que nous prenons
contact avec le monde extérieur ? C'est avec la main
qu'on caresse et qu'on localise, qu'on touche, qu'on
rend tangibles les choses du monde extérieur ; grâce
à elle, nous cristallisons nos impressions, nous nous
sentons nous-mêmes, tout en prenant connaissance

(1) V. *Riv. di Patologia nerv. e mentale,* juillet 1897, t. VII.
p. 289 et *Riv. di Freniatria,* IV, 1897.

(2) *Zeitschrift für Psychol. und Physiol. d. Sinnesorgan,*
vol. XVI, pp. 175-247.

du monde extérieur. La réalité du monde sensible est due en grande partie à nos mains, au contact de nos doigts émus.

Voilà des années que je m'occupe de ces questions ; depuis lors, j'ai pu constater jour par jour, sur mon petit garçon et sur d'autres êtres qui me sont chers, la formation, l'évolution et les métamorphoses de la main. Les lignes ne gardent pas immuablement le même aspect ; leur variation est infinie, mais elle se fait en modifiant un type bien individuel. J'ai, dans mes notes, les observations précises sur l'apparition des lignes de la main de mon fils et sur leur histoire : la main de mon enfant ne commence à avoir une physionomie que vers six ans et cinq mois. La main de la puberté n'est pas celle de l'adolescence ; la main d'une vierge n'est pas la même que celle d'une femme mariée ou enceinte. Les tissus gardent les empreintes psycho-biologiques. Sans crainte d'outrepasser les bornes de nos connaissances scientifiques, nous pouvons dire que la main peut fournir des notions suffisantes sur le caractère individuel. Ne sait-on pas que, même dans le sommeil et les états subconscients, la main peut gesticuler, se modifier, vivre, en d'autres termes, nos états d'âme, de sensibilité ?

L'explication de ce fait est aisée. L'avare, l'individu lâche ou craintif, les natures incapables d'oser, celles qui cachent leurs états d'âme, que tout conflit avec les autres créatures ou la vie rend tremblantes, n'useraient pas de leurs extenseurs autant que les individus mâles, les volontaires, les orgueilleux, qui vivent toujours sur eux-mêmes, et dont la pensée imprime des mouvements énergiques, des contractions

31

parfois violentes aux muscles de la main. Chez ces
derniers, les fléchisseurs et tout le mécanisme mus-
culo-nerveux adéquat seront moins utilisés, moins souvent mis en marche. Voici donc deux catégories mentales bien typiques et fort dissemblables qui activent
la main d'une manière toute différente. Il en résultera
nécessairement des modifications spéciales ; certaines
articulations deviendront plus souples, d'autres contracteront de la raideur ; l'aponévrose palmaire profonde sera plus lâche dans certains cas, plus tendue
dans d'autres ; les muscles des deux éminences thénar et hypothénar se contracteront d'une façon tout
autre, d'une manière particulière dans chacun des
cas. De là, des plis, des lignes, des replis, des téguments ayant une physionomie bien distincte dans les
deux cas, bien différente. Songez au geste le plus
simple de la main, à celui du banal bonjour : qu'il
est instructif ! Parfois, comme nous l'avons vu, c'est
tout l'individu qu'il dessine, toute sa ligne de conduite musculaire !

L'architecture de la peau, sa température, la consistance des téguments, la rigidité des articulations,
nous donnent, en vertu même de ce principe que toute
agitation mentale, tout acte conscient se répercute
dans la main, des points de repère nombreux et précis. Les muscles n'auront pas la même physionomie
chez un être impulsif et nerveux que chez l'individu
de nature apathique, sans aucune puissance de réaction ; la musculature de la main ne sera pas la même
chose chez un bilieux, comme disaient les anciens,
que chez un sanguin, chez un individu à tempérament
sthénique ou hyposthénique, comme dirait M. Maxou-

vrier. Si l'on tient compte, d'autre part, de la variété
des mouvements et de la nature si différente des
territoires innervés, on arrive à comprendre quel
alphabet constitue la main, quelle clef elle est de la
pensée humaine, quel langage elle mime en dehors
de notre savoir !

J'ai soumis à des chiromanciennes professionnelles,
en particulier à Mme Fraya, de nombreux cas ; elle
s'est rarement trompée sur leur nature et sur leur
caractère. On aurait dit souvent que la Pythonisse
les avait sous les yeux, alors même qu'elle n'étudiait
que l'empreinte galtonienne. La main vivante en dit
plus, dit tout. A l'étude des lignes, de la coloration,
s'ajoute le toucher de la main, le contact avec sensibilité du sujet, qui dicte souvent à la chiromancienne,
sans le secours du raisonnement, des données précises et des plus curieuses. Avec l'interprétation des
secrétions de la peau de la main, des irritations des
poils de la peau et de la sueur, on a devant soi toute
une séméiologie. Qu'on classe tous ces éléments, qu'on
les coordonne, et la réponse vient d'elle-même : comment ne pas affirmer, par exemple, que telle personne
est émotive quand le creux de la main s'humecte facilement, cette moiteur si reconnaissable, si caracté-
tistique quand il y a de la buée sur cette plaine de
Mars, endroit où se rencontrent des glandes sudoripares ?

Il y a une adaptation motrice de toutes nos secousses
psychiques, de toute notre rumination mentale, et il
reste, il doit s'imprimer nécessairement des traces
dans tous les tissus aponévrotiques, articulaires, tendineux et musculaires, tissus sensibles et riches en

vaisseaux sanguins et en filets sensitivo-sensoriels.

L'explication est logique. Mais pour comprendre la précision parfois si remarquable d'une « divination », on doit songer aux éléments secondaires qui interviennent dans le cours de l'expérience. La physionomie a des lois, comme nous le verrons dans d'autres travaux ; sa fine musculature est encore plus riche et plus capable de nous documenter sur le pourquoi et le comment de nos états d'âme. La parole intervient aussi : le timbre et tout le contenu si psychologique, si intime de la parole, nous sont de précieux indices. Les devins qui, malgré leur simplicité apparente, sont toujours des hommes de bon sens et de savoir-faire, tireront parti de tous ces avantages. Tout en examinant à la loupe, — comme le font les plus savants, — tout en palpant votre main, ils vous regardent sans que vous vous aperceviez qu'ils vous adressent la parole, et l'âme humaine la plus forte, la plus vaillante, est timide devant l'inconnu. Intelligents ou naïfs, nous nous comportons souvent de la même manière devant les problèmes étranges du mystérieux avenir. Notre attitude, nos questions renseignent amplement la chiromancienne ; souvent, elle n'a pas besoin d'interroger les lignes de votre main et de répéter une leçon que tous les almanachs, si documentés en kabale et chiromancie, nous apprennent pour nous dire notre caractère. Dès que nous ouvrons la bouche, que nous manifestons une surprise ou une curiosité, nous sommes perdus : on n'a souvent besoin que d'un instant pour se glisser dans notre pensée, quand on sait observer. Malgré nous, nous renseignons la chiromancienne, nous la documentons et, tout en voulant la dérouter ou lui poser des énigmes, nous nous découvrons nous-mêmes naïvement.

L'écriture automatique et les dessins médiumniques ne révèlent-ils pas toute la vie psychique cristallisée dans nos doigts, pour ainsi dire, vie qui échappe à tout contrôle logique ? Un effort pénible intellectuel ne met-il pas en jeu la main, tout comme un désir qui traverse d'une manière fulgurante l'esprit ?

Cela pour le passé, pour le présent. La main pourrait certainement nous renseigner sur ces « formes » de notre vie d'une manière approximative. Parfois même, elle pourrait fournir des prévisions sur l'avenir immédiat, comme nous l'avons vu, mais difficilement, et avec des causes d'erreur nombreuses. J'ai vu, entre autres, Mme Fraya faire des prophéties admirables ; révéler le passé de personnes qu'elle ne connaissait pas, et je n'oublierai pas la surprise de mon ami le docteur Von Schrenck Notzing, le psychologue allemand munichois bien connu, quand elle lui traça, chez moi, son portrait psychologique avec une richesse de détails exubérante. J'ignorais, pour ma part, ces détails, et Mme Fraya était dans l'impossibilité absolue non seulement de les connaître avant sa consultation, mais même d'avoir pensé à se documenter d'une manière quelconque : je l'avais priée de venir par une dépêche et au pied levé. Les exemples de ce genre ne manquent pas. Ce qui est encore plus complexe à analyser, c'est qu'elle traça les caractères et les événements de la vie des membres de la famille !

Pour l'avenir, je serais plus sceptique. Les prédictions, les pronostics ne me paraissent pas être soutenus, quoique au fond l'avenir doive se trouver néces-

sairement en nous, dans nos réactions psychologiques,
dans notre manière d'agir, de sentir, dans notre
sensibilité. Quels événements, quel avenir prédire à
une sensibilité tendre que celui-là tient de sa nature
même si malheureuse et si frêle? L'impulsif réagira
autrement, selon les exigences de son mécanisme
psycho-organique. La fatalité des anciens est, à ce
point de vue, pleine de logique. Des divinités cruelles
ne nous persécutent plus ; la fatalité est en nous-
mêmes, nous nous persécutons nous-mêmes, elle se
trouve dans les souples claviers de notre organisme,
dans la forme de notre émotivité. Nous nous meur-
trissons, en somme, de nos propres mains et malgré
nous. En principe, on pourrait être induit à admettre
qu'il est possible de prévoir l'avenir... La probabilité
mathématique est infinie. Le souci de ceux qui
consultent les chiromanciennes, c'est l'avenir, c'est
l'inconnu. Forts ou sceptiques, penseurs ou railleurs,
nous demeurons songeurs lorsque nous écoutons des
prédictions sur notre vie. Au fond, tout est possible ;
notre existence peut se dérouler capricieuse ou
revêtir telle autre forme ; mais, en tout cas, nous ne
sommes maîtres d'elle que si nous connaissons expérimentalement l'ironie et les oscillations du passé, de
ce tombeau de nos sensations d'où surgissent leurs
fantômes obsédants, souvent pour nous attrister, si
rarement pour nous encourager ou pour nous con-
soler.

Aussi, si nous admettons la possibilité scientifique
de certains faits de la chiromancie, nous ne sommes
pas enclins à croire complètement aux prophéties.
Scientifiquement, je ne dois rien dire. Il existe des

êtres doués d'une sensibilité unique, intuitive, qui peuvent peut-être savoir les lois capricieuses du hasard. Fraya est plus remarquable, comme d'ailleurs tous les devins de race, quand elle ne raisonne pas, quand elle n'arrange pas ses conclusions, quand elle se laisse parler ; beaucoup de chiromanciennes, connaissant cette qualité de justesse et d'observation, des sensations immédiates, traduisent rapidement leurs impressions, comme si elles répétaient une leçon. Il se peut donc que des sujets nerveux, doués de cette faculté mystérieuse, « l'intuition », saisissent des données inconnues, les données de l'inconnu !

Pauvre humanité, comme elle s'exalte toujours devant l'impossible, et comme il lui est difficile de se dessaisir du manteau lourd du présent ! Je sais bien que, quoi qu'on dise, on n'empêchera jamais les hommes de broder sur l'imbroglio d'une chiromancienne, de dévoiler leur vie intime à des inconnus pour recueillir des avis de la pythonisse... Que d'intimité pénètrent ces femmes d'esprit ! des âmes banales, souvent ! Combien d'amours ne guident-elles pas ! A toucher ainsi le fond de la naïveté douce des humains, elles deviennent à la fin des philosophes...

Jadis, je souriais à demi quand j'écoutais les prophéties de ces diseuses de bonne aventure. Depuis que je poursuis l'étude de ces problèmes, je souris encore au pronostic des conjectures, à l'affirmation naïve des événements qui nous attendent ; mais je me suis rendu compte de la quantité de connaissances et d'éléments psychologiques que peut nous fournir l'étude d'un organe aussi compliqué, aussi intellectuel que la main. Ces données peuvent être utilisées pour la connaissance de nos états de sensibilité et de notre caractère. S'il n'est pas possible de formuler les lois de cette sensibilité, du moins existe-t-il des moyens de la reconnaître. La plupart des psychologues de métier sont incapables de définir un caractère aussi rapidement, aussi parfaitement que certains de ces êtres intuitifs qui, associant d'une manière étrange les sensations qu'ils perçoivent, improvisent souvent au hasard et dans le vague, mais parviennent parfois à la vérité. Qu'on ne méprise pas ces recherches à côté ; qu'on en tienne compte, ne fût-ce que de la plus simple observation. J'ai vu des psychologues, vieillis dans les laboratoires, auteurs de mémoires considérables sur toutes sortes de problèmes de psychologie, n'être, devant la sensibilité d'une chiromancienne, que de piètres débutants dans l'étude de l'âme humaine. Comble de naïveté touchante, ils savent suivre, sur un tracé plethysmographique, les traces d'une émotion provoquée par un claquement de mains dans la paisible atmosphère du laboratoire, tout en étant, le plus souvent, malgré l'orgueil de l'érudition, les titres universitaires et toute une mise en scène tapageuse, d'une affligeante médiocrité psychologique.

J'ai tenu à respecter intégralement le texte de cet ouvrage et je n'ai voulu y faire aucune addition ; c'est ainsi qu'on remarquera qu'il manque quelques pages sur la Main dans l'Art des civilisations de l'Extrême-Orient ; les figures, du moins, nous le font croire.

VICTORIA N. VASCHIDE.

TABLE DES NOMS D'AUTEUR

32

Librairie Marcel RIVIÈRE, 31, rue Jacob, Paris.

BIBLIOTHÈQUE
DE
Philosophie Expérimentale
Dirigée par le Professeur E. PEILLAUBE

Volumes parus :

I. Le Psychisme inférieur, par le Dr J. GRASSET, professeur de Clinique Médicale à l'Université de Montpellier.

1 vol. in-8° de 510 pages, broché............................ 9 francs
— relié............................ 10 fr. 50

II. La Théorie physique, son objet et sa structure, par M. DUHEM, professeur de Physique théorique à la Faculté des Sciences de Bordeaux.

1 vol. in-8° de 450 pages, broché............................ 8 francs
— relié............................ 9 fr. 50

III. Dieu. L'Expérience en métaphysique, par XAVIER MOISANT.

1 vol in-8° de XIII + 300 pages, broché............................ 7 francs
— relié............................ 8 fr. 50

IV. Principes de linguistique psychologique. *Essai de synthèse,* par VAN GINNEKEN, docteur de l'Université de Leyde.

1 vol. in-8° de 552 pages, broché............................ 12 francs
— relié............................ 13 fr. 50

V. Cournot et la Renaissance du probabilisme, par M. F. MENTRÉ, professeur à l'Ecole des Roches.

1 vol. in-8° de 652 pages, broché............................ 12 francs
— relié............................ 13 fr. 50

VI. Essai sur la Psychologie de la main, par M. N. VASCHIDE, Directeur-adjoint du Laboratoire de Psychologie pathologique à l'École pratique des Hautes-Études.

1 vol. in-8° broché............................ 12 francs
— relié............................ 13 fr. 50

Volumes à paraître :

Les Images. *Essai sur la mémoire et l'imagination,* par E. PEILLAUBE, professeur à l'Institut Catholique de Paris, directeur de la « Revue de Philosophie ».

La Psychologie, par W. JAMES.

L'Activité biologique, par M. P. VIGNON, du Laboratoire de Zoologie à la Sorbonne.

Les Fondements métaphysiques des Sciences, par M. J. BULLIOT, professeur de Logique et Métaphysique à l'Institut Catholique de Paris.

Imp. l'*Union Typographique*, Villeneuve-St-Georges (S.-et-O.)